景行天皇と日本武尊《ヤマトタケル》

列島を制覇した大王

河村哲夫
志村裕子
［画］川崎日香浬

原書房

「伊吹山へ——日本武尊と宮簀媛」

天皇系図（『日本書紀』）

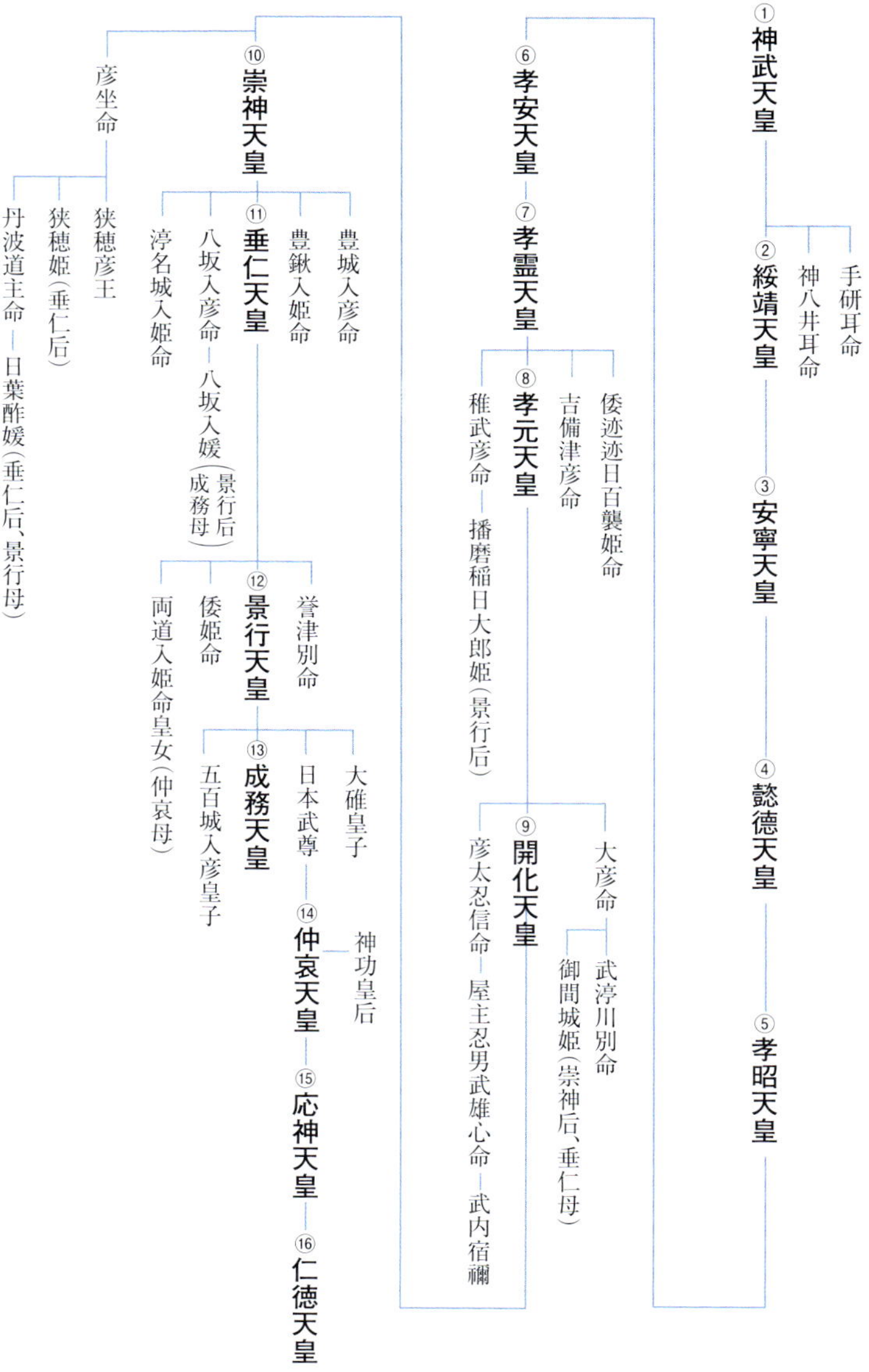

※なお、本文中の神名・人名は基本的に『日本書紀』の表記に従い、『古事記』の引用あるいは神社の祭神などについては原則として当該表記を用いている。

景行天皇九州遠征経路

1. 佐波　2. 貫　3. 長狭の行宮　4. 宇島　5. 城井　6. 彦山川　7. 深倉峡　8. 広津　9. 宇佐　10. 和間浜
11. 姫島　12. 岩倉八幡宮　13. 速見郡　14. 西寒多神社　15. 早吸日女神社　16. 保戸島　17. 宮処野神社
18. 柏原　19. 志加若宮神社　20. 鶴田籾山八幡社　21. 飛田川　22. 知田　23. 木原山　24. 阿志野
25. 三重駅　26. 宇目村　27. 延岡　28. 去飛　29. 高城　30. 高屋神社　31. 益安　32. 隈谷　33. 西都原
34. 綾　35. 野後　36. 夷守　37. 真幸　38. 人吉　39. 湯の児温泉　40. 御所浦島　41. 八代　42. 豊福
43. 長洲　44. 有喜　45. 野母　46. 早岐　47. 志々伎神社　48. 大島　49. 呼子　50. 見借　51. 太良
52. 能美の郷　53. 武雄温泉　54. 女山　55. 玉名大神宮　56. 菊水　57. 山鹿　58. 菊池　59. 阿蘇神社
60. 高田の行宮　61. 浮羽　62. 高良大社　63. 基山　64. 養父郡　65. 曰理郷　66. 狭山郷　67. 米多郷
68. 神埼郡　69. 蜷城　70. 宝満宮　71. 日田　72. 天瀬　73. 由布院

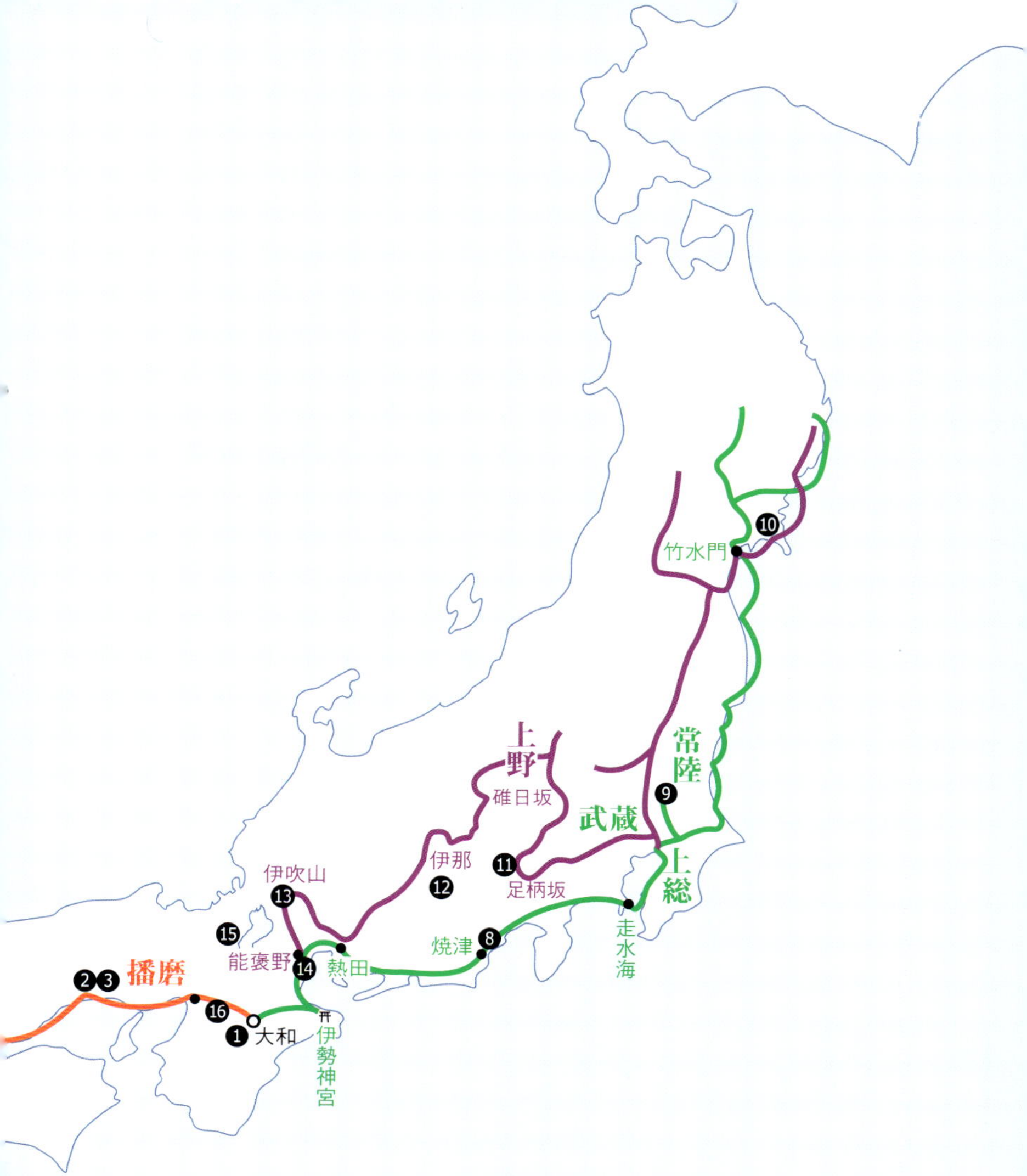

日本武尊の東征コースは、『古事記』と『日本書紀』では若干異なる

『古事記』

（往路）伊勢→尾張→駿河→相模→上総→蝦夷

（復路）蝦夷→相模の足柄峠→甲斐の酒折宮→科（信）野之坂→尾張

『日本書紀』

（往路）伊勢→尾張→駿河→相模→上総→陸奥→蝦夷

（復路）蝦夷→日高見国→常陸→甲斐の酒折宮→武蔵→碓日坂→信濃→尾張

① 纒向日代宮跡（奈良県桜井市）

② 日岡神社（兵庫県加古川市）

③ 播磨稲日大郎姫陵（兵庫県加古川市）

日本武尊遠征経路

九州遠征経路

東征路図（往路）

東征路図（復路）

① 纒向日代宮跡（奈良県桜井市）
② 日岡神社（兵庫県加古川市）
③ 播磨稲日大郎姫陵（兵庫県加古川市）
④ 宮処野神社（大分県竹田市）
⑤ 専寿寺（宮崎県小林市）
⑥ 浮羽の行宮碑（福岡県うきは市）
⑦ 高良大社（福岡県久留米市）
⑧ 草薙神社（静岡県静岡市）
⑨ 筑波山（茨城県つくば市）
⑩ 日高見神社（宮城県石巻市）
⑪ 酒折宮（山梨県甲府市）
⑫ 神坂神社（長野県下伊那郡阿智村）
⑬ 伊吹山（滋賀県米原市）
⑭ 能褒野陵（三重県亀山市）
⑮ 高穴穂神社（滋賀県大津市）
⑯ 景行天皇陵（奈良県天理市）

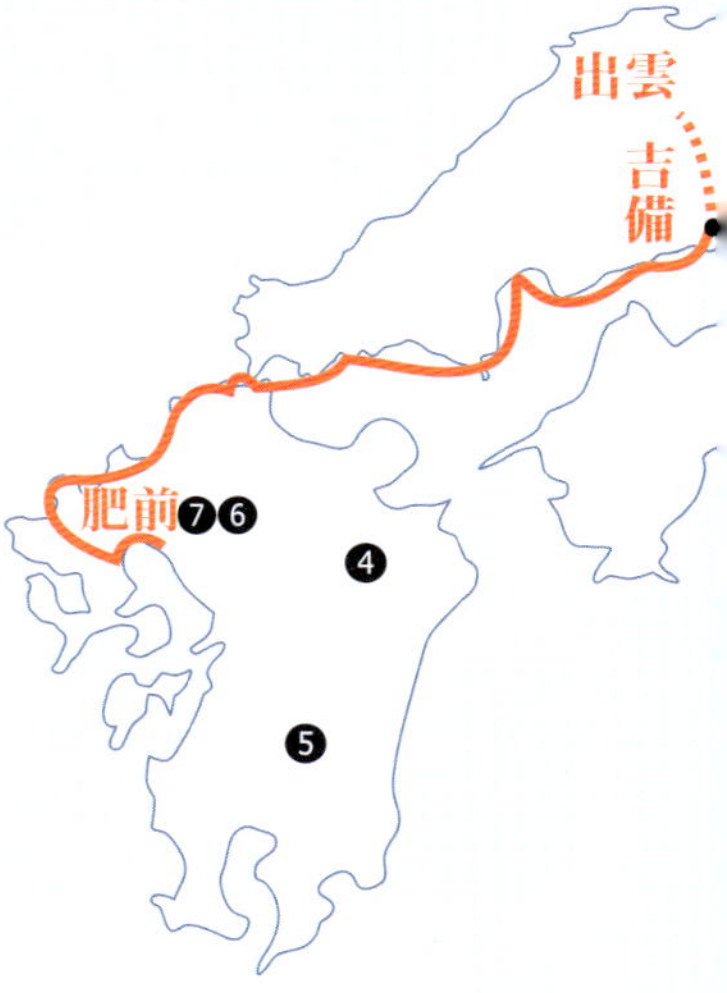

⑯ 景行天皇陵（奈良県天理市）

④ 宮処野神社（大分県竹田市）

⑤ 専寿寺「景行天皇御腰掛石」（宮崎県小林市）

⑥ 浮羽の行宮碑（福岡県うきは市）

⑦ 高良大社（福岡県久留米市）

⑧ 草薙神社（静岡県静岡市）

⑨ 筑波山（茨城県つくば市）

⑩ 日高見神社（宮城県石巻市）

⑪ 酒折宮（山梨県甲府市）

⑫ 神坂神社「日本武尊腰掛石」（長野県下伊那郡）

⑬ 伊吹山（滋賀県米原市）

⑭ 能褒野陵（三重県亀山市）

⑮ 高穴穂神社（滋賀県大津市）

思邦歌《くにしのびうた》——

倭《やまと》は　国《くに》のまほろば　たたなづく
青垣《あおがき》　山隠《やまごも》れる　倭《やまと》し　美《うるは》し
命《いのち》の全《また》けむ人《ひと》は　畳薦《たたみこも》　平群《へぐり》の山《やま》の
熊白檮《くまかし》が葉《は》を　髻華《うず》に挿《さ》せ　その子《こ》

景行天皇と日本武尊

列島を制覇した大王

◉

目次

これから述べることは、『古事記』『日本書紀』「風土記」『先代旧事本紀』『古語拾遺』『高橋氏文』『万葉集』などの古代文献とともに、さまざまな場所に残された伝承を手がかりに、景行《けいこう》天皇と日本《やまと》武《たける》尊の足跡を追跡しようとするものである。

共著としたのは、九州に居住する河村と関東に居住する志村のそれぞれの地の利を最大限いかせると考えたからである。もちろん、細かい部分まで二人で調整をおこなっており、この作品の内容については連帯して責任を負うものである。

景行天皇を含め古代の天皇の実在を否定する風潮のなかでは、いつまで待ってもこのようなことを企てる人物は現われそうにもない。物好きな人間が二人くらいいても許されるだろう。

河村哲夫
志村裕子

1 大足彦忍代別天皇

四道将軍
大彦命
会津
北陸
丹波道主命
東海
丹波
西道
吉備
武渟川別命
吉備津彦命

◉稲荷山鉄剣の銘文

天皇は、もと大王（おおきみ）とよばれていたらしい。『隋書』にも、「阿輩鶏弥（おほきみ）」と書かれている。

稲荷山《いなりやま》古墳（埼玉県行田市埼玉）から出土した鉄剣には、「獲加多支鹵（ワカタケル）大王」と刻まれ、ワカタケル大王とは、すなわち第二十一代雄略《ゆうりゃく》天皇といわれている。

江田船山《えたふなやま》古墳（熊本県玉名郡菊水町江田）から出土した大刀にも、「獲□□□鹵大王」と刻まれ、従来はタジヒノミヤミズハ大王、すなわち第十八代反正天皇のこととされていたが、稲荷山鉄剣銘との対比から、これまた雄略天皇のこととするのがほぼ定説となっている。

天皇という号は、七世紀末ごろの天武・持統天皇時代に成立したらしい。

したがって、第二十一代雄略天皇よりももっと古い第十二代景行天皇の時代には、当然のことながら天皇という呼称はいまだ存在せず、「オオキミ」と呼ばれていたはずである。

これからのべようとする第十二代天皇は、『日本書紀』の漢風諡号では、「景行《けいこう》天皇」と書かれ、和風諡号では、「大足彦忍代別《おおたらしひこおしろわけ》」と書かれている。『古事記』には、「大帯日子淤斯呂和気《おおたらしひこおしろわけ》」とあるが、単に表記が異なるだけである。いずれにしても、「オオタラシヒコ」というのが、和風のよび名であった。

漢風諡号《しごう》は奈良時代の代表的な学者である淡海御船《おうみのみふね》（七二二〜七八五年）が撰んだというから、ずっと後の時代のものである。和風諡号のほうが古い時代のなごりを伝えているが、便宜上、景行天皇というよび名で通すことにしたい。

景行天皇の父は、第十一代垂仁《すいにん》天皇で、祖父は第十代崇神《すじん》天皇である。

祖父の崇神天皇の和風諡号は御間城入彦五十瓊殖《みまきいりひこいにえ》尊《のみこと》といい、開化天皇の皇子で、四世紀前半ごろの天皇と考えられている。疫病の流行や大地の荒廃などを鎮めるため、天照大神を笠縫村に遷して豊鍬入姫命《とよすきいりひめのみこと》に祭らせ、渟名城入姫命《ぬなきのいりひめのみこと》には倭大国魂神《やまとのおおくにたまのかみ》を祭らせ、大田田根子《おおたたねこ》に三輪の大物主神《おおものぬしのかみ》を祭らせた。

また、第八代孝元《こうげん》天皇の皇子武埴安彦命《たけはにやすひこのみこと》が謀反をおこしたが、安倍氏の祖の大彦命《おおひこのみこと》や和珥《わに》氏の祖の彦《ひこ》国葺《くにふく》に平定される事件が勃発している。

とりわけ注目すべきは、崇神天皇の時代に北陸・東海・西道・丹波の四地域に「四道《しどう》将軍」を派遣したことである。

北陸……大彦命《おおひこ》
東海……武渟川別命《たけぬなかわわけ》（大彦命の子）
西道……吉備津彦《きびつひこ》
丹波……丹波道主命《たにわのちぬし》

そして、この四道将軍派遣の記事を実証したのが、前述した稲荷山古墳出土の鉄剣であった。昭和五十三（一九七八）年に稲荷山古墳出土の鉄剣の保存作業中に金象嵌《ぞうがん》の文字が発見されたのである。五八センチの刀身の表に五七文字、裏に五八文字が刻まれ、次のように解読されている。

（表）辛亥《しんがい》の年七月中に記す。乎獲居臣《おわけのおみ》、上つ祖の名は意富比垝《おおひこ》。其の児の名は多加利足尼《たかりのすくね》、其の児の名は弖已加利獲居《てよかりわけ》、其の児の名は多加披次獲居《たかはしわけ》、其の児の名は多沙鬼獲居《たさきわけ》、其の児の名は半弖比《はてひ》。

（裏）其の児の名は加差披余《かさはよ》、其の児の名は乎獲居臣。世々、杖刀人《じょうとうじん》の首《おびと》と為り、奉事し来り今に至る。獲加多支鹵《ワカタケル》大王の寺、斯鬼《しき》の宮に在《ま》す時、吾、天下を左治し、この百練の利刀を作らしめ、吾が奉事の根原を記す也。

冒頭の「辛亥の年」は四七一年にあたり、この鉄剣に金象嵌文字を刻ませた乎獲居臣の始祖の意富比垝こそ大彦命である、とする見解がきわめて有力になってきたのである。

この稲荷山鉄剣の金象嵌文字の発見は、戦後の古代史観に大きなショックを与えた。

戦後においては、『日本書紀』や『古事記』に記されている日本の神話や古代の諸天皇の物語などは、大和朝廷の政治的権力を正当化するために造作されたものである、とする津田左右吉流の学説が古代史学界の主流となっていたからである。

『日本書紀』などでは大彦命は第八代孝元天皇の皇子で開化《かいか》天皇の兄とされており、大彦命の実在が証明されれば、孝元天皇や開化天皇などの古代天皇の存在をはじめ、『日本書紀』や『古事記』に記載された記事の信憑性がきわめて高くなってくる。戦後における古代史学界の屋台骨が崩壊する危険性が生じたわけである。

それでも、稲荷山鉄剣に刻まれた意富比垝と大彦命とは別人であるとか、獲加多支鹵と雄略天皇とは別人であるとかいう説が今なお横行しているが、『日本書紀』『古事記』の記事と稲荷山鉄剣の銘文を素直に解釈すれば、国家鎮護のための祭祀を盛んにおこない、四道将軍を派遣するなど、大和朝廷の政治基盤を一段と固めたのが、崇神天皇の時代であったといえよう。

崇神天皇を継承したのが、景行天皇の父の垂仁天皇である。和風諡号では、活目入彦《いくめいりびこ》五十《い》狭茅《さち》天皇と書かれる。垂仁天皇の在位は四世紀半ば過ぎと考えられるが、この時代の主なできごとを列挙すれば、次のようなことになる。

・崇神天皇の時代に渡来した任那の蘇那曷叱智《そなかしち》（都《つ》怒我阿羅斯等《ぬがあらしと》）が朝鮮へ帰る。
・開化天皇の孫で皇后の狭穂姫《さほひめ》の兄の狭穂彦王《さほひこ》が反乱を起こしてともに焼け死ぬ。
・天照大神《あまてらすおおみかみ》をはじめて伊勢神宮に祭る。
・物部十千根《とおちね》に石上神宮の神宝を管掌させ、出雲の神宝を検校《けんぎょう》させる。
・殉死《じゅんし》を禁じて陵墓に埴輪《はにわ》を並べる。
・新羅王子の天日矛《あめのひぼこ》が渡来する。

孝元天皇

稲荷山古墳出土の鉄剣に刻まれた名	『古事記』『日本書紀』による天皇の名
意富比垝	開化天皇
多加利足尼	崇神天皇
弖已加利獲居	垂仁天皇
多加披次獲居	景行天皇
多沙鬼獲居	成務天皇
半弖比	仲哀天皇
加差披余	応神天皇
乎獲居臣	仁徳天皇
	履中天皇
	反正天皇
	允恭天皇
	安康天皇
	雄略天皇

（安本美典『倭の五王の謎』講談社現代新書による）

これらの記事をみると、朝鮮半島との交流がはじまり、国家的祭祀や神宝の管理などに関して大和朝廷の権力が強化されたことがわかる。

◉景行天皇の母ヒバスヒメ

景行天皇の母は、『日本書紀』によると「日葉酢媛《ひばすひめ》」という。『日本書紀』の垂仁天皇十五年三月の条には日葉酢媛、『日本書紀』垂仁天皇三十二年七月の条には日葉酢根命、『古事記』垂仁天皇の段には、比氷羽州比売命あるいは比婆須比売命などと表記されるが、いずれにしても、「ヒバスヒメ」とよばれたことがわかる。

ヒバスヒメの父の名は、「丹波道主命《たにわのちぬしのみこと》」という。崇神天皇時代に四道将軍の一人として丹波に派遣された人物である。『古事記』には、「旦波《たにわ》の比古多多須美《ひこたたすみ》知《ち》の宇斯《うし》の王」、あるいは「美知能宇志《みちのうし》王」と書かれている。

いずれも名前のなかに「みち（道）」を含んでいるが、これはむろん道路という意味ではなく、一定の行政区域をあらわす言葉である。現代風にいえば、丹波道知事とでもおもえばいい。

丹波道主命は、第九代開化天皇の皇子の彦坐王《ひこいますのみこ》の子とされている（ただし、『日本書紀』の「一書」は開化天皇の皇子の彦湯産隅王《ひこゆむすみのみこ》の子とする）。

律令時代において丹波国といえば、山陰道の一国とされ、古くは「旦波」あるいは「但波」とも表記され、現在の京都府中北部、兵庫県の東部にあたる地域をさしていた。『和名抄』には、「太迩波《たには》」と書かれている。はじめ、桑田・船井《ふない》・多紀《たき》・氷上《ひかみ》・天田《あまた》・何鹿《いかるが》・加《か》佐《さ》・与謝《よさ》・丹波《たには》・竹野《たかの》・熊野の十一郡が丹波国の領域であったが、和銅六（七一三）年に京都府北部地域の加佐郡以下五郡をもって丹後国として分立された。

天の橋立のすぐ北側、丹後半島の東のつけ根に、「籠《この》神社」がある。延喜式内社《えんぎしきないしゃ》で、山陰道一の宮とされる高い格式の神社である。代々海部《あまべ》氏が宮司をつとめている。海部氏といえば、『日本書紀』応神天皇五年八月の条に、「諸国に令して海人《あま》と山守部《やまもりべ》が定められた」とあり、『古事記』にも、「応神《おうじん》天皇の御世に、海部・山部・山守部・伊勢部を定められた」とあるとおり、海をつかさどる役職である。

応神天皇は五世紀前半ごろの天皇であり、朝鮮半島の新羅へ遠征したと伝えられる神功《じんぐう》皇后の子である。

この応神天皇の時代に、領海を管轄し、航海に従事するとともに、領海内の漁業秩序を守り、漁獲物を朝廷に貢納するなどの職をつかさどるため、各地に海部氏が置かれたのである。

この籠神社に、日本最古といわれる「海部氏系図」（正式には「籠神社祝部《はふりべ》氏系図」）が伝えられており、昭和五十一（一九七六）年に国宝に指定されている。この本系図とは別に、「海部氏勘注《かんちゅう》系図」（正式には「籠名神宮祝部丹波国造海部直等氏之本記」）が伝えられ、これまた国宝に指定されている。

「海部氏勘注系図」のなかに、丹波《たんば》の由来が書かれている。

「天照大神の子である天押穂耳尊《あまのおしほみみのみこと》の子の彦火明《ひこほのあかり》命《のみこと》は、高天原にいたときに大己貴神《おおなむちのかみ》の娘の天道《あまのみち》日女命《ひめのみこと》をめとり、その後丹後国の伊去奈子《いさなご》嶽に天降った。そして、五穀や桑などの種をもたらし、真名井を掘り、その水で水田陸田を開発した。これを見た天照大神は大層喜ばれ、以来この地を『田庭《たにわ》』とよぶようになった。田庭が丹波となったのである」

この伝承は、天照大神を中心とする高天原勢力によって、丹波地方に本格的な稲作技術がもたらされたことをしめしているもののようである。いずれにしても、丹波地方は古くから開けていた地域で、大和朝廷にとって戦略的にきわめて重要な拠点地域であったことはまちがいない。

景行天皇の母であるヒバスヒメは、この山陰地方で勢力を有した丹波道主命の娘であった。

ちなみに、全長一四〇メートルの丹波最大の前方後円墳である「雲部車塚《くもべくるまづか》」（兵庫県篠山市東本庄）こそ、丹波道主命の墳墓であるとする説がある。雲部車塚は明治二十九（一八九六）年に村人たちによって発掘され、その時の模様が雲部村村長の木戸勇助氏によって『車塚一蒔』としてのこされている。木戸村長はまた、考古学者の八木奘三郎らとともに、宮内庁に対して丹波道主命の陵墓《りょうぼ》としての確認を求め、明治三十三（一九〇〇）年に陵墓参考地に認定された。

しかしながら、雲部車塚は五世紀型古墳群に属する古墳とみられており（『日本古墳大辞典』）、さらには丹波道主命が派遣され根拠地としたと伝えられる丹後半島からやや距離が離れすぎているという有力な説もあり（『巨大古墳の被葬者は誰か』）、この認定は疑問というべきであろう。

吉田東伍の『大日本地名辞書』は、丹後半島の「府の岡」（京都府丹後市峰山町）に丹波道主命の居館があったという伝承を紹介しており、丹波郷（峰山町丹波）について、「いにしえの丹波道主命の故墟で、かつて郡役所のあったところである」と記している。

近くの竹野川に面した丘陵地の竹野神社あたりには「黒部銚子山古墳」（京丹後市弥栄町字黒部小字弓木）があり、日本海に面した竹野川の河口には「神明山古墳」（京丹後市丹後町字宮）があって、このいずれかの古墳が丹波道主命の墳墓である可能性が高いといわれている。

安本美典氏は、このうち黒部銚子山古墳が丹波道主命の墓であり、神明山《しんめいやま》古墳は開化天皇の后となった竹《たけ》野媛命《のひめのみこと》の墓ではないかと推測している（前掲書）。

ついでながら、ヒバスヒメは垂仁天皇三十二年七月に亡くなったが、『古事記』では、「狭木之寺間陵《さきのてらまのみささぎ》」に葬られたと記されている。『管家御伝記』には、「今、狭城《さき》盾列《たてなみ》池ノ前ノ陵これなり」と書かれ、平安時代後期まではその所在地が伝承されていたようであるが、その後不明となった。

ところが、文久三（一八六三）年にそれまで神功皇后陵とされてきた佐紀《さき》陵山《みささぎやま》古墳（奈良市山陵町字御陵前）が、五社神《ごさし》古墳（奈良市山陵町字宮ノ谷）に変更されたことに伴い、主を失った形となった佐紀陵山古墳が、明治八年に「狭木之寺間陵」として教部省の指定を受けた。

この指定にどのような根拠があったかよくわからないが、いずれにしても厳密な考古学的な調査に基づくものではないことだけは確かである。いずれ検証をおこなう必要があろう。

ヒバスヒメの「狭木之寺間陵」については、埴輪の起源説話が有名である。『日本書紀』によると、垂仁天皇二十八年に亡くなった倭彦命《やまとひこのみこと》の陵のまわりに近習を生きたまま埋めたところ、数日間泣き声やうめき声がやまなかった。このためヒバスヒメが亡くなったとき、垂仁天皇は出雲の野見宿禰《のみのすくね》の進言をうけて殉死の習慣をやめることとし、人間の代わりに埴輪を並べることとした。この功績によって、野見宿禰は土師部《はじべ》を統括する土師の始祖となったというのである。この伝承を前提とするならば、佐紀盾列古墳群のうち、最も古い人物埴輪を有する古墳がヒバスヒメの陵ということになるわけではある。

◉三人の皇子と二人の皇女

垂仁天皇とヒバスヒメとの間には、三人の皇子と二人の皇女が生まれている。

長男……五十《い》瓊《に》敷入彦命《しきいりびこのみこと》（印色入日子命）
次男……大足彦尊《おおたらしひこのみこと》（のちの景行天皇）
長女……大中姫命《おおなかつひめのみこと》（大中津日子命）
次女……倭姫命《やまとひめのみこと》（倭比売命）
三男……稚《わか》城《き》瓊《に》入彦命《いりびこのみこと》（若木入日子命）

垂仁天皇は皇位を長男の五十瓊敷入彦命に継承させるか、次男の大足彦尊、すなわちのちの景行天皇に継承させるか迷ったらしい。それ以前の皇位継承では、天皇家は長子よりも末子相続であったようにみられる。

垂仁天皇は二人にむかって、「おまえたち、それぞれ願うものを申せ」というと、兄の五十瓊敷入彦命は、「弓矢を得たいとおもいます」と答えた。

この答の意味はよくわからないが、この当時弓矢を使った狩猟などに凝っていたのであろうか。それとも、天皇から弓矢や剣などを授かって臣下の礼を取ることもあり、要するに臣下のほうが気楽でいい、天皇の器にはあらず、というような意味でいったのであろうか。

それに対して、弟の大足彦尊は、ずばり、「皇位を得たいとおもいます」と答えたのである。垂仁天皇は、「おまえたちのやりたいようにせよ」といい、弓矢を兄に与え、弟に皇位を与えることにした。

兄の五十瓊敷入彦命はむしろ自分の立場をわきまえた有能な皇子であったのかもしれない。『日本書紀』によると、河内で高石池《たかしのいけ》や茅渟池《ちぬのいけ》をつくり、大和で狭《さ》城池《きのいけ》や迹見池《とみのいけ》をつくったとされている。要するに土木工事に長けていたのである。

また、茅渟の菟砥川上宮《うとのかわかみのみや》で剣千口をつくって石上《いそのかみ》神宮（奈良県天理市布留町）に納めている。これまた鉄精練の技術に長けている証左である。そして、のちには武器の貯蔵施設あるいは朝廷ゆかりの神宝類の貯蔵施設ともいうべき石上神宮を所管する権限を与えられている。

五十瓊敷入彦命は、ひたすら石上神宮の神宝を守りつづけたが、高齢になるにおよびさすがにその任務に疲れたらしく、妹の大中姫命《おおなかつひめのみこと》に権限を譲ろうとした。大中姫命は「か弱い女の身では高い倉庫には昇れません」と固辞したが、「はしごをつくってやるから、煩わしいことではない」とむりやり説得した。

やむなく引き受けた大中姫命ではあったが、物部《もののべの》十千根大連《とおちねのおおむらじ》にゆだねて管理することとした。『日本書紀』には、「物部氏が今にいたるまで石上神宮の神宝を管理する由来である」と書かれている。

ちなみに、大中姫命は『古事記』では大中津日子命とあり、男性名として伝えられ、「山辺別《やまのべのわけ》、三枝別《さきくさのわけ》、稲木別《いなきのわけ》、阿太別《あだのわけ》、尾張国の三野別《みののわけ》、吉備の石无別《いわなしのわけ》、許《こ》呂母別《ろものわけ》、高巣鹿別《たかすかのわけ》、飛鳥君《あすかのきみ》、牟礼別《むれのわけ》などの祖である」として、大和、河内、飛鳥、尾張、吉備など各地の豪族十氏の先祖とされている。

垂仁天皇の次女の倭姫命《やまとひめのみこと》は、『古事記』では倭比売命とあり、『日本書紀』垂仁天皇二十五年三月の条には、「三月十日、天照大神を豊耜入姫命《とよすきいりひめのみこと》から離して、倭姫命に託された。倭姫命は天照大神を鎮座申し上げるところをさがして、菟田の篠幡《ささはた》にいった。さらに引き返して近江《おうみ》国に入り、美濃をめぐって伊勢国にいった。そのとき天照大神は『伊勢の国はしきりに波がうち寄せて、辺鄙《へんぴ》な土地であっても、とても美しい国です。この国に住まいたいと思います』と倭姫命に告げられた。そこで天照大神を祭るための祠を伊勢国につくられた。そして、斎宮《いわいのみや》を五十鈴川のほとりに建てた。これを磯宮《いそのみや》という。天照大神がはじめて天より降られたところである」とある。これが伊勢神宮内宮（皇大神宮、三重県伊勢市宇治館町）の由来である。

この記事にでてくる豊耜入姫命は、豊鍬入姫命とも書かれる。崇神天皇と紀伊国の荒河戸畔《あらかわとべ》の娘の遠津年《とおつあ》魚眼眼妙姫《ゆめまくはしひめ》との間に生まれた皇女で、『日本書紀』崇神天皇六年の条に、「民人の流離する者、あるいは反逆する者あり。その勢いは徳をもって治めようとしても難しかった。このため、朝夕天神地祇にお祈りした。これより先、天照大神と倭大国魂《やまとおおくにたま》の二神を天皇の御殿の内にお祭りした。ところが、その神の勢いを畏れ、ともに住むには不安があった。そこで、天照大神を豊鍬入姫命に託し、大和の笠縫邑《かさぬいのむら》に祭った。よって堅固な籬《ひもろぎ》（神が降臨する特別の場所のこと）をつくった」としてでてくる。

倭姫命は、豊耜入姫命の後を受けて、皇祖神たる天照大神の祭祀をおこなうこととされた人物である。

この斎女《いつきめ》たる性格などに着目して、京都大学の内藤湖南（虎次郎）は、明治四十三年の『芸文』誌に発表した論文「卑弥呼考」のなかで、倭姫命こそ邪馬台国の卑弥呼《ひみこ》であると主張したことは有名である。

現在でも坂田隆氏が独自の年代論によって同様の説を主張している（『東アジアの古代文化』（一九八三年春号）所載「誤用された数理統計学―安本美典批判―」）。

坂田氏は、用明天皇から大正天皇にいたる九十五人の天皇の平均在位年数十四・五年を基準にして古代天皇の在位年代を推計し、倭姫命の没年を二三二年から四〇八年の間と推計し、これは卑弥呼の没年である二四七、八年を含んでいる、とする。

しかしながら、内藤湖南の説は年代論が未発達な時代における思いつきの論に近く、坂田氏の説もその統計的処理において疑問がある。平均在位年数十四・五年はやや長過ぎ、したがって倭姫命の時代を古く見過ぎており、成り立ち得ない説というべきである。

最後に、倭姫命の弟で、垂仁天皇の三男である稚城《わかき》瓊入彦命《にいりびこのみこと》は、『古事記』では若木入日子命と書かれ、どういうわけか垂仁天皇と景行天皇の条に皇子としてでてくるが、この人物の事跡は伝えられていない。その名前からして、年若くして死去したのであろう。

◉急迫する国際情勢

大足彦尊、すなわちのちの景行天皇は、二十一歳で天皇の後継者に指名されている。

このあたりの時間的な経過について、『日本書紀』には、「垂仁天皇の三十七年に皇太子となられた。時に歳二十一。九十九年春二月、垂仁天皇は崩御《ほうぎょ》された。元年秋七月十一日、太子は皇位につかれた。よって元号を改められた。この年は太歳辛未《たいさいかのとひつじ》である」と書かれている。

垂仁天皇は在位九十九年で崩御されたとされている。『日本書紀』の干支《かんし》で計算すれば百四十歳、『古事記』の干支で計算すれば百五十三歳というとんでもない高齢で死去したことになる。

実は、『日本書紀』の編者は、第一代神武《じんむ》天皇が「辛酉《しんゆう》の年」（紀元前六六〇年）に即位したという前提で、以下の天皇の年代と寿命を記述している。

那珂通世（一八五一～一九〇八年）は、明治十一（一八九七）年の『上古年代考』などにより、これが中国の「辛酉《しんゆう》革命説」に基づいたものであるという説を唱えた。

「辛酉革命説」とは、古代の陰陽《いんよう》五行《ごぎょう》説において、干支六十年×二十一回＝千二百六十年ごとの辛酉の年に大きな革命が起こるという説である。

推古《すいこ》天皇九（六〇一）年がまさしく辛酉の年であったが、それより千二百六十年前の辛酉の年（紀元前六六〇年）に神武天皇が即位したものとしたのである。

紀元前六六〇年といえば、日本はいまだ縄文時代であり、石器時代である。『日本書紀』は約四十年かけておこなわれた日本史上はじめての国家的歴史編纂事業であったが、「辛酉革命説」をとったかどうかはともかくとしても、年代論においてはこのように決定的なあやまちをおかしている。

この結果、歴代の天皇がきわめて古い時代に比定され、しかも伝承された代々の天皇を意図的に増やすわけにはいかなかったから、天皇の寿命を大幅にひきのばすことによってつじつまを合わせようとした。第一代神武天皇から第二十一代雄略天皇までの平均寿命は九十一歳で、百歳を超える天皇が八人もいるのである。

安本美典氏は、統計学的な手法を用いて、古代における天皇一代の平均在位年数を約十年とみるとともに、記事内容の分析や国際比較などの総合的な検討をおこなって、邪馬台国の卑弥呼＝天照大神とする説を強力に展開している。この安本氏の「統計的年代論」が最も合理的で科学的であるようにおもえる。

安本氏の年代論によると、景行天皇の在位期間は、おおむね西暦三七〇年から三八五年ということになる。

朝鮮の史書である『三国史記』によると、新羅《しらぎ》は奈《な》勿《こつ》王（在位三五六～四〇二年）、高句麗《こうくり》は小獣林《しょうじゅうりん》王（在位三七一～三八四年）、百済《くだら》は近肖古《きんしょうこ》王（在位三四六～三七五年）から近仇首《きんきゅうしゅ》王（在位三七五～三八四年）にかけての時代であった。

ちなみに、中国では東晋（三一七～四二〇年）の簡《かん》文《ぶん》帝（在位三七一～三七二年）から孝武《こうぶ》帝（在位三七三～三九六年）の時代であった。東晋は、洛陽を首都にしていた西晋が匈奴《きょうど》の圧迫を避けるために、南方の建康《けんこう》（南京）を都として建国したもので、司馬睿《しばえい》（元帝）を初代皇帝とする。しかしながら、司馬睿は北方から流れてきた流民や土着の豪族たちをまとめることができず、軍部を掌握していた王氏によって拘禁され、数か月後に衰弱して死亡してしまい、その後も四二〇

景行天皇の時代における朝鮮・中国の動向

景行天皇の時代（安本氏案）

年	倭国・朝鮮・中国
355	高句麗王、前燕に朝貢し、楽浪公を授けらる。
356	新羅、奈勿王即位するという。
364	百済人氏ら任那の卓淳国を訪ね、倭国と通交を求める。
366	倭国の斯摩宿禰、卓淳国へ行き使者を百済におくるという。
368	百済王、新羅王と修交する。
369	新羅を攻め比自体以下の七国平定、四邑を降服させるという。
371	百済、高句麗平壌城を攻め、故国原王を敗死せしむ。
372	百済の肖古王、久氏らを倭国に遣わし、七支刀一口、七子鏡一面をおくるという（神功紀五十二年条）。七支刀の泰和四年は三六九年。
376	前秦、華北を統一。
377	高句麗・新羅、前秦に入貢。
383	淝水の戦いで東晋、前秦を破る。
384	百済、東晋より胡僧を迎える（百済仏法の初）。

（西岡光「景行天皇について考える」〔「季刊邪馬台国」42号、梓書院〕より）

年に宋（四二〇～四七九年）に滅ぼされるまで、東晋の混乱はつづいた。

　中国北方では、匈奴が勢力を増大させ、「五胡《ごこ》十六国」と呼ばれる不安定な時代がつづいていたが、三七〇年ごろに長安を都とする前秦《しん》（三五一～三九四年）の勢力が強大になっていた。もともとは五胡十六国の氏族の族長であった苻健《ふけん》が建国したもので、三代皇帝の苻堅《ふけん》（三三八～三八五年）の時代に宰相の王猛《おうもう》を重用して国力を高め、東方の河南省鄴を都にしていた前燕《えん》（三三七～三七〇年）を破り、三七六年には華北を統一している。

　この前秦の勢力拡大は、朝鮮半島の政治情勢に直接的な影響を与えた。

　まず、前燕と長期間にわたって対立していた高句麗は、新羅とともに三七七年に前秦に使者を送った。高句麗は仏教など前秦の文化を積極的に導入するとともに、朝鮮半島西南部において勢力を増大させてきた百済に対抗しようとした。高句麗はしばしば南侵をくわだてたが、百済の猛反撃にあい、頓挫させられていた。とりわけ三七一年には、近肖古王の太子の近仇首によって高句麗の平壌《へいじょう》城を攻められ、故国原王《ここくげん》が戦死するという屈辱を受けている。

高句麗と新羅が華北の前秦に接近したのをみるや、三七二年に百済は余句という名で華南の東晋に使者を派遣し、「鎮東将軍・領楽浪太守」の称号を下賜されている。百済は、高句麗に対抗するため、中国南朝に接近し、さらに朝鮮半島南部の加羅《から》諸国や海を越えて、ようやく大和朝廷による全国支配が達成されつつあった倭国に対しても接近をこころみた。

百済は倭国に久氐《くてい》という人物を派遣し、「七支刀《ななしとう》」を贈呈している。この「七支刀」は石上神宮に神宝として伝えられ、現存している。

七支刀に金象嵌で刻まれた六十一文字については、少なからぬ異論があるものの、一般には次のように読まれている。

〔表面〕泰（和）四年（三六九）五月十六日丙午正陽の時、百練の（鉄の）七支刀を作る。百兵を辟除し、侯王の供用とするのに宜しい。永年大吉祥であれ。

〔裏面〕先世以来未だ見なかったこのような刀を百済王の世子である奇生（貴須・近仇首のこと）が聖恩の故に、倭王の旨（替）の為に造った。後世に伝示せよ。

この七支刀が贈られたのは、『日本書紀』の紀年では壬申の年にあたり、西暦三七二年にあたると解されている。のちに述べるように、『日本書紀』の年代の定め方はあまりあてにならず、やや疑問というべきであろうが、前記の読み方を前提にすれば、三六九年に製作されたことは間違いないということになる。

「七支刀」を贈呈された「旨」もしくは「替」という倭王が誰であるのか、これについては定説というべきものはないが、先の年代論からみて、垂仁天皇から景行天皇にかけての時代であった可能性は高い。どちらかといえば、『日本書紀』の対外関係の記事からみて、垂仁天皇の末期のことであるとみるのが適当のように思えるが、景行天皇の存命中の事件であったことはまちがいない。

いずれにしても、景行天皇がこののち生涯を賭けて国内統一に全精力を注ぎ込むことになるのは、この「七支刀」の贈呈により急迫する国際情勢を知ったことが、そのきっかけであったかもしれない。

　華北を統一した前秦の皇帝苻堅は、三八三年十二月一日に華南の東晋と淮河《わいが》中流域の寿春（安徽省寿県）において、一大決戦をおこなった。「淝水《ひすい》の戦い」と呼ばれるこの戦いにおいて、九十万人といわれる前秦の大部隊は、東晋軍の謝玄《しゅげん》によって奇襲攻撃を受け、壊滅的な打撃を受けて敗北してしまった。苻堅も負傷し、その英名もまた失墜し、華北はふたたび乱れはじめて、こののち三年の間に華北は六つの政権に分裂することになった。

　このように、景行天皇の在位期間とおもわれる三七〇年から三八五年にかけて、東アジアの政治情勢は、まさに前秦の最盛期から没落期にあたる。高句麗と新羅は前秦に接近をはかり、それに対抗して、百済は南朝の東晋と倭国に接近をはかった。

　畿内大和を中心とする大和朝廷は、すみやかに国内の支配体制を確立し、百済とともに高句麗と新羅の南下にそなえる必要があった。景行天皇は皇子の日本《やまと》武尊《たける》とともに、国内の統一に邁進し、やがて神功皇后の新羅出兵へとつながっていく。神功皇后の子は応神天皇であり、孫は仁徳天皇である。応神・仁徳の時代に日本は飛躍的な発展を遂げる。

　その基礎を築いたのが景行天皇と日本武尊であった。『日本書紀』によると、大足彦尊は「太歳辛未《たいさいかのとひつじ》」の年に皇位についたとされている。太歳とは、木星の別名であり、木星を基準とした年の数え方である。木星が太陽の周りを約十二年の周期で規則的に回っていることから、古代中国における暦法においてその位置が重要な指標とされ、木星の回る順序に従って十二支を配置して年を数えた。

　安本氏の年代論による景行天皇の在位期間三七〇～三八五年の「辛未の年」といえば、三七一年にあたり、安本美典氏の年代論に基づく三七〇年とほぼ完全に一致する。偶然の一致というべきかもしれないが、この場合の『日本書紀』の記事は、ひょっとしたら何らかの裏づけに基づくものであったかもしれない。

2 八十人の皇子・皇女

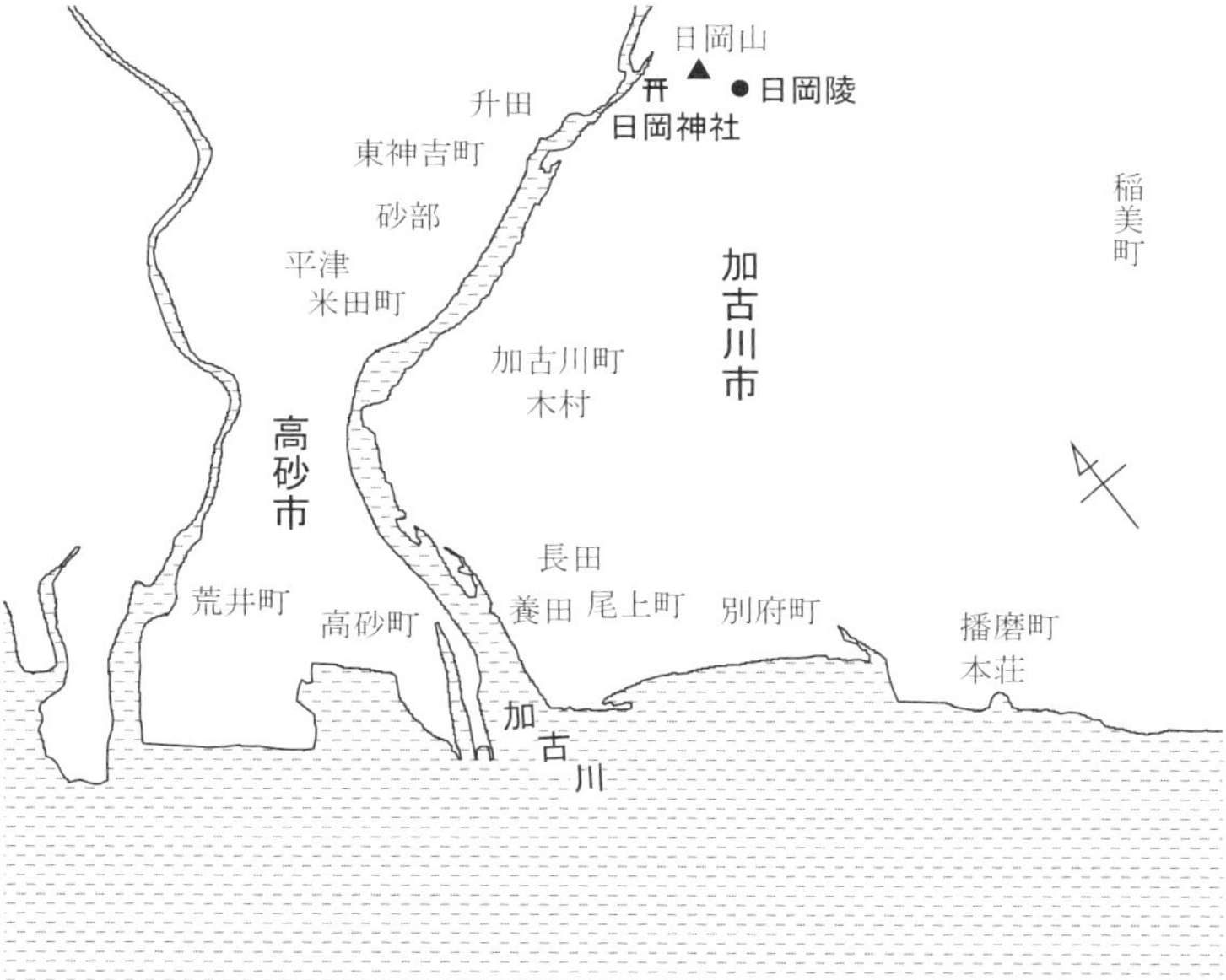

日岡山
日岡陵
日岡神社
升田
東神吉町
砂部
平津
米田町
稲美町
加古川市
加古川町
木村
高砂市
長田
荒井町
高砂町
養田
尾上町
別府町
播磨町
本荘
加古川

◉播磨のイナビヒメ

「別《わけ》」という称号は、『魏志倭人伝』の邪馬台国においても、「獲支《わき》」としてでており、稲荷山鉄剣にも、「獲居《わけ》」としてでてくる。

景行天皇は八十人の皇子・皇女をもうけ、そのうち七十人余りを諸国に封じた。その末裔を「別（ワケ）」とよぶが、名称自体は邪馬台国時代からの伝統を踏襲したものである。

景行天皇は邪馬台国時代の「ワケ」という古代封建制を活用し、血縁によって各地の豪族との関係を深め、地方に対する支配力を強化したのである。

『日本書紀』によると、景行天皇は即位した翌年の三月三日に、播磨地方の豪族の娘「稲日大郎姫《いなびのおおいらつめ》」を皇后に立てたという。『古事記』によると、播磨の稲日大郎姫の父は、吉備臣《きびのおみ》等の祖の若建吉備津日子《わかたけきびつひこ》であるという。ただし、『播磨国風土記』は、丸《わに》（和邇）部臣らの始祖の比古汝茅《ひこなむち》と吉備比売の娘とする。いずれにしても、吉備一族のゆかりの女性であった。

吉備氏は、第十代崇神天皇の時代に「四道将軍」の一人として吉備に派遣された吉備津彦命に由来する。第七代孝霊天皇の子で、「邪馬台国近畿説」で卑弥呼に比定される倭《やまと》迹迹《とと》日《ひ》百《もも》襲《そ》姫《ひめ》命の弟とされている。

吉備津彦とともに、異母弟の稚武彦《わかたけひこ》（若建吉備津日子）も吉備に下ったが、その後の吉備においては、弟の稚武彦（若建吉備津日子）の系譜が繁栄した。のち日本武尊に従軍することになる吉備武彦も稚武彦の末裔である。

播磨は現在の兵庫県西南部地域のことであり、稲日とは印南（兵庫県加古郡稲美町印南）のことである。播磨の稲日大郎姫は、別伝では稲日《いなび》稚郎姫《のわきいらつめ》ともいったらしい。『播磨国風土記』には、印南別嬢《いなみのわきいらつめ》とある。

文献によって表記は異なるものの、いずれも同一人物で、「印南の若いお姫さま」あるいは「印南の若いお嬢さま」というような意味である。

『播磨国風土記』の賀古の郡の条には、景行天皇がこのイナビヒメに求愛したようすが詳しく述べられている。景行天皇は、イナビヒメを妻にするため、みずから播磨へやってくる。

「むかし大帯日子命《おおたらしひこのみこと》（景行天皇）がイナビヒメ（印南別嬢）を妻問いなされたとき、お腰に帯びられた八咫《やた》の剣の上結の帯には八咫の勾玉、下結には麻布都《まふつ》の鏡をかけて、賀毛郡の山直《やまのあたい》らの始祖息長命（またの名を伊志治）を仲人として妻問いにおいでになった」

景行天皇は妻を求めるため、正装してやってきたらしい。腰には二本の帯（ベルト）を巻き、八咫《やた》の剣を腰に差し、上の帯には八咫の勾玉をかけ、下の帯には麻布都の鏡をかけていた。

「咫（あた）」とは古代日本における長さの単位で、「あ」とは「開《あ》ける」、「た」は手のことで、つまり、手を開いたときの長さという意味である。要するに、手のひらのつけ根から中指先までの長さのことで、親指と中指の間の長さを基準にした「尺（しゃく）」よりも二割ほど短い。『説文』にも、「中婦人の手の長さ八寸、これを咫《あた》という」とされている。

ただし、用例としては「八咫」のみで、実際に長さの単位として用いたケースは見つかっていない。「咫」と「尺」が厳密に使い分けられたかどうかはっきりせず、したがって、「八咫」とは「八尺」と同じく、単に長さを誇張するために用いられているだけなのかもしれない。

すると、「八咫の剣」は長い剣、「八咫の勾玉」とは幾重にも数珠つなぎにした勾玉のことというような意味であろう。あるいは丸玉・管玉などを連ねた中にポイントとして大きな勾玉を配した長い首飾りであったかもしれない。

次に、「麻布都の鏡」の「布都」というのは「太い」というような意味で、「麻（ま）」は現代でも「真っ暗」や「真正面」などのように用いられる。大層大きな鏡という意味である。

まとめていえば、景行天皇は派手に剣・玉・鏡を身に飾って求愛におもむいたのである。剣・玉・鏡の三点セットといえば「三種の神器」として、天皇家を象徴するものである。まさに正装にふさわしい飾りを身につけていたことになる。

そうして、摂津国の高瀬の渡し場までやってきて、岸辺にいた渡し守に川を渡してくれるように頼んだ。その渡し守の名は、紀伊の国生まれの小玉《おだま》といった。しかし天皇に頼まれたにもかかわらず、渡し守の小玉は「私は天皇の召し使いなどではない」と返答した。あくまで不遜な態度である。ところが、景行天皇は腰を低くして、「朕君《あぎみ》よ、そうではあろうが、ぜひ渡してくれ」と頼んだ。それに対して、小玉は「どうしても渡られたいなら、渡し賃を賜りたい」となおも抵抗する。それを聞いて、景行天皇は頭につけていた弟蔓（オトカズラ）をとりはずして舟のなかに投げ入れたところ、そのオトカズラは燦然と舟いっぱいに光り輝いたという。景行天皇は、玉石などで飾ったオトカズラをつけていたのであろう。

　それにしても、渡し守の小玉の不遜な態度はきわめて理解しにくい。天皇に対してこのような態度を取れば、普通であれば即座に罪を受けるところである。おそらくこの当時、妻問いをおこなう若者に対してわざと妨害する風習があったにちがいない。

　小玉は、渡し賃をもらうと、景行天皇を舟に乗せて川を渡った。このことによって、この渡しは「朕君《あぎみ》の渡し」とよばれるようになったという。

　淀川支流の中津川は、もと吾君川といったことから（『大日本地名辞書』）、「朕君の渡し」は中津川の河口は大阪府守口市高瀬あたりとみられる。

　このようにして「朕君の渡し」を渡った景行天皇は、「赤石の郡の廝《かしわで》の御井」に到着した。赤石とは、明石（兵庫県明石市と神戸市垂水区あたり）のことで、『和名抄』によると、明石郡には葛江《ふじえ》、明石、住吉、神戸、邑美《おうみ》、垂見、神戸ら七郷があったという。『播磨国風土記』には、「そこでお食事をさしあげた。だから廝の御井という」とある。

　イナビヒメは、天皇が到着を聞くと、驚きおそれかしこんで、南毗都麻《なびつま》の島に逃げ渡った。これまた、古代の風習に基づく行動なのであろう。

　南毗都麻の島とは、もともと印南川（加古川）河口にあった小島である。現在では、長期間にわたる土砂の堆積によって消失してしまったが、おそらく高砂市あたりの一角にあったであろう。

　イナビヒメに逃げられたときいて、景行天皇は「賀古の松原」あたりをさがしまわった。

　賀古の松原とは、加古川河口の海辺にある松原のことで、現在の尾上町の「尾上の松」あたりのことといわれている。

　このとき白い犬がいて、海にむかって長く吠えた。景行天皇は「これは誰の犬か」と聞くと、須受武《すずむ》良首《らのおびと》が、「これは別嬢の飼っている犬です」と答えた。景行天皇は喜んで、「よくぞ告《のり》つるかも」とほめた。このため、須受武良首は告首《のりのおびと》と称されるようになったという。

　景行天皇は、イナビヒメが対岸の小島にいることを知り、すぐ渡りたいとおもったが、腹が減ったため、とりあえず阿閉津《あえつ》（加古郡播磨町本荘付近の津）に行き、そこで御食《みあえ》を取った。このため、阿閉の村というようになったという。

　このとき入江の魚を取って御坏物《みつきもの》としたため、この場所を「御坏の江」とよぶようになったというが、それは加古郡別府町の小江のことであるという（『大日本地名辞書』）。

　また、舟に乗る場所で、木の若枝で榭（タナ）を作ったので、榭津とよぶようになったという。

　景行天皇は島に渡って、ようやくイナビヒメに逢うことができた。天皇は勅して、「この島に隠《なび》し愛妻《はしつま》よ」といったことから、この島を南毗都麻とよぶようになったという。

　景行天皇は、自分の舟とイナビヒメの舟を縄でつないで島から帰ってきた。

　仲立ちをした伊志治は、その功により大中《おおなかつ》伊志治とよばれるようになったという。前に述べたように、伊志治とは賀毛郡の山直《やまのあたい》らの始祖息長《おきなが》命のことである。息長氏はもと近江国坂田郡（滋賀県米原市息長）を本拠とした古代豪族である。神功皇后が別名を息長《おきなが》足姫《たらしひめ》尊といわれるのは、その父系が息長氏であるからである。

　『播磨国風土記』によると、息長命＝大中伊志治は、賀毛郡の山直《やまのあたい》らの始祖であるという。賀毛（茂）郡とは、『和名抄』によると、加古川流域の三重、上鴨、穂積、川内、酒見、大神、住吉、川合、夷俘の九郷のことである。現在では加東、加西の二郡に分かれているが、兵庫県の小野市、東条町、社町、加西町、滝野町、泉町あたりが古い時代の賀毛（茂）郡であった。

　『住吉大社神代記』に、山直阿我奈賀という人物名が出てくるが、我奈賀という名は為奈川のなまったもので、摂津国河辺郡為奈郷（兵庫県尼崎市東北部）のことであろう。いずれにしても、播磨から摂津あたりにかけて勢力を張った山直の先祖の息長命＝大中伊志治は、ぶじに景行天皇とイナビヒメの仲人の役をつとめ上げたのである。

　イナビヒメをつれ帰った景行天皇は、加古川河口にあった印南の六継《むつぎ》の村に帰ってきた。この村で、二人ははじめて結ばれた。

　『播磨国風土記』には次のようにある。

「はじめてここで密事《むつびごと》をなしとげられた。だからこの村を六継の村という。天皇は『ここは波の音や鳥の声がひどくうるさい』と仰せられ、南の高宮にお遷りになった。だから高宮の村（加古川市米田町平津）という。このとき酒殿をつくったところはすなわち酒屋の村といい、食料貯蔵庫である贄殿《にえどの》をつくったところはすなわち贄田の村とよび、宮をつくったところは館の村とよぶ。また、城宮（加古川市加古川町木村）にお遷りになり、そこではじめて婚姻の儀をあげられた。その後、別嬢の寝室の床掃《とこはらえ》に奉仕した出雲臣比良売《いずものおみひすらめ》を息長命に妻として賜った。息長命の墓は賀古の駅の西にある」

　出雲臣比良売とは、もちろん古代における大豪族であった出雲氏につらなる女性であったろう。

『播磨国風土記』はつづけて、日岡の比礼《ひれ》墓＝褶《ひれ》墓の由来を記している。

「やがて年月を経て、イナビヒメはこの宮で薨じた。墓は日岡につくった。そこでここに葬ろうとして、その遺骸を奉持して印南川を渡るとき、大きなつむじ風が川下から吹いてきて、その遺骸を川のなかに巻き込んでしまった。さがしもとめても、見つけることができない。わずかに櫛箱と褶が見つかっただけである。そこで、この二つのものをその墓に葬った。だから褶墓とよんでいる。ここにおいて天皇は恋い悲しみ、神に誓って、『この川のものは食うまい』といわれた。こういうわけで、その川の年魚《あゆ》は天皇に献上しない。その後病気になられたので、勅して『薬なるぞ』と仰せられた。やがて宮を賀古の松原につくってお遷りになった。ある人がここに冷たい清水を掘って出した。だから松原の御井という」

　加古川は、姫路平野の中心部を南に流れ、播磨灘に注ぐ全長八六キロの兵庫県で最も長い川である。下流では印南川とも呼ばれた。

　氷上《ひかみ》郡の遠坂峠あたりの石生《いそお》に見分《みわかれ》橋という小さな橋がある。標高九四・五メートルの、この橋の下が本州で最も低い分水嶺となっている。この地点を境に北へ流れる全長一四六キロの由良川は日本海へ注ぎこみ、南へ流れる加古川は瀬戸内海へ注ぎこむ。したがって、加古川と由良川は古い時代から播磨地方と丹波地方を結ぶきわめて重要な交流ルートであった。

　加古川は、丹波の篠山盆地や氷上盆地を潤しながら、播磨に途中北方の兵庫県と京都府の境あたりを源とする佐治《さじ》川や東方の篠山盆地を流れる篠山川など大小百十九の支流をもち、滝野町の闘竜灘あたりでやや狭くなるが、加西市、小野市、三木市あたりでは沖積作用によって段丘や低湿地を形成し、下流では加古川と高砂市にまたがる大きな三角州（デルタ）を形成している。

加古川の東岸の氷丘村（加古川市加古町大野）に標高約五〇メートルの丘陵がある。最も高いところで五八・五メートルしかないが、低いながらも日岡山とよばれている。『播磨国風土記』には、「狩りをしていたとき、一頭の鹿がこの丘に走り登って比比《ひひ》と鳴いた。このためこの丘を日岡と名づけた」とあるが、この日岡山の頂上に「日岡山古墳」があり、明治十六年に比礼墓＝褶墓に認定され、「稲日大郎姫命日岡陵」として宮内庁によって管理されている。

この「日岡陵」は、全長約八七メートル、後円部東西径約四九メートル、前方部前面幅約三四メートルの前期型の前方後円墳である。もともと円墳であったものに、後世になって前方部をつけ加えたのではないかと疑う説もあったが（『捏造された前方後円墳』春成秀爾）、現在では否定されている（『風土記の考古学2』「褶墓と日岡山古墳」櫃本誠一）。

日岡山の西南山麓には「日岡神社」（加古川市加古川町大野字日岡山）がある。主祭神は天伊佐々比古《あまのいささひこ》で、相殿には天照大神、豊玉比売命《とよたまびめ》、鵜葺草葺不合命《うがやふきあえずの》、市《いち》杵島比売命《きしまひめ》を祭っている。『延喜式』神名帳には「日岡坐天伊佐々比古《ひおかにますあまのいささひこ》神社」とある。主祭神の天伊佐々比古は、四道将軍の一人として吉備へ派遣された彦五十狭芹彦《ひこいさせりびこ》、すなわち吉備津彦とも伝えられている。孝霊天皇の子で、吉備地方を平定したときの話が、桃太郎伝説のモデルになったともいわれている。

ただし、『播磨国風土記』には、日岡に祭られている神は、大御津歯命《おおみつは》の子の伊波都比古命《いわつひこ》と書かれており、この二神とも他の文献には見えない。

天伊佐々比古と伊波都比古命との関係は不明であるが、伊波都比古命という名の本体部は、「伊波」である。「伊波」は「いなみ」とも読めるから、「印南の支配者」とでもいうような通称であったろう。

この日岡神社の近くには日岡山三号墳や南東山麓には南大塚古墳、西大塚古墳、勅使塚古墳、北大塚古墳などの四基の前方後円墳のほか十基の小円墳がつくられている。このうち小円墳数基は横穴式石室をもつ後期の古墳であることが確認されている。

ちなみに、『播磨国風土記』に記された「松原の御井」とは、加古川市尾上町養田《ようだ》にある松原清水といわれている（『新考』）。

このほか、景行天皇がイナビヒメを妻問いに訪れたときの地名説話が『播磨国風土記』にいくつか紹介されている。

「賀古郡」の条に紹介されている逸話

「〈望理《まがり》の里〉大帯日子天皇（景行天皇）が御巡行なされたとき、この村の川が曲がっているのを見て、勅して、『この川の曲がりははなはだみごとなことぞ』と仰せられた。だから望理という」

望理という地名は、『和名抄』には「賀古郡望理（末加里）郷」としてでており、加古川市神野町八幡といわれている。

「〈長田の里〉むかし大帯日子命がイナビヒメのところに幸行なされたとき、道のほとりに長い田があった。勅して、『なんと長田であることか』と仰せられた。だから長田という」

長田という地名は、同じく『和名抄』の「賀古郡長田（奈加太）」のことであり、加古川市尾上町長田のことといわれている。

「印南郡」の条に紹介されている逸話

「〈益気《やけ》の里〉宅《やけ》とよぶわけは、大帯日子命が御宅（屯倉）をおつくりになったから、宅の村という」

『和名抄』の「加古郡益田（末須田）」のことで、加古川市東神吉の升田（益田）のことといわれている。

景行天皇はイナビヒメとの間に、双子の男児をもうけている。日岡神社の社伝によると「美乃利《みのり》」という場所で出産したという。神社南方の民家には、産湯に使ったと言い伝えのある石の盥《たらい》がある。

景行天皇は、双子が生まれたと聞いて、いぶかしく思い、臼にむかって大声を上げた。このため、兄を大《おお》碓《うす》、弟は小碓と名づけたという。古代において、出生のとき、夫は臼を背負って産屋のまわりをまわる習俗があったようである。景行天皇は二人目が生まれるまで、ずっと重たい臼を背負って歩かなければならなかったため、つい臼にむかってどなり声を上げたのであろう。

弟の小碓は、またの名を日本童男《やまとおぐな》といい、のちの日本武尊（『古事記』では倭建命）、すなわちヤマトタケルである。

『日本書紀』は、この大碓・小碓二人の子のほか、もう一人稚倭根子《わかやまとねこ》という皇子が生まれたとする別伝を紹介しているが、『古事記』は、櫛角別王《くしつのわけ》、倭根子命《やまとねこ》、神櫛王《かむくし》の三人の子が生まれたと記している。『日本書紀』では、神櫛王は神櫛皇子とあり、のちに述べるように景行天皇と五十河媛《いかわひめ》の間にできた子であるとする。

ただし、日岡神社の社伝によると、櫛角別王は景行天皇とイナビヒメの長男であり、イナビヒメが櫛角別を産んだとき、難産で苦しんだという。このため、イナビヒメが大碓・小碓の双子を身ごもったとき、安産を祈って「亥巳籠《いみごもり》」をおこない、天伊佐佐比古命は祖神を祭ったという。

今でも日岡神社の年中行事の一つとして旧正月の亥の日から巳の日までの八日間にわたって「亥巳籠」がおこなわれ、安産のための御神供がつくられ、頭人《とうにん》が定められる。神殿は榊で囲われ、しめ縄が張られ、柱には鈴が結わえられて、いっさいの音が禁じられる。そして、亥巳籠明けの午の日には、頭渡しと的射の神事がおこなわれる。

◉ヤサカイリビメと七男七女

『日本書紀』によると、即位三年の春二月一日に神々を祀るために紀伊国（和歌山県）へ行くことを占ったところ、吉と出なかったので、行幸をとりやめることとし、代わりに屋主忍男武雄心命《やぬしおしおたけおごころ》を派遣して祭祀をおこなわせることとした。

屋主忍男武雄心は、『日本書紀』の伝える一書では、武猪心《たけいこころ》ともいい、『新撰姓氏録』右京皇別上には、屋《や》主忍雄猪心命《ぬしおしたけいこころ》と書かれている。

紀伊へ派遣された屋主忍男武雄心は、阿備の柏原で神々を祭った。阿備の柏原の所在地についてはよくわかっていないが、一般には和歌山県海草郡安原村（和歌山市）の相坂から松原あたりと考えられている。

屋主忍男武雄心は、阿備の柏原に九年間滞在したが、その間に紀直《きのあたい》の先祖の菟道彦《うじひこ》の娘の影媛をめとって、武内宿禰を生ませたという。

『古事記』によれば、武内宿禰は成務天皇、仲哀天皇、応神天皇、仁徳天皇の四朝に仕え、『日本書紀』によれば、景行天皇、仲哀天皇、応神天皇、仁徳天皇の五朝に仕えて活躍した人物であると伝える。景行天皇は武内宿禰を、「棟梁《ねむはり》の臣《まえつきみ》」とし、成務天皇は「大臣《おおおみ》」とした。仁徳天皇の五十年に、仁徳天皇が「武内宿禰よ、あなたこそ国第一の長生きの人だ」と歌のなかでたたえているから、『日本書紀』の年紀をそのまま信用すれば、武内宿禰は三百歳ほどの長寿を保ったこととなる。

『日本書紀』によれば、武内宿禰の曾祖父は第八代孝元天皇、その皇子の彦太忍信（＝比古布都押之信）は祖父、その子の屋主忍男武雄を父とするが、『古事記』によれば、武内宿禰の父は孝元天皇の皇子の比古布都《ひこふつ》押之信《おしのまこと》であるとする。伝承されるうちに、屋主忍男武雄心命の名が『古事記』の方で欠落したとみるべきであろう。

『日本書紀』によれば、四年春二月十一日に景行天皇は長良川上流の美濃（岐阜県南部）に行幸している。このとき、つき従う者たちが、「この国に美人がいます。弟媛《おとひめ》といい、容姿端麗で、八坂入彦《やさかいりびこ》皇子の娘です」とそのかした。オトヒメ（弟媛）は、単に妹とでもいうような意味であろう。

八坂入彦の父は崇神天皇で、母は尾張《おわり》大海媛《おおしあまひめ》である。『古事記』では尾張の連の祖の「意富阿麻比売」と書き、『先代旧事本紀』の天孫本紀では、饒速日《にぎはやひ》命六世の孫の宇那比《うなひ》姫の娘大海姫命、またの名を葛木《かつらぎの》高名姫《たかなひめ》命であるとする。大海媛という名からみて、八坂入彦は尾張国の海部《あまべ》郡海部《あまべ》郷あたりを根拠とした海人族を率いていた豪族であったろう。八坂入彦は母の大海媛とともに、このあたりを根拠に住み着いていたのであろう。

景行天皇は、妃にしようと思って、オトヒメの家を訪ねた。天皇の訪問を聞くや、オトヒメは竹林のなかに隠れてしまった。イナビヒメが天皇の到着を聞いて南毗都麻の島に逃げて隠れたのと同様である。景行天皇は、オトヒメを誘い出すために、「泳宮《くくりのみや》」の池に鯉を放って、朝夕眺めて遊んだ。

泳宮とは、『万葉集』巻十三（三二四二）の歌にでており、岐阜県可児《かに》市の久々利《くくり》といわれている。

ももきね　美濃の国の　高北の　八十一隣《くくり》の宮に
日向ひに　行靡闕矣　ありと聞きて　我が行く道の

奥十山《おきそやま》　美濃の山　靡《なび》けと　人は踏めども　かく寄れと　人は突けども　心なき山の　奥十山美濃の山

「行靡闕矣」の訓解は未確定であるが、この歌は景行天皇の故事を踏まえた歌のようで、美濃の泳宮に美人があると聞いて口説きに行ったものの、なかなか色よい返事をもらえない、というような意味である。

やがて、オトヒメが鯉につられてこっそりとやってきた。景行天皇はオトヒメをとどめて、召し出した。ところが、オトヒメはあまりにも幼な過ぎたのか、生真面目だったのか、まったく性的興奮を覚えなかったらしい。

「夫婦の道は今も昔も同じですが、私には無縁なことと思っておりました。私は男女の関係を望んでおりません。いまこうして恐れ多くも天皇のお召しにより大殿の後宮へ参りましたが、心中は不安でございます。また、私の顔かたちも劣っておりますし、末長く後宮でお仕えすることはかなわないと存じます。ただ私の姉は名を八坂入媛《やさかのいりびめ》といい、容姿端麗で志も貞潔です。どうか後宮に召し入れてくださいませ」と申し出た。

オトヒメは、身代わりに姉のヤサカノイリビメを推薦したのである。景行天皇はその申し出を受け入れ、ヤサカノイリビメを妃とした。ずっと先のことであるが、イナビヒメの没後、ヤサカノイリビメは皇后となった。

景行天皇とヤサカノイリビメ（八坂入媛）との間には、七男六女が生まれた。列挙すれば、次のとおりとなる。

(1) 稚足彦《わかたらしひこ》天皇（長男）

『日本書紀』には和風名の後ろに天皇の尊称が付されているとおり、のちの成務天皇のことである。

(2) 五百城入彦《いおきいりびこ》皇子（二男）

『古事記』では五百木之入日子命とあり、応神天皇二年三月の条には五百木之入日子命と尾張連の先祖の建伊那陀宿禰《たけいなだのすくね》の娘志理都紀斗売《しりつきとめ》との間に、高木之入日売命《たかぎのいりひめ》（『日本書紀』では高城入姫《たかきのいりひめ》・中《なか》日売命《ひめ》（『日本書紀』では仲姫）・弟日売命《おとひめ》（『日本書紀』では弟姫）の三人の娘をもち、しかも三人とも応神天皇の妃となっている。そのうち、中日売命は大雀命（仁徳天皇）を産んでいる。

(3)
忍之別皇子《おしのわけ》（三男）

『古事記』には押別命《おしわけ》とあり、『日本書紀』にもこれ以外の記事はないから、地方に赴任したままで終わったのであろう。

(4)
稚倭根子皇子《わかやまとねこ》（四男）

『古事記』では倭根子命とあり、母はイナビヒメ（稲日太郎姫）とされている。『日本書紀』景行天皇二年の条の一書も、イナビヒメの第三子とする。

(5)
大酢別皇子《おおすわけ》（五男）

『古事記』には見えず、仁賢天皇の諱が大脚《おおし》または大為《おおす》であることから、大酢別皇子と同一人物であるとする説があるが、大きく時代が異なるため、この説はなりたたない。

(6)
渟熨斗皇女《ぬのし》（長女）

『古事記』には沼代郎女《ぬのしろのいらつめ》とあり、別の妃の子とされている。五十瓊敷入彦命の妃となった。

(7)
渟名城皇女《ぬなき》（二女）

『古事記』には沼名木郎女《ぬなきのいらつめ》とあり、これまた別の妃の子とされている。

(8)
五百城入姫皇女《いおきいりひめ》（三女）

『古事記』には五百木之入日売命と書かれている。

(9)
麛依姫皇女《かごよりひめ》（四女）

『古事記』には香余理比売命とあり、別の妃の子とされている。

(10)
五十狭城入彦皇子《いさきいりひこ》（六男）

『古事記』で別の妃の子とされている若木之入日子王《わかきのいりひこ》と同一人物ではないかとする説もあるが、確証はない。ちなみに、『先代旧事本紀』の天皇本紀には、三河長谷部の直《みかわはせべあたい》の先祖とされている。三河長谷部とは、三河国碧海郡谷部郷（愛知県）あたりを拠点とした地方豪族である。

(11)
吉備兄彦皇子《きびのえひこ》（七男）

『古事記』には吉備之兄日子王とあり、別の妃の子とされている。

(12)
高城入姫皇女《たかきいりひめ》（五女）

『古事記』には高木比売命とあり、別の妃の子とされている。

(13)
弟姫皇女《おとひめ》（六女）

『古事記』には弟比売命とあり、別の妃の子とされている。

これとは別に、景行天皇は三尾氏《みおのうじ》の磐城別《いわきわけ》の姉の水《みず》歯郎媛《はのいらつめ》を妃として、五百野《いおの》皇女をもうけている。

三尾氏は近江国高島郡三尾郷（滋賀県高島郡高島町）を本拠とする氏族で、垂仁天皇の皇子石衝別王の子孫とされている。

『古事記』垂仁天皇の段に、「石衝別王は羽咋君《はくいのきみ》で、三《み》尾《お》の祖」とあり、『日本書紀』垂仁天皇三十四年三月の条に、「磐衝別命《いわつくわけ》は、三尾君の始祖なり」と書かれている。また、『先代旧事本紀』の国造本紀の羽咋国造の項に、「泊瀬朝倉朝《はつせのあさくらのみかど》の御世（雄略天皇時代）に、三尾君の祖の石撞別命《いわつくわけ》の子の石城別王《いわきわけ》を国造に定められた」とある。

五百野皇女は、朝命により、景行天皇二十年二月四日に天照大神を祭るために派遣されている。神に仕える斎女として生涯を終えたのであろう。

次の妃の五十河媛《いかわひめ》は、神櫛《かむくし》皇子と稲背入彦《いなせのいりひこ》皇子を産んだ。兄の神櫛皇子は讃岐の国造の先祖、弟の稲背入彦皇子は播磨別の先祖とされている。

神櫛皇子は、『古事記』では神櫛王と書かれ、すでに述べたように、母は播磨のイナビヒメとされており、大碓・小碓の実兄とされている。

次の妃の阿部氏《あべのうじの》木事《こごと》の娘の高田媛《たかたひめ》は、武国凝別《たけくにこりわけ》皇子を産んだ。武国凝別皇子は伊予国の御村別《みむらのわけ》の先祖とされている。

次の妃の日向髪長大田根《ひむかのかみながおおたね》は、日向襲津彦《ひむかのそつびこ》皇子を産んだ。日向襲津彦皇子は阿牟君《あむのきみ》の先祖とされている。

阿牟とは、長門国阿武郡阿武郷（山口県阿武郡阿武町・福栄村）あたりを根拠にした豪族と考えられている。

次の妃の襲武媛《そのたけひめ》は、国乳別《くにちわけ》皇子、国背別《くにそわけ》皇子、豊戸《とよと》別《わけ》皇子を産んだ。

襲武媛とは、九州の熊襲の一族で、大隅国の贈於郡あたりを根拠とした地方豪族の娘であったろう。宮崎県日南市西弁分の曹子神社では、襲武媛命、国凝別皇子、国乳別皇子、小碓命を祭る。

国乳別皇子は水沼別《みぬまのわけ》の先祖であり、『先代旧事本紀』によると、国背別皇子もまた水沼君の先祖であるという。

豊戸別皇子は火国別《ひのくにわけ》の先祖であるとされるが、火国とは肥国のことであり、のちの肥前・肥後（佐賀・長崎・熊本県）のことである。

次の妃の日向の御刀媛《みはかしひめ》は、豊国別皇子《とよくにわけのみこ》を産んだ。

豊国別皇子は日向国造の先祖とされている。

以上が、『日本書紀』に記された景行天皇の妃と皇子・皇女である。

それにしても、景行天皇の絶倫ぶりには驚かされる。皇后のイナビヒメ（稲日大郎姫）のほか、ヤサカノイリビメ（八坂入媛）、ミズハヒメ（水歯郎媛）、イカワヒメ（五十河媛）、タカタヒメ（高田媛）、日向のカミナガタオオタネ（髪長大田根）、襲のタケヒメ（武媛）、日向のミハカシヒメ（御刀媛）など七人の妃との間に、『日本書紀』によると、男女合わせて八十人の子をつくったのである。

このうち、ヤマトタケル、成務天皇、五百城入彦皇子の三人を除いた七十余人の皇子は、みなそれぞれ国や郡に封じられて地方に赴いたとされる。諸国に派遣された皇子及びその子孫のことを「別《わけ》」と呼ぶことについては、すでに述べたとおりである。

ちなみに、『先代旧事本紀』には、景行天皇の子は、男女合わせて八十一人で、そのうち男子は五十五人、女子は二十六人で、五人の男子と一人の女子をとどめただけで、残りの男子五十人、女子二十五人は地方の州県に封じたと記されている。そしてこの地方に派遣された皇子たちは「国史《くにのふみ》に入れず」と書かれている。中央で編纂された国の史書から除外されることになったのである。

精力絶倫の景行天皇は、各地で后を求めたらしい。もはや大和朝廷の威光はあまねく行き渡り、各地方の豪族たちもこぞって姻戚となることを望んだ。その土地の女性を妃とし、そうして生まれた皇子をその土地の支配者とする、そのような婚姻政策による統治が、

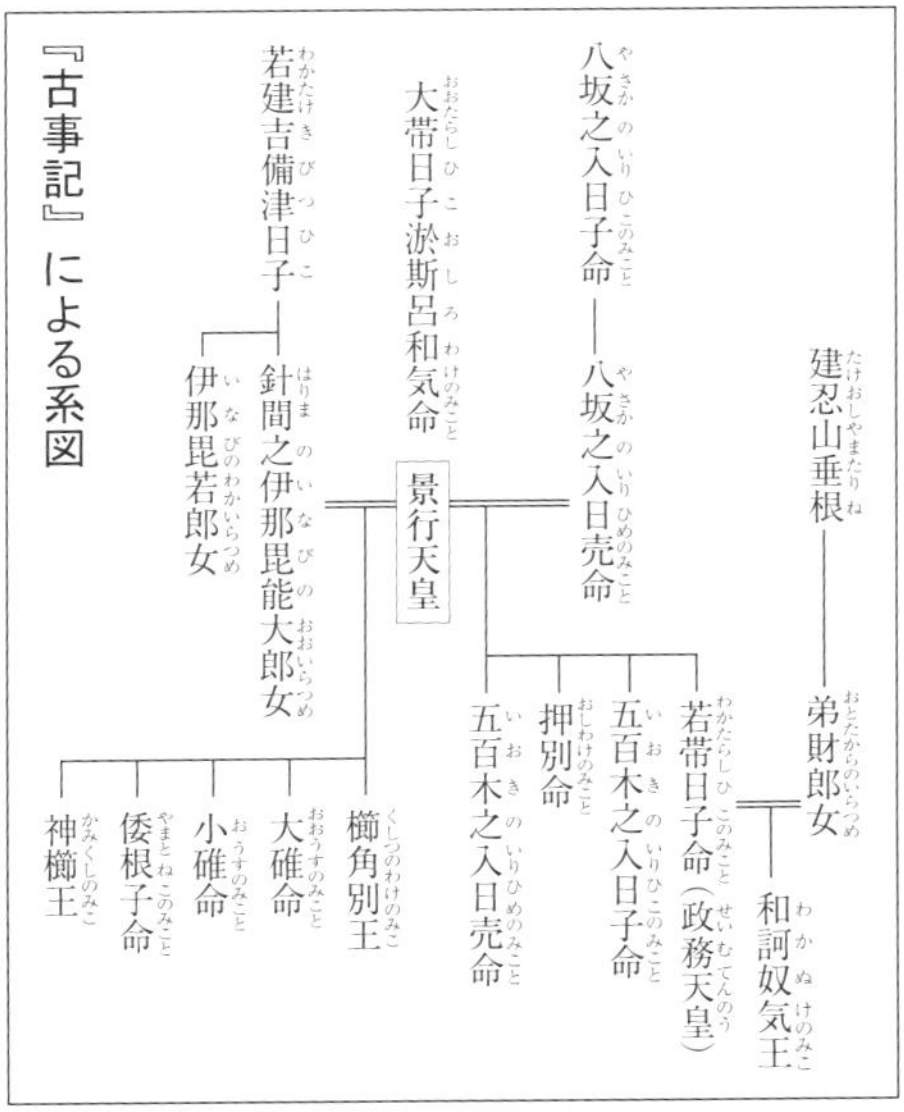

『古事記』による系図

初期大和政権のあり方であった。

美濃国造の神骨《かむぼね》に二人の娘があり、姉は兄遠子《えとおこ》、妹は弟遠子《おとおこ》といって、そろって美人であるという。

確かめるため、兄の大碓命を派遣した。ところが、偵察に赴いた大碓命は、その姉妹があまりに美人であったためか、つい密通してしまったのである。このことによって、景行天皇は大碓命に不信感をいだくようになったという。

神骨は、岐阜県の本巣郡あたりを根拠とした豪族であったらしく、『古事記』には神大根《かみおおね》王と書かれており、開化天皇の皇子日子坐王の子で、またの名を八瓜《やつりの》入日子《いりびこ》王ともいった。日子坐王は、すでに述べたとおり四道将軍の一人、丹波道主命の父でもあった。大和朝廷草創期の有力者の一人である。子孫は広範囲に勢力を浸透させたとみられる。

岐阜市岩田西の伊波乃西神社は、美濃国各務郡の式内社で、日子坐命、八爪入日子命を祭る。日子坐命は、子の八爪入彦王とともに治山治水の事業を行い、開拓に努めてこの地で没して葬られたという。

清水山の山麓、神社に隣接して日子坐命の墓がある。巨岩によって造られている古式の古墳で、宮内庁の陵墓参考地になっている。

日子坐王の墓の伝承地は、他にも兵庫県朝来市山東町粟鹿の粟鹿神社にある。

『日本書紀』によると、十一月になって地方巡幸から戻った景行天皇は、大和の纏向（奈良県桜井市）に都をつくったという。これが、「纏向の日代宮《ひのしろのみや》」であり、日代宮跡の伝承地は奈良県桜井市穴師とされている。

この桜井市穴師には、先代の垂仁天皇の珠城宮《たまきのみや》跡も伝えられている。

3 豊前の長峡宮

長門
萩
響灘
長門
石見
安芸
山口
周防
大竹
下関
小野田
佐波神社
宇部
防府
岩国
周南
行橋
下松
豊前
光
柳井
大島
周防灘
祝島

◉熊襲の反乱

『日本書紀』によると、景行天皇十二年秋七月に、「熊襲《くまそ》反《そむ》きて朝貢《みつぎたてまつ》らず」という大事件が勃発した。

朝廷に従わない東方の蛮賊を蝦夷《えみし》といい、九州の蛮賊を熊襲という。『豊後国風土記』では熊襲を「球磨贈於（くまそ）」と表記しており、もともとはクマ（肥後国球磨《くま》郡）とソ（大隅国贈於《そお》郡）を拠点にした部族をさしていたようである。

『古事記』大八島国《おおやしまのくに》生成の条に、「筑紫嶋」の四面の一つを熊曾国とし、『古事記』では熊曾、『日本書紀』では熊襲と表記するが、この意味での熊襲もまた、筑紫・肥・豊・日向からさらに南に下った薩摩・大隅地方のことをさしているのであろう。

しかしながら、『日本書紀』仲哀天皇の条によると、神功皇后は熊襲の首魁である熊鷲《くまわし》を九州北部の朝倉地方で攻め滅ぼしている。かならずしも南部九州の部族をさしているわけではなく、九州における反朝廷勢力を総称して熊襲とよんでいるようでもある。

景行天皇がむかったのは、南部九州であった。景行天皇は熊襲の反乱という報告を聞くや、八月十五日に九州にむけて出発した。

『日本書紀』によると、景行天皇は九月五日に、「周芳《すわ》の娑麼《さば》」に到着したという。娑麼《さば》とは、佐波（山口県防府市）のことである。佐波は瀬戸内海における海上交通の要所で、仲哀天皇と神功皇后もまた、九州征討の前進基地としている。

景行天皇率いる軍勢は、船団を編成して瀬戸内海を西に下ったのである。佐波に着いた景行天皇が海上はるか南の方角を眺めると、いくつもの煙が立ちのぼっている。そこで景行天皇は重臣たちを集めて、「南の方にさかんに煙が立ちのぼっている。賊がいるにちがいない」といい、多臣《おおのおみ》の祖・武諸木《たけもろき》、国前臣《くにさきのおみ》祖・菟名手《うなて》、物部君《もののべのきみ》の祖・夏花《なつはな》の三人を偵察のために派遣した。

多臣《おおのおみ》の「多」という字は、「太」、「大」、「富」、「於保」とも書かれることがあるが、大和郡十市郡飫富郷（奈良県磯城郡田原本町多）を拠点とする豪族で、初代神武天皇の皇子神八井耳《かみやいみみ》命の末裔とされる氏族である。

神八井耳命は、神武天皇と媛蹈鞴五十鈴媛《ひめたたらいすずひめ》命（富登《ほと》多多良伊須須岐比売《たたらいすすきひめ》命）との間にできた皇子で、『古事記』によると、兄は日子八井《ひこやい》命、弟は神沼河耳《かむぬなかわみみ》命という。
神武天皇亡きあと、腹違いの兄の手研耳命《たぎしみみ》が皇位を狙っていることを知り、神八井耳命は弟の神沼河耳《かむぬなかわみみ》とともに手研耳命を攻めた。ところが神八井耳命は手が震えて殺すことができず、代わって弟の神沼河耳が手研耳命を殺した。

これを恥じた神八井耳命は、神沼河耳に皇位を譲り、祭祀をおこなう忌人《いわいびと》の地位に甘んじて天皇を補佐したといわれる。神沼河耳こそ第二代綏靖《すいぜい》天皇である。

『古事記』によると、神八井耳命は、「意富《おお》の臣、小《ちいさ》子部《こべ》の連、坂合部の連、火の君、大分《おおきた》の君、阿蘇の君、筑紫の三家《みやけ》の連、雀部《さざき》の臣、小長谷《おはつせ》の造、都祁《つけ》の直、伊余の国造、科野《しなの》の国造、道奥《みちのく》の石城の国造、常道《ひたち》の仲の国造、長狭《ながさ》の国造、伊勢の舟木《ふなき》の直、尾張の丹波《にわ》の臣、島田の臣などの祖」というふうに、全国各地の多くの氏族の先祖とされている。

とりわけ、火の君、大分の君、阿蘇の君、筑紫の三家の連など九州を代表する豪族の先祖とされていることが注目される。

景行天皇としては、九州の諸豪族とゆかりのある多臣《おおのおみ》の先祖武諸木《たけもろき》を随行することによって、九州掃討作戦を円滑に進めようとしたのであろう。ちなみに、『古事記』を編纂した太安万侶《おおのやすまろ》は、この多氏の末裔である。

国前臣《くにさきのおみ》とは、国東半島の豊後国国埼郡国前郷（大分県国東郡国東町）あたりを根拠とした地方豪族である。

『古事記』孝霊天皇の段には、孝霊天皇の皇子の「日《ひ》子刺肩別《こさしかたわけ》」が国前臣の先祖とされているが、『先代旧事本紀』の国造本紀には、景行天皇を継いだ成務天皇の時代に、吉備臣の先祖（吉備津彦）六世の孫の「午《う》佐自《さじ》命」が豊前国造になったことが記され、「宇那足《うなのすく》尼《ね》」が豊国造になったことが記されている。「午佐自命」はともかく、「宇那足尼」は「菟名手《うなて》」と同一人物とみて差し支えなかろう。

また、『豊前国風土記』には、景行天皇が菟名手を豊国の直に任じたことが書かれている。

「豊後の国は、もとは豊前の国と合わせて一つの国となっていた。昔、纒向の日代の宮に天の下をお治めになった大足彦天皇（景行天皇）は、豊国直の祖の菟名手を豊国に派遣された。菟名手は豊前国の仲津郡の中臣村に行きついたが、日が暮れてしまったので、そこに宿泊した。翌日の明け方、白い鳥が北から飛んできて、この村に集まってきた。菟名手はさっそく家来にいいつけてその鳥を見張らせた。するとその鳥は餅《もち》に化け、さらには数千株もある芋草に化けた。芋の葉と花は冬でも栄えた。菟名手は不思議に思い、すっかり喜んで、『鳥が生まれ変わった芋など見たことはありません。こんなおめでたいことはありません』といい、天皇に報告した。天皇はお喜びになり、『天の神から授かったためでたいしるしの物、地の神から授かった豊草である』と仰せられ、豊国直という姓を授けられた。これが豊国のはじまりである。その後二つの国に分け、豊前・豊後国とした」

ちなみに、豊前国の仲津郡の中臣村とは、『和名抄』にいう中津郡八郷の一つ、中臣郷のことで、今川と祓川にはさまれた福岡県行橋市草葉・福富からみやこ町犀川久富あたりの地域といわれている。そこにある「草葉神社」は、「豊日別神社」ともよばれ、宇佐神宮ともかかわりの深い古い神社である。『豊前志』には、「草葉村に在庁屋敷という場所があり、ここが国府の跡であろう」とする。国府とは、七世紀後半ごろから全国の国々に置かれた律令制に基づく中央政府の出先機関のことである。国府は各国内の官道に沿ったところに立地することが多い。

最近の調査では豊前国府は、草葉よりやや西南の豊津町国作《こくさく》・惣社《そうしゃ》付近であったとする説が有力になっている。いずれにしても、『日本書紀』や『風土記』の記事は、景行天皇によって菟名手が豊国の直に任じられたことを伝えている。

最後に、物部君《もののべのきみ》の祖・夏花《なつはな》のことである。

物部氏とは、神武天皇に先立って高天原から大和に天降ったとされるニギハヤヒ（饒速日命・邇芸速日命）を祖とし、大伴氏とならび大和朝廷の軍事権をつかさどった古代日本における最も有力な氏族である。『先代旧事本紀』巻三「天神本紀」によると、天照大神が瑞穂国《みずほのくに》に天押穂耳尊《あまのおしほみみ》に詔して天降りさせようとしたとき、その后の栲幡千々姫命《たくはたちぢひめ》がニギハヤヒを生んだので、天押穂耳尊は天照大神の許しを得て、ニギハヤヒを天降りさせることとした。ニギハヤヒは天照大神に天璽瑞宝《あまつしるしのみずのたから》十種を授けられ、三十二柱の神々と五《いつ》部人《とものひと》、五部造《いつとものみやつこ》、船長《ふねのおさ》、梶取《かじとり》を引き連れていったという。

大阪教育大学名誉教授の鳥越健三郎氏は、『弥生の王国』のなかで、「物部一族はもと鞍手郡を中心とした地域に居住し、そこから主力が河内・大和へ向けて移動したことが確かである」と指摘している。

そうだとすると、多臣《おおのおみ》と同じく、物部君の祖・夏花もまた九州ゆかりの人物として、景行天皇に随行してきたものであったろう。

◉神夏磯媛と四人の豪族

景行天皇は、武諸木と菟名手、夏花の三人の将を偵察のために派遣した。三人は佐波から船団を組んで周防灘を進んでいった。

豊前国には、神夏磯姫《かむなつそひめ》という女性首長がいた。『日本書紀』には、「一国《ひとくに》の魁師《ひとごのかみ》なり」とある。魁師は、首渠・尊長・君長・賊首・梟師とも書かれ、「人（ひと）」と「兄（このかみ）」の複合語で、頭（かしら）というような意味である。この当時、神夏磯姫は豊前国で大きな勢力をもっていたのであろう。

神夏磯姫は、天皇の使いが派遣されたことを聞くや、恭順の意をあらわすため、磯津山《しつのやま》から取った榊の木の上枝に八握の剣、中枝には八咫の鏡、下枝には八尺瓊を下げかけ、また白旗を船の舳先に立てて海上で出迎えた。

磯津山とは、貫山《ぬきさん》（標高七一一・六メートル、北九州市小倉南区）のことといわれている。芝津山、四極《しわす》山、禰疑山ともいい、貫山地の主峰である。貫山を源として貫川が周防灘に注ぎこみ、貫川流域は貫という地名でよばれる。『日本書紀』安閑天皇二年五月の条には、朝廷直轄の「大抜屯倉」が置かれたことが記されている。

上貫遺跡、横沼古墳、御座遺跡、両岡様石棺群、高島遺跡、下貫石棺群など多くの遺跡があることから、貫川流域は、「ヌキ」とよばれた古い地域であったことはまちがいない。

また、「貫」の北方四キロのところには、竹馬川があり、北九州市小倉北区と南区の境界に位置する足立山（五九七・八メートル）と長野岳を源に、小倉平野を東に流れ、周防灘に注ぎ込んでいる。

その下流右岸に田原（小倉南区）という土地がある。「たはら」あるいは「たわら」と読まれるが、地名の由来は景行天皇が土蜘蛛を無事に平定することができたため、「心平らかなり」といったからであるという。もともと「平らぎ村」とよばれていたらしい。

おなじく竹馬川下流右岸に、津田（小倉南区）というところがあり、この地名の由来も、景行天皇の土蜘蛛退治の際に血が流れたため「血田」とよばれ、それがなまって津田とよばれるようになったという（『企救郡誌』）。

ただし、先の方で述べるように、『日本書紀』にでてくる「血田」は豊後国大野郡内のことと考えられているが、あるいはこの津田においても土蜘蛛との激しい戦闘がおこなわれたのであったかもしれない。

竹馬川流域には、津田団地遺跡、森山遺跡、津田八幡神社の石棺など弥生時代から古墳時代にかけての遺跡が数多く所在し、中流域の長野（小倉南区）あたりにも、弥生時代の上長野遺跡、峠遺跡、冷水遺跡や上長野石棺群、下長野古墳、長野遺跡、若宮八幡遺跡などの多くの遺跡があり、「ヌキ」から竹馬川流域にかけて、邪馬台国時代かそれ以前の弥生時代に、一つのクニが形成されていたことはまちがいない。

『魏志倭人伝』には、朝鮮半島の狗邪韓国から対馬国、一支（壱岐）国、末盧（松浦）国、伊都（怡土）国、奴（那珂）国、不弥（宇美）国、投馬国を経て、邪馬台国にいたると記されている。つづけて、この女王国の周辺諸国として、「斯馬国、巳百支国、伊邪国、都支国、弥奴国、好古都国、不呼国、姐奴国、対蘇国、蘇奴国、呼邑国、華奴蘇奴国、鬼国、為吾国、鬼奴国、邪馬国、躬臣国、巴利国、支惟国、烏奴国、奴国」の二十一国が列挙されている。

このうち、支惟国《きくこく》と烏奴《あな》国は、それぞれ企救国（北九州市）、穴門国（山口県）とも読める。関門海峡をはさんだ地域である。邪馬台国にいたる途中にでてくる奴国は、博多湾岸のいわゆる金印奴国のことであるが、周辺諸国の末尾にでてくる奴国について、『魏志倭人伝』は、「次に奴国があり、これは女王国の境界の尽きるところである」と書いている。

もし支惟国と烏奴国が関門海峡をはさんだ地域であるとすれば、この場合の奴国は、金印奴国のことではなくて、関門海峡近くにあったクニをさしている可能性が高い。豊前の中津というような説もないわけではないが、あるいはこの「ヌキ国」も候補地の一つに数えるべきであろう。

「夏磯」は一般には「ナツソ」と訓じられているが、

「ナツキ」とも読め、「ナキ」―「ヌキ」にも通じるようにおもえる。

　神夏磯姫は弁明して、次のように申し立てた。

「どうか兵を送らないでください。私の仲間は決して叛くことはありません。すぐにでも帰順いたします。ただほほかに悪い賊たちがいます。その一人を鼻垂《はなたり》といいます。王を気取って山谷に人を呼び集め、宇佐の川上にたむろしています。二人目を耳垂《みみたり》といいます。人を損ない破り、むさぼり食い、人民を掠《かす》めています。これは御木《みけ》の川上にいます。三人目を麻剥《あさはぎ》といいます。ひそかに仲間を集めて、高羽《たかは》の川上にいます。四人目を土折猪折《つちおりいおり》といいます。緑野の川上に隠れており、険しい山川を利用して人民を掠めとっています。この四人のいるところが要害の地であります。それぞれが、仲間を従えた首長です。みな皇室の命令には従わない、といっています。すみやかに討たれるのがいいでしょう。逃さないようにすべきです」

　神夏磯姫は、

(1)「宇佐の川上」を根拠とする「鼻垂《はなたり》」
(2)「御木の川上」を拠点とする「耳垂《みみたり》」
(3)「高羽の川上」を拠点とする「麻剥《あさはぎ》」
(4)「緑野の川上」を拠点とする「土折猪折《つちおりいおり》」

という四人の豪族の名を告げることによって身の潔白をしめそうとしたわけである。

　一人目は、「宇佐の川上」を根拠とする「鼻垂」である。『日本書紀』原文には、菟狭と書かれているが、宇佐（大分県宇佐市）のことである。宇佐の川上とは、駅館《やっかん》川の上流という意味である。

　駅館川は日出生《ひじう》台・塚原高原から北流し、宇佐郡全域を経て周防灘に注ぐ全長約四五キロの二級河川である。恵良川や深見川、津房川、佐田川などの大きな支流を有している。もともとは宇佐川（宇沙川、菟狭川）とよばれたが、『太宰管内志』によると、律令時代に宇佐の駅《うまや》が川岸に置かれていたところから駅館川と称するようになったらしい。

　駅館川の東方、御許《おもと》山北麓に連なる宇佐丘陵の北側には宇佐八幡宮があり、寄藻《よりも》川が東へ流れ、和間《わま》浜で周防灘に注ぎ込んでいる。

　宇佐地方には弥生時代の水田耕作の代表的な遺跡といわれる台ノ原遺跡があり、駅館川右岸の川部遺跡やその南方に連なる東上田遺跡からは大規模な環濠集落が見つかるなど、宇佐を中心に古代のクニが存在していたであろう。

駅館川右岸台地には、九州最古級の前方後円墳といわれる赤塚古墳もあり、五面の三角縁神獣鏡が出土している。周辺には六基の前方後円墳や中小の古墳、方形周溝墓などが密集しており、宇佐地方に古い時代から強力な支配力を有した部族がいたことは明らかである。

宇佐八幡の鎮座する亀山を邪馬台国の女王卑弥呼の墳墓とする説もあるなど、邪馬台国所在地論争においても、しばしば登場する注目すべき地域である。

『日本書紀』神武天皇即位前紀によると、菟狭津彦《うさつひこ》と菟狭津媛は菟狭の川上に、「足一騰宮《あしひとつあがりのみや》」をつくって神武天皇をもてなしたとあり、大和朝廷とはもともとゆかりの深い土地柄であり、古い時代には、「宇佐《うさ》の国《くに》」とよばれていた。そのような豊前国の一大勢力である宇佐一族の根拠地に、鼻垂が勢力を張ってたむろしていたというわけである。

駅館川の上流、津房《つぶさ》川と新貝川の合流したあたりに、盆地が形成されており、安心院《あじむ》（宇佐郡安心院町）とよばれている。地名の由来は、安心院盆地はもと大きな湖であったところから、葦の生い茂った土地という意味の「あじぶ」「あじむ」から生じたとする説と、八幡大菩薩が比咩大神の故地である都麻垣（宇佐八摂社の一つ妻垣社）を訪れて修行し、「安楽の御心」を得たためであるという説（『宇佐託宣集』）がある。

ただし、『日本書紀』巻一に、宗像三女神の記事に関する伝承として、「日神（天照大神）が生まれた三柱の女神を葦原中国《あしはらのなかつくに》の宇佐嶋に降らせられたが、いまは海北道中《うみのきたのみちのなか》（朝鮮への航路）の中においでになる。名づけて道主貴《ちぬしのむち》という」とあることが注目されよう。

宗像三女神とは、田心《たごり》姫、湍津《たぎつ》姫、市杵島《いちきしま》姫のことである。『古事記』によると、天照大神が素戔嗚《すさのお》命との誓約のために生んだ神々で、「天の安河」をはさんで玉と交換して得た素戔嗚命の十拳の剣を三段にうち折り、「天の真名井《まない》」に振りすすぎ、噛んで吐いた息吹の狭霧《さぎり》から生じたという。『日本書紀』には、「これすなわち胸形《むなかた》の君らがいつき祭る神なり」、つまり、「宗像の君らの氏神である」と書かれている。宗像三女神は、天照大神によって、まず「葦原中国の宇佐嶋」に天降りさせられたという。海からやってきたらしく、まず市杵島（杵築市）に到着したという伝承が残されている。

市杵島は杵築市の「奈多八幡宮」（杵築市奈多）から東方海上約一・五キロのところにある小さな島で、長期間にわたる波浪と慶長年間の大津波によって削られてしまい、島は岩礁のようになっている。島には鳥居が立てられ、宇佐八幡行幸会のときには薦《こも》でつくった衣装などを海中に投じて竜宮城へ還す行事がおこなわれる。

『大日本地名辞書』によると、「宇佐嶋」は前後の文脈から宗像大社の沖津宮が祭られている沖ノ島であるとするが、この説は「宇佐」という固有の地名から逸脱した解釈であるといえよう。文字どおり解釈すれば、天照大神はもともと宗像三女神を宇佐地方に配属したのである。「嶋」という文字が付加されているが、地形からみて国東半島のことをさしたものであろう。宗像三女神はまず周防灘海域を治めるため国東半島の宇佐に配属され、その後玄海灘に面した宗像地域に転属させられたのであろう。

そうすると、志賀島のワタツミ三神を氏神とする安曇一族の「あずみ」と安心院の「あじむ」とは、何らかのつながりがあるのかもしれない。あるいは出雲《いずも》との音類似もこれらと何らかのかかわりがあるのかもしれず、ひょっとしたら海を介したこれらの交流は、日本国家の創世記の謎を解明する大きな手がかりになるかもしれない。

それはともかくとして、妻垣八幡宮などの社伝をはじめ、鼻垂が安心院を拠点にしていたという伝承が残されている。年代が異なるため、にわかには信じられないが、『扶桑略記』には、養老四（七二〇）年、宇佐公比古が勅命により菟狭川上流にいた鼻垂を討伐したことから、ひとびとが安心して居住できるようになったと記されている。

いずれにしろ、鼻垂が拠点としていた「宇佐の川上」の第一候補は、安心院といってもいいであろう。

鼻垂とは文字どおり鼻を垂らすというような意味であろうが、鼻飾りの風習をもっていた部族であったかもしれない。

神武天皇時代の宇佐一族とこの鼻垂一族との関係は不明であるが、「みだりに名号を仮りて（王を気取っていた）」という神夏磯媛の言葉からみて、ひょっとしたら景行天皇の西征に際して宇佐国の末裔である宇佐一族は非協力的な態度を取り、そのために鼻垂という蔑称で記録にとどめられてしまったのかもしれない。

二人目は、「御木の川上」を拠点とする「耳垂」である。

『和名抄』によると、豊前国には田河、企救、京都、仲津、築城、上毛、下毛、宇佐の八郡があり、「御木」とは、このうち上毛郡と下毛郡のことをさす。そこを流れる最も大きな川は山国川であるが、古くは「御木《みけ》川」とよばれ、祓川上流域の城井（築上郡犀川町城井）もまた古い時代には和歌山県の紀伊とおなじく「木」と書かれたところからみて、このあたり一帯は古い時代には、「毛国《けのくに》」あるいは「木国《きのくに》」とよばれていたのであろう。『魏志倭人伝』にでてくる「鬼国」とも音が通じる。

建築材や船材にもちいられる楠や檜の名産地であったらしく、神功皇后の朝鮮出兵に際して帆柱（みやこ町伊良原）の木を伐採したという伝承が残されている。「毛国」あるいは「木国」はかなり広大な地域であったらしく、豊前市を流れる岩岳川もまた、「御木《みき》川」とよばれた。犬ヶ岳の北斜面を源に、求菩提山東麓の鳥井畑から東に流れ、北流して周防灘に注ぎ込む川であるが、上流の岩屋（豊前市）という地名は、景行天皇が討伐した土蜘蛛にちなむという。いずれにしろ、耳垂は古い時代の「鬼国」――すなわち、「毛国」あるいは「木国」の末裔であった可能性もある。

耳垂《みみたり》もまた、鼻垂とおなじく奇妙な名前である。これまた耳飾りの風習をもつ部族であったかもしれない。『魏志倭人伝』には「投馬国」の官職として「弥弥（耳）」と「弥弥那利（耳成あるいは耳垂）」が記されており、『古事記』上巻にも「天の忍穂耳《おしほみみ》」「須賀の八《やつ》耳《みみ》」「布帝耳《ふてみみ》」と記されている。

『日本書紀』と『古事記』中巻によれば、神武天皇の皇子に「神八井耳《かみやいみみ》」と「神沼河耳《かむぬまかわみみ》」がおり、また「多《た》芸志美美《ぎしみみ》」などの「みみ」が記されている。

さらには、開化天皇の和風諡号の「若倭根子日子《わかやまとねこひこ》大毘毘《おおびび》」の「毘毘」もまた「耳」に通じるであろうし、『肥前国風土記』の松浦郡値嘉島の条にでてくる「大《おお》耳《みみ》」「垂耳《たりみみ》」もまた同様であろう。

これからみると、「耳」は邪馬台国時代の官職名に由来するもので、それが人名のなかに継承されたのであろう。

三人目は、「高羽の川上」を拠点とする「麻剥《あさはぎ》」である。

高羽とは田川（田川郡）のことである。田河とも書かれ、『和名抄』では多加波と書かれる。高羽の川とは、彦山川のことである。田川郡添田町から直方市に流れる一級河川で、直方で遠賀川と合流する。

麻剥という名からして、麻の皮を剥いだ衣を身にまとう風習をもった部族であったかもしれない。麻織物は、縄文時代から日本列島にあった文化とされる。

弥生時代の遺跡から種子が発掘され、また登呂遺跡や北部九州の甕棺などからも麻の織布がみつかるなど、古い時代から麻の繊維が衣料に用いられたことが確認されている。『魏志倭人伝』にも、「紵麻《ちょま》を植え、細紵《さいちょ》つくる」とあり、邪馬台国時代の倭人が麻の繊維を利用して糸をつむぎ、布を織っていたことが記されている。

四人目は、「緑野の川上」を拠点とする「土折猪折《つちおりいおり》」である。土折猪折とは意味の取りづらい言葉であるが、一般的には「土折」とは「土に居り」という意味で、土の上に直接座っているさまをあらわし、「猪折」とは、やはり座っているさまをあらわすとされている。土に座る者への蔑称であろう。おそらく、土折猪折は「一処の長《ひとところ》（ひとごのかみ）」という地方豪族でありながら、山奥の洞窟にでも住んでいたものと思われる。

緑野の川上とは、吉田東伍の『大日本地名辞書』によると、古くは規矩《きく》川とよばれた紫川（北九州市小倉北区・小倉南区）の川上のことであるという。しかしながら、この説は地勢的にみて疑問がある。前述した三人の土蜘蛛の根拠地が、豊前国南部の宇佐、上毛・下毛郡、田川郡あたりを拠点とした者たちであることからみて、北九州市南部の福智山を源とする紫川はやや北方に偏りすぎているようにおもわれるからである。

彦山川上流には支流の深倉川があり、田川郡添田町落合には深倉峡とよばれる渓谷がある。そのあたりを流れる深倉川は緑川ともよばれるが、それは土蜘蛛の麻剥が景行天皇に討伐された際、この川が血みどろになり、このため「血みどろ川」とよばれ、それがなまって緑川になったという伝承が残されている。これからみると、緑野とは緑川付近に広がる野原のことであったのかもしれない。

神夏磯姫は、景行天皇によって派遣された武諸木《たけもろき》、菟名手《うなて》、夏花《なつはな》らにむかって、これら四人の「一処の長（ひとごのかみ）」の討伐を進言したのである。「一国の魁師（ひとごのかみ）」たる神夏磯姫は、かねてから国内で不穏な動きをみせていた土豪勢力を天皇家の軍隊を利用して掃討しようとしたのかもしれない。

　武諸木らは、まず高羽の川上を拠点とする麻剥と手下どもをおびき寄せ、赤い上着、ズボンや珍しい品々を与えて喜ばせ、そののち麻剥を利用して宇佐の川上の鼻垂、御木の川上の耳垂、緑野の川上の土折猪折ら三人の土豪を手下ともども集めさせた。全員そろったところで、朝廷軍は彼らを捕らえて殺した。

　峻厳な山地を拠点にしていた彼らを真正面から討ち取ることはなかなか難しいので、朝廷軍は謀略により滅ぼしたのである。

　こうして四人の土蜘蛛を討伐したのち、景行天皇は「周芳《すわ》の娑麼《さば》（佐波）」から船に乗って九州に渡った。『日本書紀』には、「豊前国の長峡県《ながおのあがた》に到りて、行宮《かりみや》を興《た》てて居《ま》します。故、その処《ところ》を号《なづ》けて京《みやこ》という」と書かれている。

◉長峡の行宮

　景行天皇は豊前国の長峡県に行宮を建て、そこを拠点としたために「京《みやこ》」とよばれるようになったという。しかしながら、「みやこ」という地名はもっと古い時代にさかのぼるという説がある。

　安本美典氏は、『季刊邪馬台国』（四十一号）のなかで、邪馬台国卑弥呼の宗女の台与《とよ》の都は、京都郡であった可能性がある、とする。『魏志倭人伝』には壹與とあるが、臺與（台与）を書き誤ったものであり、台与は豊に通じる。「京都という地名は、景行天皇の時代よりも、もっと早くからあったとみてよいであろう。とすれば、この地が極めて古い時代に、ほんとうの都であった可能性もでてくる」とし、万幡豊秋津《よろずはたとよあきつ》師比売《しひめ》は高木の神の娘で、天照大神の子の天忍穂耳《あめのおしほみみ》命と結婚して、のちに日向に天降った瓊瓊杵《ににぎ》尊を産む。卑弥呼の死後、邪馬台国の中心地は東方の豊国に移り、京都郡が都とされ、その次の代にさらに南下して日向に都を移したと解するわけである。

　もしそうであるとすれば、初代神武天皇の東征以来ほぼ一世紀ぶり、邪馬台国の卑弥呼以来約一世紀半ぶりに九州を訪れた景行天皇は、大和朝廷ゆかりの地というべき京都郡にまず行宮を築いたのであろう。

ところで、長峡県の行宮の所在地である。長峡という名は、この地を流れる長峡川や長尾（行橋市）という地名に残されている。

長峡川は、カルスト台地で有名な平尾台の南斜面を水源とする、長さ一七・二キロの二級河川で、大橋川ともよばれる。初代川、井尻川、小波瀬川などの支流と合流し、周防灘に注ぎこむ川である。長峡川下流域の今川、祓川にはさまれた三角州は、河川の堆積作用によってわりとあたらしく陸地になったところで、集落が形成されたのは鎌倉時代以降とみられている。したがって、常識的に考えれば、長峡県の行宮の所在地は長峡川の中上流域ということになる。

長峡川中流左岸に長木《おさぎ》（行橋市）というところがある。長峡川支流の柵見川が流れ、北と南は丘陵地である。長は首長を意味し、木は城に通じるので、むかしこの地に京都郡営が設置されていたのではないかとする説があり（『行橋市史』）、狭間畏三の『神代帝都考』によれば、「皇孫瓊々杵（邇邇芸）命の御陵は長木字オオクビにあった」という。

地内には行橋市最大の八雷神社古墳をはじめ、力石竹ヶ本横穴群、小口迫池横穴群、下屋敷遺跡、堂原遺跡などがあり、古くから開けていた土地であることはまちがいない。その北方約二キロの平尾台東麓の丘陵地帯には、ずばり長尾（行橋市）という地名がある。

伊東尾四郎編『京都郡誌』は、「長尾は長峡県の地にして、庄塚は長峡県主の墓であろう」とし、「地名の意味は山尾のごとく長くなだれたる地勢に由来するのであろう」とする。

地内には、峠遺跡や長尾立花遺跡、花熊遺跡、長尾楠木横穴、長尾野田遺跡、下原遺跡、下原横穴群がある。長峡川中流域のみやこ町勝山黒田には橘塚、綾塚という古墳がある。二つの古墳とも全国有数の巨石墳で、いずれも六世紀末ごろの古墳とみられている。

前田（行橋市）には古墳時代の横穴墓群を含む大規模な遺跡が、標高三〇メートルの丘陵上の分布しており、また竹並（行橋市）にもおびただしい横穴墓群が集中して発掘されているが、最も古いもので五世紀後半あたりであるらしい。

いずれも景行天皇の時代からいえば、かなり新しい遺跡であるが、地勢や地名などからいえば長峡県の行宮の所在地は、長峡川中上流域にかけての一帯、とりわけ長尾（行橋市）あたりを第一候補とすべきであろう。ただし、地元の伝承としては、長峡の行宮の所在地は、長尾から七キロ南方にある御所ヶ谷（行橋市）とされている。

近くには津積《つつみ》（行橋市）という地名があり、御所ヶ谷北麓に位置し、南側の大半は山林であるが、古い時代にはこのあたりに海岸線があったという。『豊前志』には、「村の上に大池があり、そうするとこの池の堤から出た名前であろうか。あるいは、津迫《つづめ》の意か。古い時代にはこの近隣まで入海にて、この村が津の迫《つめ》であったせいであろうか」とある。

津積には、大島神社西南遺跡、津積御峰古墳群、津積御峰石塔群、内屋敷遺跡、藪ノ下石塔群、魂塚掘殿古墳群、高来池南古墳群、ヒガン田山古墳群、御所ヶ谷池西古墳群、御所ヶ谷東古墳、鋤迫サヤケ谷古墳、鋤迫サヤケ谷遺跡、サヤケ谷東古墳群、西山遺跡などがあり、古い時代から開けていた地域であった。

その津積から二キロほど東北に、大谷（行橋市）というところがある。馬ヶ岳の北麓、井尻川上流右岸に位置し、南側は山林、北側の平野部に集落と水田が広がっている。

古い時代には、やはりこのあたりまで海岸線が入りこんでいたといわれ、『豊前志』には、「舟岡山、碇塚などという海にちなんだ地名があり、またその村で井戸を掘ると、牡蠣貝や舟板などが地中から出てくる」と書かれている。地内には、天神尾遺跡、遠弥遺跡、七反田遺跡、山伏田遺跡、茶臼山古墳群、清水古墳、妙見古墳、ゴウヤ古墳群、鹿ヶ谷横穴群、往還池西古墳群、往還池東古墳群などがあり、これまた古くから開けていた地域である。

周防灘に面したところに蓑島があり、現在では陸続きとなっているが、むかしは内陸深くまで入海で、蓑島が風波を防いでくれるため、津積や大谷あたりの海岸は、船の繋留地としては絶好の場所であったかもしれない。

その津積の南方の瓮辻《ほとぎがつじ》といわれる標高二四七メートルの谷あいに、「御所ヶ谷」がある。行橋市と勝山町、犀川町の境にあり、京都平野を一望のもとに見下ろすことができる。東西につづく尾根と北側の渓谷に沿って、延長約三キロにおよぶ神籠石（国史跡）が並んでいる。東門、中門、西門、西内門、南門、東北門の跡があり、とりわけ高さ六・五〜七・五メートルの中門、長さ一八メートルにおよぶ石塁は壮観である。

これらの神籠石群は、白村江の戦い（六六三年）において唐・新羅軍に日本・百済軍が壊滅的な打撃を受け、本土防衛のために斉明天皇と天智天皇が北部九州に築いた山城であるとする説が有力である。

『日本書紀』によると、白村江の敗戦を受けて、「対馬、壱岐、筑紫国などに防人と烽《のろし》を置き、筑紫に大堤を築きて貯水し、名を水城という」とあり、太宰府市の水城から吉松までの全長一キロ、幅四〇メートル、高さ一三メートルの土塁が築かれ、翌年には大野城や基肄城などがつくられた。これらは『日本書紀』に記録があるが、久留米の高良山や前原の雷山、瀬高の女山などの神籠石群についてはその目的も築造年代もはっきりしていない。大勢としては「白村江の戦い」以降の築造のようであるが、その立地条件からみて単純な対外防衛施設とはおもえない。御所ヶ谷の神籠石群についても、玄海灘から遠く離れた周防灘を見下ろす場所に山城を築く理由がよくわからない。

瀬戸内海沿岸地域の永納山、鬼ノ城、大廻小廻山、城山城などの峻厳な高地からも、北部九州の神籠石とは異なる工法ではあるが、列石を版築土塁で覆い、あるいは石垣を築いた山城が見つかっている。これまた、対外防衛施設というよりも、国内的な部族間の防衛施設のようでもあり、築造時期ももっとさかのぼる可能性すらある。

今後の大きな研究課題ともいえるが、御所ヶ谷の神籠石群についても、古代の山岳信仰や部族間紛争と関連した施設であったかもしれない。

貝原益軒の『豊国紀行』には、「長峡県の行宮のあった場所は、上野の東、馬ヶ岳の西、堤村の十町（約一キロ）ほど南にあり、今も礎がある。天子の行宮があったため、この郡を京都郡と名づけた」とあり、『豊前志』にも、「景行帝の行宮の跡は、今御所ヶ谷という」とあるとおり、御所ヶ谷は景行天皇の「長峡の行宮」の有力な候補地とされている。

ただし、『太宰管内志』は、「津積村御所ヶ谷という地名に御所という名を用いたのは、貴人の居城であったからである。景行天皇の長峡の行宮の跡とするのは、いにしえの帝都に石畳を用いることがないということを知らぬ人の説であって、論外である」と、否定的な見解をしめしている。

さらには、「長峡の行宮」の所在地を、竹馬川流域の長野（小倉南区）に比定する説もある（『書紀集解』）。『和名抄』によると、長野郷は蒲生郡とともに企救郡の郷とされる古い地名で、発音もよく似ているからである。

しかしながら、この説では長峡が京都郡ではなくて、企救郡に属することとなり、地勢的に疑問というべきであろう。厳密な考証が必要であろうが、現時点においては長尾説が最も有力であるといえよう。

4 豊後の来田見宮

姫島
比売語曽神社
伊美別神社
岩倉八幡宮
羽田遺跡
安国寺遺跡
佐田岬
宇佐神宮
御許山
早吸日女神社
豊　前
鶴見岳
由布岳
宇奈岐日女神社
西寒多神社
鶴田籾山神社
直入中臣神社
豊　後
宮処野神社
志加若宮神社
九重山
城原
菅生
柏原

◉姫島から碩田国へ

『日本書紀』によると、豊前国の「長峡の行宮」に滞在していた景行天皇は、冬十月に、「碩田国《おおきたのくに》」に到ったという。

『日本書紀』には書かれていないが、『豊後国風土記』によると、「むかし、纏向の日代の宮に天下をお治めになった天皇（景行天皇）の御船が、周防の佐婆津から出発し、ご渡海されたが、はるか遠くにこの豊後の国をご覧になり、勅して、『あそこに見えるのは、もしかすると国の埼ではなかろうか』と仰せられた。それによって国埼の郡という」とあり、景行天皇は長峡川河口の港から、おそらく宇島（豊前市）、広津（築上郡吉富町）、宇佐の和間ノ浜（宇佐市松崎）などを経たのち、国東半島を迂回して「碩田国」へ入ったのである。

国東半島を迂回するとき、おそらく景行天皇は姫島《ひめしま》（大分県東国東郡姫島村）に立ち寄ったであろう。

姫島は国東半島の北方四キロの周防灘に浮かぶ東西約七キロ、南北約二キロ、周囲約一七キロの小さな島で、島の中央には矢筈岳（標高二六六・六メートル）がそびえ、西に達磨山、北に城山がある。島の集落は、この三つの山に囲まれた地域に集中している。

姫島は女嶋とも書かれるが、その名は『古事記』の国生み神話にでてくる島の一つという説がある。きわめて古い地名であるといっていい。『古事記』では、大八嶋創造後、吉備の児島、小豆嶋、大嶋を生み、次に女嶋《ひめじま》を生んだとする。『古事記』には、またの名を天一根《あめのひとつね》という、とある。

姫島は、古い時代から黒曜石の特産地として知られていた。姫島の西北部にある観音崎の崖には、東西一二〇メートル、高さ四〇メートルにわたって黒曜石が露出しており、縄文時代から弥生時代を通じ石器素材の一大供給基地であった。大分県下はもちろんのこと、宮崎や鹿児島などの南九州地域や豊後水道や周防灘を越えた愛媛、高知、山口、広島、岡山などの四国・西瀬戸地域などから、姫島産の黒曜石でつくられた石器が見つかっている。姫島で採掘された黒曜石は、舟で国東半島に運ばれ、そこで製品化されたらしい。

姫島の東南一三キロの羽田遺跡（国東市東町）からは、姫島産黒曜石の原石、剥片、石核と石鏃などの石器製品が大量に見つかり、姫島産黒曜石を原材料とした石器生産拠点があったことをしめしている。その量からみて、他地域への供給を目的としたものと考えられており、この地域に石器製造の専門的な技術者集団が住み着いていたであろう。

また、姫島には比売語曽《ひめごそ》神社が祭られているが、これは『日本書紀』の崇神天皇時代に朝鮮の意富加羅国《おおからのくに》の王子都怒我阿羅斯等（ツヌガアラシト）が海を渡ってきたという記事に由来する。意富加羅国とは、朝鮮半島南部にあった伽耶諸国の一つである大伽耶（慶尚北道高霊）のことである。

『日本書紀』には、「ツヌガアラシトは朝鮮にいたときに所有していた黄牛を村役人らに無断で食われてしまった。ある老人のお告げにより、村人らが祀る白い石を牛の代わりにもらって帰ると、その石はきれいな娘になった。ところがその娘は東の方へ立ち去ってしまった。ツヌガアラシトはその娘を追いかけて日本へやってきた。その娘は難波に至って比売語曽社の神となり、また豊国の国前郡にいって比売語曽社の二か所の神社の祭神となった」とある。

姫島は、周防灘を通って四国・瀬戸内海方面へむかう海上交通の要路にあり、朝鮮から渡来した娘は、国東半島沖の姫島を経由して難波、すなわち大阪方面へむかったのであろう。

『日本書紀』によると、娘を追って日本にやってきたツヌガアラシトは、まず穴門（山口県）に到着し、国王と自称する伊都都比古と会見したが、その風体からとても国王にはみえなかったため、ふたたび船に乗って日本海を北上し、出雲方面へむかい、角鹿（敦賀）に到着し、そこから上陸した。そして、垂仁天皇時代に朝鮮に帰国したという。

景行天皇からみれば、崇神天皇は祖父、垂仁天皇は父にあたる。景行天皇は、当然のことながら比売語曽社の由来を知っていたはずである。

姫島には産土神として、大帯《おおたらし》八幡社が祭られている。地元の伝承では、神功皇后の和風諡号である息長《おきなが》帯姫《たらしひめ》命に由来するといわれているが、景行天皇の和風諡号である「大足彦《おおたらし》」にもかかわりがあるかもしれない。

国東半島の北部、伊美川の河口にある伊美（国東市国見町）にも、景行天皇の足跡が残されている。すなわち、『豊前国風土記』には、「同じ天皇（景行天皇）

がこの村におられて、『この国の道路ははるかに遠々しく、山は険しく、谷は深く、行き来する者もまれなところだが、いまやここに国を見ることができた』と勅しておっしゃられたので、国見の村といった。いま伊美の郷というのは、それをなまったものである」と書かれ、この地には伊美別宮社《いみべつぐうしゃ》が祭られている。

岩倉八幡宮（櫛来《くしく》神社）（国東市国見町櫛来字古江）は、神功皇后と応神天皇とともに、帯中津日子命《たらしなかつひこ》を祭神としているが、これはもちろん景行天皇のことである。

伊美を出発した景行天皇は、海岸沿いに別府湾をめざした。

前述したとおり、羽田遺跡（東国東郡国東町）では、姫島産の黒曜石をもちいた石器製品がつくられていたが、景行天皇がこの地を通過したころには、鉄製品に押されてかつての勢いはすっかり衰えていたであろう。

羽田遺跡の南方に、弥生時代の安国寺遺跡（東国東郡国東町）がある。U字形の環濠や水田跡が見つかり、「東の登呂（静岡県）、西の安国寺」といわれるほど豊富な遺物や住居跡が見つかっている。景行天皇たちも、当然この安国寺の集落を見たはずである。

熊尾遺跡（東国東郡国東町）からも姫島産黒曜石やその半製品などが見つかっており、ここでも石器の生産をおこなう人々が住んでいたらしい。これまた、景行天皇当時集落はあったものの、石器の製造は大きく衰退していたはずである。

景行天皇は国東半島を迂回し、奈多の海岸を通過して、別府湾に入った。いよいよ、「碩田国」である。

「碩田国」について、『日本書紀』は、「その地形が広く、大きく麗しい。よって碩田と名づけた」と書き、『豊前国風土記』も、「むかし纏向の日代の宮に天下をお治めになった天皇（景行天皇）が、豊前国の京郡の行宮からこの郡に行幸なされて地形をご覧になり、感嘆して『この郡は、なんと広く大きいことか。碩田の国（碩田は大分という）と名づけるがよい』とおおせられた。大分の由来である」と書いている。

『和名抄』には、「豊後国大分郡」とあり、阿原、稙《わさ》田《だ》、津守、荏隈《えのくま》、判太《はんだ》、跡部《あとべ》、武蔵、笠租、笠和、神崎の十郷からなっている。

のちに国東郡に編入された武蔵郷が含まれているところから、当時の大分郡は現在の大分市と大分郡よりも広い区域であったようであり、『大日本地名辞書』

は、速見郡、海部郡および大野郡や直入郡などの高原地帯も包摂していたとするが、現在の大分平野を中心とする区域であったことはまちがいない。

　古代のひとびとにとって、生活用水や農業用水を確保するためには、河川の存在が絶対的な条件である。河川があれば、必ず海と山がある。中上流域の南向きの暖かくて乾いた丘陵地帯に集落をつくり、背後の山々から鳥や獣、木の実、山菜、木材など、豊富な山の幸を手に入れることができる。また、河川を使って、舟で多くの人と物資を運び、魚や貝、海藻などのさまざまな海の幸を手に入れ、また海からやってきた他国の商人たちと交易する。古くから開けていた地域は、必ずこのような基本的条件を備えているが、大分平野もその条件を確実に備えている。

　大分平野には、大分川、大野川などが貫流し、流域には三角州が集まって沖積平野が形成されている。東西の長さ約二四キロの肥沃な平野で、別府湾に面しているため、海も穏やかで、年間通して比較的温和な気候に恵まれている。

　背後には一五〇〜三〇〇メートルの丘陵地や台地が広がり、その奥には九州山地に連なる山々がせりだしている。波静かな別府湾もある。まさしく、大分平野は古代のひとびとが住み着く基本的な条件を、十分に備えている。

　縄文時代から弥生時代、古墳時代など各時代の遺跡も豊富で、大在《おおざい》（大分市）の海岸砂丘上にある浜遺跡からは、弥生時代中期・後期の大型器台や壺形埴輪など祭祀用土器や甕棺とともに、中広銅剣四本が出土している。中広銅剣は山陽・四国地方を中心に出土するもので、周防灘地域と瀬戸内海地域との交流をしめすものといえよう。

　大分市内には古墳も多く、とりわけ大分川支流の七瀬川に沿った丘陵上にあった御陵古墳（大分市木上）は、全長八〇メートルに達する大分平野最大の前方後円墳であるが、昭和四十三年の宅地造成工事のために消失した。伝承によると神八井耳命の子の大分君の墳墓であるという。かつて墳丘上には享保十八年に建てられた「古皇之御陵」なる石碑があったという。

　大分川支流の寒田《そうだ》川中流右岸に、豊後一の宮とされる西寒多《ささむた》神社（大分市寒田）がある。式内名神大社で旧国幣中社である。本宮山（標高六〇七・五メートル）の北東麓にあり、天照大神、伊弉諾大神、伊弉冉大神、月読尊、大直日《おおなおび》大神、神直日《かみなおび》大神、天思兼《あめのおもいかね》大神などを祭神としているが、もともとは「西寒多《ささむた》神」が主たる祭神であったようである。

『三代実録』によると、貞観十一（八七〇）年三月二十二日の条に西寒多の神に従五位下が授与されたという記事がある。ササムタ神（ないしソウダ神）は、国造大分君の氏神ともいわれており、いつのころからか由緒がわからなくなっていた土着の神を公式に認知したのがこの記事であったろう。

『豊後国志』に「山頂に祠あり」と記されているように、もともとは本宮山山頂に祭られていた神であったという。『大分郡志』によると、神功皇后が朝鮮出兵の帰途、西寒田山に登り、一本の白旗を奉納し、のちに応神天皇のときに武内宿禰が勅命により社殿を創建したという。

◉速見の速津媛

碩田国――すなわち、大分国に足を踏み入れた景行天皇一行は、『日本書紀』によると、まず「速見の邑《むら》」に到着した。

速見の邑とは、速見郡（大分県早見郡、別府市、杵築市）のことで、大分郡の北方に所在している。西は豊前国宇佐郡に接し、北は国東郡に接する。南部には、伽藍岳（標高一〇四五メートル）、鶴見岳（標高一三七五メートル）、由布岳（一五八四メートル）、福万山（一二三六メートル）などの高い火山があり、別府、由布院、湯平には温泉が湧き出ている。北部も山岳地帯で、国東半島の頸部には八坂川が東に流れて別府湾に注いでいる。

速見の邑に到着したところ、そこにもこの地方を治める女酋がいて、景行天皇一行をみずから出迎えたのである。その女酋の名は、「速津媛《はやつひめ》」といった。『日本書紀』では、「一処《ひとところ》の長（ひとごのかみ）」と形容されているから、豊前の神夏磯姫に形容された「一国の長」とくらべると治める範囲も権力も小さな女王であったろう。

速津媛は、景行天皇にむかって、「この山におおきな石窟《いわや》があり、ネズミの岩窟と申します。二人の土蜘蛛がいて、その岩窟に住んでおります。一人を青《あお》といい、二人目を白《しろ》といいます。また、直入郡の禰疑野《ねぎの》に三人の土蜘蛛がいて、一人を打猿《うちさる》といい、二人目を八《や》田《た》といい、三人目を国摩侶《くにまろ》といいます。この五人は皆力が強く、また大勢の仲間をもっています。皆、天皇に服従しないといっています。もし強引に召喚すれば、兵を起こして抵抗するといっています」と述べた。

同様の記事が、『豊後国風土記』にも載せられている。

「むかし、纏向の日代の宮に天下をお治めになった天皇（景行天皇）が、球磨贈於《くまそ》を討とうとおもって筑紫においでになり、周防の佐婆津から船出してお渡りになり、海部《あま》郡の宮浦にお泊りになった。そのとき、この村に女人があった。名を速津媛といい、この処の酋長であった。さて天皇が行幸なさると聞いて、親しく自身お迎えして、『この山に大きな岩窟があります。名をネズミの岩窟といい、土蜘蛛が二人住んでいます。その名を青・白といいます。また直入郡の禰疑野に土蜘蛛三人がいます。名を打猴《うちさる》・八田・国摩侶といいます。この五人はみな人となりが強暴で、手下も多い。みな誹って、天皇の命令には従うまいといっています。もし強いてお召しになろうとすれば、軍を催して抵抗するでしょう』といった。そこで天皇は兵士を派遣してその要害を抑え、ことごとく誅滅した。こういうわけで名を速津媛の国といった。のちの人が改めて、速見の郡という」

この記事によると、速津媛の拠点は、「海部郡」の「宮浦《みやのうら》」とされている。

海部郡は、大分県の東南部に位置しており、西は大分郡と大野郡に接し、南は日向国臼杵郡と接している。東部は豊後水道に接し、リアス式海岸には多くの浦と小さな島々があり、古代海人族の一大拠点の一つであった。

『日本書紀』神武天皇即位前記には、日向から大和にむけて東征する途中、「速吸《はやすい》の門」にさしかかったとき、曲浦《わだのうら》で釣りをしていた珍彦《うずひこ》という漁人が現われ、神武天皇一行を水先案内した。この功により、珍彦は神武天皇から「椎根津彦《しいねつひこ》」という名を賜り、倭国造らの祖先となったという。『古事記』は「槁根津日子《さおねつひこ》」と書くが、同一人物をさしていることはあきらかである。

北海部郡佐賀関町には、椎根津彦神社が祭られている。

「速吸の門」とは、豊後水道のことである。『古事記』は明石海峡のごとく記しているが、これは情報が錯綜しているようである。「速吸の門」は「速吸の瀬戸」ともよばれ、現在は「豊予海峡」とよばれているが、激しい潮流のため、海の難所として知られている。『太宰管内志』には、「早吸門に潮が通うときは、たいそうな音がして海底から湧き出して、海底に吸い込まれるようだ」と記している。

佐賀関半島の突端から四国の佐田岬（愛媛県）まではわずか一四キロで、関崎《せきがさき》の沖合い三・七キロにある高島（きくの島）（佐賀関町）からは、一〇キロにも満たない距離である。晴れた日には、間近に四国を望むことができる。

その速吸の門を望む佐賀関半島の先端の上浦《かみうら》には、式内社の速水日女《はやすいひめ》神社（大分市関）が祭られている。上浦の曲浦（和多浦）の清地《すがち》にある。

佐賀関という地名は、清地の「清（すが）」に由来するという。「素娥《すが》」あるいは「素賀《すが》」とも書かれ、それが「佐加」となり、「佐賀」になったという。『太宰管内志』にも、「佐加は差我と訓《よ》むべきである。地名の意味は清々《すがすが》しい地であるからだろう」と書かれている。

祭神は「速吸比咩《はやすいひめ》」で、イザナギのことといわれているが、これは後世の付会であろう。もともと、「速吸の門」あたりに勢力を張っていた「速水族」とでもいうべき海人族の女酋であったにちがいなく、時代が下り、大和朝廷による支配が進むにつれて一海人族の女酋たる速吸姫を祭神とすることにはばかりが生じ、大和朝廷の祖神ともいうべきイザナギと同一神としたのであろう。

『続日本後記』の承和十（八四三）年の条に、無位の早吸比咩神が従五位下に叙せられたとあり、『三代実録』によると元慶七（八八三）年に正五位下に叙せられたとあるから、少なくとも、平安時代前期までは速吸姫がイザナギとみられていなかったことはあきらかである。

景行天皇を出迎えた速津媛こそが、速吸比咩であった可能性もある。

『日本書紀』によると速津媛は速見の邑《むら》（速見郡）を根拠にした女酋であり、『豊後国風土記』によると海《あ》部《ま》郡の宮浦を根拠にした女酋とされている。広域的に考えれば、速見郡から海部郡にかけて勢力を有していたと解してもそれほどおかしなことではない。

『和名抄』によると、速見郡には、朝見、八坂、由布（柚富）、大神《おおが》、山香の五郷が含まれており、このうち由布（柚富）には、速津姫が祭ったと伝えられる「宇《う》奈《な》岐《く》日《ひ》女《め》神社」（大分県由布市湯布院町川上）がある。

木綿《ゆふ》社あるいは木綿山神社ともよばれ、六所宮、六所権現ともよばれる。祭神は、国常立尊《くにのとこたち》、国狭槌尊《くにのさづち》、彦火火出見尊《ひこほほでみ》、彦波激武鸕鷀草葺不合尊《ひこなぎさたけうがやふきあえず》、神倭磐余彦《かむやまといわれひこ》尊、神渟名川耳尊《かむぬなかわみみ》であり、肝心の宇奈岐日女は祭神とされていない。『神社明細牒』には、景行天皇の親征のとき、この地で祭祀を営み、景行天皇三年に速津姫が勅を奉じて創建したとある。由布岳の南西山麓の由布盆地に所在している。

宇奈岐日女という女神については、ウナギを沼沢の精霊として祭ったとする説や、強力の権現に湯布院盆地をつくらせた神であるとする説、勾玉などを首からかけた女神の意であるとする説などがあるが、かつて由布盆地を支配していた女酋名に由来するというべきであろう。

もっと空想をたくましくすれば、速津媛が治めていた領域―クニは、「ハヤツ（速津）国」とよばれていたかもしれず、関門海峡の最も狭いところは「隼人の迫門」といい、のちに「速鞆瀬戸」あるいは「早鞆瀬戸」と書かれたように、「ハヤツ（速津）国」は「隼人国」とよばれていたのかもしれない。

◉隼人という呼称

前述したように、海部郡は、南は日向国と境を接している。「隼人」がはじめて文献上あらわれるのは、『日本書紀』巻二、神代下第九段の記事で、そこには、「火闌降命《ほのすそり》は、隼人らの始祖である」と書かれている。

火闌降命は、『古事記』では火照命《ほでり》と表記され、海幸彦とよばれる人物である。

瓊瓊杵命《ににぎ》と木花開耶姫《このはやのさくやひめ》の間に生まれた。瓊瓊杵命は、天照大神の子天之忍穂耳命《あめのおしほみみ》と高木神《たかぎ》（高御産巣日神）の娘栲幡千々姫《たくはたちぢひめ》（万幡豊秋津師比売《よろずはたとよあきつしひめ》）の間に生まれた子で、天照大神の孫にあたる。

『古事記』によれば、天照大神と高御産巣日神から「豊葦原の瑞穂の国」の統治を委任する神勅を受けた瓊瓊芸命《ににぎ》（瓊瓊杵尊）は、天児屋命《あめのこやね》、布刀玉命《ふとだま》、伊《い》斯許理度売命《しこりどめ》、玉祖命《たまのおや》を従え、思金神《おもいかね》、手力男神《たぢからお》、天石門別神《あまのいわどわけ》らとともに、猨田毘古神を先導に高千穂の山に天降った。

天降った瓊瓊芸命は、笠狭の岬に居を構え、そこで大山津見神《おおやまつみ》の娘木花佐久夜毘売と出会い、火照命（海幸彦）、火須勢理《ほすせり》命、穂穂手見《ほほでみ》命（山幸彦）の三人の男子を生んだ。

『古事記』によると、ある日、山幸彦（穂穂手見命）は、海幸彦（火照命）と互いの道具を交換することを思いつき、しぶる海幸彦を説得して道具を交換した。山幸彦は海幸彦の道具をもって海にでかけたが、魚は一匹も釣れず、それどころか大事な釣り針を海中に落としてしまった。

山幸彦はあやまり、自分の剣を壊して多くの釣り針をつくって弁償しようとしたが、海幸彦は許さず、海中に落とした釣り針を返すように求めた。困った山幸彦が涙にくれていると、塩椎神《しおつち》があらわれ、海神たる「綿津見《わたつみ》神の宮」へ行くことを勧められた。山幸彦は綿津見神の宮へ出かけ、綿津見神の娘の豊玉毘売《とよたまひめ》と出会って結ばれる。

幸せな生活がつづいて三年目、山幸彦は落とした釣り針のことを思い出してはため息をつくようになった。理由を知った綿津見神は、魚たちを集めて釣り針の行方をたずねた。すると、鯛《たい》が「のどに何かひっかかって物も食べられない」といっているという。鯛ののどを見てみると、やはり釣り針を飲み込んでいた。綿津見神はさっそく釣り針を取り出して山幸彦に渡し、海幸彦に返すときの呪詛の言葉を教え、「もし海幸彦が恨んで攻めてきたら、この塩盈珠《しおみつたま》を使って溺れさせ、あやまったならこの塩乾珠《しおひるたま》で水を退かせて助けなさい」といって地上に帰した。

山幸彦は綿津見神に教えられたように海幸彦を苦しめ、ついに山幸彦に対して海幸彦が守護人として仕えることを誓った。

『古事記』は、「そこで今に至るまでその溺れたときのしわざを演じてお仕え申し上げるのです」と、朝廷への「隼人舞」とよばれる歌舞奉納の起源を説明し、『日本書紀』の一書は、「それで火酢芹《ほのすせり》命の後裔のもろもろの隼人たちは、今に至るまで天皇の宮の垣のそばを離れないで、吠える犬の役をしてお仕えしているのである」と、隼人による「朝廷警護」の起源を記している。『日本書紀』敏達天皇十四年八月の条には、「三輪君逆《さかう》は、隼人に殯庭《もがりのにわ》を守らせた」とあり、隼人が宮門の警備のみならず、殯庭の警備にあたったことが記されている。

『日本書紀』天武天皇十一（六八二）年七月条にも、「隼人が大勢やってきて、貢物を献上した。この日に大隅の隼人と阿多の隼人が御所で相撲を取った。大隅の隼人が勝った」と隼人の朝貢と相撲の奉納に関する記事が記されており、この当時、南九州の居住民や畿内に移配された一族のことを隼人といい、薩摩国東部の大隅隼人と薩摩国西部の阿多隼人に大別されていたことがわかる。

大和朝廷は、後世の律令時代においても隼人が言語風俗面で倭人と大いに異なるところから、隼人を「夷人雑類」に区分し、律令制度の完全適用を留保する一方、朝貢を強制するなど、異民族の一種として取り扱っている。

隼人のハヤは、ハエ（南風）と関係があるとする説があるが、弥生人と縄文人という区分からすれば、縄文人の系列に属する部族であるように思われ、したがって九州における先住民族として狩猟や漁業などを主とする狩猟民族であった可能性が高い。

むろん南部九州が主たる勢力範囲ではあったが、一部の勢力は中部・北部九州に勢力を伸ばした時期もあったはずである。中部九州から北部九州に進出した部族を熊襲とよぶかどうかはともかく、農耕を主体とする弥生文化の隆盛に伴い、南部九州方面に勢力の撤退を余儀なくされ、また大和朝廷の中央集権体制が浸透するにしたがって、ますます九州における勢力の縮小を余儀なくされ、律令時代には日向地方を放棄し、薩摩地方に拠点を移し、「海上の道」に進出して、南西諸島――すなわち、奄美大島、種子島などの薩南諸島や沖縄諸島、八重山諸島などの先島諸島方面に勢力を伸ばしていったのかもしれない。

大和朝廷の始祖の一人ともいうべき、山幸彦を支援した勢力が九州における海人勢力としての隼人であり、『古事記』『日本書紀』の神話では、隼人をホホデミノミコト（海幸彦）の末裔とするなど、神武天皇の東征にあたっても最大の支援勢力として活躍したのが隼人であった可能性もある。

景行天皇当時、海部郡という郡名はなかったはずである。

『日本書紀』には、景行天皇から三代のちの応神天皇時代に「処々の海人がさばめいて」命令に従わなかったため、それを平定するため神功皇后の朝鮮出兵に際して功績のあった安曇の連の祖の大浜宿禰を「海人の宰」に任命し、「諸国に令して海人と山守部が定められた」とあり、『古事記』にも、「この御世に、海部・山部・山守部・伊勢部を定められた」とある。

海部氏はそれぞれの領海を管轄し、航海に従事するとともに、漁獲物を朝廷に貢納するなどの職をつかさどった。海部という地名は、遠江（静岡県）以西に広く分布しており、郡名や郷名として数多く残存しているが、豊後の海部郡もその一つと考えていい。

したがって、景行天皇当時は海部郡という地名ではなく、別の名でよばれていたはずである。その具体的な地名について言及した文献資料は残っていないが、ひょっとしたら、「ハヤツ（速津）国」ないし「隼人国」とよばれていたかもしれない。

豊前地方に残存していた隼人の勢力を率いたのが、「速津媛」ないし「速吸比咩」と考えるわけである。

隼人のハヤは必ずしもハヤ（南風）に由来するものではなく、隼のようにすばやく海を往来できる独自の航法を持った海人族にたいする呼称とみるべきであろう。

『太宰管内志』や『豊後国志』によると、「速水《はやすい》日女《ひめ》神社」は、当初は現在地から約一キロ西方の「田刈穂浦」あるいは「高風浦」の古宮（佐賀関町）にあったらしい。遷座された時期は不明であるが、大宝元年とも昌泰年間（八九八〜九〇一）ともいわれている。

景行天皇は、そこにしばらくとどまったであろう。『豊前国風土記』には、「穂門《ほと》の郷は、郡役所の南方にある。むかし、纏向の日代の宮に天下をお治めになった天皇（景行天皇）が、御船をこの門に停泊されたときに、海の底に海藻がたくさんはえていて、長く美しかった。そこで、『最勝海藻（ほつめ）を取れ』とおっしゃられた。そういうわけで、最勝海藻（ほつめ）の門《と》といった。いま穂門の郷というのは、なまったものである」

とある。

穂門は、『和名抄』には「海部郡の穂門」として出てくる古い地名である。津久見湾入口に「保戸島《ほと》」があるが、穂門郷の範囲は、津久見湾に臨む津久見市から南側の佐伯市あたりまで広がる範囲であったと考えられている。

最勝海藻（ほつめ）とは、「最高級の海藻」という意味である。速津媛は地元で取れた最高級の海産物でもてなしたであろう。アワビやカツオなどの魚介類も食膳に並べたにちがいない。

ちなみに、海部郡の熊崎川河口付近に「下山古墳」という五世紀半ばの前方後円墳があり、被葬者は女性とみられているが、その頭蓋骨に外耳道骨腫が認められたという。外耳道骨腫は潜水を職業とするひとびとに多くみられる現象で、したがってこの被葬者はこの地域を支配した女酋で、かつ海女であったと考えられている。

　四世紀半ば過ぎの景行天皇の時代からみれば、百年近くのちの時代の古墳であるが、ひょっとしたら速津媛に連なる女性であったかもしれない。

◉来田見の仮宮

　速見郡から海部《あま》郡にかけての海人族の女酋であった速津媛は、景行天皇に対面するや、恭順の意をしめすとともに、「速見村の山の岩窟」を拠点とする「青《あお》」と「白《しろ》」、「直入郡の禰疑野」を拠点とする「打猿《うちさる》」、「八田《やた》」、「国摩《ま》侶《ろ》」という五人の土蜘蛛の名を告げた。

「青」と「白」が拠点としていたのは、『豊後国風土記』などからみて、直入郡西部の山岳地帯であったようである。

　直入郡は、豊後国八郡の一つで、豊後国の南西部に位置している。北は大分郡と玖珠郡、東は大野郡、南は日向国臼杵郡（宮崎県西臼杵郡）、西は肥後国阿蘇郡（熊本県）に接した高原地帯である。阿蘇外輪山の東麓に位置し、北方には久住山（標高一七八八メートル）を主峰とする九重山系がそびえ、南方には九州山脈地の主峰祖母山（標高一七五八メートル）がそびえている。

　直入郡の範囲は、現在の萩町、久住町、直入町と竹田市の区域である。東に傾斜した竹田盆地には、高い山々に源を発する小さな川が集まり、さらに東へ流れて、豊後最大の大野川の本流に集まり、やがて別府湾に注ぎこむ。

『豊後国風土記』には、直入という地名の由来について、「むかし、郡役所の東の桑木の村に桑がはえていた。その高さはきわめて高く、幹も枝も直く美しかったら、土地の人は直桑の村といった。のちの人があらためて直入の郡といった」とある。

「青」と「白」は、ネズミの岩窟に住んでいた。山岳地帯の岩屋に住み着き、狩猟生活を営んでいたのであろう。青と白という名は、部族を象徴する刺青や化粧あるいは衣装などに青い色と白い色を用いていたからにちがいない。
「打猿」とは、このあたり一帯に生息していた日本猿に由来するものであろう。猿はすばしこく、敏捷で、打猿もまた猿のように山岳地帯を根城にしていたのであろう。『日本書紀』神功皇后条にみえる「熊鰐」や「熊鷲」など、動物名を取って命名する風習に由来するものであろう。それにくらべて、「八田」と「国摩侶」の命名の由来はよくわからない。

八咫といえば、長さをあらわし、『古事記』や『日本書紀』では、大きな鏡をあらわすものとして「八咫の鏡」が慣用語のように用いられている。この八咫と関連したものであろうか。それとも文字どおり、多くの田を所有していた人物であったろうか。

おなじく、『日本書紀』神功皇后条には、「烏摩呂《おまろ》」という名がみえ、後世の「丸」や「麻呂」などに連なる命名法が、景行天皇当時の九州においてすでにおこなわれていたのかもしれない。そうすると、「国摩侶《まろ》」という名は、文字どおりクニを支配していた者に対する尊称ということになる。

『古事記』や『日本書紀』においては、朝廷に服従しない部族に対する蔑称として、土蜘蛛という言葉を用い、酋長の名も蔑称に改変したとおもわれるケースも見受けられるが、それほど徹底したものではなかったのかもしれない。

景行天皇は、これら五人の土蜘蛛を討伐するため、来田見邑《くたみむら》に移動した。

来田見は、球覃とも書かれ、現在は朽網《くたみ》と書かれる。直入郡北部の山岳地帯に位置し、朽網山や朽網川（芹川）などにも地名のなごりを残している。

『豊後国風土記』に、来田見という地名の由来が記されている。

「この村に泉がある。おなじ天皇（景行天皇）が行幸されたとき、食膳を奉仕する人が御飲料水として泉の水を汲ませると、そこに蛇龗（オカミ）がいた。それを聞いて天皇は、『きっと臭いにちがいない。汲んで使ってはならない』と命じられた。これによって名を『臭水（くさいずみ）』といい、その名にちなんで村の名とした。いま球覃（くたみ）の郷というのは、なまったものである」

火山が多いため、このあたりで湧いてくる水には、硫黄分などが多く含まれており、飲料水には適さないことがあろう。蛇龗（オカミ）とは、サンショウウオまたはイモリのことをさすらしい。

来田見邑に移動した景行天皇は、そこに仮宮を建てた。これまた『豊後国風土記』には、「宮処野《みやこの》・朽《く》網《たみ》の郷にある野である。おなじ天皇（景行天皇）が土蜘蛛を討伐しようとなさったとき、行宮（仮宮）をこの野にお建てになった。このことをもって宮処野という」とある。仮宮の所在地は、直入郡久住町仏原の宮園といわれ、宮処野神社が祭られている。

ちなみに、宮処野神社は嵯峨宮神社ともよばれるが、これは嵯峨天皇に由来するものである。弘仁年間（八一〇～八二四）、直入郡擬大領膳臣広雄の娘が嵯峨天皇に仕えて寵愛を受けたが、崩御ののち故郷に帰って尼となり、終生嵯峨天皇を弔ったという。尼が亡くなったのち宮処野神社近くに葬られたが、そのことにちなんで嵯峨神社とよぶようになったという。

地元の伝承では、宮処野神社の南側にある田は、景行天皇の仮宮を警護した場所であるといい、禁忌の地とされ、のちの時代になっても糞尿などの肥料をまくことが禁じられたという。また、そのそばには泉があり、「御供水」とよばれたという。

『豊後国風土記』には、「球覃の峰は、郡役所の北にある。この峰の頂上にいつも火が燃えている。麓には数々の川がある。名を神の川という。また、二つの湯の川がある。流れて神の川と合流する」とあり、朽網川（芹川）は、別名神川《かむのかわ》とよばれていたことがわかる。

北方に見える球覃の峰、すなわち朽網山とは、九重山、大船山、黒岳三山の総称であり、九重連峰、九重火山群のことである。『豊後国志』には、「郡の北朽網郷にあり。『豊後国風土記』は球覃の峰と書く。『万葉集』に詠われたところであり、九重、大船、黒岳が鼎のように立ち並んで、根を合わせている。三山を総称して朽網山という。もってこの国の鎮護となす」とあり、『万葉集』には「朽網山　夕居る雲の　薄れゆかば　我は恋なむ　きみが目を欲《ほ》り〈巻十一・二六八二〉」という歌が収録されている。

◉三神の祭祀

来田見の宮処野に仮宮を建てた景行天皇は、「柏峡《かしわお》の大野」に前進基地を設けた。『日本書紀』には、「天皇はまず敵を討つため、柏峡の大野にやどられた。

その野に石があった。長さ六尺、厚さ一尺五寸。天皇は神意をうかがう占いをされて、『わたしが土蜘蛛を滅ぼすことができるのなら、この石を蹴ったら柏の葉のように舞い上がれ』といわれた。そして蹴られると、柏の葉のように大空に舞い上がった。それでその石を名づけて『踏石《ほみし》』という。このときにお祈りされた神は、志我《しか》神、直入物部《なおいりもののべ》神、直入中臣《なおいりなかとみ》神の三神である」と書かれている。

『豊後国風土記』にも、「蹴石野は、柏原の郷の中にある。おなじ天皇が土蜘蛛の賊を討つため、柏峡の大野におでましになると、野の中に石があった。長さ六尺、幅は三尺、厚さ一尺五寸である。天皇は神意をうかがうため、『わたしは賊を滅ぼそうとおもうが、この石を蹴ったら柏の葉のように舞い上がれ』といわれた。そして蹴られると、柏の葉のように大空に舞い上がった。これによって蹴石野という」とある。

柏峡とは、直入郡萩町の柏原《かしわばる》のことである。大野川源流の新藤川と山崎川によって南北にはさまれた阿蘇溶岩台地上に位置する。『豊後国風土記』には、「柏原の郷は、郡役所の南方にある。むかし、この野に柏の木がたくさんはえていた。それで柏原の郷という」と書かれている。

景行天皇は、直入郡の柏原に前進基地をつくり、石蹴り占いをおこなって神意をたずね、「志我神」、「直入物部神」、「直入中臣神」の三神を祭った。

「志我神」が祭られたのは、大野郡の志賀（豊後大野市朝地町市万田）の「志加若宮神社（若宮神社）」といわれている（『大日本地名辞書』『豊後国志』）。「直入物部神」が祭られたのは、直入郡の「鶴田籾山八幡社」（竹田市直入町社家）といわれ、境内には、景行天皇の腰かけ石とよばれる石があり、神社を見下ろす丘陵地には、前方後円墳や円墳などもあり、古くから開けていた地域である。「直入中臣神」が祭られたのは、大分郡の「直入中臣神神社」（由布市庄内町阿蘇野地区中村）といわれる。「石神明神」ともよばれ、境内東側には御神体石が祭られている。

景行天皇は、どうしてこれらの三神を祭ったのであろうか。

まず、「志我神」のことである。「志我神」といえば、博多湾にある志賀島が想起されよう。

イザナギはイザナミを追って黄泉の国へ行き、うじ虫のわいた妻の死体を見て逃げ帰り、汚れを落とすために、「筑紫の日向の橘の小門の阿波岐原」で禊をおこなった。上つ瀬は速く、下つ瀬は弱いので、中つ瀬で水にもぐって身をすすいだところ、底津綿津見《そこつわたつみ》神・中津綿津見《なかつわたつみ》神・上津綿津見《うわつわたつみ》神のワタツミ三神と、底筒《そこつつ》男《お》命・中筒男《なかつつお》命・上筒男《うわつつお》命の住吉三神が生まれた。

　志賀島を拠点とする海人族の安曇氏は、ワタツミ三神を氏神にしている。したがって、「志我神」は、ワタツミ三神のことをさすであろうが、景行天皇当時、大野郡あたりにも志我一族がいて、景行天皇は彼らとの関係を深めるため、その氏神を祭ったのであろうか。

　次に、「直入物部神」のことである。物部氏といえば、すでに述べたように、その遠祖は、天忍穂耳命の子で大和地方へいわば先駆けて天降った饒速日《にぎはやひ》命である。

　物部氏の氏神は、石上神宮（奈良県天理市布留町）の祭神である「布都御魂《ふつのみたま》」で、朝廷の守り神ともされている。

　物部氏もまた北部九州とも縁の深い氏族で、『先代旧事本紀』巻三「天神本紀」によると、筑紫弦田物部、二田物部（筑紫郡二田）、筑紫聞物部（豊前国企救郡）、筑紫贄田物部（筑前）、狭竹物部、赤間物部、島戸物部など、北部九州の物部一族も神武天皇の東征に随行している。このように、物部一族は、皇室とは深い関係にあり、景行天皇の九州遠征にあたっても、物部君の祖夏花《なつはな》が随行していたことについても、すでに述べたとおりである。

　景行天皇が直入物部神を祭ったのは、このようなことを踏まえたのかもしれないが、もっと単純にいえば、この直入地方を根拠とする物部氏がいて、彼らと関係を深めるため、景行天皇はその氏神を祭ったとも考えられる。

　さらに、「直入中臣神」のことである。中臣氏といえば『日本書紀』巻一「神代上七段」に、「中臣連の遠祖は天《あまの》児屋《こやね》命」とあり、『続日本紀』天応元（七八一）年七月の条に、「中臣の遠祖は天《あまの》御中主《みなかぬし》命である。伊賀都臣《いかつおみ》はその二十世孫意美佐麻《おみさやま》の子なり」とあるように、中臣氏は「神と人との中をとりもつ臣」として、祭祀をつかさどったきわめて古い氏族であった。しかも、物部氏とおなじく、北部九州地域にも中臣氏の勢力があり、『豊後国風土記』にも、景行天皇時代に仲津郡に中臣村があったことが記されている。

　この当時、仲津郡のみならず大分郡や直入郡にも中臣一族に属する部族がおり、景行天皇は彼らとの関係を深めるために、その氏神を祭ったのであろう。

以上をまとめていえば、景行天皇は豊後の山岳地帯にいた土蜘蛛勢力を掃討するにあたり、地元の有力氏族たちと同盟を結んだのであろう。

◉土蜘蛛掃討

こうして戦闘態勢を整えた景行天皇は、多臣《おおのおみ》の祖・武諸木《たけもろき》や、国前臣《くにさきのおみ》の祖菟名手《うなて》、物部君《もののべのきみ》の祖夏花らの重臣たちと土蜘蛛掃討作戦を練った。

急戦で対処するか、持久戦で対処するか議論になったが、『日本書紀』によると、景行天皇は、「多くの兵で一挙に土蜘蛛を討とう。山野に隠れたら、後々の災いとなる」と断を下した。そして、兵隊たちに命じて、椿の木で椎《つち》をつくらせた。椎とは木槌のことである。

『豊後国風土記』も、「大野郡の海石榴市《つばきち》・血田は、ともに郡役所の南にある。むかし、纏向の日代の宮に天下をお治めになった天皇（景行天皇）が球覃《くたみ》の行宮におられた。そこで、ネズミの石窟の土蜘蛛を誅伐しようとおもって群臣に命じて、椿の木を伐りとり、槌につくって武器とし、そこで勇猛な兵卒を選んで武器の槌を授けた」と書いている。

その後、強兵を選んで、攻撃を命じた。先制攻撃を命じられた兵たちは、『日本書紀』と『豊後国風土記』によると、山を穿ち、草を払って前進していった。奇襲攻撃をおこなうため、椎で道を切り開きながら山野を突き進んでいったのであろう。そして、「石室《いわむろ》の土蜘蛛」――すなわち、ネズミの岩窟を根拠としていた「青」と「白」率いる勢力に対して攻撃をおこない、「稲葉の川上」で全滅させた。「青」と「白」の一族郎党の血がおびただしく流れて、くるぶしまでつかったといい、このため血田とよばれるようになったという。

「稲葉の川上」とは、稲葉川の上流ということである。稲葉川は、大野川の上流、九重山から東南に流れる川で、その上流といえば飛田川（竹田市）のことである。『豊後国志』には、「稲葉、久住、志土知の三本の川が一つに合わさり、市用《いちもつ》の東から流れて、騎牟礼の南を過ぎ、坂折に至る。山王山をめぐって東折荒牧北と田原南を過ぎ、飛田川となる」とあり、稲葉川のうち、飛田から下木《したぎ》までの約二キロを飛田川という。

椿の木で槌をつくったという海石榴市は大野郡内では見あたらないが、直入郡の稲葉村（竹田市久住町白丹）に海石榴《つばき》山がある。『豊後国志』には「朽網郷稲葉村にある。山はそれほど高くないが、非常に険しい。風土記は海石榴市と血田を大野郡としているが、それは誤りである」とあり、『太宰管内志』も「海石榴市と血田は直入郡の禰疑野の下方にあるべきである。朽網郷稲葉村に海石榴山があるが、それが旧跡であろう」と書いている。

おびただしい血の流れた「血田」という地名は、大野郡内にある「知田《ちた》」（豊後大野市緒方町）のことであろう。智田とも書かれる。緒方盆地の東南部山麓、大野川支流の緒方川あたりにある。

「青」と「白」の一族郎党を全滅させた景行天皇は、次に「打猿」を攻撃することとした。「打猿」は、禰《ね》疑山《ぎのやま》を根拠にしていた。そこで、景行天皇以下の軍勢は、禰疑山にむかった。

ところが、打猿たちから激しい抵抗を受けた。『日本書紀』は、「打猿を討とうとして、禰疑山を越えた。そのとき、敵の射る矢が横の山から飛んできて、降る雨のようであった」と書いている。

『和名抄』には、直入郡のなかに大戸郷《ねぎ》があったことが記されており、禰疑山とは、竹田市の菅生《すごう》あたりにあった荒野といわれている。阿蘇外輪山の東山腹に位置する標高六〇〇メートル前後の台地で、東方にむかってゆるやかに傾斜している。

また、池部村（竹田市）の北部にある「朝鍋の洞穴」に禰疑山の賊が住んでいたという伝承が残されている。

菅生《すごう》から萩町にかけて、弥生時代後期から古墳時代はじめの集落跡があいついで見つかっている。とりわけ菅生台地最大の集落跡である「石井入口遺跡」では、弥生時代後期の住居跡一六九軒のほか、古墳時代の住居跡が確認されており、全体では五百軒を超える大集落跡とみられている。また、手斧、手鎌、鉋、刀子、鉄鏃などの鉄器や鏡片なども見つかっており、このなかには韓国慶尚北道の漁隠洞遺跡のものと同じ鋳型でつくられたものや、中国の後漢時代の画像鏡なども含まれているという。

このことは、北部九州の玄海灘沿岸にあった奴国や伊都国、あるいは筑後川上流域にあったとみられる邪馬台国との交流をしめすものであり、この地域がきわめて古い時代から開けていたことをしめしている。

『日本書紀』では「土蜘蛛」という蔑称をかぶせられ

ているが、菅生台地を中心とした地域には、古い時代からつづいたクニがあり、景行天皇時代においても独自の勢力を誇っていたのであろう。ついでながら、明治三十三年、菅生村の「今《いま》」というところから、古い椿の根が見つかり、郡長の渡辺村男は時の皇太子に献上したという。

打猿に激しい抵抗を受けた景行天皇たちは、禰疑山からいったん「城原《きはら》」に退却した。竹田市にある「木《き》原《ばる》」のことである。木原山（標高六六九メートル）南麓にあり、稲葉川支流の久住川流域に位置している。

城原まで退却した景行天皇は、川のほとりに陣を敷いて、占いをおこなった。今後の作戦展開について、骨卜をおこない、吉と出たため、兵を整え、攻撃を再開したところ、禰疑山にいた八田をたちまち打ち破ることができた。

次に打猿に対して攻撃をはじめた。八田を失って戦意喪失した打猿は、「降伏いたします」と申し出たが、景行天皇は許そうとしなかった。このため、進退に窮した打猿以下一族郎党は、谷に身を投げて自決してしまった。国摩侶の一族郎党の末期については、『日本書紀』に記載はないが、同様の運命をたどったであろう。

『豊後国風土記』は、禰疑野という地名の由来について、「むかし、纏向の日代の宮に天下をお治めになった天皇（景行天皇）が行幸されたとき、この野に土蜘蛛があった。名を打猨、八田、国摩侶という三人である。天皇はみずからこの賊を討とうとおもわれ、この野においでになって、兵士たち一人ひとりに労をねぎらって言葉をかけられた。それで禰疑野というようになった」と書いている。

竹田市には土蜘蛛の死体を埋葬したといわれる蜘蛛塚があり（『直入郡全史』）、景行天皇を祭神とする「禰疑野神社」もある。

こうして、豊前・豊後における土蜘蛛掃討作戦を完了した景行天皇は、直入郡から大野郡方面へ移動していった。

『豊後国風土記』に、「おなじ天皇（景行天皇）が行幸なさったとき、網磯野《あみしの》に小竹鹿奥《しのかおく》と小竹鹿臣《しのかおみ》という土蜘蛛がいた。この二人が天皇にお食事をさし上げるため猟をした。その猟人の声がやかましかったので、天皇は『大囂《あなみす》（大変やかましい）』とおっしゃられた。そういうわけで、この地を大囂野《あなみすの》といった。いま網磯野《あみしの》というのは、なまったものである」と書かれている。網磯野とは、阿志野（豊後大野市朝地町大字綿田）のことである（『箋釈豊後風土記』）。

景行天皇に叱られた小竹鹿奥と小竹鹿臣という土蜘蛛は、景行天皇たちが用いる言葉とはかなり違った言葉を用いていたのであろう。違った言語は、知らない人間にはうるさく聞こえるものである。

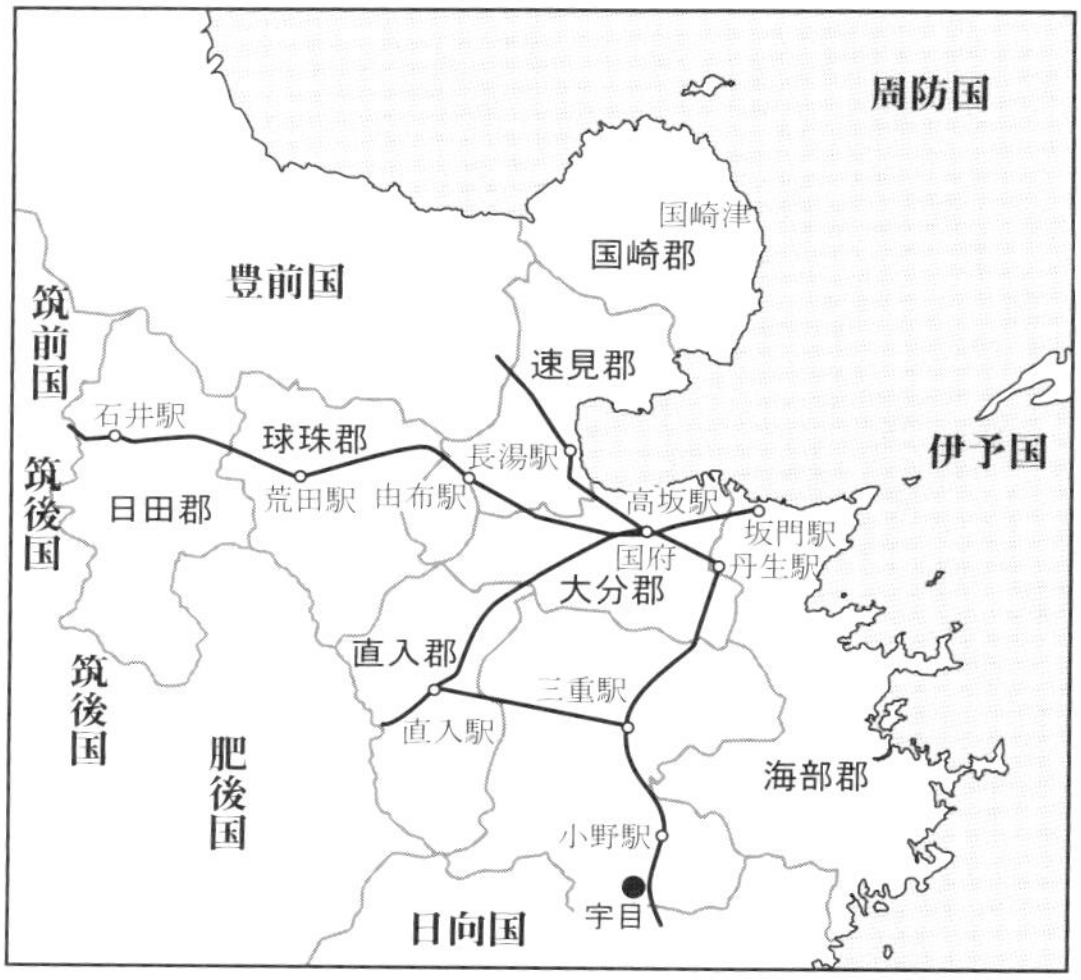

豊後国と日向国をつなぐ古代官道
（古代交通研究会編『日本古代道路事典』〔八木書店〕に掲載の図にもとづく）

豊後地方における作戦を終了した景行天皇たちは、陸路大野郡方面から日向にむかった。

古代律令制時代には、地方は国・郡・里（郷）に区分され、各国には国府（国衙）が置かれ、各郡には郡衙（郡家）が置かれた。国府間には官道が整備され、官道の要所には駅（駅家）が設置され、運搬用の馬などが配置された。ただし、これらの官道は、それぞれの地域で、きわめて古い時代から、いわば自然発生的にできた道路を整備したものが多く、景行天皇時代においても、基本的には、後世の官道の原型となった道路に沿って軍を進めていったであろう。

豊後から日向に向かうルートを、「日向道」という。現大分市からは、「高坂駅─丹生駅─三重駅─小野駅」を経て日向に入る。高坂駅は大分市大字古国府《ふるごう》の印鑰社あたりにあったといわれており、丹生駅は海部郡の丹生郷（臼杵市）にあったらしい。三重駅は豊後大野市三重町大字市場付近にあったという。

ただし、景行天皇が、直入郡方面から大野郡を経て日向にむかっているように思えることから、景行天皇のたどったルートは、「直入駅―三重駅―小野駅」という順であったろう。

小野駅は、大野郡宇目町の小野市にあったとされている（『太宰管内志』ほか）。小野市の田代川沿いにある八柱神社の近くには、ウマヤノアトという地名もあるらしい。

地元の伝承では、景行天皇たちは宇目村（佐伯市宇目小野市）を通っている。宇目村の由来は、景行天皇が榎峠を通るとき、梅の大木を見て、この地を「梅の里」と称したからであるという（『宇目町誌』）。

5 日向の高屋宮

祖母山
宇目
高千穂神宮
高千穂
可愛の岳
長井
延岡市
五ヶ瀬川
日向市
美々津
耳川
都農神社
小丸川
西都原古墳群
都万神宮
西都市
一ツ瀬川
住吉神社
高屋神社
大淀川

◉高千穂論争と神代三山陵論争

景行天皇一行は、大野郡の小野（佐伯市宇目小野市）を通って、日向国に入った。

ただし、それ以降の行程について『日本書紀』はまったく記載せず、「十一月に、日向国《ひむかのくに》に到りて、行宮《かりみや》を起《た》てて居《ま》します。これを高屋宮《たかやのみや》ともうす」とあるのみである。

十月に大分に入り、土蜘蛛を討伐したのち、十一月に日向に到着し、以来六年間にわたり「高屋宮」を拠点に中・南九州の平定を進めた重要な拠点でありながら、高屋宮を具体的に特定するに足りる情報は記載されていない。

『日向国風土記』も散逸しており、わずかな断片のみが他の文献に引用されているだけであり、『日本書紀』を補完できる資料もない。にもかかわらず、日向は古代の歴史を知るうえで、きわめて重要な地域であり、高屋宮の所在地についても、古来多くの議論がおこなわれてきた。

『古事記』『日本書紀』は、いずれも天照大神の孫の瓊瓊杵尊（邇邇芸命）が、「筑紫の日向の高千穂の峰《たけ》」あるいは「筑紫の日向の高千穂の久士布流多気《くじふるたけ》」に天降ったことを記している。先導役を務めていた天忍日命《あまのおしひ》と天津久米命《あまつくめ》は、「ここは韓国《からくに》に向かい、笠沙《かささ》の御前《みさき》を真来通りて、朝日の直刺国、夕日の日照る国なり。故、此地《ここ》はいと吉《よ》き地《ところ》」といったという。

高天原から天降った瓊瓊杵尊は、その地に宮殿をつくり拠点とした。これが、日向王朝初代である。

このように、日向は大和朝廷の創始にかかわるきわめて重要な地域である。したがって、瓊瓊杵尊が天降ったとされる高千穂の所在をめぐって、戦前まで大きな論争がおこなわれてきた。いわゆる「高千穂論争」である。

「高千穂＝宮崎県西臼杵郡説」と「高千穂＝霧島山説」が戦前まで鋭く対立し、どちらかといえば霧島山説がやや優勢のうちに推移してきたが、戦後においては高千穂論争に対する関心もほとんど薄れてしまい、現在に至っている。

おなじく、瓊瓊杵尊、彦火火出見尊（山幸彦）、鵜鶿草葺不合尊――いわゆる日向王朝三代を葬った陵墓の所在地をめぐっても、戦前まで激しい議論がつづけられてきた。「神代三山陵論争」である。

『古事記』『日本書紀』は、神代三山陵の所在地について、次のように記している。

	『古事記』	『日本書紀』
邇邇芸命	記載なし	筑紫の日向の可愛の山陵
穂穂手見命	高千穂の山の西	日向の高屋の山の上の陵
鵜葺草葺不合命	記載なし	日向の吾平の山の上の陵

彦火火出見尊の御陵は、『古事記』によれば「高千穂の山の西」とされ、『日本書紀』によると「日向の高屋《たかや》の山《やま》の上《うえ》の陵《みささぎ》」とされているのである。

「高屋」といえば、景行天皇が拠点とした「高屋宮」との関連がでてくる。

「高千穂論争」と「神代三山陵論争」は、景行天皇の足跡をたどる場合においても、避けて通ることのできない問題なのである。

日高重孝氏の『日向の研究・巻一』や平部嶠南の『日向地誌』などに記された「高屋の山の上の陵」の伝承地について、安本美典氏は、『邪馬台国は、その後どうなったか』のなかで、詳細かつ精緻にまとめられている。

安本氏によると、「高屋の山の上の陵」の伝承地は、以下の十一か所にのぼるという。

(1) 大隅国姶良郡溝辺村大字麓（鹿児島県霧島市溝辺町大字麓字菅ノ口）
(2) 大隅国姶良郡鹿児島神社付近の石体の宮（鹿児島県霧島市隼人町字宮内）
(3) 大隅国肝属郡内之浦大字北方（鹿児島県肝属郡肝付町大字北方）
(4) 薩摩国川辺郡宮原村の竹屋神社（鹿児島県南さつま市加世田宮原）
(5) 薩摩国川辺郡加世田郷内山田村の竹屋山（鹿児島県南さつま市加世田内山田）
(6) 薩摩国川辺郡加世田半島の野間嶽（鹿児島県南さつま市笠沙町中央の野間岳）
(7) 日向国那珂郡江田村の久牟鉢山《くにはちやま》（宮崎県宮崎市木花）
(8) 日向国宮崎郡村角（宮崎県宮崎市村角町）
(9) 日向国児湯郡都於郡（宮崎県西都市都於郡）
(10) 日向国臼杵郡高千穂町大字押方（宮崎県西臼杵郡高千穂町大字押方）
(11) 日向国西臼杵郡田原村大字河内（宮崎県西臼杵郡高千穂町大字田原）

このほか、高千穂の所在地について二か所、「筑紫の日向の可愛（埃）の山陵」の伝承地について八か所、「日向の吾平の山の上の陵」の所在地について七か所の候補地が乱立し、長い間議論されてきた。

明治新政府は、神代三山陵の所在地について、明治七（一八七四）年七月十日に天皇の御裁可によって、次のように定めた。

・「筑紫の日向の可愛（埃）の山陵」（鹿児島県薩摩川内市宮内町）
・「日向の高屋の山の上の陵」（鹿児島県霧島市溝辺町麓）
・「日向の吾平の山の上の陵」（鹿児島県肝属郡姶良村国上名村鵜戸の窟）

明治七年といえば、征韓論争に敗れた西郷隆盛らが野に下った翌年のことであるが、それでも明治新政府内には島津久光、大久保利通、寺島宗則、西郷従道、川村純義など有力な薩摩出身者がいた。神代三山陵のすべてが鹿児島県内に決定されたことについては、何がしかの政治的配慮がなされた可能性が高いというべきであろう。

これらの所在地論争に深入りすれば、優に一冊の書物ができあがるであろう。本書のテーマからいって深入りすることはできないが、避けて通ることもできない。景行天皇の足跡という観点から、必要に応じて論及することとしたい。

ただし、一つだけ指摘しておくと、これらの所在地問題が皇室の出自の問題と深くかかわっているため、日本における多くの碩学たちの研究対象とされ、また長期間にわたり関連する地元の人々の最も関心の深い事項の一つであったことによって、ある種の弊害が生じているようにおもわれる。

その弊害とは、後世の人々によってもともとの伝承に加工・修正・付加がおこなわれていることである。世間の注目を集めない地域には、わりと素朴な伝承が残されていることが多い。

それにひきかえ、人々の関心を集めた地域には、手垢がつき過ぎてしまい、粉飾された伝承が残され、本来の伝承が失われている可能性が高い。

対馬の神社についてもこのような傾向が見受けられるが、日向の伝承についても、かなり後世の粉飾を受け、変質しているようにおもわれる。しかも、残念なことに、『古事記』『日本書紀』を補強してくれるはずの『日向国風土記』もほとんど散逸し、わずかな断片が伝えられているのみである。

まして、前述したように、多くの候補地域が乱立すると、地元ひいきによって伝承が造作される可能性が増大する。

宮崎県西臼杵郡の高千穂は、高千穂論争上最も有力な地域とおもわれるが、「天の岩戸」や「天の真名井」、「天の安の河原」など日本神話にかかわる伝承が、いわばセットで残されすぎており、おそらくこのような造作現象が生じたであろう。

あまりにもできすぎた伝承は、逆に疑わしさを増大する。もともとの伝承までも疑わしくなってくる。しかも、本来の伝承と後世付加された伝承を厳密に峻別することは、ほとんど不可能に近い。地元の利害や名誉の問題もからんでいる。戦前ほどではないにしろ、高千穂と確定された場合の有形無形の波及効果は計り知れないであろう。

高千穂論争における対立は、極端にいえば、宮崎県と鹿児島県との対立であり、宮崎県内における南北対立である。

明治新政府は天皇の御裁可という手段によって「神代三山陵」の所在地を定め、「高千穂＝霧島山説」で統一を図ろうとしたが、歴史的事実というものは、もとより政治決着を図るべき問題ではない。

◉日向への進攻ルート

前述したように、豊前・豊後を制圧した景行天皇は、残された伝承からみて、小野（佐伯市宇目小野市）から、陸路日向をめざした。景行天皇がどれくらいの軍勢を率いていたか、まったく記録にないが、景行天皇が万全を期して親征に赴いたことからみて、数千人規模ということはありえないであろう。少なくとも一万人は超えていたはずである。

『和名抄』には、平安時代における古代交通のルートが記されている。むろん、四世紀半ば過ぎの景行天皇における交通路は不明であるが、道路というものは地勢や地形と密接な関係があり、長い時間をかけて安全で通りやすいところを通るという自然の摂理のなかで形成されたもので、大規模な掘削技術のなかった古代においては、基本的には『和名抄』に記されたルートや伝統的な海岸沿いのルートかあるいは海路で南下していったにちがいない。

『和名抄』のルートによれば、次のとおりとなる。

長井―川辺《かわのべ》―刈田《かりた》―美祢《みね》―

去飛《さるとび》―児湯（日向国府）

それに対して、日高正晴氏は「日向山地古道」をたどって南下したであろうと推察している。日高正晴氏は、『古代日向の国』のなかで、高千穂を起点に西都へむかう山地ルートを想定している。

「景行天皇の巡幸説話の経路について、筆者が以前から興味をそそられていることがある。それは最初、天皇が日向入りした時、海路によらず、直入県から真直ぐ日向の子湯県地域と推定される高屋宮に到着していることである。そこで考えられることは、この際の巡路は、地理的にどの地域が想定されるのであろうか、ということである。日向国境に接する直入郡から日向中央平野部に出る最短距離は、高千穂に出て、東臼杵郡諸塚を通り、米良越えする道順である。古来、この高千穂―諸塚―東米良―西都の『日向山地古道』は、

中世・近世においても、肥後、豊後に通じる山道として、山地における唯一の交通路であった」

日高正晴氏は、この「山地ルート」は古くは「襲のクニ」にあたる地域であり、高屋宮は西都市につくられたという前提でこの説を唱えている。

『日本書紀』に記載された景行天皇のルートは、豊後から日向へ向かい、日向の高屋宮を拠点にしたのちに襲国を討伐し、その後高屋宮に六年間滞在して御刀《みはかし》媛《ひめ》を后にして豊国別皇子をもうけ、しかるのちにはじめて子湯《こゆ》県の丹裳の小野に巡幸している。

子湯県は『和名抄』の日向国児湯郡のことで、現在の西都市のことといわれている。景行天皇は高屋宮から子湯県（西都市）へ行ったのであるから、逆にいえば、高屋宮は子湯県（西都市）とは別の場所に所在していたということになる。

したがって、高屋宮は西都市にあったことを前提とする「日向山地古道」説は、その点において疑問が残る。また、襲のクニのどまんなかともいえる山地ルートは、景行天皇の安全確保という面からも危険性が高い。

戦略的にみても、水軍との連携をはかるには、海岸寄りの「和名抄コース」の方が適している。ただし、「和名抄コース」もまた最終的には西都市に通じているため、「日向山地古道」説と同様の問題が生じてしまう。

してみると、景行天皇は「和名抄コース」で日向に入ったものの、途中から船に乗って海路高屋宮へ向かったとみるべきであろう。

◉日向の県

前述したように、景行天皇が榎峠を通るとき、梅の大木を愛でたことから、「梅の里」と称するようになったというから（『宇目町誌』）、景行天皇は、まず豊後の小野から榎峠を通って長井（宮崎県東臼杵郡北川町長井）方面にむかっている。

長井は、北川中流域に位置し、西側は可愛岳（標高七八二メートル、宮崎県東臼杵郡北川町東部）に連なる山岳地帯で、東側に平坦地が開けている。

この地域にある日向国東臼杵郡可愛の嶽（宮崎県東臼杵郡北川町東部の可愛の岳）と日向国東臼杵郡北川村字俵野小字松尾（宮崎県東臼杵郡北川町大字長井字俵野）の二か所が、瓊瓊杵尊を葬った「筑紫の日向の可愛（埃）の山陵」の伝承地とされている。

「可愛《えの》神社」は天照大神、天忍穂耳命、瓊瓊杵尊を祭神としているが、社伝によると、景行天皇の二代前の崇神天皇六十五年、可愛岳にはじめて祭られたといい、山頂には石鉾があったという。

明治七年、明治天皇の御裁可により、経塚《きょうづか》は瓊瓊杵尊を祭る「筑紫の日向の可愛（埃）の山陵」として、陵墓伝説地の指定を受けた。

長井から北川に沿って南下すると、五ヶ瀬川に出る。五ヶ瀬川の河口には、現在延岡（宮崎県延岡市）がある。近世初期までは、「県（あがた）」とよばれていた。

「県」とは、律令制時代以前における大和朝廷の地方行政単位をいい、国よりも小さい郡程度の領域とみられている。九州・西日本地域に多くみられ、県主の服属伝承が多いことから、五世紀以前の早い段階で大和朝廷に服属した地域に置かれたとする説がある。

前述したように豊前の長狭県や豊後の直入県なども「県」と呼称されているが、いずれも景行天皇の経路に当たっている。

『古事記』景行天皇段に、「それよりほかの七十七王は、ことごとく国々の国造と稲置の県主とに別け賜ひき」とあり、景行天皇が多くの皇子を地方の行政官に任命したことが記されている。

『日本書紀』成務天皇五年の条には、景行天皇を継いだ成務天皇時代に、「諸国に令して、国郡に長《おさ》を立て、県邑に首《かみ》を置く」とあり、国郡と県邑にそれぞれ区分して行政官が置かれたことが記されている。

おそらく、「県」は、日向国の「吾田」（日南市）の薩摩国の「吾田」などと同様に、もともと「吾が田」に由来するものであろう。朝廷直轄の地というようなニュアンスである。中国でももともと郡県とは規模的には大差なく、そのうち王室の直轄領を県といったらしい。

日向の県（延岡）に入った景行天皇は、当然のことながら、「吾が田なり」と大和朝廷に服属すべきことを宣言したであろう。

県（延岡）の地は、五ヶ瀬川とともに北川、祝子川、大瀬川などの支流が集まる沖積低地である。

五ヶ瀬川は、全長一〇六キロ、流域面積約一八〇〇平方キロに及ぶ宮崎県北部最大の河川である。大分県西臼杵郡五ヶ瀬町鞍岡の山地を源に、熊本県蘇陽町を経て、西臼杵郡の高千穂町、日之影町から東臼杵郡の北方町を通り、延岡市財町で日向灘に注ぐ。

◉古代交通の要衝・高千穂

五ヶ瀬川の上流域は、阿蘇火山の噴出物でできた溶結凝灰岩が堆積している。岩に覆われた斜面はとても人の住める環境ではなかったが、長い年月をかけて五ヶ瀬川の水が溶結凝灰岩を削り、削り残したところに段丘がつくられた。その段丘上に人が住み着き、集落ができたのである。高千穂（西臼杵郡高千穂町）も、そのような集落の一つであった。北は祖母山、古祖母山、本谷山、東は乙野山、二ツ岳、大平山、南は諸塚山など高い山々に囲まれ、西には阿蘇外輪山山麓が迫っている。高千穂は、これらの山々に囲まれた盆地のなかにある。

五ヶ瀬川上流の両岸には溶結凝灰岩の断崖がそそり立ち、独特の景観をつくりだしており、「高千穂峡」あるいは「五ヶ瀬川峡谷」として国名勝および天然記念物に指定され、多くの観光客が訪れている。

前述したように、瓊瓊杵尊が天降ったとされる高千穂の有力候補地とされており、「神代三山陵」の伝承地がセットで存在している。

・瓊瓊杵尊の「筑紫の日向の可愛（埃）の山陵」
（高千穂町東南の榎嶽）
・彦火火出見尊の「日向の高屋の山の上の陵」
（高千穂町の大字押方または大字田原字河内）
・鸕鷀草葺不合尊の「日向の吾平の山の上の陵」
（高千穂町の大字三田井小字吾平）

また、「高屋の山の上の陵」の所在地は、景行天皇の「高屋宮」の伝承地ともいわれている。

この地域が「神代三山陵」の所在地かどうかはともかくとして、景行天皇が日向に対する戦略拠点として、この地に「高屋宮」を置いたということについては誤伝とみるべきであろう。高千穂では、日向国の西北部に偏り過ぎている。

景行天皇の時代、日向国の範囲は、宮崎県全域のほか鹿児島県東部の大隅国と鹿児島県西部の薩摩国を含む地域であった。薩摩国が日向国から分立されたのは、大宝二（七〇二）年のことである。『続日本紀』大宝二年四月十五日の条には、「筑紫七国」とあり、この時点では九州には筑前・筑後・豊前・豊後・肥前・肥後・日向の七国しかなかったが、『続日本紀』大宝二年十月三日の条には、「唱更《はやひと》の国司等」に「今の薩摩国である」と注が付されている。大宝二年四月十五日から十月三日までの間に薩摩国が分立したのである。

薩摩国は、それ以前において日向国の一部として「阿多」ないし「吾田」あるいは「唱更国」とよばれていた地域である。出水・高城・薩摩・甑島・日置・伊作・阿多・川辺・頴娃《えい》・揖宿《いぶすき》・給黎《きいれ》・谿山《たにやま》・鹿児島の十三郡からなる。

おなじく、大隅国は和銅六（七一三）年の隼人平定の際、日向国から分割された。大隅国は、それ以前においては「襲」ないし「贈於」あるいは「大隅」とよばれた。肝属・贈於・大隅・姶羅の四郡からなる。

日向・大隅・薩摩という広大な地域を治める戦略上の拠点としては、西臼杵郡の高千穂はあまりにも北の端に寄り過ぎていることは明らかである。

現在においても、高千穂は交通の便が悪く、景行天皇が船団を率いて、海陸両面から作戦を展開していることを考えると、あまりにも山間部に寄りすぎている。五ヶ瀬川上流域の険しい山岳地帯に戦略拠点を置くよりも、海岸部に近い県（延岡）あたりに置いたほうがよほど優れている。いや、日向・大隅・薩摩を制圧するうえでは、県《あがた》ですら北方に寄り過ぎている。

五ヶ瀬川流域の東臼杵郡と西臼杵郡あたりは、議論するまでもなく、候補地から除外すべきであろう。

高千穂に残された「高屋宮」の伝承の中身を検討する以前に、戦略的な観点からみて、「高千穂＝高屋宮説」は成り立たないようにおもえる。

ただし、高千穂と県に、まったく戦略上の価値がないかといえば、そうではない。県は、日向と豊前・豊後をつなぐ海陸の要衝であり、高千穂もまた豊後・肥後と日向を結ぶ古代陸路の結節点に位置しており、いずれも古代交通の要衝であった。

近世においては、高千穂から阿蘇郡の高森町方面を結ぶ「熊本往還」と上益城郡方面と結ぶ「熊本街道」があり、豊後の岩戸川沿いに豊後の直入郡の直入方面（竹田市）と結ぶ道路や日之影川沿いに、豊後の大野郡の小野（佐伯市宇目小野）方面とを結ぶ道路もあった。

国見ヶ丘とよばれる丘は、神武天皇の孫の健磐竜命《たけいわたつ》が九州統治のため西下したとき、阿蘇にむかう途中この丘から国見をしたといわれる。この伝承は、高千穂から阿蘇方面へ抜けるルートが、戦略的に重要な価値をもっていたことをしめしている。

高千穂から五ヶ瀬川沿いに歩く「高千穂往還」は、県（延岡）に通じる。直入郡からは「日田往還」によって、日田から筑前の朝倉地域に通じている。これらは近世において整備された街道ではあるが、古代においても原型となる踏み分け道があったはずである。

そうすると、高千穂というのが、日向と肥後・豊前・豊後・筑前を結ぶ交通の要衝にあることが明らかとなる。

肥後阿蘇郡にも知保郷、阿蘇郡草部村に千穂野、上益城郡に高千穂という地名があり、もともとの高千穂のエリアとしては豊後・日向・肥後にまたがる中九州の広大な区域であった可能性も高い。

朝倉方面あるいは豊前の京都郡あたりから、日向にむかった天孫族の瓊瓊杵尊が五ヶ瀬川上流の高千穂にまず第一歩を記した歴史的な記憶が、『古事記』『日本書紀』ともに伝える高千穂への天降りとみてさしつかえないであろう。

これからみると、「高千穂＝霧島山説」は、日向の南方に寄り過ぎており、天孫族が南方から天降ったのならともかく、北部九州方面から南下したのであれば、やや遠隔に過ぎるといわなければならない。

天孫降臨の地「高千穂」には、多くの伝承が残されている。

『和名抄』によると、高千穂はもと「智保」と書かれた。『日向国風土記』逸文には、「知鋪」と書かれている。高千穂神社（高千穂町三田井）が、『続日本後紀』では「高智保皇神」、『三代実録』では「高智保神」と書かれているように、この地域がもともと「たかちほ」とよばれていたことはほぼまちがいない。「智保」と書かれたのは、和銅六（七一三）年の「郡郷の名は、今後好ましい漢字二字で表記せよ」という勅命によって改められたのであろう。

社伝によると、高千穂神社は景行天皇の先代の垂仁天皇時代に創建されたという。

天照大神が隠れたという「天の岩戸（岩戸）」や「天香山」、「高天原」、「天の真名井」などの伝承地も残されており、二上山は天孫降臨の地といわれている。三田井には、「槵触《くしふる》神社」も祭られている。

これらの伝承をみれば、この高千穂こそ神話の地にふさわしい場所のようにおもえるが、天孫降臨のみならず、日本神話にかかわるさまざまな伝承が、いわばセットで残されすぎており、後世になって付会されたのではないかという疑わしさを逆に増大させている。

瓊瓊杵尊は高天原にいた天照大神によってこの高千穂に派遣されたのであるから、天照大神がこの地にいたはずはない。別の場所にいたから瓊瓊杵尊を派遣せざるをえなかったのである。したがって、常識的にいって、天岩戸など天照大神がこの地にいたことを前提とする伝承は、後世の付会とみるべきであり、高千穂伝承の中核は、瓊瓊杵尊の天降りにかかわる部分にあるというべきであろう。

五ヶ瀬川中下流域の河岸段丘には、縄文時代の遺跡も多く残されており、上流域の高千穂からも陣内遺跡やセベット遺跡、梅ノ木原遺跡などの縄文時代の遺跡がみつかっている。

高千穂はつい最近まで焼畑農業が残っていた地域であり、水田は畑地の一割にも満たなかった。縄文遺跡から数多く出土する石鍬や石鎌などからみて、豊後地方の山間地帯とおなじように、高千穂においてもきわめて古い時代から山間地農業が営まれていたのであろう。

高千穂の弥生時代の遺跡については、あまり調査がおこなわれていないが、田原川左岸の南西にむいた傾斜地には薄糸平遺跡があり、弥生時代後期の工字施文甕形土器や多量の磨製石鏃など「山の民の土器」ともいうべき遺物も出土しており、弥生時代においてもひきつづき山間地農業が営まれたことをしめしている。水稲耕作をしめす遺跡は、いまのところみつかっていない。

おそらく、三世紀半ば過ぎごろ高天原から派遣された瓊瓊杵尊は、豊後方面からまずこの険しい山岳地帯に侵入し、作戦展開の最も初期の段階において日向攻略の橋頭堡を築いたであろう。『古事記』『日本書紀』の記述は、このような歴史的事実を踏まえたものである可能性が高い。ただし、「神代三山陵」や景行天皇の「高屋宮」の伝承に関しては別である。

彦火火出見尊の「高屋の山の上の陵」の伝承地は、高千穂町の押方または河内に残されている。

河内の丸山箱式石棺群からは古墳時代の箱式石棺十基と横穴二基が発掘され、刀子、鉄輪、平玉などが見つかっているものの、「高屋」という地名はなく、比定地とされる神塚山や水の神塚は、「古い時代の墳墓とみとめるべきか、疑問である」(安本美典『邪馬台国は、その後どうなったか』)といわれている。

前述したように、戦略上の拠点として景行天皇がこの地に「高屋宮」を置くはずもないから、高屋宮と「高屋の山の上の陵」が同一の地をさすという前提に立てば、ともに否定されるという結果になってしまう。

高屋宮は、高千穂にはなかったと断定していいであろう。

◉五ヶ瀬川流域の遺跡

五ヶ瀬川流域からは、おびただしい古墳群が見つかっている。

神武天皇には、五瀬命《いつせ》という兄がいる。神武天皇とともに日向から大和に東征したが、孔舎衛坂《くさえ》の戦いで負傷し、紀伊の男《お》の水門《みなと》で没し、竈山《かまやま》に葬られたと伝えられる人物である。五ヶ瀬川という名は、この五瀬命とかかわりがあるのかもしれない。

五ヶ瀬川とその支流が集まる下流域には、河川の沖積作用によって扇状地性三角州が形成された延岡平野が広がっている。前述したように、古代の人々にとって、生活用水や農業用水を確保するためには、河川の存在が絶対的な条件である。河川があれば、必ず海と山がある。延岡平野もこのような条件を備えた地域である。

五ヶ瀬川と多くの支流の南向きの暖かくて乾いた丘陵地帯に集落をつくることで、上流の高千穂あたりの山々から鳥や獣、木の実、山菜、木材など、豊富な山の幸を手に入れることができる。また、河川を使って、舟で多くの人と物資を運び、日向灘の魚や貝、海藻などのさまざまな海の幸を手に入れることができる。延岡平野もまた、古代人が暮らすことのできる基本的条件を備えているというべきであろう。

延岡平野からは縄文時代や弥生時代の遺跡が見つかっている。恒富の愛宕山《あたご》（標高二五一・二メートル）の周囲には、沖田貝塚や愛宕貝塚などの縄文遺跡があり、本村には弥生時代の遺物を含んだ地層が残されている。

五ヶ瀬川下流右岸の大貫を中心に、国史跡の南方古墳群がある。縄文時代早期の大貫貝塚があり、ハマグリ、カキ、サザエ、魚骨、押型文土器などが出土している。近くの北側貝塚からは長期間にわたる遺物が出土し、いずれにしても、このあたり一帯はきわめて古い時代から人が住み着いていたことがわかっている。古墳時代の遺跡も豊かである。

舞野（延岡市）は、五ヶ瀬川下流左岸の行縢《むかばき》川流域にある。円墳三五基、前方後円墳五基、横穴古墳二基の計四二基からなる南方古墳群（国史跡）があり、舞野古墳ともいわれている。舞野には、日本武尊を祭神とする舞野神社がある。日本武尊が行縢《むかはぎ》山に住む川上梟師を征伐し、戦勝祝いの舞をこの地で舞ったことに由来するという。

おなじく、五ヶ瀬川中・下流の祝子《ほうり》川、北川、大瀬川、沖田川が集まる流域には、県史跡の「延岡古墳」がある。延岡市の祝子・粟野名《あわのみょう》・稲葉崎・三須・恒富・岡富の各地区には、円墳二一基、横穴七基があり、ほとんどの円墳には祠がれて祭られている。

小野《この》には延岡古墳に属する三基の円墳があるが、そのうちの一基（四号墳）からは、亀型刳抜石棺が出土している。稲葉崎字馬畑にある円墳（一二号墳）は、延岡古墳中最大の規模で、前方後円墳の可能性もあるという。

古代官道は、長井から川辺《かわのべ》（延岡市）につづいていた。延岡市西階町一丁目から三丁目にかけて川辺という字があるが、この地にあたるとみられている。

◉美々津の神武伝承

景行天皇一行は、県（延岡）で水軍と合流し、日向を南下していったであろう。陸行すれば、川辺（延岡市西階）の次は、刈田（宮崎県東臼杵郡門川町・日向市）である。

刈田とは、『和名抄』にでてくる臼杵郡四郷の一つで、『太宰管内志』には「加理多」と書かれ、『大日本地名辞書』には「カダ」と書かれている。豊前にも刈田（福岡県京都郡苅田町）があり、賀田、神田などとも書かれ、現在は「かんだ」と読まれるが、古代における訓は「かた」あるいは「がた」で、潟すなわち海辺の遠浅に由来するといわれている。日向の刈田も、同様に解すべきであろう。

五十鈴川の北側の丘陵地帯に多くの古代遺跡がある。川内の赤木や松瀬、尾末の七曲には縄文時代の遺跡があり、加草の中村遺跡や松瀬の井遺跡、神舞の折立遺跡などの弥生遺跡も確認されている。古墳時代のものとしては、五十鈴川左岸の門川一～三号横穴、門川四・五号墳があり、中山と笠原には箱式石棺が露出している。平坦地は少ないものの、古代から連綿と小集落が形成されていた地域で、門川湾は古くから泊地として利用されてきた。

刈田からは、耳川河口の美弥《みみ》（美禰、日向市美々津町）にいたる。

耳川は、東臼杵郡椎葉村を源とし、諸塚村、西郷村、東郷町から日向市に東流する全長一〇三キロの二級河川である。耳川上流から河口付近まで、V字谷の険しい渓谷がつづいている。したがって、古代から河口付近のわずかな平坦地や丘陵地帯の狭隘な土地を利用して小集落が形成されただけで、主として海上交通の要衝として利用されてきた地域であった。

この地には、神武天皇東征にかかわる多くの伝承が残されている。

神武天皇が東征する際、美々津《みみつ》から船出し（『日向地誌』）、この地が別名「立縫《たちぬい》の里」とよばれるのは、神武天皇が船出に際して立ったまま衣の綻びを縫ったからであるといい、この伝承にちなむ「立縫いの舞」という伝統芸能も残されている。また、船出まで楯などの武器を準備したため、「楯縫いの里」とも称したという（『日向国史』『大日本地名辞書』）。

立磐《たていわ》神社（耳津町）の祭神は住吉三神であるが、これは神武天皇東遷のおり、航海安全を祈って住吉三神を祭ったことにちなんで、景行天皇時代に創建されたという。

都農《つの》神社（児湯郡都農町川北）の由緒によると、神武天皇の東遷に際し、南に都農神社、北に立磐神社を祭ったという。都農はおそらく殿《との》のことであり、祭殿のことであろう。立磐とは、磐座《いわくら》のことであろう。神武天皇は祭殿と磐座で祭祀をおこなったのである。

立磐神社の境内には神武天皇が腰かけたといわれる腰かけ石があり、『太宰管内志』には、「立岩権現といって耳川の辺町の口に神社がある。神社のうしろに大岩があり、周囲は二町（約二〇〇メートル）ばかり、高さは五丈ほどの大岩である。この地は神武天皇の船出されたところと伝えられている」とある。

美々津では、毎年旧暦八月一日には、子供たちが「起きよ、起きよ」と叫んで町民を起こしまわる「起きよ祭」がおこなわれるが、これは神武天皇の出発の日が急遽変更になり、「起きよ、起きよ」という神の声で旗を押し立てて浜辺に集合した故事にちなむものであるという。突然の日程変更で献上すべき団子が間に合わなかったので、蒸した小豆と米紛を混ぜた餅を献上したのが「つきいれ餅」の由来という。

美々津の沖合には八重と黒八重という岩礁があるが、ここを神武天皇が通り、ふたたび日向に帰ってこなかったところから、古来この岩礁の間を通ってはならないとする禁忌（タブー）があったという（『宮崎県史蹟調査』『日向市の歴史』）。

米ノ山の北麓に位置する細島《ほそしま》は、鉾《ほこ》島がなまったものといわれ、美々津を出航した神武天皇が細島の沖にさしかかったとき、漁夫たちが慌てて釣りをやめ、小船で帰ろうとした。理由を聞くと、昼頃になると大きな魚が現われて舟を転覆させるからであるという。神武天皇は、「この鉾を建てて祭れば、大魚はこない」といって、漁夫たちに鉾を授け、それを祭ったところが鉾島神社であるという。

美々津という地名の由来は、神武天皇船出の港として「御津《みつ》」が転化したともいい、神武天皇船出の際、后は日向国に残ったが、このとき手研耳命（多芸志美《たぎしみ》美《み》命）と岐須美美《きすみみ》命の二人の皇子が名残を惜しんで、皇子の名の「耳」をこの地に残したともいう（『美々津郷土誌』）。

耳川流域は、もともと「耳（みみ）」とよばれていた。耳を流れるから「耳川」であり、耳にあるから「耳の津」とよばれた。『延喜式』には美禰《みね》とあるが、これは美弥《みみ》の誤写ではないかと考えられている（『日向国史』『大日本地名辞書』）。この説が妥当であろう。

すでに述べたように、「耳」は邪馬台国時代の官職名に由来するきわめて古いものである。

おそらく、この海上交通の要衝の地を管轄する「耳《みみ》」が、邪馬台国時代か日向王朝時代に配置され、それが地名として残存したのであろう。

景行天皇が海岸寄りコースをとったのであれば、神武天皇ゆかりのこの要衝の地を通っていったことはまちがいない。海陸いずれにしても、この地を通過しないかぎり、日向を南下することは困難であるからである。

◉去飛から児湯へ

美々津からは、去飛《さるとび》（児湯郡都農町）にむかったであろう。『延喜式』日向十六駅の一つで、「コヒ」と訓が付されているが、読み方については諸説がある。

『日本地理志科』は「佐留登比《さるとひ》」とし、『太宰管内志』は「サルトビ」、『大日本地名辞書』は「イヌトビ」とする。

所在地についても諸説があるが、児湯郡都農町川北にある延喜式内社の都農神社付近が有力とされている（『日向国史』『宮崎県の歴史』）。

『和名抄』の「都野郷」の地にあり、祭神は出雲の大《おお》己貴《なむち》神であるが、もともとは土着の神を祭っていた。

『日向国風土記』逸文によると、神功皇后の新羅出兵に際して、古瘐《こゆ》（児湯郡）の吐濃《つの》の峰（都農神社の背後にある山）にいた「吐乃《つの》大明神」を乗船させ、船の舳先を守らせ、帰国後神功皇后は韜馬《うしか》の峰（尾鈴山）に出向き、男女二人を召し抱えて神主とした、という記事がのせられている。このあたりには、神功皇后の船の舳先を守るほどの航海技術をもった海人族がいたのであろう。

『日向国風土記』逸文はつづけて、神主となった男女二人の子孫は「頭黒《かしらくろ》」といい、その子孫は大いに増えたが、流行の疫病で死滅し、男女二人しか残らなかった。これは国守が神人を酷使して、国の賦役に使ったので、明神が怒って悪い病気をはやらせたからである、と記している。

吐乃大明神の末裔が「頭黒」とよばれたのは、額に黒い刺青をしていたからであるかもしれない。玄海灘に面した志賀島の海人は目のまわりに刺青をほどこし、宗像の海人は胸に刺青を施していた。いずれにしても、これらの風土記の記事は、都農神社のもともとの祭神が吐乃大明神であったことを示唆している。

『続日本紀』承和四（八三七）年に都農神社が官社になったことが記され、同十（八四三）年九月に従五位下を授けられ、『三代実録』によると天安二（八五八）年には、高千穂の高智保神とともに従四位上を授けられたという。

周防国の都農郡（山口県都農郡）や石見国の都農郡とおなじく、角朝臣《つののあそみ》の居所であったからであるという説がある（『日本地理志料』）。また、『日本書紀』によると、雄略天皇九年五月条に、小鹿火《おかひ》宿禰が新羅からの帰途、角国《つののくに》にとどまり角臣と名づけられたという記事があり、景行天皇や神功皇后の時代からいえば、はるか後代のことである。都農の由来はずっと古い。

前述したように、都農神社の由緒によると、神武天皇の東遷に際し、南に都農神社、北に立磐神社を祭ったといわれ、都農はおそらく「殿（との）」のことである。神武天皇が磐座で祭祀を行ったことからみて、都農という地名は、少なくとも神武天皇時代にさかのぼる古い地名であろう。

都農神社は日向一の宮として古い時代から崇敬されていた神社で、神武天皇は宮崎宮を出発したのちこの地に寄港して、国土安泰・海上平穏・武運長久を祈って祭祀をおこなったという。

西部には尾鈴山（標高一四〇五・二メートル）を主峰とする尾鈴山地が立ち並び、東方の山麓部には丘陵が広がり、海岸寄りには「原（はる）」とよばれる平坦な洪積台地が広がっている。尾鈴山地を源とする都農川と名貫川という小さな川が流れ、河岸段丘を形作っている。

都農川下流の福浦湾岸付近には、前方後円墳三基と円墳二〇基がある。墳丘は封土の代わりに石を積み上げた独特の積石塚である。これらの古墳が築かれたのは、この地域が景行天皇の日向親征を機に、大和朝廷との結びつきが強まったからであろう。

都農は児湯郡の東北端にあり、ここを過ぎると宮崎平野の中心部に接近していく。景行天皇たちが都農を通過したことはまちがいないが、その後どういう経路で「高屋宮」に至ったのか、ほとんど手がかりがない。

古代官道のルートは、去飛（都農）から児湯の駅に通じている。

児湯の駅の所在地については説が分かれており、『大日本地名辞書』は西都市三宅とするが、『日向国史』は児湯郡木城町高城付近とする。一区間の距離からみて、西都市三宅ではなく、高城が最も有力な候補地であろう。

前述したように、『日本書紀』は、景行天皇が「高屋宮」に拠点を設けたのちに「子湯県の丹裳の小野」に巡幸したことが記されており、これは児湯郡の中心地である西都市のことと考えられている。

そうすると、穂穂手見命の「高千穂の山の西」にある「日向の高屋の山の上の陵」の候補地の一つとして、日向国児湯郡都於郡（宮崎県西都市都於郡）があるが、少なくとも景行天皇の「高屋宮」の候補地としては、除外すべきということになる。

古代官道に沿っていえば、景行天皇一行は都農から高城《たかじょう》（児湯郡木城町）めざして南下していったことになる。

高城は、小丸川下流の沖積地と洪積台地に所在する。地名の由来について、『日向国史』は、「高城の名は郡衙に由来する。高城は古の児湯郡衙の城堡の名であろう。付近に四日市、出店などの名があるが、古代人民の群集地に縁があるようにも思える」というように記している。四日市や出店などという地名は、ずっと後代のもののようにおもえるが、地内からは縄文時代から古墳時代にかけての遺跡が発掘されており、このあたりに古代の拠点的な集落があったことはまちがいない。

小丸川下流域の台地上からは、縄文時代早期の押型文土器や塞ノ神式土器のほか石鏃などが出土し、弥生時代後期の土器や石斧なども出土している。

高城の山塚原の山林には三一基の小墳からなる「山塚原古墳」があり、直刀、勾玉、金環などが出土し、岸立では横穴が数基見つかっている。これらの古墳と横穴は、椎木・川原に所在する古墳とともに、「木城古墳」として県史跡に指定されている。

このあたりには、児湯郡の大垣郷と韓家郷《からや》があった。また、海岸部に近い小丸川と宮田川にはさまれたところに財部《たからべ》（児湯郡高鍋町）があり、「持田中尾遺跡」からは縄文時代から弥生時代の集落遺跡が発掘されている。また、小丸川左岸の持田台地には、国史跡の「持田古墳群」があり、円墳七五基、前方後円墳一〇基が密集している。小丸川と宮田川河口右岸には円墳六二基、前方後円墳三基、横穴墳二七基の合計一七七基にのぼる古墳が密集し、四世紀末から五世紀末にかけて築造されたとみられている。後漢後半時代につくられた盤竜鏡のほか、内行花文鏡、画文帯神獣鏡、変形四獣鏡、画文帯環状乳神獣鏡、硬玉製の勾玉や垂下式の純金耳飾り、銀装の環頭太刀など北部九州の出土品との関連をうかがわせる遺物も出土しており、家形埴輪の一部なども出土している。

今後の一層の考古学的な調査が望まれるところであるが、景行天皇の日向親征を契機に大和朝廷との関係が強化されたようにみえるところから、いずれにしても、このあたり一帯が、古代史を解明するうえで、きわめて重要な地域であることをしめしている。

おそらく、景行天皇は高城（児湯郡木城町）から直接西都にむかわず、いったん小丸川を下り、財部（高鍋）から船に乗って南下したであろう。途中、一ツ瀬川河口に寄港したはずである。

一ツ瀬川下流左岸の新田原とよばれる台地上に、新田《にゅうた》（新富町）がある。

古くから開けていた地域で、新田原A遺跡からは弥生時代後期の集落遺跡や土器などが発掘されている。住居跡一二軒のうち三軒は、宮崎県南部から大隅地方にかけて分布する独特の「花弁状集落」である。また、この地には宮崎県下最大の西都原古墳群に次ぐ古墳群があり、前方後円墳一七基、方形墳一基、円墳一八〇基の計一九八基の古墳が確認されており、新田原古墳群とよばれている。

◉高屋宮所在地の第一候補

景行天皇たちは、一ツ瀬川河口を過ぎて、さらに南下していった。南下するにつれて、広大な平野がひろがっていく。日本における隆起海岸平野を代表する宮崎平野である。九州第一の平野は、約一二〇〇平方キロの広さの筑紫平野で、次順位が約八〇〇平方キロの宮崎平野である。

景行天皇たちは、海陸から大挙して宮崎平野を南下していった。宮崎平野こそ、かつての日向王朝の本拠地であった。天照大神の孫の瓊瓊杵尊がはじめて高千穂に天降り、鸕鷀草葺不合命まで三代にわたって宮崎平野に君臨し、神武天皇は大和にむかって東征していった。

神武天皇が大和に東征して以来、はじめての天皇の巡幸である。朝廷発祥の地を訪れた景行天皇が、神武天皇ゆかりの地付近に都を置いたと考えることは、きわめて当然の帰結であろう。

宮崎平野の大動脈は、大淀川である。鹿児島県の末吉町あたりの山地を源に、都城盆地から西諸県郡野尻町を経て、宮崎市で日向灘に注ぐ延長約八二キロの一級河川である。大淀川が正式名称とされたのは明治初期であるらしく、それ以前は赤井川あるいは赤江川ともよばれ、河口の港は赤江の津（宮崎市）とよばれた。景行天皇は、おそらく赤江の津から上陸したであろう。

宮崎市内における彦火火出見尊の高屋御陵伝承地は、那珂郡江田村の久牟鉢山《くにはちやま》（宮崎市木花）と宮崎郡村角（宮崎市村角町）の二か所にある。

那珂郡江田村の久牟鉢山について、平部嶠南の『日向地誌』には、「霊山から西に向かって一キロほど上がったところで、久牟鉢山の頂に至る。その頂に小さな祠があり、『神社考』に彦火火出見尊（穂穂手見命）の陵であるという」と書かれているが、景行天皇の伝承は残されていない。

もう一方の村角町橘尊には、高屋神社があり、彦火火出見尊と景行天皇を祭神としており、彦火火出見尊の陵墓という伝承とともに、景行天皇の高屋宮の跡という伝承が残されている。『日向見聞録』には、「村角の八幡は、高屋八幡といい、彦火火出見尊を祭り、神社の西にその御陵がある。景行天皇の高屋行宮もこの地である」とあり、円墳があって、地元では高屋山陵とよばれている。

彦火火出見尊（穂穂手見命）の陵であるかはともかく、景行天皇の伝承が残されていることに注目すべきであり、景行天皇の高屋宮の所在地としては、戦略的位置からみて、この宮崎市村角町橘尊の高屋神社を第一候補とすべきであろう。

6 日向の神話

西都原古墳群
都万神社
小丸川
一ツ瀬川
磐戸神社
奈古神社
韓国岳
宮崎神宮
高千穂峰
狭野神社
大淀川
今泉神社
青島神社
都城市
潮嶽神社
鵜戸窟
鵜戸神宮
吾平津神社
日南市
志布志市
串間市
内之浦

◉皇祖発祥の地・日向

宮崎平野の大動脈である大淀川流域は、日向神話の舞台でもある。

『古事記』『日本書紀』に記されている日向王朝三代にわたる皇祖発祥説話は、日本国の創建にかかわるきわめて重要な問題をはらんでいる。しかしながら、戦後の歴史学界においては、津田左右吉（一八七三〜一九六一）などの造作・懐疑説が主流となり、日向神話に批判的・否定的な見解が多数となっている。

『古事記』『日本書紀』は、大和朝廷の役人たちが机上でつくったものであり、信用できないと、ばっさり切り捨ててしまい、あるいは『古事記』『日本書紀』の記事をなぞりながらも、憶測に憶測を重ねるようにして、まったく別の伝承を造作する風潮が盛んになっている。多くの考古学者もこれらの風潮を受けて、『古事記』『日本書紀』を軽視するかたちで古代史像をつくりだそうとしている。

常識的にみて、遺跡や遺物だけで歴史を記述することはほとんど不可能であろう。

そこらへんに転がっている食器や机、椅子だけで、どの程度その持ち主のことがわかるというのであろうか。遺跡や遺物はあくまで物でしかない。歴史の全体像を知るための補助的な役割にしかすぎない。

『日本書紀』は、約四十年かけておこなわれた日本史上はじめての国家的な歴史編纂プロジェクトであり、古い時代のことがほとんど口承口伝でしか残されていないという困難な作業条件のなかで、おそらく当時の叡智を結集し、最大限の努力をもって編集されたものである。『古事記』もまた、稗田阿礼《ひえだのあれ》が暗記していた古い時代からの伝承を、太安万侶《おおのやすまろ》が漢字という文字を借りて後世に残したものである。

彼らの作業が一片の歴史的事実を含まない、あるいは信用できないとする傲岸不遜な態度は、正しい学問的態度とはいえない。

戦前の皇国史観への反動ゆえか、『古事記』『日本書紀』を無視し、外国文献の『魏志倭人伝』のみを信奉して、邪馬台国の所在地のみに血眼になり、強引に邪馬台国の所在地を決定しようとする傾向も増大している。旧石器捏造事件にみられるように、遺跡・遺物に偏ったアプローチは、ともすれば功名主義に陥りやすい。

歴史というものは、考古学的な遺物に加え、神話や伝承のなかに隠されている。古い地名もまた伝承や歴史の結晶であり、ある意味では考古学的な遺物である。『古事記』『日本書紀』についても、もちろん第一級の古代文献である。これらのものに対して、その語るところのものに真摯に耳を傾けねばならない。おそらく、これらの総合的な考察のなかから、歴史の真実の姿が浮かび上がってくるであろう。

ところで、日向のことである。『古事記』の国生み神話のところに、「次に筑紫の島を生みき。この島もまた身一つにして、面《おも》四つあり。面ごとに名あり。筑紫国は白日別《しらひわけ》といひ、豊国は豊日別《とよひわけ》といひ、肥国は建《たて》日向豊久士比泥別《ひむかとよくじひねわけ》といひ、熊曾国は建日別《たけひわけ》といふ」とあり、九州を四ブロックに区分し、それぞれ北部九州は筑紫国、西九州は肥国、東九州は豊国、南部九州は熊曾国に区分しているが、日向という名称は見当たらない。

肥国の建日向豊久士比泥別のなかに日向が混入しているという説もあるが、これに対して日高正晴氏は、「九州を四つに分けるという基本的考察の上での説話であり、東側にあるべき国が西側の肥の国の名称の中に入り込むということは、どうも納得がいかない」（前掲『古代日向の国』）とされている。

『先代旧事本紀』には、『古事記』とは異なる伝承が記されており、筑紫は白日別、豊国は豊日別、肥国は建日別、日向は豊久士比泥別、熊襲は建日別とされているが、これだと九州は面五つ――五ブロックになってしまう。

日高氏は、「豊久士比泥別」と「豊日別」に共通する「豊」に注目し、日向はもともと豊のクニに包含されていたのではないか、と考えられている。この説が妥当であろう。

邪馬台国の所在地に関しては、畿内説と九州説の大きな対立があるほか、九州説の内部においてもさまざまな説が乱立している。この論争に深入りすることはできないが、そのなかで最も有力とおもわれるのは、しばしば紹介している安本美典氏の説である。

安本氏の論証は、統計的年代論や鉄器や銅鏡など考古学的遺物や遺跡の分布など多岐にわたるが、結論だけいえば、「高天原＝邪馬台国＝北部九州の朝倉地方」であり、「天照大神＝卑弥呼」であるとされている。この安本説は、『古事記』『日本書紀』の伝える神話や各地の伝承などとも整合性をもっており、その年代論においても、簡明で合理的な基準をあたえてくれる。

神武天皇はじめ、景行天皇や神功皇后の実在性を疑う説も根強いが、安本説は、その実在性と活躍年代の確かな基準とイメージを提供してくれる。

安本氏の説かれるごとく、卑弥呼の宗女の「台与＝万幡豊秋津師比売」が豊前の京都郡を都としていたとすれば、瓊瓊杵尊の南進はまさに東九州における豊国の拡大ともいえる。

その当時における「高天原＝邪馬台国」勢力にとって、日向の地はいまだ名もなき未開の領域であり、日向という国名は、おそらく日高正晴氏の説かれるごとく、もともと豊のクニから分立してできた国名であったろう。

『古事記』『日本書紀』は、いずれも日向を天皇家発祥の地と伝えている。

天照大神から派遣された瓊瓊杵尊は高千穂に天降り、日向に入って日向王朝の始祖となり、その子孫である神武天皇は、東征して大和に王朝を開いた。

この神話伝承のなかに、史実の核が含まれているとみるべきであろう。

◉日向の王朝

宮崎県には、高天原の後継勢力である日向王朝の伝承が満ち満ちている。そればかりでなく、伊奘諾《いざなぎ》尊と伊奘冉《いざなみ》尊の伝承や阿波岐原の伝承、天照大神の天岩戸伝承など、『古事記』『日本書紀』の伝える神話が、高千穂と同様にいわばセットで残されている。いや、セットで残され過ぎているのである。

高千穂の神話とおなじく、日向神話についても多くの人々の関心を集めたがゆえに、素朴な伝承の原型が変質してしまい、後世の人々による加工・修正・付加がおこなわれ、あるいは造作された伝承が残されているようにおもわれてならない。

阿波岐原や天岩戸などの伝承をみれば、この宮崎こそ神話の地にふさわしい場所のようにおもえるが、後世になって付会されたのではないかという疑わしさを逆に増大させているのである。

瓊瓊杵尊は高天原にいた天照大神によってこの高千穂に派遣され、そののちこの宮崎の地にやってきたとすれば、高千穂で述べたと同様、この地に天照大神がいたはずはない。別場所にいたから瓊瓊杵尊を派遣せざるをえなかったのである。その親である伊奘諾尊についても同様であろう。伊奘冉尊は「筑紫の日向の橘の小門の阿波岐原」で禊をしたとされ、確かに「日向」「小門」「阿波岐原」という地名は宮崎県に所在しているが、後で述べるように、これらは奴国の博多湾岸にあったと考えるべきであり、したがって、伊奘冉尊の伝承や天照大神がこの地にいたことを前提とする伝承は、基本的に後世の付会とみるべきである。

すなわち、日向神話の中核は、瓊瓊杵尊の天降りから火火出見《ほほでみ》尊（山幸彦）、鸕鶿草葺不合命にいたる日向王朝三代にかかわる伝承と神武天皇にかかわる伝承のなかに、真実の姿をとどめているというべきであろう。

このような基本的立場に立って、以下日向神話を検証してみたい。

日向王朝初代となった瓊瓊杵尊は、笠狭の岬に居を構え、そこで大山祇神の娘木花開耶姫と出会い、火《ほの》明《あかり》命、火酢芹《ほすせり》命（海幸彦）、彦火火出見《ひこほほでみ》尊（山幸彦）の三人の男子を産んだ。日向王朝第二代となる彦火火出見尊（山幸彦）は、「海神《わたつみ》の宮」へ赴き、綿津見神の娘の豊玉姫と出会って結ばれる。二人の間に生まれたのが、日向王朝第三代の鸕鶿草葺不合命である。

鸕鶿草葺不合命という名は、豊玉姫が出産のおり、鵜の羽を葺草《かや》にして、浜辺に産屋をつくろうとしたが、屋根を葺きおわらないうちに生まれたからであるという。豊玉姫は産屋に入るにあたって、夫の彦火火出見尊（山幸彦）に中を見ないように頼んだが、ついついのぞいたところ、豊玉姫はワニになっていた。豊玉姫は正体を見られたことを恥じて、生まれた子を浜辺に置いたまま、ふるさとの海神国へ帰ってしまう。豊玉姫は子育てを妹の玉依姫に託した。玉依姫は、長じた鸕鶿草葺不合命と結婚し、彦五瀬命、稲飯命、三毛入野命、神日本磐余彦《かむやまといわれびこ》尊の四人の子を産んだ。神日本磐余彦尊が、大和朝廷初代の神武天皇である。

宮崎神宮（宮崎市神宮二丁目）は、主祭神として大和朝廷初代の神日本磐余彦尊（神武天皇）を祭り、あわせて父で日向王朝第三代の鸕鶿草葺不合命と母の玉依姫命を祭っている。古くは、神武天皇社あるいは神武天皇宮といわれ、地元では神武さまとよばれて親しまれている。社伝によると、神武天皇の宮跡で、神武天皇の孫の健磐竜命が筑紫の鎮守になったときに、宮跡に神武天皇の霊を祭ったという。

その後崇神天皇および景行天皇のときに社殿が造営されたというから、景行天皇の足跡の一つに数えていいかもしれない。ちなみに、応神天皇時代に日向国造の老男命が祭祀をおこなったという。

皇宮屋《こぐや》（宮崎市下北町）は、神武天皇が居住していた高千穂宮跡と伝えられている。神武天皇が居住していたかどうかはともかく、高千穂宮跡というのは誤伝であろう。

奈古山の東腹にある奈古神社（宮崎市南方町御供田）は、長屋神社ともいい、瓊瓊杵尊、鸕鷀草葺不合命、神日本磐余彦尊（神武天皇）を祭神としており、成務天皇時代の創建と伝えられている。宮崎という地名は、この奈古神社の前に広がる宮前に由来するともいう。

また、宮崎市佐土原町の下田島に阿佐加利神社があり、神武天皇がこの地で麻を刈ったことに由来するという。

宮崎市街地から約二〇キロ南下すると、周囲約二キロの青島があり、古くは淡島とよばれたという。青島には、彦火火出見尊（山幸彦）、豊玉姫、塩筒大神を祭神とする青島神社（宮崎市青島二丁目）がある。旧暦十二月十七日には男たちが裸で海に入る「裸まいり」がおこなわれるが、これは彦火火出見尊（山幸彦）が海神の宮から突然帰ってきたことを喜んだ人々が裸のまま出迎えたという伝説に基づくという。

鵜戸神宮（日南市宮浦）の祭神は、日向第三代の鸕鷀草葺不合命、大日孁貴尊《おおひるめのむち》（天照大神）、天忍穂耳尊、日向初代の彦火瓊瓊杵尊、日向第二代の彦火火出見尊（山幸彦）、神日本磐余彦尊（神武天皇）の六柱である。このため、六社大権現ともよばれた。社殿は海岸洞窟「鵜戸の窟」の中に建てられており、鵜戸とは産殿がなまったもので、鸕鷀草葺不合命の産屋の跡といわれ、洞窟からしたたり落ちる清水は乳水といわれ、母を失った鸕鷀草葺不合命は、この清水を乳がわりに飲んだという。創建されたのは崇神天皇の時代で、神殿がつくられたのは推古天皇の時代と伝えられている。

日南市北郷町北河内の潮嶽《うしおだけ》神社は、海幸彦を祭神としているが、付近には大塚、磯石、神ノ池、魚見滝などのほか、縫針の貸し借りを禁忌（タブー）とする習慣が残っているという（『日向郷土辞典』）。

古くから日向灘における天然の良港で知られた油津

（日南市油津）には、海の守護神として崇められている吾平津神社があり、祭神として吾平津姫、木花咲耶姫、天照大神、天児屋根命、倉稲魂命《うかのみたま》、経津主命《ふつぬし》、武甕槌命《たけみかづち》を祭っている。旧称は乙姫大明神といい、今でも乙姫神社とよばれている。

主祭神の吾平津姫は神武天皇の最初の后とされ、油津という地名も古くは吾平津と書かれ、「あびらつ」と読まれたとおり、吾平津姫に由来し、付近には吾平津姫の御陵地の伝承が残されている。吾平津姫がいた日向国吾田邑とは、通説的には鹿児島県阿多地方といわれているが、常識的にいえば吾田《あがた》（日南市）のこととみるべきであろう。

ちなみに、鵜鶿草葺不合命を葬った「日向の吾平の山の上の陵」の七か所の候補地のうち、この地には速日峰（日南市大字鵜戸）と吾平津神社山上（日南市油津）の二か所の候補地がある。

鵜戸山系を総称して吾平山というが、そのうち最も高い山を速日峰といい、頂上には速日峰陵とよばれる前方後円墳がある。明治七年七月の明治天皇御裁可によって、速日峰陵は吾平山陵伝説地に指定され、現在も宮内庁の管理下におかれている。また、吾平津神社北方の山にも、吾平山陵の伝承地が残されている。ただし、安本美典氏は、「吾平山陵の墳墓の形式が竪穴式石室ではないかとみられ、鏡が三角縁神獣鏡ではないかと疑われることなどからみて、この遺跡はおそらく古墳時代以後、ほぼ四世紀代のもので、弥生時代にはさかのぼりえないであろう」とされている。

日南市の二つの候補地を比較すれば、速日峰（日南市大字鵜戸）が有力といえよう。

吾平山陵の所在地論争はともかくとして、以上紹介した伝承は、『古事記』『日本書紀』の伝える日向王朝三代の神話と神武天皇伝承と矛盾することなく説明することができ、おそらく何らかの史実の核を伝えたものであろう。それに対して、青島の伝承のうち、伊奘諾尊と伊奘冉尊の二神が国生みの初めに淡島を生んだことから青島になったという伝承などは、後世の付会とみるべきである。

また、磐戸神社（宮崎市上北方）は天照大神を祭神とし、天照大神が隠れた天岩戸と伝えられる窟《いわや》の入口に建てられているというが、この窟は横穴式古墳であり、おそらく五世紀ごろの古墳時代のものであろう。社伝によると、成務天皇十三年の創建であるというから、古い時代に起源をもつ神社であることはまちがいないにしても、天岩戸伝承は後世の付会とみるべきである。

今泉神社（宮崎市清武町今泉）は天御中主神《あまのみなかぬしのかみ》を祭神としている。これは神代の昔、天御中主神が降臨した地に祭ったもので、もともと南方の清武町丸目岳にあったというが、これまた後世の付会であろう。

◉ワタツミ三神と住吉三神

『古事記』によると、伊邪那岐命（伊奘諾尊）は「筑紫の日向の橘の小門の阿波岐原」でみそぎをしたとされている。『日本書紀』では、「筑紫の日向の小戸の橘の檍原」と書かれている。

『古事記』によれば、伊邪那岐命は妻の伊邪那美命を追って黄泉の国へいった。そして蛆《うじ》のわいた伊邪那美命の死体を見たために、伊邪那美命に恨まれ追いかけられる。伊邪那岐命は逃げたあと、「私は穢れた。汚い国にいったためだ」といい、「筑紫の日向の橘の小門の阿波岐原」でみそぎ祓いをおこなった。「上つ瀬は速い。下津瀬は弱い」といって中つ瀬で水の底にもぐって身をすすいだ。そのとき、「底津綿津見神《そこつわたつみ》と底筒男命《そこつつお》」が生まれ、水の中ほどで身を洗い清めると、「中津綿津見神《なかつわたつみ》と中底筒男命《なかそこつつお》」が生まれた。さらに水の上で身を洗い清めると、「上津綿津見神《うわつわたつみ》と上底筒男命《うわそこつつお》」が生まれた。

底津綿津見神、中津綿津見神、上津綿津見神がいわゆるワタツミ三神であり、博多湾の志賀島を根拠とする安曇一族の祖先神とされている。

これに対して、底筒男命、中筒男命、底筒男命は住吉三神とよばれ、住吉神社の祭神とされている。

この「筑紫の日向の橘の小門の阿波岐原」（『古事記』）ないし「筑紫の日向の小戸の橘の檍原」（『日本書紀』）の所在地をめぐっていくつかの説があり、安本氏によるとそのおもなものは次の三つとされている。

(1) 福岡市博多区住吉の住吉神社付近（博多湾岸説）
(2) 宮崎市塩路の住吉神社付近（宮崎説）
(3) 鹿児島県曽於市末吉町の住吉神社付近（鹿児島説）

もし、「筑紫の日向の橘の小門の阿波岐原」の所在地が宮崎県の住吉神社付近であるとすれば、これまで述べてきたことの前提条件が崩れてしまう。したがって、この問題について検証してみたい。

まず、ワタツミ三神についてである。

ワタツミ三神については、博多湾の志賀島を拠点とする安曇一族の祖先神であり、志賀島の志賀海神社に祭られている。

『古事記』には、「この三柱の綿津見神は阿曇連等がもちいつく神なり」すなわち、「阿曇のムラジらの氏神である」と書かれている。

「アズミ」は「アマツミ（綿津見）」であるとする説もあり、「アマ（海）ツミ」の略とも、「アミ（網）ツミ」の略ともいわれている。

いずれにしても、アズミとワタツミは近縁語なのであろう。『和名抄』に阿曇郷という地名がでてくるが、『大日本地名辞書』によれば、「阿曇郷は、今和白村、新宮村なるべし。青柳の西に接し、海浜の地なり。阿曇はワタツミ（海神）国の大姓にして、海人海部を宰領せり。この地はけだし阿曇氏の故墟とす」とあり、安曇一族は、阿曇郷（福岡県糟屋郡新宮町）および志賀島一帯を本拠とした海人族であった。志賀海神社がある。

志賀島といえば、西暦五七年に後漢の光武帝から倭の奴国の使者に下賜した「漢委奴国王」の金印が出土したことでも有名である。

天明四（一七八四）年に偶然発見されたものである。その読み方をめぐって議論が分かれているが、奴国のエリアが福岡平野の那珂川流域であり、その近傍の地から出土したことからみて、「漢ノ委ノ奴ノ国王ノ印」と読むべきであることは疑いない。

何ゆえ博多湾に浮かぶ志賀島に金印を埋めたか不明であるが、おそらく紀元前後に栄えた奴国が筑後川流域に台頭してきた邪馬台国によって併呑あるいは滅亡させられたときに隠匿されたとみるのが妥当であろう。いずれにしても、ワタツミ三神は、志賀島を根拠とする安曇一族が信奉する神であった。

次に、住吉三神のことである。

住吉三神は、ワタツミ三神とセットで生まれている。そうすると、住吉三神もまたこの博多湾岸を拠点とした氏族の氏神ということになろう。博多には、住吉三神を祭神とする住吉神社（博多区住吉）がある。奴国の領域に属し、もともとは那珂川河口の博多湾に面し、入江に突き出た岬にあった神社である。創建の時期は明らかではないが、古い時代から航海安全・船舶守護の神として信仰されてきた。奴国の大動脈ともいえる那珂川の河口にあり、まさしく奴国を守護する場所に位置している。住吉三神は、おそらく奴国を支配した氏族あるいは王族の氏神であったにちがいない。

◉「筑紫の日向の橘の小門の阿波岐原」

さて、「筑紫の日向の橘の小門の阿波岐原」のことである。

貝原益軒は、その所在地について、「筑前の国のなかで、小戸は姪浜にある。立花（橘）は糟屋郡および怡土郡にある。阿波岐原という地名が志摩郡と筵田郡にある」（『筑前国続風土記』）とし、本居宣長もこの説に賛同している。

「筑紫」と記して九州全体のことをさすこともあるが、もともとは御笠川の上流域一帯をさしていた。基山の北東部、宝満川右岸の御笠郡筑紫村（筑紫野市）に、筑紫神（白日別）を祭神とする筑紫神社（筑紫野市原田字森本）があり、おそらくこのあたりが筑紫という名の発祥の地であったろう。御笠郡、那珂郡、筵田郡の一部を包含した地域である。

そうすると、この場合の「筑紫」とは、九州全体という意味ではなくて、この狭い意味での筑紫ということになる。

また、「日向」と記して、日向国をさすことが多いが、もともとはその字義のとおり日に向かうことを意味し、したがって古代人は東のことを「ひむか（日向）・し」といった。それが平安時代以降になると「ひむが・し」というようになり、現代の「ひがし」につながったわけである。

「し」は、「西（に・し）」とおなじ用法で、「嵐（あら・し）」は「荒い・風」という意味になるように、もともとは風という意味であったが、転じて方位をあらわす語になったという（白川静著『字訓』）。古代海人にとって、風向きと方角をよむことは、すなわち命を守ることでもあった。

このように、「日向」には端的に日に向かうという意味もあり、かならずしもすべての場合において日向国のことをさすわけではない。東方の太陽の方角を向けば、どこでもいいのである。

したがって、「筑紫の日向」は「筑紫の東の方向」あるいは「筑紫から日に向かった方向」というような意味に解釈することも十分に可能である。

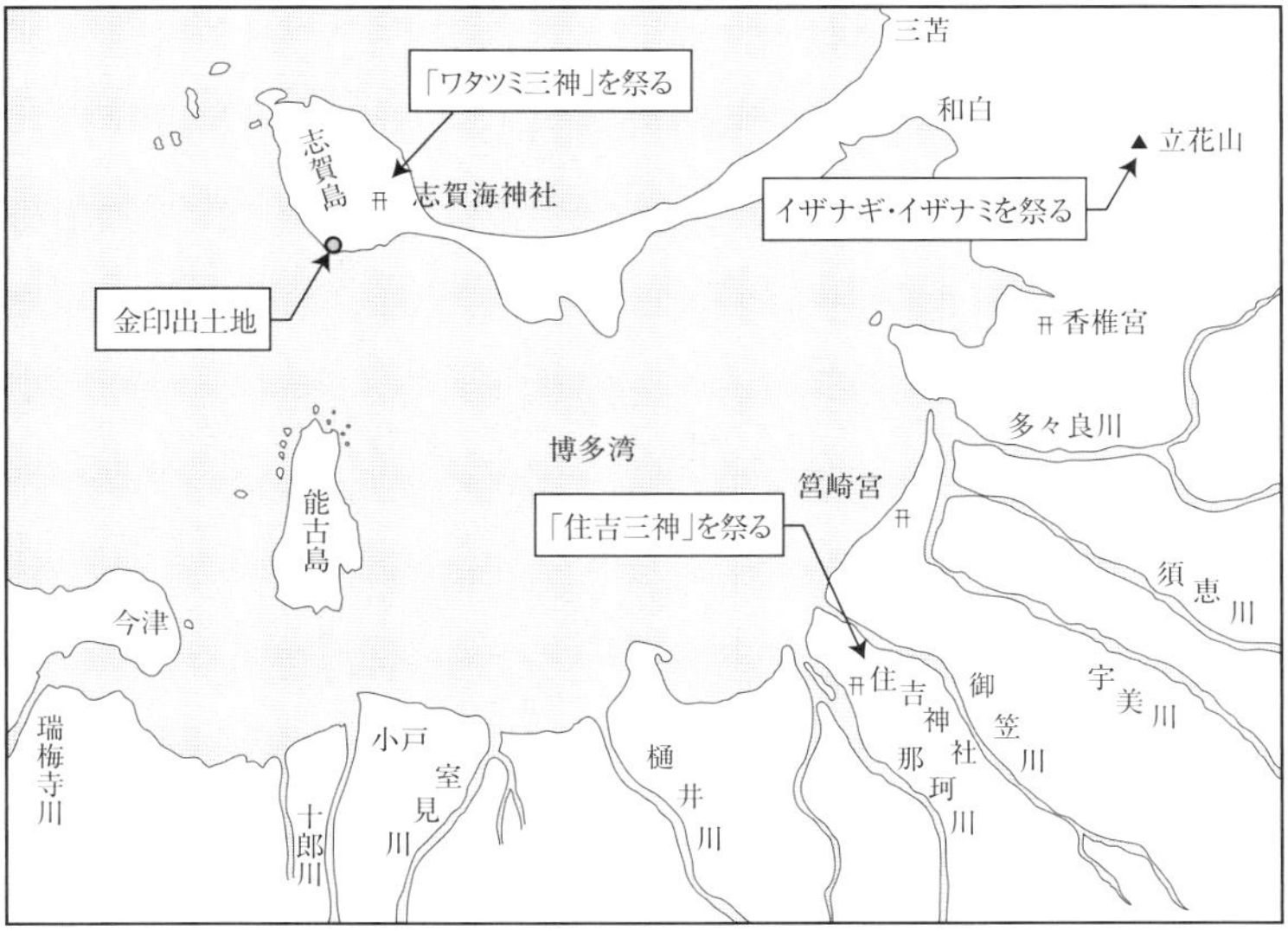

次に「橘（たちばな）」である。

「橘」とは、古くから日本に自生していた柑橘類のことである。『魏志倭人伝』には、「倭国に、薑（ショウガ）、橘、椒（サンショウ）、蘘（ミョウガ）はあるが、滋味を知らない」と書かれている。

福岡市東区と糟屋郡新宮町・久山町の境界に、立花山（標高三六七・一メートル）がある。古くは二神山とよばれ、伊奘諾尊と伊奘冉尊を祭る霊山とされてきた。山頂からの眺望はすばらしく、博多湾の志賀島や能古島、玄界島などの島々や玄界灘を一望できるため、福岡平野における戦略上の重要な拠点であり、海陸交通の目標とされてきた山であった。

柳川藩の初代藩主となった立花宗茂は、立花山を拠点とした戦国武将であった。

貝原益軒は、「筑前の国のなかで、立花（橘）は糟屋郡および怡土郡にある」と書いているが、住吉三神を祀る住吉神社の東方にあり、ワタツミ三神を祀る志賀島を見下ろす位置にある立花山こそ「橘」の位置にふさわしいといえよう。

立花山は、現在でも立花みかんの産地として知られ、古い時代には多くの橘が自生していたために「橘山」

とよばれ、のちに「立花山」と書かれるようになったらしい。

立花山の西麓の香椎川下流には、香椎宮（福岡市東区香椎）がある。「糟氷」「哿襲」「樫日」「橿日」「借飯」とも書かれる。仲哀天皇と神功皇后が拠点としたところで、おそらく「香椎」と「糟屋」はもともとおなじ発音をしていたはずである。

次に、「小門」あるいは「小戸」のことである。「水門」は「みなと」と読まれ、湊あるいは港をさす。「と（門・戸）」について、白川静氏の『字訓』には、「内外の間や区画相互の間を遮断し、その出入りのために設けた施設をいう。門を構え、戸を設ける。また川や海などの両方がせまって、地勢的に出入口のようになっているところをもいう」とある。

したがって、「小門」「小戸」といえば、小さな出入口、すなわち小さな港というような意味であろう。

香椎宮の西側に海岸があり、古い時代には香椎の浦とよばれた。香椎浜ともよばれる。そこにある鳥居の前面四〇〇メートルのところに御島とよばれる岩礁があり、御島大明神が祭られている。『日本書紀』によれば、朝鮮出兵の吉凶を占うため、香椎宮に滞在していた神功皇后が海で髪すすぎの占いをおこなったが、貝原益軒は「この地こそ、すなわち神功皇后が髪をすすがれた所である」と断言している。

黄泉の国から逃げ帰った伊奘諾尊もまたみそぎ祓いをおこなったが、神功皇后は香椎浦の御島において、海に入って髪すすぎの儀式をおこなった。

伊奘諾尊のみそぎ祓いにあやかって、御島においてみそぎ祓いをおこなう風習があったと考えるのは考えすぎであろうか。

最後に「阿波岐原」である。『日本書紀』では「檍原」と書かれる。

貝原益軒は「阿波岐原という地名が志摩郡と筵田郡にある」とし、「青木」という村のことであるとする。「あは（阿波・檍）」を「あを（青）」と読むわけである。『和名抄』には、「『説文』にいう。檍の音は億（よく、おく）である。『日本書紀』の『私記』にいう。阿波木。いま考えるに、橿の一名である。『爾雅』の註をみると、梓の属である」と書かれ、檍（あわき）は、橿（かし）のことであるとされている。厳密にいえば、檍はもちのきのことで、橿とは異なるが、『和名抄』の編纂者が檍を橿と認識していたことに着目すべきであろう。

日本に稲作が伝来する以前においても、伝来したのちにおいても、櫟から取れるどんぐりの実は貴重な食糧として珍重され、櫟の幹は建材や船材などに利用されれた。櫟の木は、古代のひとびとから大いに崇められたはずである。香椎は、櫟日や橿日とも書かれるとおり、もともと櫟に由来する。櫟の密生する場所として、古代人の崇拝を集めたのが香椎という地名のおこりであったろう。

神武天皇が大和において即位した場所も橿原とよばれ、これまた櫟にかかわりのある地名である。古代人にとって櫟には格別の思いがあったことがわかるが、『和名抄』のいうとおり、檍（あわき）が櫟（かし）とおなじ意味であるとすれば、香椎の地こそ「筑紫の日向の橘の小門の阿波岐原」（『古事記』）ないし「筑紫の日向の小戸の橘の檍原」（『日本書紀』）の所在地の有力な候補地ということになるわけである。

ただし、『日本書紀』の「神功皇后紀」の「摂政前紀」に、「日向の国の橘の小門の水底にいて、海藻のようにわかわかしい神、名は表筒男、中筒男、底筒男の神がおられる」とあり、「日向」ではなく、明確に「日向国」と書かれている。しかも、日向国には住吉三神を祭る住吉神社があり、橘、小戸、檍という地名もある。この地こそ、「日向の橘の小門（小戸）の阿波岐原（檍原）」であるとする説も、大いに説得力があるのである。

宮崎市住吉・宮崎郡佐土原町付近から一ツ瀬川の南東部にかけての地域は、もともと那珂郡とよばれ、夜開、新名、田島、於部の四郷があった。その旧那珂郡の宮崎市塩路に住吉神社があり、やはり上筒男命・中筒男命・底筒男命の住吉三神を祭っている。

小戸神社（宮崎市鶴島三丁目）は、伊奘諾大神を祭神としており、大淀川河口左岸の下別府に位置しているが、もと宮崎郡の橘郷に属していた。景行天皇時代に創建されたというが、確かに橘という地名もあり、小戸という地名もある。

大淀川下流左岸にある上別府（宮崎市）について、郷社八幡神社の社伝によると、「小門《おど》はこの上別府のことである。もと村名を小渡《おど》別府といい、その後小の字がなくなり、渡別府となった。そもそも村の南境に大河（大淀川）があり、この地の岸を大渡といったが、これは小渡を誤ったものである」とされ、この地こそ小戸であるとしている。

大淀川という名も、小戸に由来するという。また、江田郷（宮崎市阿波岐原町）の日向灘を望む一ツ葉海岸近くに、日向国式内四座の一つとされる江田神社（宮崎市阿波岐原町産母）があり、伊邪那岐尊と伊邪那美尊を祭神としている。

これらのことからみれば、阿波岐原（檍原）は宮崎にあったようにみえる。

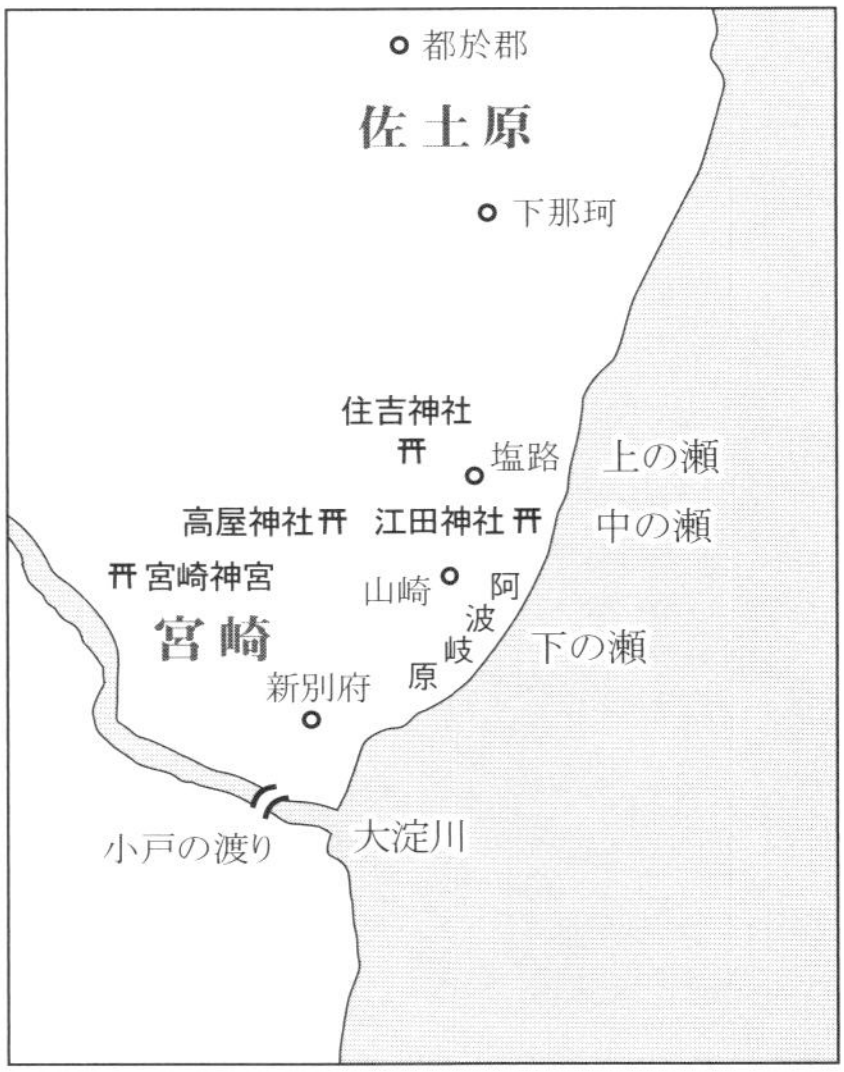

北部九州の博多湾岸とおなじく、何ゆえこの日向の地に、那珂郡があり、住吉神社が祭られたのであろうか。それはやはり、邪馬台国の南遷と関係があるとみるべきであろう。
南下した「邪馬台国＝高天原勢力」にとって、日向の地はいまだ名もなき未開の領域であり、日高正晴氏の説かれるごとく、日向という国名は、おそらく豊のクニから分立してできた国名であったにちがいないが、奴（那珂）国出身のひとびとが住み着いた地域もまた故郷の国名にあやかって、那珂とよばれるようになったのであろう。当然氏神として住吉三神も祭られたはずである。
瀬戸内海や日本海方面など安曇の海人たちが進出した地域に、安曇や志賀などの地名が数多く残されているが、やはりおなじようなことがいえよう。
安本説によれば、邪馬台国は筑紫（夜須）、豊前（京都）、日向（宮崎）、近畿（大和）というように遷ったとされるが、筑紫（夜須）と近畿（大和）には類似の地名が多く残されており、また日向（宮崎）と紀伊（和歌山）にも多くの類似地名があるという。これまた、同様の現象であろう。古代人は進出した地域に故地にあやかった地名を名づけたのである。

『日本書紀』の「神功皇后紀」は「日向国」と記載しているが、これは日本書紀編集者の誤記でなければ、博多湾岸の那珂勢力が南九州の日向国に下って住吉三神を祭り、それを神功皇后がふたたび博多湾岸に遷座したと解釈すべきであろう。神功皇后は博多湾岸に住吉三神を祭り、朝鮮出兵ののちには穴門（山口県）にも住吉三神を祭り、やがて摂津にも住吉三神を祭った。これからみると、神功皇后は邪馬台国ないし高天原の変遷を十分に理解していた人物であった。

以上のことを総括すれば、宮崎における「阿波岐原（檍原）」の伝承は、高天原および那珂勢力の移住に伴う伝承というべきである。

なお、「阿波岐原（檍原）」の所在地として、鹿児島県末吉の住吉神社付近とする説があるが、これは基本的に後世の付会というべきであろう。好意的に解釈すれば、日向の那珂勢力がさらに南下してふたたび故地ゆかりの地名を付したのであろうか。

◉古代の墓制

宮崎平野の大淀川流域は、古い時代から開けていた地域で、旧石器時代から縄文時代、弥生時代、古墳時代の豊富な遺跡・遺物が発掘されているが、太古の時代においては、宮崎市街地のかなりの部分は海の中で、大淀川から押し流される土砂や海退現象などによって次第に陸化したものである。陸化が進むにつれて、古代人は川に近い丘陵地帯に住み着き、集落をつくり、貝塚を残した。

加江田川と清武川との間に標高約二〇メートルの洪積台地があり、そこには「宮崎学園都市遺跡群」（宮崎市大字熊野、宮崎郡清武町大字木原）があり、平畑遺跡からは縄文時代晩期前半（紀元前三〇〇〇年ごろ）の竪穴住居跡五五軒が発掘されている。大淀川河口からおよそ九キロ上流の左右両岸の丘陵斜面からは、縄文時代早期から前期の跡江遺跡、柏田遺跡、松添貝塚が出土しており、跡江貝塚は約九千年前の宮崎市内で最も古い貝塚といわれている。

弥生時代になると、陸化はますます進み、丘陵地のみならず平地や砂丘でも集落が形成されるようになった。

紀元前五世紀ごろ、おそらく朝鮮半島南岸地域との交流のなかから、北部九州に水田耕作と金属器の使用を特色とする弥生文化が発生した。

日向地域に最も早い時期に北部九州の弥生文化が伝播したのは、新別府川北側の古い砂丘上にある「檍《あおき》遺跡」（宮崎市吉村町江田原）である。檍遺跡からは板付Ⅱ式土器や小児用甕棺三基が出土しており、稲作のための水田と環濠集落の存在が想定されており、弥生時代前期のきわめて古い時代に北部九州との交流がはじまったことをしめしている。

天孫族の南下によって日向王朝が創立されたのは三世紀半ばごろと考えられるが、それ以前の古い時代から、日向の檍あたりを中心として北部九州の先進勢力との間に交流の基盤がつくられていたのである。

檍遺跡の近くには中期（紀元前一世紀ごろ）の石神遺跡、後期（二世紀ごろ）の元村遺跡などがあり、大淀川河口右岸には赤江遺跡がある。日向における弥生時代の集落は、宮崎県の代表的な遺跡群である「宮崎学園都市遺跡群」でも着実にひろがり、堂地東、熊野原遺跡B地区などで弥生時代後期（紀元二世紀ごろ）の集落が確認されている。

また、日向における弥生時代後期から終末期の特徴ある遺跡として、「花弁状竪穴住居跡（日向型間仕切り住居）」があげられよう。

円形または方形の区画に、居住部分を間仕切るように周囲から土壁が突き出した竪穴住居である。上から花びらのように見えるため、花弁状竪穴住居跡と名づけられたものである。宮崎平野部および大淀川上流域と鹿児島県の川内川流域に多く見られるが、大分県や四国の愛媛県にも分布するという。

花弁状竪穴住居跡はやがて消滅し、弥生時代の末から古墳時代にかけて方形の竪穴住居に統一されるが、花弁状竪穴住居跡の分布と古墳時代における「地下式横穴古墳」の分布がかなり重なるといわれるから、日向および南部九州を拠点とした部族――熊襲や隼人の伝統文化の継承をしめすものであるのかもしれない。

宮崎平野における弥生時代後期の墓制は、畿内地方などに多くみられる「周溝墓」で、畿内では方形が多いのに対して、日向では圧倒的に円形の周溝墓が多いといわれる。周溝墓は首長クラスの墓で、首長一人だけが埋葬されたが、一般人は共同墓地で甕棺や木棺に入れて埋葬された。

それにつづく古墳時代には、日向には五種類の墓制があった。

(1) 前方後円墳や円墳などのいわゆる「古墳」
(2) 台地のような平坦地において竪穴を掘ってその底部から横穴を掘削した「地下式横穴（地下式土壙墓）」
(3) 「地下式板石積《いたいしづみ》石室」
(4) 土壙を掘って埋葬し、標識として石を立てた「立石墓」
(5) 崖に墓室を掘削した「横穴」

これらのうち、一ツ瀬川以南の宮崎県と大隅を含む地域には、(1)のいわゆる「古墳」とともに、(2)の「地下式横穴（地下式土壙墓）」や(5)の「横穴」が多くみられる。

それに対し、川内川流域から大口盆地など薩摩北部から肥後南部の人吉あたりには(3)の「地下式板石積石室」が分布し、薩摩半島南部の阿多地方には(4)の「立石墓」が集中している。

まず、前方後円墳は、大和朝廷の支配が全国的に広がるなかで、大和朝廷によって任命された地域の支配者層の墓として造営されたものであり、この時代は古墳時代とよばれ、一般に前期（三世紀後半～四世紀）、中期（五世紀）、後期（六世紀～七世紀）に分けられている。

日向における前方後円墳は総計約二〇〇基が確認されているが、小丸川流域の持田古墳群一〇基・川南古墳群二五基、一ツ瀬川流域の西都原古墳群三二基・新田原古墳群二五基、大淀川流域の下北方古墳群四基・本庄古墳群一七基・生目古墳群一七基というように、約九割の古墳が児湯郡を含んだ広義の宮崎平野に集中している。

古墳時代の日向は宮崎平野を中心としていたことがわかるが、そのなかでも一ツ瀬川流域の西都原古墳群と新田原古墳群が突出している。

そのうち西都原古墳群（西都市三宅）は一ツ瀬川右岸の標高六〇メートルに位置し、前方後円墳三二基のほか、円墳二七八基、方墳一基、地下式横穴墓一〇基、横穴墓一二基で、四世紀から七世紀前半にかけて連続して築造された大古墳群であり、時間的な順序でいえば次のとおりとなる。

第一の時期は四世紀前半で、西都原古墳群に属する前方後円墳のうち、前半期に属すのは三五、九〇、九一墳で、後半期に属すのは一、五六、七二、九五、九九号墳という。墳丘規格の比較などから、九一号墳は大和の箸墓に類似しているともいわれ、日向において最も古い時期につくられた古墳群といえよう。

日向の古墳群と畿内の古墳群との詳細な比較検討によって、神武東征による大和朝廷の成立・発展と前方後円墳との歴史的な相関関係が解明される可能性のある古墳群である。

第二の時期は四世紀後半で、西都原古墳群に属する前方後円墳のうち、一三、八一、九二、一〇〇号墳である。

このうち一三号墳から出土した三角縁獣文帯三神獣鏡は畿内大和の特定の工房で集中的に生産されたとみられており、大和朝廷による朝鮮経略の中継基地ともいえる沖ノ島の第一八号岩陰遺跡から同笵鏡が出土していることから、景行天皇の巡幸を契機につくられた古墳群であるといえよう。

第三の時期は巨大古墳の時代で、五世紀第一四半期に男狭穂塚古墳が築かれ、五世紀第二四半期には女狭穂塚古墳が築かれた。

男狭穂塚古墳は応神天皇陵の二分の一の規格といわれており、九州最大の女狭穂塚古墳は履中天皇陵古墳の二分の一の規格といわれている。五世紀前半の日向の中心は、日向と大和朝廷との緊密な関係をもった西都原にあったと断言していい。

第四の時期は、地下式横穴（地下式土壙墓）が出現する五世紀後半である。

地下式横穴古墳（地下式土壙墓）は、宮崎県南部・大隅と熊本県の一部に分布する五世紀の半ばごろにはじまり、八世紀ごろまでつづいた南九州独自の墓制であり、西都原古墳群の四号地下式横穴墓からは大和朝廷から配布されたとみられる複数の甲冑や武器などが出土している。

景行天皇の日向遠征によって、大和朝廷と結びついた勢力が勃興し、これらの豪族が前方後円墳をまねて円墳をつくったが、墳丘中に棺・槨などの埋葬施設をつくることをはばかって（規制されて）地下に横穴を設けたものらしい（河口貞徳「隼人の埋葬」『季刊邪馬台国』四一号）。したがって、円墳形式の地下式地下式横穴が最も古く、時代が進み、また内陸部に浸透するにしたがって封土を失い、規模は小さくなり、玄室の形もドーム状に変形し、副葬品は貧弱で、ほとんど武器だけであるという。

一方では、従来どおり大和朝廷との結びつきを強めつつ、他方では土着氏族としての独自色を強めている。日向および南部九州を拠点とした部族――熊襲や隼人の政治的なスタンスを端的にしめすものといえよう。

六世紀になると、地下式横穴古墳や円墳がさかんにつくられるようになり、前方後円墳は新田原古墳群以外ではほとんどつくられなくなる。

以上が西都原古墳群に着目した南九州の墓制である。一方、北薩の川内川流域、不知火海沿岸、人吉盆地、五島列島を含む西九州沿岸地域に「地下式板石積石室《いたいしづみ》」が分布している。方形石室は海岸地帯に、円形石室は内陸部に分布しており、どちらが源流かについて、説が分かれていたが、朝鮮半島南部の支石墓を源流として、弥生時代中期に九州西岸の島々で発生し、しだいに内陸部に普及したとする「方形源流説」が有力になっている。

ちなみに、前方後円墳などに竪穴式石室をもうける墳墓の形式が四世紀に盛行するが、この形式はこのような南部九州の地下式板石積石室と北部九州の高塚古墳に木棺や石棺を直葬する形式の墓とが融合したのではないかとする説がある（「竪穴式石室の起源」『季刊邪馬台国』七四号）。

また、薩摩半島南部の阿多には「立石墓」が集中的に分布している。土壙を掘って遺体だけを埋め、そのまま土を埋め戻して、地表面に土器や鉄器を捧げる方式で、弥生時代中期ごろの原始共同体的な色彩の強い墓制といわれている。

古墳時代後期には宮崎県中央部から北部にかけて「横穴」がつくられるようになる。横穴式石室をまねたもので、台地の崖に穴を掘り、埋葬後は平石や礫で入口を塞ぐ。五世紀半ば過ぎごろ周防灘に注ぐ今川下流で発生したもののようであるが、新しい墓制として九州全域に普及し、七世紀ごろまでには全国に広まり、宮城県まで到達したといわれる。

地下式横穴古墳がさかんに築造された北諸県、西諸県からは見つかっていないが、東諸県郡国富町付近では地下式横穴古墳と横穴が混在しているという。

いずれにしても、景行天皇が日向に行幸したころ、日向地方の一部ではすでに前方後円墳が築かれていたが、景行天皇の巡幸を契機として大規模な古墳群がつくられるようになったことがわかる。

日向に限らず、宇土半島の基部や菊池川流域など景行天皇の巡幸経路に沿って、畿内型の前方後円墳が築かれているが、このことは景行天皇に関する『日本書紀』の記事の信憑性を裏づけるものといえよう。

7 日向の御刀媛

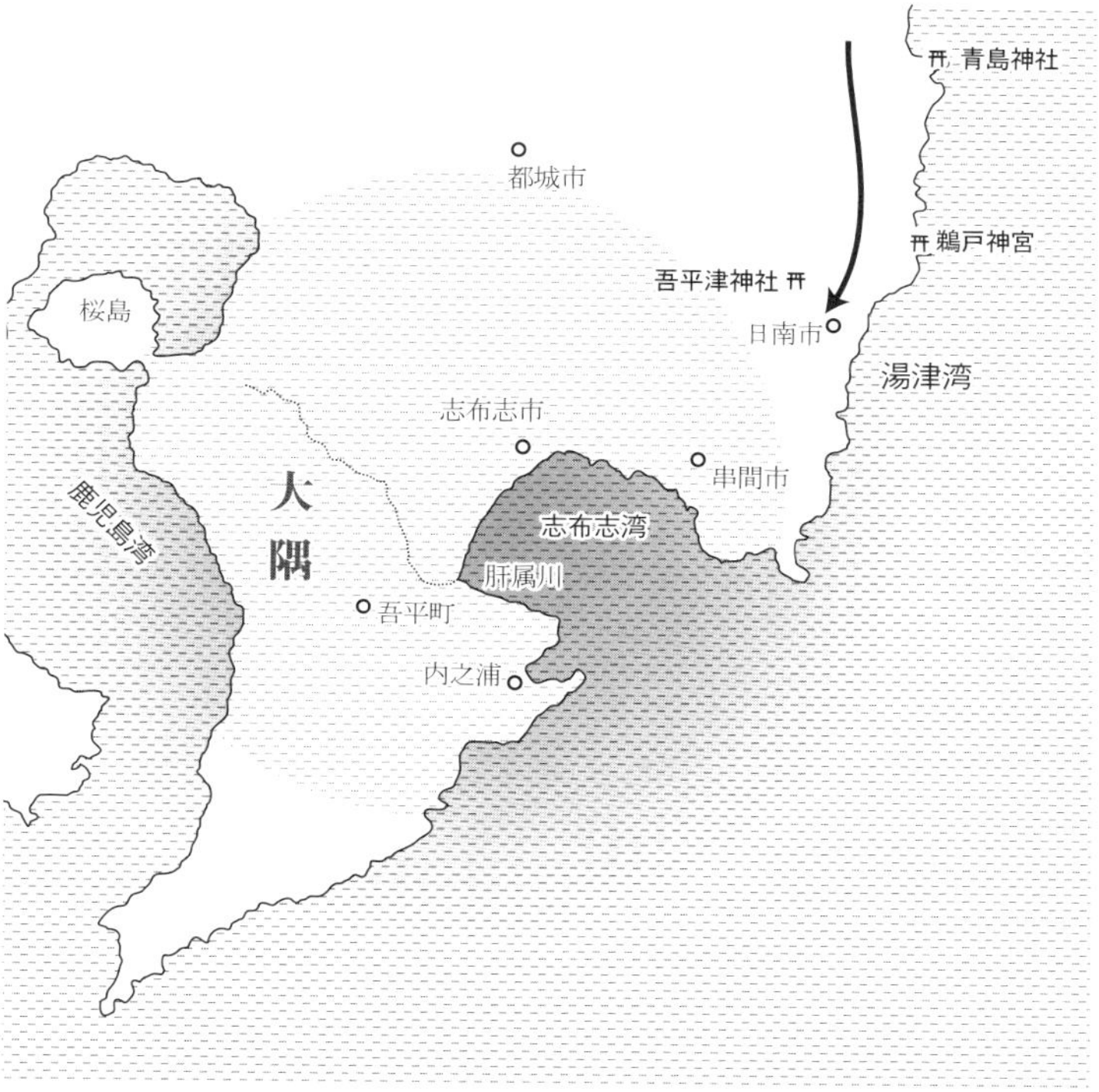
青島神社
鵜戸神宮
吾平津神社
都城市
日南市
湯津湾
桜島
志布志市
串間市
大隅
鹿児島湾
志布志湾
肝属川
吾平町
内之浦

◉熊襲梟師《くまそたける》

景行天皇十二年十一月に日向に到着した景行天皇は大淀川河口の高屋宮（宮崎市村角町橘尊の高屋神社）を根拠とした。高屋宮とよばれたのは、あるいはその名のとおり大規模な高床式建物であったからかもしれない。

日向の高屋宮を拠点とした景行天皇に関する地元の伝承はほとんど残されていないが、先に紹介した小戸神社（宮崎市鶴島）には、景行天皇時代に創建されたという伝承が残されている。また、大宮神社（日南市東弁分甲《ひがしべんぶんこう》）は、祭神の一つとして大宮大明神（景行天皇）を祭っているが、和銅元（七〇八）年創建と伝えられており、景行天皇の時代からいえばはるか後代のものではあるものの、景行天皇を祭神とすべき何らかの伝承を踏まえたものであったかもしれない。

高屋宮を拠点にした景行天皇は、さっそく熊襲討伐の作戦を練った。

『日本書紀』によると、景行天皇は居並ぶ群卿にむかって、「聞くところによると、襲の国に厚鹿文《あつかや》、迮鹿文《さかや》という者がおり、この二人は熊襲の勇猛な酋長で手下も多い。これを熊襲の八十梟師《やそたける》という。兵がさかんで勝てる者はいない。軍勢が少なくては敵を滅ぼすことはできないだろう。多くの兵を動かせば、百姓が害をこうむる。兵の威力を借りずに、その国を平らげる方策はないものだろうか」といった。

この場合の「襲の国」とは、大隅国の贈於《そお》郡のことであろう。贈雄、噌唹とも書かれる。大隅半島に位置し、西側は鹿児島湾に面している。現在では国分市を中心とした地域であるが、古代においては、大隅半島を中心に、北は肥後国と日向国に接し、西は薩摩国に接する広大な領域であった。

『続日本紀』和銅六（七一三）年四月三日の条に、「日向国から肝坏《きもつき》・贈於・大隅・始羅四郡を割いてはじめて大隅国に置く」とあり、もともと日向国に属していた。

熊襲とはクマ（肥後国球磨郡）とソ（大隅国贈於《そお》郡）が結合したものとする説があるが、景行天皇時代の動向を踏まえたものとすれば、おおむね妥当な見解であろう。

地元の伝承によると、景行天皇は日南市あたりに攻撃拠点を設けたようである。隈谷《くまや》（日南市）に居住していた熊襲梟師を攻撃するため、益安《ますやす》（日南市）の高佐城址に景行天皇の陣屋が置かれたという（『飫肥伝説録』）。

ちなみに、日南市の南方、志布志《しぶし》湾に面したところに串間市があり、今町の王の山からは直系三二・三センチというわが国最大の「璧《へき》」が出土している。璧といえば、中国の殷周時代から王侯のしるしとされた宝物である。

日本では、伊都国の三雲遺跡（福岡県前原市）、奴国の須玖岡本遺跡（福岡県春日市）、峰遺跡（福岡県朝倉郡夜須町）など、邪馬台国時代の拠点的地域からしか出土していない。

串間市は縄文時代の遺跡や弥生時代から古墳時代にかけての遺跡も豊富で、このあたりに古代氏族の拠点があった可能性が高い。その地勢からみて、おそらく海上の道を介して薩南諸島や南西諸島、さらには中国江南地方と独自の交流ルートをもっていた海人族の拠点であったにちがいない。

北部九州の玄界灘沿岸地域が、海を介した朝鮮半島との交流によって文明の先進地域となったように、九州南部地域もまた東シナ海を介した交流によって、独自の海洋文化を形成していた。

異文明が遭遇し融合したとき、時に飛躍的なパワーが生まれる。異なった性格をもつ北部九州と南部九州の勢力が融合し、飛躍的なエネルギーを獲得したのが日向王朝の実体であったにちがいない。

日向王朝は神武東征によってその拠点を近畿に移し、大和朝廷による中央集権体制を推し進めていった。大和朝廷の王たる景行天皇の九州征討は、邪馬台国や日向王朝時代につながる在地勢力を、改めて大和朝廷の中央集権秩序の中に組み入れようとする軍事行動であったろう。

厚鹿文、迮鹿文を領袖とする熊襲に対して、景行天皇率いる大軍をもってしても確実に勝算がたたないところをみれば、熊襲勢力は依然として南部九州において大きな勢力を有していたことがわかる。このため、景行天皇は武力を用いずに討伐する方法を検討した。

すると、一人の臣が進み出て、「熊襲梟師《くまそたける》に二人の娘がいます。姉を市乾鹿文《いちふかや》、妹を市鹿文《いちかや》といいます。容姿端麗で気性も荒々しく、たくさんの贈物で欺いて味方に引き入れるのがよろしゅうございましょう。梟師のようすをうかがわせて不意をつけば、刃に血ぬらずして敵を破ることができましょう」と進言した。「それはいい考えだ」と景行天皇はいい、さっそく二人の娘に賂《まいない》を贈った。

豪華な贈物に目がくらんで、二人の娘はたちまち籠《ろう》絡《らく》されたらしい。景行天皇は姉の市乾鹿文を招き寄せた。景行天皇は、寝物語で市乾鹿文を口説いたとみえる。市乾鹿文は父親の謀殺を決意した。市乾鹿文は、「熊襲が服従しないことを気にすることはありません。私によい考えがあります。一人二人の兵を私につけてください」といい、家に帰って父に強い酒を大量に飲ませた。すると、熊襲梟師は酔って寝込んでしまった。その隙に市乾鹿文は父の弓の弦を切って、反撃できないようにしたうえで兵士を引き入れ、やすやすと熊襲梟師を殺した。

市乾鹿文は意気揚々と景行天皇のもとへやってきたが、景行天皇は「親殺しは不孝である」と、市乾鹿文を処刑してしまった。熊襲梟師が居住していた日南市の隈谷《くまや》南方の毛吉田《けよしだ》に、市乾鹿文を祭る祠があったという（『飫肥伝説録』）。

景行天皇は、父親を裏切った市乾鹿文を情け容赦なく処刑したが、妹の市鹿文は火国 造《ひのくにのみやつこ》にあたえた。

こうして、熊襲は滅びたのである。こののち、景行天皇は六年間高屋宮に滞在したというが、『日本書紀』の年代は大きく引き伸ばされているから、せいぜい二、三年であったろう。

ついでながら、大隅半島には高屋宮の候補地として、始良郡溝辺村大字麓（鹿児島県霧島市溝辺町大字麓字菅ノ口）と鹿児島神社付近の石体の宮（霧島市隼人町字宮内）、肝属郡内之浦大字北方（肝属郡内之浦町大字北方）の三か所があげられている。

とりわけ、始良郡溝辺村大字麓は、明治七年の明治天皇の御裁下により、彦火火出見尊の陵墓の所在地として決定されたところである。標高三九〇メートルの神割岡にあり、南方の宮ノ上には鷹屋神社がある。

また、神割岡の南方約八キロのところに鹿児島神社があり、その東北三〇〇メートルのところに石体の宮があるが、この地こそ彦火火出見尊の宮殿の跡とする説がある。彦火火出見尊の陵墓の所在地としてはともかく、景行天皇の高屋宮としては、否定的に考えるべきであろう。熊襲の支配地域に、景行天皇が本拠地を置くとは考えられないからである。

大隅半島を拠点とした熊襲を制圧した景行天皇は、

大淀川流域の高屋宮を根拠にしていたが、この間御《み》刀媛《はかしひめ》を后にしている。『日本書紀』には、「この（日向）国に美人があり、御刀媛という。これを召して后とされた。豊国別皇子《とよくにわけ》を産んだ。これが日向国造の先祖である」と書かれている。

このことに関して、日高正晴氏は、高屋宮の所在地について西都原古墳群を中心とする児湯郡地域と想定したうえで、「ここで特に注目すべきことは、日向国造の始祖として、豊国別皇子が出現したことである。この皇子という名称は、景行天皇との結びつきをつくるための説話的なものであり、結局は豊国別という豪族が子湯県地方に君臨していたことになる。そして、日向の首長を豊国別と称したことは、この地域を豊と称していたからであろう」とされている（前掲書）。

すでに述べたように、景行天皇は皇后の稲日大郎姫《いなびのおおいらつめ》のほか、八坂入媛《やさかのいりびめ》、水歯郎媛《みずはのいらつめ》、五十河媛《いかわひめ》、高田媛《たかたひめ》、日向髪長大田根《ひむかのかみながおおたね》、襲武媛《そのたけひめ》など六人の妃の間に、『日本書紀』によると、男女合わせて八十人の子をつくったとされている。このうち、日向髪長大田根と襲武媛を后としたのもまた、日向滞在中のことであったろう。

日向髪長大田根は、日向襲津彦《ひむかのそつびこ》皇子を産んだ。日向襲津彦皇子はのちに長門国阿武郡阿武郷（山口県阿武郡阿武町・福栄村）あたりを根拠にした阿牟君《あむのきみ》の先祖とされているが、日向襲津彦自身はその名のとおり、大隅国に分割される以前の贈於郡を治めた人物であったろう。

襲武媛もまた、その名のとおり贈於郡あたりを根拠とした熊襲一族の娘であったろう。襲武媛は、国乳《くにち》別《わけ》皇子、国背《くにそわけ》別皇子、豊戸《とよとわけ》別皇子を産んだ。国乳別皇子と国背別皇子の二人は、筑後川中下流域を支配する水沼別《みぬまわけ》の先祖とされ、豊戸別皇子は肥前・肥後（佐賀・長崎・熊本県）を領域とする火国別《ひのくにわけ》の先祖であるとされる。いずれにしても、景行天皇の血を分けた子供たちが、成人したのち九州の南部から中部・北部方面の要所要所に配属されたことがわかる。

◉西都原に残る伝承

『日本書紀』によると、十三年夏五月に襲の国を平定し、高屋宮を拠点にしていたが、四年後の春三月十二日に子湯県（児湯郡）に巡幸し、丹裳《にも》の小野で遊んだという。

丹裳の小野とは西都市三宅の西都原台地の一角とい

われており、このことからみても、高屋宮は児湯郡とは別場所にあったことがわかるが、それはともかく、景行天皇が巡幸したこの地には、西都原古墳群が残されている。

北西部の一八五・四六ヘクタールは特別地域となっており、西都原古墳群中最大の「男狭穂塚《おさほ》」（高さ一五メートル、全長二一九メートル）と、「女狭穂塚《めさほ》」（高さ一五メートル、全長一七四メートル）がある。

この二つの古墳の形式は近畿の応神天皇陵や仁徳天皇陵の系統に近く、西都原古墳群の主流は、おそらく五世紀から六世紀ごろつくられたであろう。景行天皇は四世紀半ば過ぎから後半にかけて在位したとみられるから、景行天皇がこの地に巡幸したのちに古墳群は築造されたことになるわけである。

『先代旧事本紀』の「国造本紀」によれば、景行天皇と御刀媛から生まれた豊国別皇子の三世の孫の老男《おいお》は、応神天皇の時代に日向国造に任じられたという。

安本美典氏は、「西都原古墳群は、日向国造の老男を中心とし、日向出身の御刀媛と関係のある人々の墳墓ではなかろうか。応神天皇時代の日向の国造が老男であり、その国府が三宅にあったとすれば、男狭穂塚と女狭穂塚などの被葬者のもっとも有力な候補者としては、老男とそのまわりの人々があげられよう」（『邪馬台国はその後どうなったか』）とされるが、日高正晴氏は、「男狭穂塚が築造されたのは、五世紀前半でも早い時期に想定することができる。そのように考えると、この古墳の被葬者は、おそらく四世紀末から五世紀初頭ごろに活躍した豪族であると推測できる。豊国別王の時代は九州最大の大首長墓である男狭穂塚の築造年代ともほぼ合致することになるので、巨大古墳である男狭穂塚の被葬者像としては、四世紀末ごろから五世紀初頭ごろにかけて活躍したと推測される豊国別王と想定することもできる」（『古代日向の国』）とされている。

安本氏は男狭穂塚の被葬者を豊国別皇子の三世の孫の老男とし、日高氏は豊国別皇子そのものとされるが、いずれの説においても、景行天皇の血を引く日向国造一族の墳墓であったことにおいては一致している。

景行天皇ゆかりの地として、景行天皇を継いだ成務天皇時代に西都市三宅に国府が置かれ、そのとき印《いん》鑰《やく》神社（西都市三宅）が創建されたという。

丹裳の小野に巡幸した景行天皇は、そのとき東の方角を望み、つきしたがう重臣たちにむかって、「この国は、まっすぐ日の出る方向に向いている」といった。この景行天皇の言葉によって、この国は日向とよばれることになったという。『日向国風土記』逸文には、「纏向の日代宮に天の下をお治めになった大足彦天皇（景行天皇）の御世に、児湯郡に行幸されて丹裳の小野にお遊びになった。左右の人に『この国の地形はまっすぐ扶桑の国（東方の国）に向かっている。日向と名づけるがいい』と仰せられた」とある。

『古事記』や『日本書紀』、『風土記』には多くの地名説話がのせられている。むろん、天皇の言葉を契機に新たに地名が名づけられる場合もあったであろうが、もともとそれぞれの地域でよびならわしていた地名を、天皇あるいは皇族の権威によって公に認知する場合も少なくなかったとおもわれる。たとえば、仲哀天皇や神功皇后によって伊都国や松浦国が命名されたという記事があるが、これらの地名は『魏志倭人伝』にでてくるような古い地名である。これらの地名説話は、仲哀天皇と神功皇后によって公に認知されたことをしめしていると考えるべきであろう。

日向についても、日高氏のいわれるごとく、豊国から分立したとすれば、景行天皇に言葉を契機に新たに命名されたと考えることも可能かもしれない。しかし、「筑紫の日向の小戸の橘の檍原」（『日本書紀』）に関して述べたように、日向という地名が高天原勢力の南下に伴って大淀川下流に移植されたと考えれば、日向王朝三代の拠点とされた時期にはすでに日向という国名が生じていたはずであり、景行天皇が改めてそれを認知したものというべきであろう。

西都原はもともと「つきどのばる」とよばれ、斎殿原と書かれた。それを「さいとのばる」と読み、やがて西殿原あるいは西都原と書かれるようになったらしい。斎殿原と書かれたことからみて、この地に祭祀をおこなう建物があったにちがいない。

西都原東方の三宅（西都市）には、律令時代における日向国の中枢として、国衙が置かれ、国分寺や国分尼寺が置かれた。宮崎平野の西側の最も奥まったところにあり、九州山地に近く、一瀬川の沖積平野が尽きる場所に位置し、肥後と大隅方面に向かう古代官道の分岐点でもあった。

三財川支流山路川流域に位置し、もと帝宅《みやけ》と書かれた。むろん屯倉《みやけ》に由来するものである。屯倉とは、大王の支配拠点たる施設・建物のことをさす。当時は祭政一致であったから、祭祀の拠点たる斎殿を含むものであったろう。

三宅には瓊瓊杵尊を祭神とする「三宅神社」があり、もと「西都農神社」とよばれていたが、あるいはこの神社こそ屯倉あるいは斎殿のあった場所であったかもしれない。三宅神社はまた、覆野《おおの》大神宮、福《ふく》（覆）野《の》八幡宮、上の宮神社ともよばれ、この地は大尾城または大王城ともよばれていた。

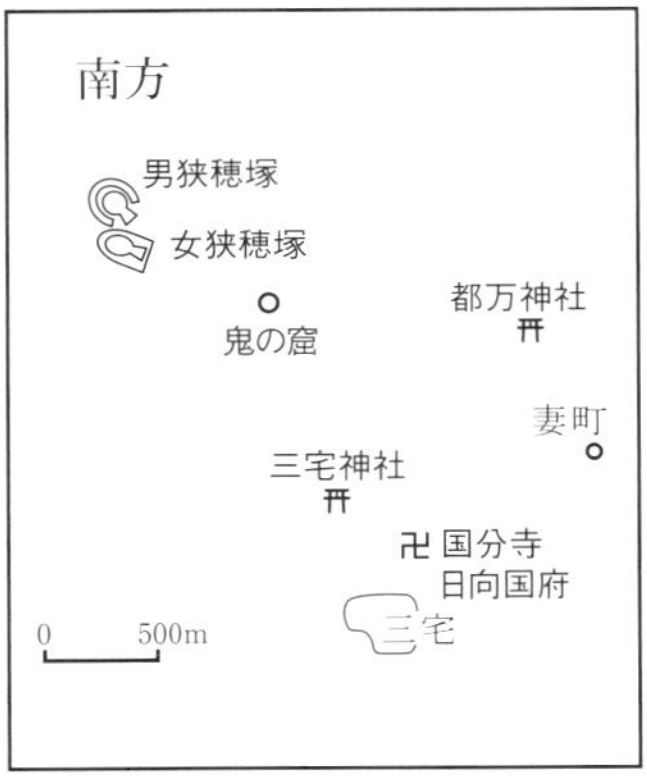

また、西都市の中心部の妻には木花開耶姫を祭神とする「都万《つま》神社」がある。「妻万神社」とも書かれ、のちにそれを音読みで「さいまん」とよぶようになった。現在ではさらになまって、「おせまんさま」ともよばれているが、もともとは「つま」とよばれていた。都万神社は、延喜式内社で、都野神社、江田神社、霧島神社とともに日向四座に数えられた神社である。

社伝によると、社地の西の清流を利用して夫婦の二神がはじめて田を開き、稲を育てたので井門田里と名づけたという。その後土のなかから男女二人が掘り出され、神社の神官となり、その末裔が日下部氏であるという。このように、都万神社の社伝は、日向における稲作の起源を伝えている。

都万神社付近には、瓊瓊杵尊が木花開耶姫をはじめて見初めた場所と伝えられる「逢初川《あいそめ》」、二人の新婚宮殿と伝えられる「八尋殿《やひろどの》」、木花開耶姫が火中で出産したという「無戸室《うつむろ》」、生まれた皇子に産湯を使わせたといわれる「児湯《こゆ》の池」など、さまざまな伝承が残されている。

西都市穂北は、二神の育てた稲穂が北に向かって垂れていたので穂北と名づけられたという（『西都の民話』）。また、鹿野田《かのだ》という地名は、鹿に関連した彦火火出見尊にゆかりの地名といわれているが、都万神社の神田（鹿野田）があったからであるともいう。

三宅神社や都万神社の地こそ、瓊瓊杵尊と木花開耶姫の王宮の中枢地であったかもしれない。

ちなみに、都万神社のある妻から一ッ瀬川対岸の茶臼原（西都市）には、昭和四十八年に国指定を受けた茶臼原古墳群があり、二基の前方後円墳を含め五六基の古墳が点在している。台地中央の前方後円墳は児屋根塚とよばれており、遠くから見れば茶臼のように見えるところから、茶臼原という地名になったという。近くには天児屋根命を祭神とする調殿《つきどの》神社（西都市調殿）がある。天児屋根命は中臣氏の祖先神といわれており、古墳時代に中臣氏につらなる一族の拠点があったのであろう。

西都原を訪れた景行天皇は、改めて日向という国名を宣命し、はるか東方の大和をしのんで、「思邦歌（くにしのびうた）」を歌った。

愛《は》しきよし　我家《わぎへ》の方《かた》ゆ　雲居《くもい》立《た》ち来《く》も
倭《やまと》は　国のまほらば　畳《たたな》づく　青垣《あおがき》　山籠《こも》れる
倭《やまと》し麗《うるは》し
命《いのち》の全《まさ》けむ人は畳薦《たたみこも》　平群《へぐり》の山の　白樫《しらかし》が枝《え》を
髻華《うず》に挿《さ》せ　此の子

——なつかしい　わが家の方から　雲が湧き流れてくる　大和は最もすぐれた国　青々とした山が重なり　垣根のように包む　大和は美しい　無事に生きている者たちは　平群の山の　神聖な白樫の枝を　髪飾りにして挿しなさい　おまえたちよ

この景行天皇の「思邦歌」とほとんど同一内容の歌が『古事記』にのせられており、しかも日本武尊の臨終の歌とされている。

このことをもって、一方を偽作とする説もあるが、両者ともに旅先で大和を懐かしんで歌ったものであり、『古事記』『日本書紀』両者に伝えられても特段の不都合はないというべきである（飯田季治氏、日高正晴氏など）。

歌のなかにみえる「平群」とは、大和国平群郡平群郷（奈良県生駒郡平群町）のことである。ただし、西都市にも平郡《へごおり》という地があり、そこには大和から移り住んだ平群氏の居所があったという（『日本地理志科』）。

西都市岩爪にある岩爪神社は、伊邪那岐命と伊邪那美命、速玉男能命《はやたまのお》、事解男能命《ことさかのお》の四神を祭神としているが、社伝によると、日本武尊が熊襲平定にやってきたとき、熊野大権現に祈念した霊地で、のち天長三（八二六）年に空海が訪れ、国家鎮護のため神社を創建したという。

熊野信仰が九州へ伝播したのは、十二世紀後半といわれており、熊野信仰に関しては後世の付会とみられるが、日本武尊の伝承が残されていることに注目すべきであろう。

◉諸県一族と大和朝廷

熊襲を平らげ、高屋宮を拠点に日向を治めた景行天皇は、児湯郡の丹裳の小野に遊んだが、その一年後、「十八年の春三月に、天皇、京に向《いでま》さむとして、筑紫国を巡狩《めぐりみそなは》す」（『日本書紀』）というように、九州巡幸の旅にでかけた。当面の目標は、肥後国の球磨郡を拠点とする熊襲の制圧であった。

大淀川河口の高屋宮（宮崎市村角町橘尊の高屋神社）から出発したとすれば、大淀川と本庄川をさかのぼって、まず亜椰《あや》にむかったであろう。途中、八代郷《やつしろ》（国富町）を通っていった。

八代郷の本庄には剣柄《けんのつか》神社があり、古墳の上に建てられているが、彦稲飯命、玉依姫命、神武天皇を祭神としている。伝承によると、景行天皇のときに祭祀がおこなわれ、神社が創建されたという。景行天皇の足跡の一つに数えていいであろう。

景行天皇がむかった亜椰とは、東諸県郡の綾町のことである。阿屋とも書かれた。古くから開けていた地域で、尾立遺跡からは縄文時代後期の土器が発掘され、凹線文をもった土器は、綾式土器と名づけられている。また、首塚古墳、四反田古墳、王ノ塚古墳、スミ床古墳の四基の円墳があり、古墳時代において、かなりの在地勢力があったことがわかる。

亜椰（綾町）において、景行天皇一行はさっそく熊襲と遭遇したようである。

『日向郷土辞典』によると、景行天皇が熊襲平定のため亜椰に到着したところ、肥後から大隅にむかう途中の熊襲が朝廷軍を攻撃した。二反田付近に陣を構えた熊襲と朝廷軍は、綾南川をはさんで陣を構えた。ところが豪雨に見舞われ、綾南川が氾濫し熊襲軍が混乱したところを朝廷軍は猛攻をおこない、熊襲軍は二反野から浦の名、平窪に敗走し、勝った朝廷軍は錦原に凱旋したという。

このとき諸県を拠点とした諸県一族は朝廷軍に加わ

り、大いに活躍したであろう。

景行天皇の巡幸を契機に、諸県一族と朝廷との間で特別の関係が生じたようである。

景行天皇から成務天皇、仲哀天皇、応神天皇、仁徳天皇と皇位は継承されたが、『古事記』『日本書紀』とも諸県一族の髪長媛が仁徳天皇の后となったと伝えている。

すなわち、『古事記』応神天皇の段には、

「また応神天皇が日向国の諸県の君のむすめの髪長比売が美しいとお聞きになって、使いをだそうとしてお召しなさいますときに、太子の大雀命《おおさざき》（仁徳天皇）はその嬢子が難波津に停泊しているのをご覧になって、その容姿のあでやかなことに感心なされ、建内宿禰に『日向から招かれた髪長比売を陛下にお願いしてわたしに賜るようお願いしてくれ』と頼まれました。それをうけて建内宿禰が天皇にお願いしましたところ、天皇は髪長比売を大雀命にお授けになられました」

とあり、『日本書紀』応神天皇十一年の条にも、

「この年、ある人が『日向国に髪長媛という乙女がいて、諸県の君牛諸井のむすめです。これは国中の美人です』と申し上げた。天皇は喜ばれてこれを召そうと思われた。十三年春三月、（応神）天皇は特別の使者を遣わして髪長媛を召された。秋九月中旬、髪長媛は日向からやってきた。摂津国桑津邑に置かれた。皇子の大鷦鷯尊は髪長媛をご覧になり、その容貌の美しいのに感じて、引かれる思いが強かった。天皇は大鷦鷯尊が髪長媛を気に入っているのを見て、娶わせようと思われた」

とある。

このことに関して、『日本書紀』は別の伝承を記している。

「ある説によると、日向の諸県君牛《もろがたのきみうし》は、朝廷に仕えて老齢となり、仕えをやめて本国に帰った。そして娘の髪長媛を奉った。播磨国まできた。天皇は淡路島にきて狩りをなさった。そして西の方をご覧になると、数十の大鹿が海に浮いてやってきて、播磨の加古の港に入った。天皇はそばの者に、『あれはどういう鹿だろう。大海に浮かんでたくさんやってくるが』といわれた。お側の者も怪しんで、使いをやって見させた。すると、みな人で、角のついた鹿の皮を衣服としていたのである。『何者か』というと『諸県君牛です。年老いて宮仕えができなくなりましたが、朝廷を忘れる

ことができず、それで私の娘の髪長媛を奉ります』と答えた。天皇は喜んで、娘を宮仕えさせられた。それで時の人は、その岸のついたところを名づけて鹿子水《かこのみな》門《と》といった。およそ水手を鹿子というのはこのときはじめておこったという」

諸県一族が、角のついた鹿の毛皮を着る独特の風習をもっていたことがわかる。

『和名抄』によると、諸県郡には財部、県田、瓜生、山鹿、穆佐《むかさ》、八代、春野の八郷があり、現在の宮崎市瓜生野、東諸県郡高岡町、国富町、都城市、えびの市等におよび、鹿児島県曽於郡の一部を含む広大な区域であった。

日高正晴氏は諸県一族を、海洋性を有する海人集団であり、角のついた鹿皮をかぶる風習からみてその源流として東北アジア地方が連想されると指摘されるが、諸県の地勢からみて、諸県一族は漁労というよりも狩猟を中心とした部族であったようにおもわれる。鹿の毛皮を着る風習も、鹿の狩猟に際して、鹿を油断させるための擬態から生じたものであろう。

諸県郡の都城市祝吉《いわよし》、丸谷遺跡、宮崎市の学園都市熊野原遺跡などから、弥生時代後期から終末期の「花弁状竪穴住居跡（日向型間仕切り住居）」が数多く分布しており、古墳時代における「地下式横穴古墳」の分布とともに、日向および南部九州を拠点とした熊襲や隼人の独自の伝統文化をしめすものであるとすれば、諸県一族もまた、もともと熊襲や隼人に属する部族とみなすべきであろう。

諸県一族の首長たる牛は、応神天皇の時代に高齢となり引退して故郷の諸県に帰還するに際し、娘の髪長媛を皇室に献上して大和朝廷との結びつきを確実なものとしたが、諸県一族と大和朝廷との緊密な関係ができたのは、景行天皇の日向行幸が契機であったろう。

諸県の北部に接した児湯郡においては、景行天皇の皇子豊国別皇子からの三世の孫の老男にいたる日向国造一族の拠点として栄えたが、諸県一族は諸県郡を拠点として、熊襲ないし隼人という在地勢力でありながら朝廷との結びつきを強め、応神天皇の時代には髪長媛を仁徳天皇の后とするなど、独自の外交努力によってその勢力をのばしていったのである。

都城市に沖水古墳があり、早水町の二号墳は径三一・六メートル、高さ一・七メートルの円墳で、現存しているが、都城農業高校南方一〇〇メートルにある千町の一号墳はすでに消滅している。これらの古墳は、髪長媛一族の墓と伝えられている。また、早水には、応神天皇、牛諸井、髪長媛を祭神とする早水神社があり、髪長媛誕生地の伝承が残されている。

さらにいえば、景行天皇の后となった日向のカミナガタオオタネ（髪長大田根）の出自について、『日本書紀』にはまったく記載がないが、「髪長」という名が共通することからみて、これまたこの諸県一族で早水出身であったかもしれない。

いずれにしても、諸県一族は朝廷との関係を深めた。令制雅楽寮に雅楽の一つとして諸県舞が伝えられているが、このような諸県一族の朝廷に対する服属の礼に由来するものであろう。

景行天皇は、諸県一族の支配する地域を、西方に進んでいった。亜椰（綾町）の次は、野後《のじり》（西諸県郡野尻町）である。

野尻原とよばれるシラス台地があり、北西方面から南東方面にむけて、大淀川や岩瀬川支流の秋社川、石瀬戸川、戸崎川、城ノ下川が流れている。シラス台地は霧島山などの火砕流と火山灰でできた地層で、肥沃ではあるが保水性に乏しい土壌であるため、水田稲作にはなじまないとされている。

◉「日向の襲の高千穂の峰」

景行天皇一行は、諸県一族に守られながら、野後を過ぎ、夷守《ひなもり》（小林市）にむかった。

『日本書紀』には、「最初に夷守に着かれた。このとき、岩瀬川のほとりに群集が集まっていた。天皇ははるかに眺められて、側の者に『あの集まっている人たちは何だろう。賊だろうか』といわれた。兄夷守《えひなもり》と弟《おと》夷守《ひなもり》の二人を偵察に赴かせた。弟夷守が帰ってきて『諸県君泉媛が帝にお食事をさし上げようと、その仲間が集まっているのです』と報告した」と書かれている。

『延喜式』兵部省諸国駅伝馬条によると、日向には十六の駅が置かれていた。そのうち、夷守駅は現在の小林市十日町あたりにあったとされている。夷守の西南方向五キロのところに、夷守岳（標高一三四四・一メートル）がある。夷守岳は、霧島山に属するコニーデ型火山である。

霧島山は、宮崎県と鹿児島県——大隅国の曽於郡と日向国の諸県郡にまたがる火山群の総称で、東西二つの峰にわかれている。東の峰は高千穂峰（標高一五七三・七メートル）で、東岳、矛峰、東霧島ともよばれる。山頂には「天の逆鉾」が立っている。西の峰は韓国岳（標高一六九九・八メートル）で、西岳、西霧島ともよばれる。

『日本書紀』の本文および二つの一書は、「日向の襲の高千穂の峰」「日向の襲の高千穂の槵日の二上の峰」「日向の襲の高千穂の添山の峰」と記しており、

（古代交通研究会編『日本古代道路事典』〔八木書店〕に掲載の図にもとづく）

ここでいう「襲」とは、大隅国の曽於郡をさし、したがって高千穂あるいは二上の峰の所在地について霧島山とする説がある。

また、『古事記』には、邇邇芸尊とともに高千穂の久士布流多気に天降った天忍日命《あまのおしひ》と天津久米命が、「ここは韓国に向い、笠沙の御前を真来通りて」といったと記しており、これをもとに久士布流多気《くじふるたけ》を高千穂峰とし、韓国を韓国岳とする見解もある。

しかしながら、前述のように、「高千穂＝霧島山説」は日向の南方に寄り過ぎている。しかも、古い時代からしばしば噴火を繰り返していた活火山である。火山灰の堆積した表土とシラス台地は、稲作を中心とした高天原勢力の南部九州進出の拠点としてはまったくふさわしくない土地といえよう。

『日本書紀』の記す「襲」についても、必ずしも大隅国の曽於郡と限定的に解する必要はない。

『魏志倭人伝』によると、卑弥呼率いる南部の狗奴《くぬ》国勢力とが対立していた。邪馬台国が筑後平野を中心とした北部九州勢力とすれば、狗奴国は熊本県など西九州の中部・南部勢力であったろう。狗奴国の官職として狗古智卑狗というものがあ

り、これは菊地彦と読めないでもない。この対立のなかで卑弥呼は死去し、宗女の台与が邪馬台国の女王となり、おそらく狗奴国の勢力を南方に追いつめていったであろう。

卑弥呼の時代には、邪馬台国と狗奴国との勢力の境界は、西九州においては福岡県と熊本県の県境近くにあり、東九州では福岡県と大分県の県境あたりにあったであろう。

やがて、邪馬台国の勢力が増大するにつれて、両勢力の境界は南下していったであろう。追いつめられた狗奴国勢力は、宮崎県や鹿児島県に拠点を移し、果てには九州南端の薩摩地方まで追いつめられ、一部の勢力は海を渡って奄美大島、種子島などの薩南諸島や沖縄諸島、八重山諸島などの先島諸島に進出していったにちがいない。

これらの経過からすれば、熊襲あるいは隼人は、狗奴国の後継勢力であった可能性が高い。狗奴国の「狗」は犬のことであり、熊襲と隼人が熊と隼という動物名をあてることにおいても共通している。もと狗奴国は動物名を付した多くのクニによって構成された部族国家であったとすれば、狗奴国という連合国家が滅亡したあと、熊のクニと隼のクニだけが残ったと考えてもおかしくはない。

このように、「襲」の区域は、時代とともに変遷しており、必ずしも大隅国の曽於郡と限定的に解する必要はない。

瓊瓊杵尊は天照大神に命じられて日向に天降ったが、「天照大神＝卑弥呼」と考えれば、紀元三世紀半ばごろのことである。「高天原＝邪馬台国」と狗奴国との西九州における境界は、豊後の南端あたりにあったと考えても特に不自然というわけではない。

『日本書紀』のいう「襲の高千穂の峰」は、やはり西臼杵郡の高千穂というべきであろう。九州南部に追いつめられた熊襲ないし隼人の最後の拠点ともいえる地域が大隅国の曽於郡を中心とした南部九州であり、それにとどめを刺したのが景行天皇であったのだろう。

霧島山は、高千穂峰と韓国岳の東西二つの主峰を中心に、栗野岳、獅子戸岳、新燃岳《しんもえ》など二十三の火山で構成されている。霧島山はしばしば激しい火山活動を繰り返してきたが、文献上は八世紀半ば、天平十四(七四二)年の『続日本紀』が初出とされている。その後の記録では、十二世紀、十六〜十八世紀、十九世紀後半〜二十世紀初頭に活動期を迎えている。景行天皇の巡幸当時においても、霧島山から立ち上る噴煙が見えたことであろう。

◉兄夷守と弟夷守

景行天皇一行が夷守（小林市）に着くと、岩瀬川のほとりに多くの村人たちが集まっていた。

岩瀬川とは、熊本県境の白髪岳山地を源流に、山岳地帯の深いV字谷から小林盆地に流れ込み、さらに小林市から野尻町南部を東に流れて大淀川に合流する一級河川である。急流のため岩石の多い川ではあるが、古代から近世まで舟やいかだによって岩瀬川は小林盆地と宮崎平野をつなぐ重要な内陸水路として利用されてきた。

景行天皇は、岩瀬川のほとりに群集がたむろしているのを見て、兄夷守と弟夷守の二人を偵察に赴かせた。ここで、夷守が地名と人名の両者に用いられていることが注目されよう。

夷守とは、『魏志倭人伝』にも「卑奴母離《ひなもり》」としてでてくるきわめて古い官名である。対馬国、一大（壱岐）国、奴国、不弥国の副官とされている。

小林盆地は、日向と西方の肥後をつなぐ要衝の地にある。この小林市に夷守が置かれたのは、高天原勢力の日向南進と関連があるとみるべきであろう。

ついでながら、対馬国と壱岐国には長官として「卑狗」すなわち「彦」がいたが、豊前の英彦山《ひこさん》はもと彦山と書かれたとおり、この山には豊前地方を支配する長官たる「彦」が配置されていたのかもしれない。

また、『魏志倭人伝』の列挙する投馬国には、長官として「弥弥」すなわち「耳」が置かれ、副官には「弥弥那利」すなわち「耳成」あるいは「耳垂」が置かれたが、景行天皇が討伐した豊前地方の「御木の耳垂」や『肥前国風土記』の松浦郡値嘉島（五島列島）の「大耳」と「垂耳」、あるいは日向市美々津町の美々津や耳川の「耳」もまた、この邪馬台国時代の官名と何らかの関連があるのであろう。

このように、邪馬台国時代に設置された官名がその後の人名や地名のなかに残存しているとみれば、小林市の夷守という地名もまた、『古事記』『日本書紀』が共通して伝える高天原勢力の日向への南進と邪馬台国の北部九州説を裏づける有力な傍証といえるかもしれない。

景行天皇は、夷守の地において、兄夷守と弟夷守の二人を偵察に赴《おもむ》かせたが、夷守が人名とすれば、当然二人は兄弟であろうし、官名であれば長官と副官のことであろう。一般には官名ではなく、人名と解されているようであるが、『日本書紀』の記載自体からは必ずしも明確ではない。夷守を治めるために、新たに長官たる兄夷守と副官たる弟夷守が景行天皇によって任命されたと考えるべきかもしれない。

兄夷守と弟夷守は、さっそくたむろしている群集のもとへ赴いたところ、そこでは諸県君の泉媛が景行天皇を歓迎するために食事の用意をしていた。諸県君の泉媛は、夷守を拠点とする小林盆地の女酋であったろう。景行天皇の巡幸を聞いて、恭順の意をしめそうとしたのである。戦闘の記録がないところからみて、景行天皇はそれを受け入れ、彼らのもてなしを受けたのであろう。

景行天皇はこの地にしばらく滞在したらしく、景行天皇の行宮の地は細野十日町の宝光院承和寺跡と伝えられている。

宝光院承和寺は、承和十四（八四七）年天台宗の僧円仁《えんにん》（慈覚大師《じかくだいし》）が留学先の唐からの帰途、薩摩の坊之津に上陸したのちこの地を通過し、景行天皇ゆかりの地であることを知って創建したという。これを聞いた仁明天皇が勅願寺としたため、最も多いときには六十六にものぼる寺院があったという。

これらの寺院は、明治のはじめ、廃仏毀釈運動によりことごとく廃寺となったが、昭和三（一九二八）年に浄土真宗の「専寿寺《せんじゅ》」が建立され、寺の一隅には「景行天皇御腰掛石」という石碑が建てられ、市史跡に指定されている。専寿寺後方の細野の城山には、夷守の役所があったという（『小林市史第一巻』）。

また、専寿寺東方の山城（吉富城跡）の山上に拝鷹《はいたか》神社があり、この地にも景行天皇の腰掛石がある。

景行天皇が軍兵を訓練していると、一羽の鷹が現われた。その姿は勇猛で、軍隊を守っているようにみえ、時が過ぎても立ち去ろうとしない。やがて長く声高に鳴き、肥後方面に飛び去った。景行天皇は、鷹は皇軍を守るめでたい兆しと喜び、「拝鷹天神」を建立し、山の名を「鷹導山」、村の名を「鷹里」に改めたという。

泉媛は小林市南西方大出水で生まれたといい、泉媛の墓と伝えられる石も残されている。

地元の伝承によると、景行天皇と泉媛はしばらく過ごす間に、次第に深い仲になった。景行天皇がこの地を去ったあとも、思慕の念を抑えきれず、出の山池に身を投げたという。毎年四月十四日におこなわれる「びじてん講」とよばれる水神祭は、泉媛を祭る神事と伝えられる。

景行天皇は、夷守に滞在したのち、ふたたび出発した。

8 肥の国

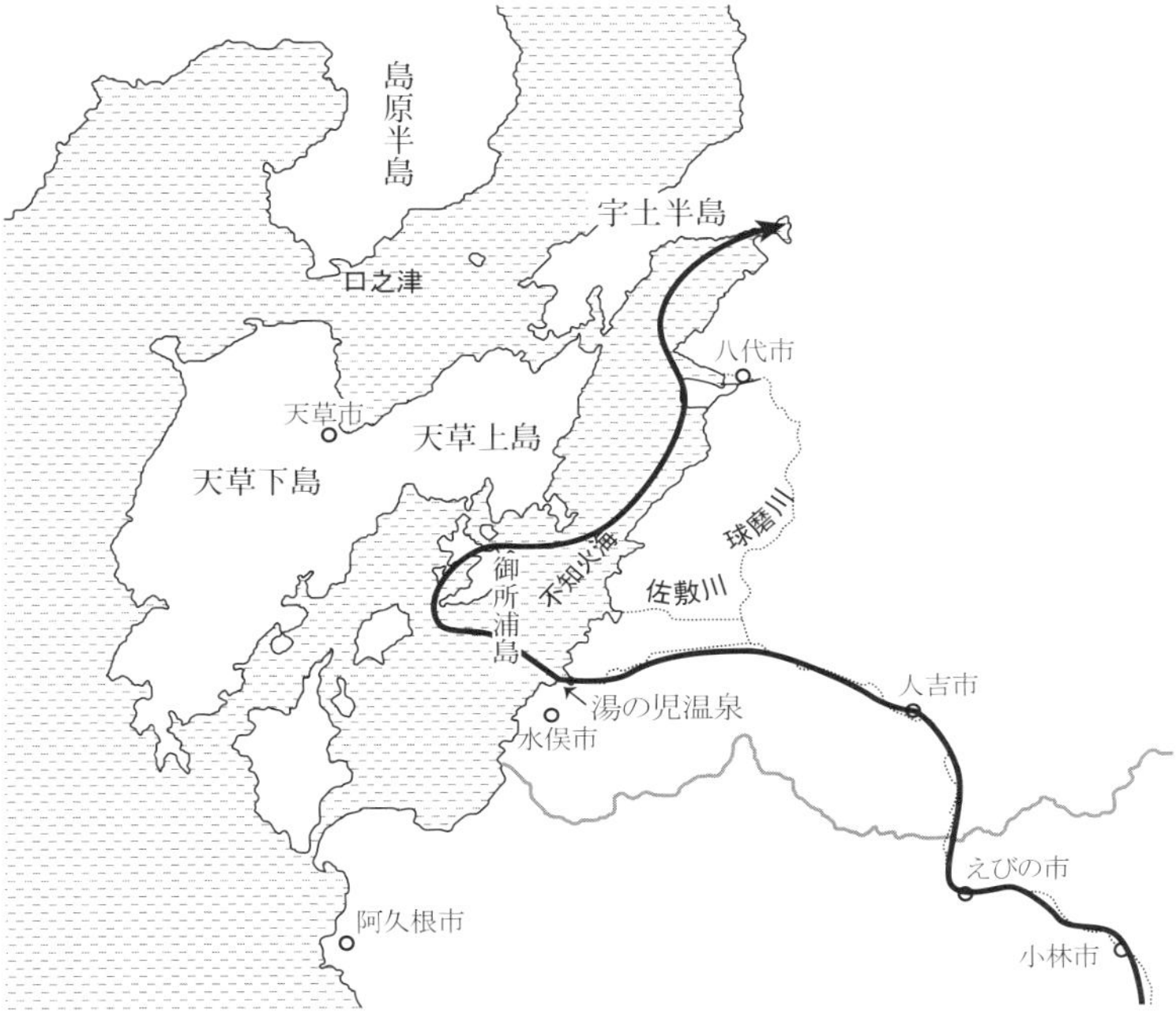
島原半島
宇土半島
口之津
八代市
天草市
天草上島
天草下島
球磨川
御所浦島
不知火海
佐敷川
人吉市
湯の児温泉
水俣市
えびの市
阿久根市
小林市

◉熊県の熊津彦兄弟

景行天皇は、夷守《ひなもり》から西に進み、川内川《せんだい》上流の真斫《ませき》にむかったであろう。現在の宮崎県えびの市真幸《まさき》である。

川内川は熊本県球磨《くま》郡の白髪岳の南斜面を水源に、加久藤盆地（宮崎県えびの市）を経て鹿児島県北部を迂回しながら、大口盆地、宮之城盆地、川内盆地を通って鹿児島県川内市久見崎で東シナ海に注ぐ一級河川である。その上流にある真斫に着いた景行天皇たちは、そこから北西に進路を変え、肥後の人吉方面にむかった。

『日本書紀』には、「夏四月三日に熊県《くまのあがた》に到りたまふ」と書かれている。熊県とは、現在の熊本県球磨郡のことである。律令時代、球磨郡には東村、久米、玖珠、西村、人吉、千脱の六郷があった。

景行天皇は、人吉の天子という場所に滞在したという（『求麻外史』）。人吉市内には、鬼木町葦原と中原町中神、中原町原田の三か所に天子という場所がある。

人吉には球磨川が流れている。筑後川、大淀川に次ぐ九州第三位の河川である。球磨郡のほぼ全域を通り、葦北郡を通って、八代で八代海に流れ込む。

景行天皇が巡幸したとき、熊県を治めていたのは熊津彦という二人の兄弟であった。兄を兄熊《えくま》といい、弟を弟熊《おとくま》といった。

ずっとのちの時代ではあるが、『万葉集』巻十一に、「肥人《こまひと》の　額髪《ぬかがみ》結《ゆ》へる　染木綿《しめゆふ》の　染みにしこころ　我忘れやめ」という歌がのせられている。この歌は、肥人すなわち球磨人が額髪を染木綿で結わえていたことをしめしているが、あるいは景行天皇巡幸当時においてもこのような風俗があったかもしれない。

景行天皇は、まず使者を派遣して兄熊を招いた。兄熊はそれに応じてやってきた。服従の意思をしめしたのである。次に弟熊を招いた。すると、弟熊は応じない。景行天皇はただちに軍を派遣して弟熊を滅ぼした。

四月三日に熊県に到着して、またたくまにこの地方を制圧した景行天皇は、球磨川沿いを下って、国見岳北麓を西に進み、葦北郡にでると、水俣川沿いの道を下って、水俣に到着した。おそらく、そこで大隅半島と薩摩半島を迂回してきた水軍と合流したであろう。

水俣は、水俣川と湯出《ゆで》川が合流して八代海に注ぐ河口部に位置しており、葦北郡に属する。水俣市の大迫から浜にまたがる地域に、「湯の児《こ》温泉」がある。八代海（不知火海）のリアス式海岸に臨む海際の温泉で、景行天皇がこの地に立ち寄ったとき、ぬるま湯を発見して、「これはまだ湯の児だ」といったことから「湯の児」とよばれるようになったという。

ちなみに、それから千数百年たった昭和元（一九二六）年に、はじめて陸地で温泉の試掘に成功した。温泉を掘り当てた人物は、景行天皇の伝承を知っていたにちがいない。その後、水俣から温泉に通じた道路が新たにつくられ、一躍温泉地として有名になった。

別名「亀温泉」とよばれるが、これは海岸近くまで傷ついた海亀が傷を癒すために訪れているのを村人たちが見て、舟の中に湯を汲み入れて風呂代わりに使ったことに由来するという。海のなかに温泉があるということは、むかしからよく知られていたのであろう。

水俣で軍勢を整えた景行天皇は、この地にしばらく滞在して巡幸をおこなったらしく、京泊《きょうどまり》（水俣市大迫、葦北郡芦北町女島・海浦）や天子宮（津奈木町平国、芦北町湯町・道川内・乙千屋・田浦町）などに景行天皇巡幸の伝承が残されている。ちなみに、『先代旧事本紀』の「国造本紀」によると、景行天皇は葦北郡最初の国造として、吉備津彦命の子の三井根子《みいねこ》命を任命したという。

水俣の対岸は天草である。その間の海を八代海といい、不知火海ともいう。

景行天皇は船に乗って水俣を出発した。西北方面に直進し、天草諸島の一つ、御所浦島（天草市御所浦町）をめざした。嵐口崎を迂回し、嵐口から上陸しようとしたが、波が荒くて接岸できず、御所浦から上陸したという。

御所浦島で一泊したのち、球磨川河口の八代をめざして船出した。河口付近に小さな島があり、景行天皇の船はその島に停泊した。

『日本書紀』には、「十一日、海路から葦北の小島に泊り、食事をされた。そのとき、山部阿弭古の祖である小左をよんで冷たい水を求められた。このとき島の中に水がなく、やむなく天を仰いで天神地祇に祈った。すると、たちまち冷たい水が崖のそばから湧いてきたので、それを汲んで献上した。それでその島を名づけて水島といった。その泉はいまでも水島の崖に残っている」と記されている。

『肥後国風土記』逸文にも、「〈球磨の県〉県の乾（西北）七十里の海中に島がある。面積は七里ばかりである。名づけて水島という。島には寒水《しみず》がでている。潮にしたがって水位に高低がある」とある。

水島は、その後の地形変化や江戸時代の干拓工事などによって、現在では陸続きになっている。

『万葉集』巻三には、「長田王、筑紫に遣はされて水島に渡る時の歌二首」として、水島が詠われている。

聞くが如　まこと貴く奇しくも
神さび居るか　これの水島

――かねて耳にしていたとおり、まさに貴く神秘的で、なんとも神々しくおられることよ。この水島は

葦北の　野坂の浦ゆ　船出して
水島に行かむ　浪立つなゆめ

――葦北の野坂の浦から船出して、水島へ向かおう。どうか波よ、けっして荒立たないように

◉「火の国の由来」

景行天皇は水島に一泊したのち、ふたたび北上を開始した。『日本書紀』には、「五月一日、葦北から船出して火国《ひのくに》に着いた。ここで日が暮れた。暗くて岸に着くことが難しかった。はるかに火の光が見えた。天皇は船頭にむかって『まっすぐ火のもとへむかっていけ』といわれた。それで火にむかっていくと、岸に着くことができた。天皇はその火の光るもとについて『何という村か』と聞かれた。国人は『八代県の豊村です』と答えた。また、その火について『これは誰の火か』と問われた。しかしながら誰の火かわからなかった。人の燃やす火ではないということから、その国を名づけて火国とした」と記されている。

『肥後国風土記』逸文にも、「景行天皇が球磨贈唹《くまそ》を誅滅し、ついで諸国を巡幸なされた。火の国においでになろうと海をお渡りになると、日は没し、夜は暗く、着くべき場所がわからなかった。たちまち火の光が生じて行く手に見えた。天皇は船頭にむかって『行く先に火が見える。まっすぐにめざして行け』とおっしゃられたので、そのまま行くと、ついに岸に着くことができた。そこで天皇は『火の燃えるところはいったい何というところか。また燃える火は何か』と問われた。土地の人は申し上げて『これはそもそも火の国の

八代郡火村です。ただ火が燃えるわけははっきりしません』と答えた。そのとき群臣に『燃える火は世の常の火ではない。火の国とよばれる理由がいかにももっともなことだということがわかった』とおっしゃられた」とある。

景行天皇たちは船に乗って八代海を北上し、八代から宇土半島をめざした。『日本書紀』には「八代県の豊村」と書かれ、『肥後国風土記』逸文には「八代郡の火村」と書かれている。

「八代県の豊村」について、『書紀集解』は『和名抄』にいう八代郡豊福郷であるとする。宇土半島のつけ根、大野川河口の豊福（熊本県宇城市松橋町）のことである。また、「八代郡の火村」について、日本古典文学大系『日本書紀』の注は氷川河口の八代郡肥伊郷（八代郡宮原町付近）であるとする。

水俣から狭い八代海を船でまっすぐ北上すれば、おのずから宇土半島に到着する。しかも、熊本地方でもっとも早く前方後円墳が出現したのが宇土半島の基部であり、弁天山、迫ノ上、城ノ越、向野田などに四世紀から五世紀にかけての古墳が集積しており、また氷川流域の丘陵地帯にも姫城、中城、端の城など野津古墳群が形成されている。

宇土半島から八代海沿岸にかけての一帯は、火君の拠点的な領域であった。火君は肥君とも書く。

『肥後国風土記』逸文に、「肥後の国はもと肥前の国と合わせて一つの国であった。むかし、崇神天皇の世に、益城郡の朝来名の峰に、打猴《うちさる》・頸猴《うなさる》という二人の土蜘蛛があった。同類の衆百八十余人をひきいて峰の頂に隠れ、つねに天皇の命令に逆らって降伏することを承知しなかった。天皇は肥君らの祖健緒組《たけおくみ》に勅してかの賊衆を討たせられた。健緒組は勅を奉じて到り、ことごとく討ち平らげ、そこで国内をめぐって、ついでに情勢を探ったが、やがて八代郡の白髪山にきて日が暮れたので宿泊した。その夜虚空に火があり、ひとりでに燃え、だんだん降下してこの山に燃え着いた。健緒組はこれを見て、ひどく奇怪なこととおもった。征戦が終わって朝廷に参上して、ことのありさまを奏上した。天皇は詔を下して、『賊徒を斬り払って、もはや西の憂いはない。海上（西海道）での勲功は比類がない。また、火が空から下って山に燃えてきたというのは、不思議である。火の下った国であるから、火の国と名づけるがよい』とおっしゃられた」とあり、火の国とよばれたのは、おそらく阿蘇山や雲仙の噴火活動に基づくものであろう。この『肥後国風土記』逸文の記事は、そのような由来を伝えているようにおもわれる。

肥君らの祖の健緒組は、景行天皇の祖父である崇神天皇の命を受けて肥後を制圧したと記されているが、宇土半島から八代海沿岸にかけての一帯は、きわめて早い時期に大和朝廷の支配に組み入れられたところであった。景行天皇の巡幸時においても何らの戦闘記事もなく、ただ不知火のエピソードが記されているだけである。景行天皇は、健緒組の子孫たちに平和的に迎えられたようである。

豊福の江口には景行天皇の船が着岸したという伝承が残されており、御輿来《おこしき》という地名は景行天皇の御輿が駐まったところであるという。村人たちが歓迎のしるしに景行天皇に瓜を献上しようとしたが、たまたま適当な器がなかった。そこで、笠にのせて献上したことから、その土地を笠瓜とよぶようになったという。このほか、白曙隈《しらげのくま》、心吉《こころよし》、微雨《びう》など、さまざまな場所に景行天皇の伝承が残されている。

◉西海方面への遠征

景行天皇は五月一日に宇土半島近くの火国の中心地に到達したが、その後の進路について、『日本書紀』は次のように記している。

六月三日…………高来県（長崎県・島原半島）から玉杵名邑（熊本県玉名郡・玉名市）に到着
六月十六日………阿蘇国（熊本県阿蘇郡・阿蘇市）到着
七月四日…………筑後国御木（福岡県三池郡）に到着し、高田宮に滞在
七月七日…………八女県（福岡県八女郡）に到着、八月的邑（福岡県浮羽郡・うきは市）で食事
翌年九月二十日日向より近畿大和へ帰還

ところが、『肥前国風土記』には、松浦郡（長崎県・佐賀県）の各地に景行天皇の足跡が記されている。

浮穴の郷（長崎県諫早市有喜町）
値嘉の郷（五島列島・長崎県五島市）
大家の島（長崎県平戸市）

賀周の里（佐賀県唐津市見借）
託羅の郷（佐賀県藤津郡太良町）
杵島の郡（佐賀県杵島郡）

これからみると、景行天皇は天草灘を通って、長崎半島沿いに西彼杵半島西岸を北上し、五島列島と平戸島に渡り、その後呼子から唐津方面まで遠征し、それから島原半島と有明海に戻っていることがわかる。

これらの記事は、『日本書紀』にはまったく記載されておらず、したがってどの段階でこのような遠征がくわだてられたかよくわからない。しかし、『日本書紀』に記された景行天皇の行程からみて、五月一日に宇土半島に到着し、六月三日に島原半島の高来《たかく》郡から熊本県の玉名郡に帰還した約一か月の間に松浦方面へ遠征したとみるべきであろう。

『日本書紀』の旅程記事をみるかぎり、玉名郡から浮羽郡に到る六月から八月の間に、西海方面へ遠征する時間的な余裕はない。ただし、『肥前国風土記』には次のような記述がある。

玉名郡の「長渚《ながす》の浜の行宮」から有明海のむこうの雲仙岳を望んで、「あの山は離れ島のようであるが、陸続きの山なのか、それとも離れ島なのか」と側近の者に尋ねたため、神大野宿禰《かむおおの》が高来郡へ調査におもむいた。すると出迎える者がいて、「わたしはこの山の神で名は高来津座《たかくつくら》といいます。天皇の御使者がおいでになると聞いて、お迎え申し上げる次第でございます」といった。この高来津座という神の名にちなんで、高来郡（長崎県高来郡）とよぶようになったという。

玉名郡の長渚とは、長洲（熊本県玉名郡長洲町）のことである。現在でも長洲港と島原半島の多比良港の間は、フェリーが就航しており、熊本と島原を結ぶ最短コースとして利用されている。

景行天皇は、有明海と阿蘇方面への戦略拠点として、長渚に行宮をかまえ、まず有明海から松浦方面の海人族を制圧する方針をかためた。

このようなことを踏まえれば、宇土を出発した景行天皇は、宇土半島の南岸に沿って天草の上島北岸を抜けたのち、いったん島原湾を北上して有明海方面にむかったのであろう。そして、玉名郡の長渚の浜に行宮を構え、神大野宿禰を島原半島へ派遣して、高来郡を制圧したのちに有明海を渡っていったにちがいない。

天草下島と島原半島の間は、東シナ海・天草灘と有明海との出入口に位置し、のど口のような狭い海峡のため流れが速く、早崎瀬戸とよばれている。島原半島側の港は口之津とよばれ、天草側は宮津とよばれる。現在では鬼池が天草側のフェリー発着所として利用されているが、古い時代には宮津のほうが栄えていた。

景行天皇たちは、宇土半島から連なる天草の島々を見ながら、島原半島沿岸を南下し、早崎瀬戸を通って、天草灘に出たはずである。

天草は天草上島、天草下島、大矢野島など大小百二十の島々からなり、苓州《れいしゅう》ともよばれ、三島《みしま》、螺《ら》凝《こり》島、青螺《せいら》島、瓢《ひさご》島、天南《てんなん》島などともよばれた（『天草風土考』）。

天草諸島には縄文時代から弥生時代、古墳時代の遺跡が残されているが、有明海に面した地域に集中している。古墳は有明海に面した小高い丘に多くつくられていることから、有明海で生業を営んだ海人族の族長たちの墓とみられている。

『先代旧事本紀』の「国造本紀」によると、景行天皇を継いだ成務天皇時代に、神祝《かみはふり》命十三世孫の建島松《たけしままつ》命が天草国造に任じられたという。

神祝命とは、神産巣日《かみむすひ》神のことである。『古事記』によると、神産巣日神は天之御中主《あめのみなかぬし》神、高御産巣日《たかみむすひ》神とともに、はじめて高天原に現われた神とされており、神皇産霊尊、神魂神、神産巣日御祖《みおや》命とも書かれる。

その十三世の孫建島松命が景行天皇の次の時代に天草の国造に任じられたということは、景行天皇の巡幸を契機に、天草諸島が大和朝廷の支配領域に組み入れられたとみるべきであろう。

建島松命は天草北島北部の大島（五和町）あたりから上陸したらしく、「この地だ、この地に鉾を立てよう」といって鉾を立てたところが、御鉾《みほこ》神社といわれる。御領という地名は、国造の直轄地であったからという。

景行天皇率いる船団は、噴煙を上げる雲仙岳を見ながら、早崎瀬戸を通過し、橘湾に入ったであろう。

◉浮穴沫媛と速来津姫

島原半島のつけ根、有喜川河口の橘湾に面したところに、有喜《うき》（長崎県諫早市）がある。宇木あるいは浮亀とも書く。縄文時代中期・後期の有喜貝塚をはじめ、縄文時代や弥生時代の遺跡などもあり、景行天皇が通過したときもそれなりの集落があったことはまちがいない。

この地に、武内宿禰を祭神とする白鬚神社がある。神功皇后とともに朝鮮に出兵した武内宿禰は、朝鮮からの帰途暴風雨に遭い、有喜に漂着した。古場というところにしばらく滞在したが、その間住民に農業や漁業の指導をおこなった。そのことに感謝した村人たちは、白鬚神社をつくって武内宿禰を祭ったという。景行天皇よりものちの時代の逸話ではあるが、いずれにしても有喜という土地が、古代における海上交通の要衝であったことを物語るものであろう。景行天皇もこの地に停泊したはずである。

『肥前国風土記』によると、景行天皇が巡幸を終えたのち、一時期豊前の宇佐に行宮をかまえたが、そのとき景行天皇が、「まだ私の統治に服さない不届きな者どもがいるか」と問うと、神代直《くましろのあたい》という者が、「あの煙の上がっている村は、まだ治められておりません」と答えたという。

それが浮穴郷であった。土蜘蛛の浮穴沫媛《うきあなわ》が拠点にしていた。景行天皇は、ただちに神代直を派遣して浮穴沫媛を討伐した。景行天皇が浮穴に停泊したとき、この地を拠点とした浮穴沫媛は、大船団に恐れをなして、とりあえず服従したものの、景行天皇が立ち去った後、朝廷にさからうような行動をとったため、神代直率いる朝廷軍によって滅ぼされてしまったのであろう。

浮穴沫媛に由来する浮穴という地名が、有喜という地名に転訛したのであろう。湿ったウキ（泥）地であったことに由来するという説もあるが、ややこじつけの感は否めない。また西海市西海町の七ツ釜あたりに比定する見解もあるが、浮穴に相当する地名は見当たらない。

ついでながら、神代直は浮穴郷のことを「あの煙の上がっている村」と形容しており、一見すると宇佐の行宮からその村の煙を直接見ることのできる場所のようにもおもえる。

しかしながら、宇佐から浮穴の煙を見ることは不可能である。「あの煙」とはひょっとしたら、烽火のことをさすのかもしれない。有喜には巨石を組み合わせた烽火台遺構が残されており、景行天皇と神代直は浮穴に滞在した当時、烽火を見たため、「あの煙の上がっている村」というだけで理解し合えたのであろう。

それはともかく、景行天皇たちは有喜に停泊したのち、ふたたび出航し、長崎半島沿いに、西南方向へ船を進めていった。

長崎（野母）半島の突端近くに、野母（野母崎町）があり、野母湾が深く湾入し、天然の良港となっている。

この地こそ『肥前国風土記』にいう浮穴《うきあな》郷とする説もあるが、地勢的に疑問というべきである。長崎半島の突端に位置し、拠点的な集落に適した土地とはおもえない。『肥前国風土記』の「周賀《すか》の郷」ではないかとする説がある。

『肥前国風土記』には、「むかし、気長足姫尊《おきながたらしひめ》（神功皇后）が新羅を征伐しようとおもって行幸なされたとき、御船をこの郷の東北の海につないだところが、船首と船尾をつないだ杭が磯になってしまった。高さは二十丈余り、周囲は十丈余り、たがいに隔たること十町余り、高く険しくそびえ草木がはえない。その上、つき従ったお供の人の船が暴風雨にあって漂流沈没してしまった。ところがここに名を欝比袁麻呂《うつひおまろ》という土蜘蛛があり、その船を救った。そういうわけで名を救の郷といった。いま周賀の郷とよぶのはこれをなまったものである」と書かれている。

周賀の郷の所在地に関しては、西彼杵半島の雪浦（大瀬戸町）とする説、佐世保湾の巣喰《すくい》ノ浦《うら》（西海町）とする説もあり、現在定説といえるものはない。しかし、野母あたりの海岸線は有喜川河口を除いては断崖で、『肥前国風土記』の描写にふさわしい地形となっており、いまのところ、野母を周賀の郷の第一候補とみるべきであろう。

景行天皇たちは野母湾に停泊したのち、長崎半島突端の野母崎を迂回し、進路を北東に向け、西彼杵半島の西岸に沿って北上していった。

『肥前国風土記』の「彼杵《そのぎ》の郡」の条に記されている。「むかし纏向の日代の宮に天の下をお治めになった天皇（景行天皇）が球磨噌唹を誅滅して凱旋されたとき、天皇は豊前宇佐の海辺の行宮においでになり、侍臣の神代直に命じてこの郡の速来の村に派遣して、土蜘蛛を捕らえさせた。このとき人があった。名は速来《はやき》津姫《つひめ》という。この婦人は、『私の弟に名を健津三間《たけつみま》といい、健村の里に住んでいます。美しい玉を持っており、その玉の名を石上《いそのかみ》の神の木蓮子玉《いたびだま》といいますが、大事に隠し持っており、他人に見せようといたしませんと』といった。神代直が健津三間をさがしまわると、山を越えて逃げ、落石の峰（郡役所の北の山）に逃げ去った。やがて追いつめてこれを捕らえ、その真偽を尋問すると、健津三間は『いかにも二種類の玉を持っています。一つは石上の神の木蓮子玉といい、もう一つは白珠といい、[石+肅]砆《しゅくふ》のような珍宝とおもってはいますが、どうぞさしあげましょう』といった。また、速来津姫は『篦簗《のやな》という人がこの川岸に住んでいます。この人も美しい玉を持っていますが、愛することこの上なしですから、きっと命令に従うことはありますまい』といった。そこで神代直は篦簗を急襲して捕らえて尋問すると、篦簗は『いかにも私は持っています。献上させていただきます。決して惜しむことはいたしません』といった。神代直は、帰還してこの三種類の玉を景行天皇に献上した。そのとき天皇は『この国は具足玉国《そないだま》（玉が十分に備わった国）というべきだ』とおっしゃられた。いま彼杵の郡というのは、これをなまったのである」

速来津姫が拠点にしていた速来の村は、佐世保市早岐《はいき》といわれている。速来とも書かれる。大村湾の北西に位置し、湾の入口の早岐瀬戸を隔てて、針尾島と相対している。北に隠居岳と高尾山があり、丘陵も多く、この間を小森川や早岐川が流れて早岐瀬戸に注いでいる。下流域は平坦で耕地や集落が広がっていた。

『肥前国風土記』には、「速来の門《と》は郡役所の西北方にある。この門の潮の動きは、東で潮が落ちると西で湧きのぼる。その湧く音は雷の音とおなじである。それで速来の門という。またさかんに繁る木があって、もとは地に着いていた、木の末は海に沈んでいる。海藻の生え方がよそよりも早いので、貢物にあてている」と書かれている。

針尾島と西彼杵半島との間は、針尾瀬戸とよばれる海峡である。鳴門海峡・関門海峡とともに日本三大急流の一つとして有名で、現在早岐瀬戸には長さ三一六メートル、高さ四二メートル、幅七・五メートルの西海橋が架けられ、橋の上から見下ろせば、眼下には幅は約二〇〇メートル、最大水深四三メートルの早岐瀬戸の急流が渦巻いている。

◉志式島の行宮

景行天皇たちが次にむかったのは、平戸島である。

途中の海域は、九十九島といわれるとおり、大小の島々が点在している。景行天皇は平戸島南端の志々伎崎めざして進んでいった。

『肥前国風土記』の「値嘉《ちか》の郷」の条にこうにある。

「郡の西南の海中にある。烽火台は三か所ある。むかしおなじ天皇（景行天皇）が巡幸なされたとき、志式島《しきじま》の行宮においでになって西の海をご覧になると、海の中に島があって煙がたくさんたなびいていた。付き人の阿曇連百足《あずみのむらじももたり》に命じて調査させると、島が八十余りもあって、その中でも二つの島には島ごとに人がいた。第一の島を小近《おぢか》といい、土蜘蛛の大耳《おおみみ》が住み、第二の島の名は大近《おおぢか》といい、土蜘蛛の垂耳《たりみみ》が住んでいた。その他の島にはみな人はいなかった。そこで百足は大耳らを捕らえて天皇に報告した。天皇は勅して罪を問い、殺させようとした。すると大耳らは頭を地につけて、『大耳らの罪はまさに極刑に当たります。一万回殺されたとて罪が消えるものではありません。もし温情をいただいて生きのびることができるなら、御贄《みにえ》（食糧）をつくりたてまつり、いつまでも御膳にお供えいたします』と述べた。ただちに木の皮で長アワビ、鞭アワビ、短アワビ、陰アワビ、羽割アワビなどの形をしたものをつくって天皇に献上した。そこで天皇は特別に許して放免なされた。さらに、『この島は近くにあるけれども、なお近いように見える。近島というべきである』とおっしゃられた。それで値嘉島という。島には、檳榔《あじまさ》、木蘭《もくらん》、枝子《くちなし》、木蓮子《いたび》、黒葛《つづら》、なよたけ、篠、木綿《ゆう》、荷《はちす》、莧《ひゆ》がある。海には、アワビ、ウミニナ、鯛《たい》、鯖《さば》やいろいろな魚、海藻、海松《みる》やいろいろな海藻がある。そこの白水郎《あま》たちは馬や牛に富んでいる。一方には百余りの近い島があり、他方には八十余りの近い島がある。西に船を停泊させる港が二か所ある（一つは相子田の泊といい、二十余りの小船が停泊することができる。もう一つは川原の浦といい、十余りの大船が停泊することができる）。遣唐使はこの船から出発し、美禰良久《みねらく》の埼（川原の浦西の埼である）に到り、ここから船出して西をさして渡る。この島の白水郎《あま》は容貌が隼人に似ていて、つねに騎に乗って弓を射ることを好み、その言語は世人とちがっている」

この『肥前国風土記』の記事には、豊富な情報が含まれているため、順次説明を加えてみたい。

平戸島に到着した景行天皇は、まず「志式島の行宮」を拠点にしている。

志々伎《しじき》湾南岸の半島部は弥生時代の土器も多く出土しており、古い時代から人が住み着いていたところであるが、この地に十城別《とおきわけ》命を主祭神とする志々伎神社（平戸市志々伎町）がある。

十城別命は日本武尊の皇子と伝えられており、したがって景行天皇の孫にあたる。壱岐の伝承によると、朝鮮出兵に否定的な十城別命を神功皇后が弓で射通したため、印通寺という地名が起こり、十城別命は志自岐神社（壱岐市石田町南触字若宮）に祭られたという。

ただし、平戸島の伝承によると、朝鮮出兵の帰途、十城別命はこの地に駐留して警備の任にあたったといい、敷佐（平戸市）には十城別命が荒野を開拓したという伝承が残されている。

壱岐と平戸の伝承の関係については、別途論じているのでここでは省くことにするが（詳しくは『神功皇后の謎を解く』を参照願いたい）、十城別命が平戸に祭られたのは、祖父にあたる景行天皇ゆかりの土地であったからであろう。

志々伎神社とは、志々伎山（標高三四七・二メートル）山頂の上都宮と中腹の中都宮、山麓の辺都宮（地の宮、平戸市野子町宮ノ浦）、志々伎湾内沖ノ島の沖都宮という四宮の総称である。景行天皇の「志式島の行宮」は、宮ノ浦の辺都宮（地の宮）といわれている。

「志式島の行宮」に陣取った景行天皇は、西方海上の島から煙が立ち昇るのを見て、人が住んでいることを知り、随行していた阿曇連百足に偵察に赴かせた。阿曇連百足とは、博多湾にある志賀島を拠点とする海人である。

安曇一族は玄海灘における代表的な海人族として、早くから朝廷に服属していた氏族であった。阿曇連百足は景行天皇の水先案内人として随行していたのであろう。

◉五島列島の海人

阿曇連百足はさっそく船に乗って出発した。阿曇連百足が偵察に赴いたのは、五島列島であった。

五島列島は、長崎市の西方約一〇〇キロの東シナ海海上に位置し、大小百四十の島々からなる群島である。

五島列島という名は、南松浦郡に属する福江島、久賀島、奈留島、若松島、中通島の五つの島に由来する。かつ、奈留瀬戸の北側にある奈留島、若松島、中通島を上五島といい、南側にある福江島、久賀島を下五島といった。現在では北松浦郡に属する小値嘉島と宇久島の二島についても五島列島に加えられている。

『古事記』の日本国生成の項に、「次に知訶《ちか》島を生みき。またの名を天之忍男といふ」とあり、この場合の知訶島は五島列島全体をさすと考えられているが、阿曇連百足がむかったのは小近と大近という二つの島であった。

一般に小近（小値賀）は上五島、大近（大値賀）は下五島をさすと考えられているが（『小値賀郷土誌』）、小近（小値賀）を宇久島のみとする説（『大日本地名辞書』）、中通島・若松島などを含める説（『五島編年史』）などもある。

阿曇連百足が偵察に赴くと、小近《おぢか》には大耳《おおみみ》、大近《おおちか》には垂耳《たりみみ》という二人の土蜘蛛がいた。

これまた、『魏志倭人伝』には、邪馬台国時代の「投馬国」の官職として「弥弥（耳）」と「弥弥那利（耳成あるいは耳垂）」が記されており、『古事記』上巻にも「天の忍穂耳《おしほみみ》」「須賀の八耳《やつみみ》」「布帝耳《ふてみみ》」が記されている。景行天皇もまた、宇佐の川上の「鼻垂《はなたり》」と御木の川上の「耳垂」を討伐したことについては、すでに述べたとおりである。

五島列島の「大耳」と「垂耳」も、このような系統を引くものであろう。邪馬台国時代に由源をもつ古い官職名が、時代を経るにつれて氏族名として継承されてきたにちがいない。

後半で総括的に述べることになるが、景行天皇の九州巡幸は、朝鮮・東アジアの緊迫した政治情勢に対応するため、邪馬台国時代につながる九州の伝統的勢力を、大和朝廷の支配体制に組み入れようとする軍事行動であった。

つづいて『肥前国風土記』は五島列島の海の特産物を列挙しているが、そのなかで、「馬や牛に富んでいる」という記事に注目すべきであろう。『魏志倭人伝』によると、倭国には「牛馬なし」と書かれ、日本における馬の普及は、古墳時代前期末頃（四世紀末）というのが一般的な見解とされているなかで、福江市の大浜遺跡から弥生時代中期の馬の歯が出土し、古墳時代

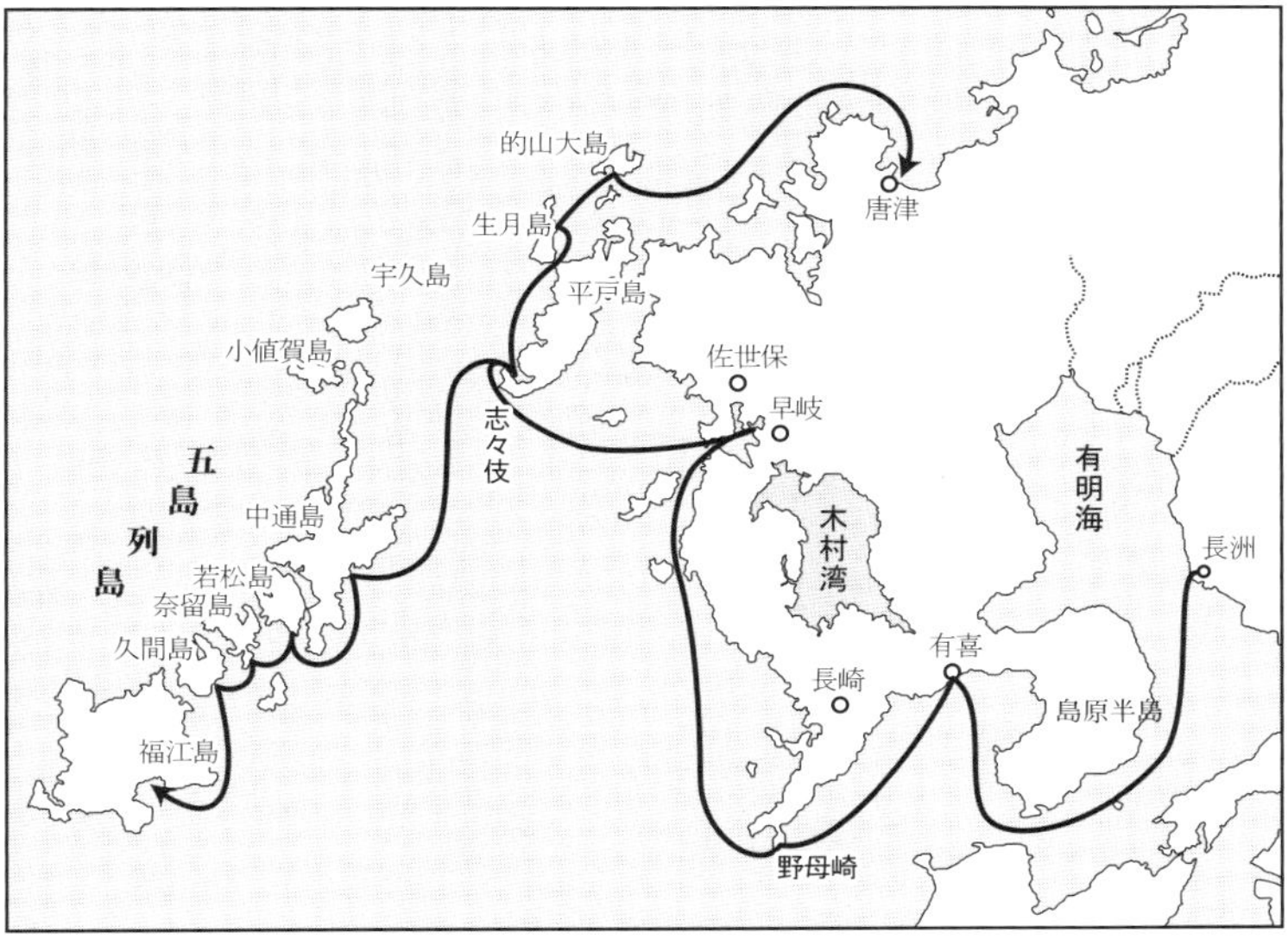

以前、すでに五島列島において馬が飼育されていたことが明らかになったのである。

また、平成十一年（一九九九）年九月に佐賀県東松浦郡呼子町の大友遺跡から弥生時代中期（紀元前後）の馬の全身骨が出土し、壱岐の原の辻遺跡からも弥生時代後期の牛・馬の骨が見つかっている。

このことは、日本の本土で牛馬が飼育される以前に、まず大陸に近い島々で先駆的に牛馬の飼育がおこなわれるようになったことをしめしている。

対馬ではいまのところ弥生時代の牛馬はみつかっていないが、朝鮮半島経由で少しずつもたらされたものであろう。したがって『魏志倭人伝』の記事は若干事実に反することになるわけであるが、『魏志倭人伝』当時においては、牛馬はほとんど普及していなかったのであろう。

それはともかくとして、『肥前国風土記』の「馬や牛に富んでいる」という記事は、景行天皇当時、五島列島において馬の放牧が目立つほど盛んにおこなわれていたことをしめしている。

つづけて『肥前国風土記』は値嘉島の西側に「相子

田の浦」と「川原の浦」という二つの港があることを記している。

「相子田の浦」とは、合蚕田浦《あいこだのうら》（上五島町相河）のことである。奈良時代、博多を出港した遣唐船は、博多を出発したのち、呼子から平戸を経て、五島列島に寄港して東シナ海を渡って中国大陸へむかった。『続日本紀』宝亀七年閏八月の条には、第十四次遣唐船が「合蚕田浦」で一か月以上も風待ちをしたあげく、渡海を一年延期したことが記されている。

「川原の浦」とは、五島列島南端福江島北部にある川原（岐宿町）のことである。大川原川と小川原川が氾濫したときには、一面川原になるため、川原という地名になったというが、稲作に適した地域として古くから開けていた地域であった。

さらにつづけて、『肥前国風土記』は、奇妙なことを記している。

「この島の白水郎《あま》は容貌が隼人に似ていて、つねに騎に乗って弓を射ることを好み、その言語は世人とちがっている」

五島列島の海人の容貌は九州南部を拠点とする隼人に似ており、しかも騎馬の風習をもち、言語も通常の日本語と異なるというのである。

騎馬の風習をもっていることから、大陸から騎馬民族がやってきたのではないかとする説もないではないが、馬を飼育すれば、自然発生的に騎馬の風習をもつようになるであろう。したがって必ずしも騎馬民族の渡来を証明することにはならないが、容貌が隼人に似ており、しかも一般の日本語とは異なった言語を用いているとされていることには留意すべきであろう。

前述したように、大和朝廷は隼人が言語風俗面で倭人と大いに異なるところから、「夷人雑類」に分類するなど、異民族の一種として取り扱っている。

九州南部の日向・薩摩地方や南西諸島の島々は、黒潮を通じて中国の江南地方や南方の島々との独自の交流があり、南方的特徴を色濃くもった海人族がいた。海を軽々と移動するところから「速つ人」―「隼人」と呼称されたのであろうが、五島列島の住人たちもまた、このような隼人族に属する海人族であったのだろう。

この『肥前国風土記』の記事を立証するものが、五島列島から出土している。小値嘉島のすぐ近くに黒島という小さな島があり、その島に約三十基の古墳からなる「神ノ崎古墳群」がある。これらの古墳は鹿児島県や熊本県の薩摩隼人の領域に特有の「地下式板石積石室墓」であった。

しかもこの遺跡は弥生時代中期から古墳時代後期までつづいている。小値嘉島は五島列島で出土している須恵器のほとんどが集中して出土しており、小値嘉島に五島列島の中心的勢力が存在していたことは確かである。

そして、景行天皇の巡幸を契機に、小値嘉島を中心とする五島列島は大和朝廷の支配下に組み込まれたのである。

志式島の行宮に滞在していた景行天皇は、船に乗ってふたたび出発した。『肥前国風土記』によると、景行天皇は平戸島から大家《おおや》島にむかったらしい。

大家島の条には、次のように書かれている。

「郡役所の西方にある。むかし纏向の日代の宮に天の下をお治めになった天皇（景行天皇）が巡幸なされたとき、この村に土蜘蛛があった。名を大身《おおみ》といった。いつも天皇の命令にさからって降伏することを拒んでいた。天皇は勅令をもって誅滅した。それ以来白水郎《あま》はこの島に家をつくって定住した。そういうわけで大家の郷という。郡の南に洞窟があり、鍾乳《いしのち》と木蘭《もくらん》（木蓮）がある。周囲の海にはアワビ、ウミニナ、鯛、いろいろな魚、また海藻、海松《みる》が多い」

大家《おおや》島とは、平戸島の北方一五キロにある大島（的《あづち》山大島、長崎県平戸市大島村）のことである。

島の南西に的《あづち》山湾という港があり、これまた遣唐船の寄港地として利用され、倭寇の前進基地としても利用されるなど、古い時代から近世に至るまで天然の良港として知られていた。

この島にも「大身」という土蜘蛛がいたが、景行天皇によって滅ぼされてしまった。大身は「臣《おみ》」の類縁語であるかもしれず、ひょっとしたら邪馬台国時代に起源を有する名であったかもしれない。

◉賀周

的山大島に巡幸して土蜘蛛の大身を誅滅した景行天皇は、鷹島（長崎県松浦市鷹島町）あるいは馬渡《まだら》島（佐賀県唐津市鎮西町）を経由して、『魏志倭人伝』にいう「末盧国」の海の表玄関ともいうべき呼子《よぶこ》に入港したであろう。

呼子は東松浦半島の北端にあり、壱岐・対馬・朝鮮半島への最も重要な港であった。加部島《かべ》が北の出口に位置し、あたかも壁のようになって呼子港を北西の季節風からさえぎってくれる。加部島には肥前一の宮の田島神社があり、航海安全をつかさどる宗像三女神が祭られている。

『魏志倭人伝』には、「(壱岐から) 一海を渡ること千余里で、末盧国に到着する。四千余戸があり、山裾や海浜に沿って住んでいる。草木が繁り、道を行くのに前の人が見えないくらいである。人々は魚や鮑を捕えるのが得意で、海中に深浅となく潜り、これらを採って業としている。そこから東南に陸行すること五百里で伊都国に到着する」と書かれている。

「草木が繁り、道を行くのに前の人が見えない」とは、呼子に上陸し、東松浦半島を縦断して唐津方面にむかう丘陵地帯の状況を描いたものであろう。

『肥前国風土記』の松浦郡の条の「賀周《かす》の里」の項には、「郡役所の西北のかたにあり。むかしはこの里に土蜘蛛があり、名を海松櫃媛《みるかしひめ》といった。景行天皇が国をお巡りなされたとき、供の一人の大屋田子(日下部君らの祖)を遣わして誅滅させられた。そのとき霞が四方にたちこめて物の色も見えなかった。それで霞の里といった。いま賀周の里とよぶのは、これをなまったものである」と書かれている。

「賀周の里」とは、見借《みるかし》(唐津市)のことである。むろん見借という地名は、海松櫃媛に由来する。

海松櫃媛とは、古い時代に末盧国を支配した王族の末裔、ないしその伝統の流れを継ぐ者であったかもしれない。女酋として松浦地方において邪馬台国時代以来の伝統的な支配権を有していたが、大和朝廷の王たる景行天皇からみれば、土地蜘蛛――土酋にすぎない。景行天皇が古い勢力にとどめを刺したのが、『肥前国風土記』のこの記事であった可能性も高い。

このようにして、景行天皇の旧末盧国――松浦地方の巡幸は終了した。景行天皇は、北部九州西岸地域の制海権を掌握したのである。

景行天皇のその後の足取りはよくわからない。『魏志倭人伝』のルートに沿えば、末盧国の東に接して伊都国があり、その東に奴国がある。そのまま筑前方面へぬけることもきわめて容易であるが、景行天皇の足跡は伊都国・奴国には残されていない。

鹿島や太良などに景行天皇の伝承が残されているため、唐津から陸行して有明海にむかったとも考えられるが、『肥前国風土記』と『日本書紀』の記事などを総合的に勘案すれば、船団を率いて島原半島方面にひきかえしたとみるべきであろう。

9 菊池川の国々

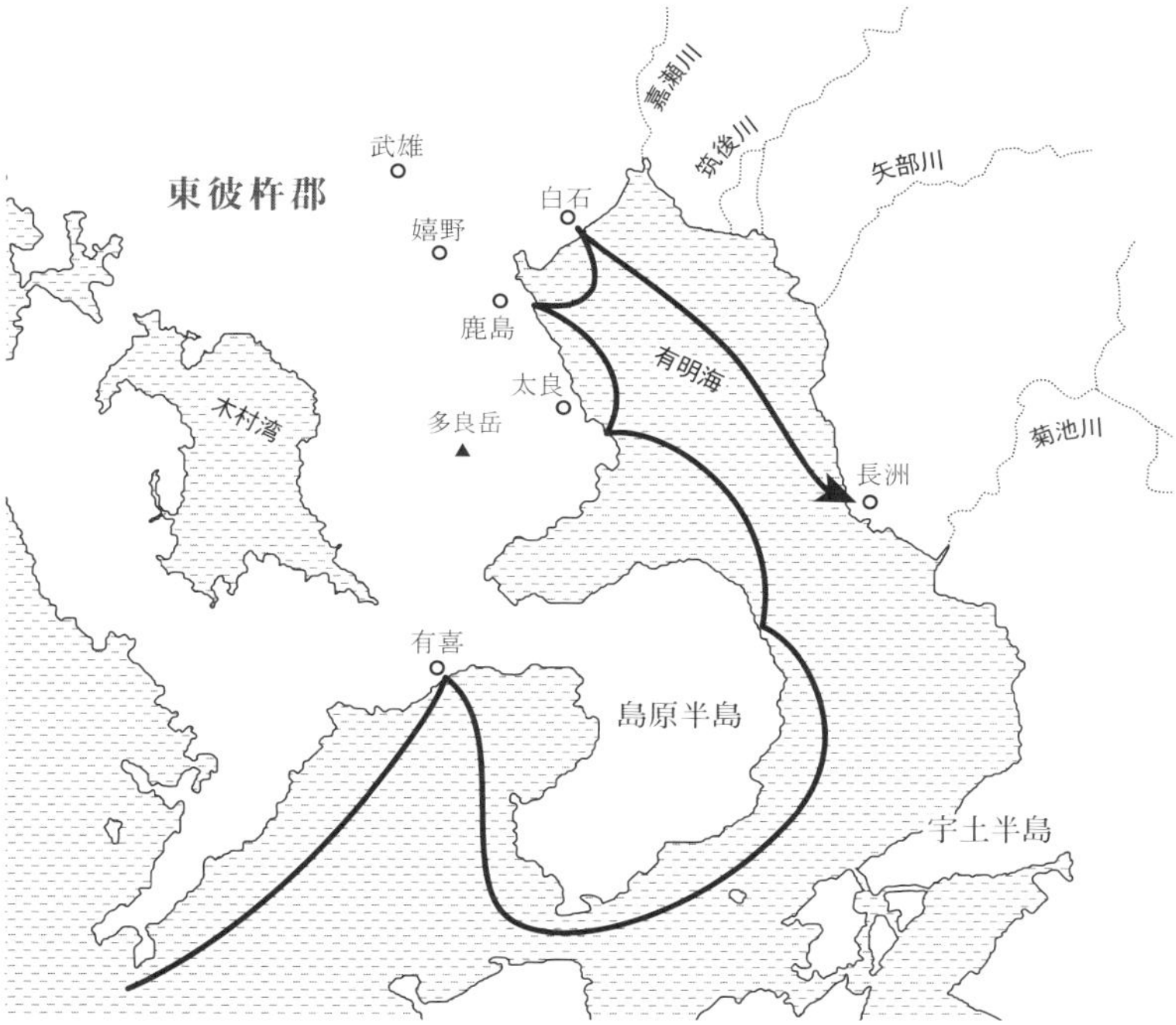
嘉瀬川
筑後川
矢部川
武雄
東彼杵郡
白石
嬉野
鹿島
有明海
太良
多良岳
木村湾
菊池川
長洲
有喜
島原半島
宇土半島

◉有明海沿岸の制圧

景行天皇は松浦地方を巡幸したのち、ふたたび島原半島方面にもどってきた。島原半島を迂回して有明海に出て、藤津郡（佐賀県藤津郡）に上陸した。

藤津郡という名の由来は、『肥前国風土記』によると、「むかし、日本武尊《やまとたける》が行幸なされたとき、この津にお着きになると、日は西の山に入ったので、御船はここに停泊した。翌朝遊覧なされ、船の太綱を大きな藤の木におつなぎになった。それで藤津の郡という」と書かれている。

景行天皇が九州巡幸を終えて大和に帰還したのち、ふたたび熊襲が反乱をおこしたため、皇子の日本武尊を九州に派遣した。このとき、日本武尊は藤津郡に立ち寄ったらしい。先で述べるように、日本武尊が討伐した熊襲建《くまおたける》は、一般には薩摩地方を拠点にしていたように解されているが、日本武尊の足跡からみて脊振山を拠点にしていた部族であったようであり、したがって有明海沿岸の藤津郡に日本武尊の伝承が残されたのであろう。

藤津郡に上陸した景行天皇は、『肥前国風土記』によると、託羅《たら》（多良）（佐賀県藤津郡太良町）に立ち寄ったという。「景行天皇が行幸なされたとき、この郷にきてご覧になると、海産物が豊かであったので、『地勢は狭いが、食物は豊かに足りている。豊足《たらい》の村とよぶべきである』とおっしゃられた。いま託羅の郷というのは、これがなまったものである」と記されている。

託羅（多良）は、経ヶ岳（標高一〇七五メートル）・太良岳（標高九八二メートル）を源とする多良川流域にあり、平地は狭小であるが、有明海に面しているため、古い時代から有明海の漁業が盛んな地域であった。まさに『肥前国風土記』の記述するとおり、「地勢は狭いが、食物は豊かに足りている」という地域である。有明海を漁場とする海人たちの一大拠点の一つであった。

『肥前国風土記』は、託羅という地名は景行天皇によって命名されたとするが、前に述べたように、このような地名説話は、すでに存在する地名を天皇の権威によって公に認知するものである場合が少なくない。

託羅という地名の起こりはずっと古く、朝鮮半島の新羅や南岸の加羅・安羅、九州の末盧（松浦）などの

「羅（ラ）」などと共通した起源をもつ語であるかもしれず、そうすると、朝鮮半島との海の交流をしめすものであるかもしれない。

託羅を北上すると、塩田川の河口にでる。

『肥前国風土記』には、「塩田川の源は郡役所の西南にある託羅の峰からでて、東に流れて海に注ぐ。満潮のとき逆流してのぼる。流れる勢いは非常に強い。それで塩高満川《しおたかみつ》といった。いまなまって塩田川とよぶ。川の源に淵がある。深さ二丈ばかりで、石壁が険しくめぐらされて、垣のようである。年魚《あゆ》が多い。東の辺に温泉がある。よく人の病気を治す」と書かれている。

塩田川とは、嬉野市嬉野町の奥地にある虚空蔵山（標高六〇八・五メートル）を源に、岩谷川内川や吉田川など大小二十一の支流を合わせながら、嬉野町・塩田町を経て、鹿島市と杵島《きしま》郡有明町で有明海に注ぐ長さ二六キロの二級河川である。

『肥前国風土記』にあるとおり、満潮時には有明海の海水が逆流し、江戸時代には千石船も潮に乗って川をさかのぼり、河口から七キロの位置にある塩田は港津として繁栄した。上流域は年間降水量二〇〇〇ミリを超える多雨地帯で、むかしから塩田川流域は洪水の多い地域として知られていた。上流にある深さ二丈ばかりで、石壁が険しくめぐらされて垣のような淵とは、「轟の滝」のことであろう。

塩田川河口に到着した景行天皇は、藤津郡の能美《のみ》の郷で三人の土蜘蛛を討伐した。

『肥前国風土記』には、「むかし纏向の日代の宮に天の下をお治めになった天皇（景行天皇）が行幸されたとき、この里に土蜘蛛が三人いた。兄の名は大白《おおしろ》といい、次の弟は中白《なかしろ》、末弟は少白《おしろ》といった。この三人は砦をつくって隠れ、降伏に応じなかった。このとき侍臣の紀直《きのあたい》らの先祖の穉日子《わかひこ》を派遣して討伐しようとした。ここにおいて、大白ら三人はひたすら叩頭《のみ》（頭を地につけて）して罪を詫び、ともにふたたび生きられるようにと懇願した。そういうわけで能美の郷という」と記されている。

討伐を命じられた紀直らの先祖の穉日子とは、『先代旧事本紀』の「国造本紀」に、「志賀の高穂の朝《みかど》（成務天皇）の御世に、紀直の同祖の大名茅彦命《おおなちひこ》の児の若彦命《わかひこ》を葛津《ふじつ》国造に定められた」として出てくる人物である。

大白、中白、少白の三兄弟は、古くからこの地方の山岳系の部族を率いていた地方豪族であろう。険しい山岳地帯に砦を築いて抵抗したが、朝廷軍の圧倒的な兵力の前に降伏し、命乞いをした。この功績によって、穉日子（若彦命）は景行天皇を継いだ成務天皇から藤津国の国造に任じられたのである。

能美の郷とは、佐賀県鹿島市能古美のことといわれている。鹿島市納富分《のうどみぶん》には、郡役所があったといい、木の宮社が祭られているが、これは穉日子（若彦命）ゆかりの紀伊氏を祭ったものであろう。

藤津郡から沿岸伝いに、さらに北上した景行天皇は、杵島《きしま》郡の「盤田杵《いわたき》の村」に停泊した。

『肥前国風土記』は、「むかし纏向の日代の宮に天の下をお治めになった天皇（景行天皇）が巡幸なされたとき、この郡の盤田杵の村に停泊した。そのとき、船《ふな》牂戕《かし》（船つなぎの杭）の穴から冷たい水が湧き出してきた。一説によると、船が停泊した所は自然と島になったという。天皇は群臣たちに『この郡は牂戕島の郡とよぶがいい』とおっしゃられた。いま杵島郡とよぶのはなまったものである。郡役所の西に温泉がでている。崖は険しくて行く人はまれである」と記している。

杵島について、『和名抄』は「岐志万」と表記しており、いずれにしても「キシマ」とよばれたことはまちがいない。

塩田川河口左岸の有明海に面した東部地域には、現在では白石平野が開けているが、もともとは海であった。六角川によって押し流された土砂や有明海の潮汐作用によってしだいに陸化し、くわえて江戸時代以降の大規模な干拓などによって陸化したもので、景行天皇が巡幸した時代には有明海の海岸線はいまよりもずっと内陸部にまで深く入り込んでいた。有明海の平均潮位面が約三メートルであるところから、白石平野のほぼ三メートルの等高線をおおむね景行天皇時代の海岸線とみなしてもいいかもしれない。

このことから、景行天皇の船が停泊した「盤田杵の村」は、六角川遡行地点の高橋に近い上滝（武雄市朝日町）というべきであろう。郡役所の西にある温泉とは、「武雄温泉」のことである。

上滝に停泊した景行天皇は、ここでも土蜘蛛を討伐した。この地方を治める八十女《やそめ》という女性首長であった。

『肥前国風土記』には、「景行天皇が行幸されたとき、土蜘蛛の八十女が嬢子《おみな》山の頂上にあって、つねに天皇の命令に反抗して降伏することを承知しなかった。そこで兵を派遣して襲撃させて滅ぼした。それで嬢子山という」とある。嬢子山とは、多久市や小城町に近い杵島郡江北町北方の女山（両子山）（標高三二七メートル）といわれている。


このことによって、北部九州の西部地域および海域を制圧した景行天皇は、島原半島に戻り、有明海を渡って肥後玉名郡の長渚《ながす》（熊本県玉名郡長洲町）に到着した。

『日本書紀』には、「六月三日、高来県より玉杵名邑《たまきなのむら》に渡りたまう」と書かれている。景行天皇は、玉名郡の「長渚の行宮」に凱旋したのであった。

『肥後国風土記』逸文には、「玉名の郡長渚の浜は郡役所の西にある。むかし大足彦の天皇（景行天皇）が球磨噌唹《くまそ》を討ってお帰りになったとき、この浜に御船を停泊された。また御船の左右に泳いでいる魚が多かった。船頭の吉備国の朝勝見《あさかつみ》が鈎針で釣ると、たくさん獲物があったので献上した。天皇は『献上した魚はいったい何という魚だ』とおっしゃられた。朝勝見は『名は知りませんが、鱒魚《ます》に似ているようでございます』と申し上げた。天皇はご覧になって『物が多いことを見て、俗にニヘサニという。いま献上した魚も大変多い。爾陪（ニベ）の魚とよぶがよい』とおっしゃられた。いまニベの魚というのは、このことに由来する」と書かれている。


行末川下流右岸の台地末端部に、腹赤《はらか》（長洲町）がある。『肥後国誌』や『和名抄』によると、景行天皇が命名した「ニベの魚」とは鮸とも書かれ、腹が赤いため、「腹赤魚《はらかのうお》」ともよばれた。要するにヤマメのことで、九州ではエノハともよばれる。

『肥後国誌』には、「一人の漁父マツナといふ者あり。朝晩に贄の魚を献ず」とあり、マツナの子孫の藤四郎という百姓の家には、景行天皇から下賜されたという衣装が代々伝えられていたという。茶色の絹のような衣装で、「手に取るに堪えず。ハラハラと成るといふ」状態であったという。

井沢長秀の『広益俗説弁』には、「マツナ」とは井《いの》上眞名《うえまつな》のことであるとし、『腹赤村郷土誌』には、「井上眞名は津頬の長」と記されている。

この景行天皇の故事にちなみ、のちの時代には、腹赤の地でとれたニベの魚を大宰府政庁経由で朝廷に献上し、新年元日の「腹赤贄《はらかにえ》」に供したという。

腹赤には、景行天皇ゆかりの「御腰石」があり、腹赤贄にちなむ「供御の池」がある。

また、名石神社（長洲町上沖洲）には、「四方の海　波静かなる　御世なれば　腹赤の贄も　けふ供ふなり」という『言塵集』に載せられた衣笠右大臣（藤原家良・一一九二〜一二六四）の歌碑も建てられている。

なお、地元の伝承によると、景行天皇がこの地を発って二年後、日向の御刀媛が景行天皇を偲んで腹赤を訪れたという。

御刀媛は景行天皇が都に帰ったことを悲嘆して、十二人の侍女とともに海に身を投げて石になったという。そこは「姫が浦」とよばれた。

長洲には、景行天皇を祭る「名石《めいし》神社」とともに、御刀媛を祭る「女石神社」があり、十二人の侍女を祭る「十二石神社」もある。

◉山鹿から菊池へ

「長渚の行宮」にもどった景行天皇は、こんどは菊池川をさかのぼっていった。

菊池川とは、熊本県北部の菊池・鹿本・玉名地方を貫流して、有明海にそそぐ一級河川である。上流の菊池においては菊池川とよばれたが、中流の鹿本では山鹿川とよばれ、下流の玉名では高瀬川とよばれていた。

景行天皇は、その川沿いに上流にむかっていった。『日本書紀』には、「時にその処の土蜘蛛津《つ》頬《つら》といふを殺す」とあるから、一部の抵抗する土豪勢力があったため、それを滅ぼしたのであろう。

土蜘蛛の津頬とは、トツラに通じ、とがった顔をさすという説があるが、やや当て推量に近い説のようにおもえる。地元の伝承では藟岳《つづらだけ》（大津山、玉名郡南関町）が津頬の地とされ、玉名大神宮（玉名市）において出兵の祈願をしたという。

八木田政名の『新撰事績通考』（一八四一）にも、「一説に津頬は玉名郡南関町の藟岳に住しよ見ゆ。然れども未だ詳らかならず」と書かれている。

また、玉名には元玉名という地名があり、玉名大神宮の社伝によると、景行天皇が土蜘蛛津頬と戦った際、天照大神に神助を願ったところ、天から石が落ちてきて津頬を殺した。そこでこの石を祭って遥拝宮を建てたのが玉名大神宮のはじまりともいう。

『玉名郡誌』によれば、「玉杵名邑には土蜘蛛の酋長津頬《つつら》がいて頑強に抵抗したから、皇軍は大いに苦戦したのである。この時天皇は神助を仰がんと思し召して祭りの時を設けて天照大神をはじめ天神地祇を祭らせられた。その時天より一条の白羽の矢飛び来たって、津頬の喉笛に当たったので流石の首魁もあえなくここに斃れた」という。

なお、前掲の『腹赤村郷土誌』に「井上眞名は津頬の長」とあるが、景行天皇に滅ぼされた土蜘蛛津頬とは別人であろうが、後継者として景行天皇に任命された同族の者であった可能性も考えられよう。

このほか玉名大神宮には、「景行天皇牛くびり石」があり、景行天皇がこの地で休憩したとき、牛をつないだ石という（『玉名郡誌』）。

また、玉名郡築地村の百姓清次の家には、景行天皇の「御沓」が伝えられていたという。『肥後国誌』には、「代々伝来し七十余代に及ぶといふ。箱に納め、棟に結びつけて、みだりに看ることを許さず」と記されている。

景行天皇は玉名郡天水町（現在は熊本市）の立花（橘）において、田道間守が常世の国から持ち帰った香果《かくのみ》——橘《たちばな》を農民に授けて植栽させたという。『玉名郡誌』には、「当村の柑橘栽培の原始とし、今を距ること、実に千七百余年の昔なり」と記されている。

景行天皇は山鹿《やまが》（山鹿市）めざして菊池川をさかのぼり、途中菊水《きくすい》（玉名郡和水町）を通った。

このあたり一帯は、百五十か所以上にのぼる古代遺跡群が確認されている。先土器時代から縄文時代、弥生時代など各時代にわたって広範に分布しており、古い時代から先進的な文化をもった人々が住み着いていた地域であった。

明治六（一八七三）年、和水町江田《えた》で前方後円墳が土地所有者によって発掘された。全長約六二メートルで、後円部には家形石棺が露出しており、その後の数次におよぶ発掘調査の結果、純金耳飾二対、金胴冠一括、金銅沓一対、帯金具三、勾玉七、管玉一四、銅鏡六、鎧二、直刀一四、剣身三など百数十点にのぼる副葬品が発掘され、これらは国宝に指定されている。

そのなかに、七五文字の銀象嵌の銘文をもった鉄刀が出土したのである。

「治天下獲□□□鹵大王世、奉事典曹人、名无利（?）弖、八月中、用大鉄釜、幷四尺廷刀、八十練、九（?）十振、三寸上好刊（?）刀、服此刀者、長寿、子孫洋々、得王（?）恩也、不失其所統、作刀者名伊太和（?）、書者張安也」

――「天の下治らしめしし獲（ワ）□□□鹵（ル）大王の世、典曹に奉事せし人、名は无利（?）弖（ムリテ）、八月中、大鉄釜を用い、四尺廷刀を幷す。八十たび練り、九十たび振《う》つ。三寸上好の刊刀。此の刀を服る者は、長寿にして子孫洋々として王（?）恩を得る也。其の統ぶる所を失わず。刀を作る者、名は伊太和（イタワ）、書く者は張安也」

前述のように、従来「獲□□□鹵大王」は第十八代反正天皇のこととされていたが、埼玉県の稲荷山鉄剣銘との対比により、「ワカタケル大王」と読むべきであるとする見解が有力となった。ワカタケル大王とは、第二十一代雄略天皇のことである。

四七八年に宋に使者を派遣した倭王武は雄略天皇とみられており、このことから五世紀後半には、大和朝廷の支配権は関東から九州におよんでいたと考えられている。

景行天皇の巡幸を契機として、菊池川流域に大和朝廷の支配権が確立されたとみるべきであろう。

景行天皇が菊水を過ぎ、山鹿に到着したとき、一面霧で覆われていた。このため、村人たちは松明《たいまつ》を掲げて景行天皇一行を出迎えた。その地が山鹿大宮神社といわれる。景行天皇を松明で出迎えたことから、毎年松明を奉納するしきたりが生まれ、室町時代ごろになると、金剛乗寺でおこなわれていた法会の行事にならって、紙でつくった灯篭を大宮神社に奉納するようになったらしい。

昭和三十年ごろ女性が頭に灯篭《とうろう》をのせることが考案され、現在では毎年お盆の時期に「山鹿灯篭まつり」がおこなわれ、「景行天皇奉迎式典」などもおこなわれるが、とりわけ多くの女性たちが浴衣姿に金銀の灯篭を頭に飾って踊る「千人灯篭踊り」は、全国的に有名な観光行事となっている。

山鹿には古代遺跡がおびただしく分布しており、長沖貝塚からは先土器時代の石器や縄文時代早期の押型文土器などが出土している。志々岐遺跡からは縄文晩期の住居跡が発掘され、弥生時代のものでは南島の笠仏や川辺小学校校庭などから大甕棺群が見つかっている。古墳時代のものとしては、景行天皇時代よりのちの時代のチブサン古墳をはじめ、おびただしい装飾古墳が有名で、この地方を拠点とする大きな勢力をもった地方豪族がいたことがわかる。

山鹿の北方には、震岳《ゆるぎだけ》（山鹿市寺島）がある。南東の麓に吉田があり、景行天皇がこの地を訪れ、行宮を置いたという。

震岳頂上のやや平坦な地といい、礎石が残されているという。この宮に景行天皇が滞在していたとき、大和から柿を送ってきた。これがこの地の「大和柿」の由来といい、「御所柿《ごしょ》」とよばれたという。

『熊本県大百科事典』によると、土蜘蛛が夜襲してきたとき、景行天皇が祈ると彦岳の頂上から高天山（震岳）に霊感があり、山が振動して土蜘蛛は退散したという。

山鹿から菊池川をさらにさかのぼれば、菊池（菊池市）にいたる。もともと菊池郡は、東は阿蘇郡と北は豊後国（大分県）に接し、西は山鹿郡、南は合志郡に接する広大な領域であった。『和名抄』には「久々知」とあり、古くは「くくち」とよばれたらしい。『魏志倭人伝』の「狗古智卑狗」を「菊池彦」と読み、邪馬台国と対立した「狗奴国」を菊池郡一帯に比定する説がある。

景行天皇は菊池に巡幸したが、この地域での戦闘の記録は残されていないところから、平和裡にこの地方を制圧したのであろう。

『鹿本郡誌』によると、千田（山鹿市）の八島において、阿蘇の神――阿蘇明神（健磐龍命《たけいわたつ》）が景行天皇一行を出迎えたという。

◉倭を代表する阿蘇山

『日本書紀』によると、六月十六日に阿蘇国に到着した。「その国は野が広く遠くまでつづき、人家が見えなかった。天皇は『この国に人がいるのか』と問われた。そのとき二人の神、阿蘇津彦と阿蘇津媛がたちまち人の姿になり、やってこられて『私たち二人がおります。どうして人がいないことがありましょうか』といわれた。それでその国を名づけて阿蘇という」と記している。

『肥前国風土記』逸文にも同様の記事がある。

「むかし纏向の日代の宮に天の下をお治めになった天皇（景行天皇）が、玉名郡の長渚の浜を出発してこの郡においでになり、さまよって四方を見渡されると、原野は広く遠くて人影が見あたらなかった。景行天皇は嘆いて『この国に人はいるのか』とおっしゃられた。すると二柱の神がいて、人間になって現われ『私たちは二柱の神、阿蘇都彦・阿蘇都媛がこの国に現存している。どうして人がいないなどということがあろうか』といって、たちまち見えなくなった。それで阿蘇の郡と名づけた。これはその由来である。二柱の神の社は郡役所から東に存在している」

おなじく『肥後国風土記』逸文に、次のように記されている。

「肥後国の閼宗《あそ》の県から西南の方角二十余里のところに、一つの禿山がある。閼宗の岳という。頂上に神秘的な沼がある。石の壁が垣を形づくっている。縦は五十丈、横は百丈ばかり、深さは二十丈、あるいは十五丈である。清い淵は百尋《ひろ》で、白緑《びゃくろく》を敷いて底としている。五色の色に彩られ、黄金をひろげたようにきらきら光っている。天下の霊奇が華となってひらいたようである。ときどき水がいっぱい満ちて、南からあふれ流れて白川に入ると、多くの魚は酔って死んでしまう。土地の人は苦水《にがみず》と名づける。その岳の形たるや、なかば天を切ってそそり立ち、四つの裾野はひろがって県を包んでいる。石に触れて湧き起こる雲は五岳よりも高く、湧き出る泉は分流して群川の巨大なる源である。大いなる徳は巍々として高く、まことに人間世界の唯一のものである。奇形は杳々としてはるかに、まことに天下に並ぶものはない。場所は国の中心にある。それゆえ、中岳という。いわゆる閼宗の神宮とはこれである」

中国の『隋書』東夷伝にも、「阿蘇山がある。その石が突如噴火により天に高く上がろうとするとき、ならわしとしては異変として祈祷の祭りをおこなう」と書かれており、古い時代においては、倭を代表する山として知られていたことがわかる。

阿蘇山は九州のほぼ中央に位置し、阿蘇外輪山とカルデラ内の山々を総称したものである。阿蘇中岳の火口には池があり、神霊池とよばれたが、『日本後紀』や『続日本後紀』によると、延暦十五（七九六）年と承和七（八四〇）年九月に池の水が涸れたことが記されており、また活発な火山活動の記録が残されている。

阿蘇外輪山の外側の緩やかな斜面には、現在でも壮大な原野がひろがり、北側には筑後川水系の源があり、東側には豊後の大野川、南側に五ヶ瀬川と緑川、西側に菊池川と白川の源がある。

阿蘇地方をはじめて開拓したのは、神武天皇の孫の健磐龍命といわれている。父は神《かみ》八《や》井《い》耳《みみ》命という。豊後の高千穂方面から国見ヶ丘を通って阿蘇郡にやってきた健磐龍命は、阿蘇谷の湖水を干して耕地にするなど、阿蘇の地を開拓し、地元の阿蘇津媛をめとって住み着いたという。

第七代孝霊天皇九年、健磐龍命の子の速瓶玉《はやみかたま》命は阿蘇神社（阿蘇市一の宮町宮地）を創建し、『先代旧事本紀』によると、第十代崇神天皇の時代に阿蘇国造に任じられている。

阿蘇神社は延喜式内名神大社・肥後国一の宮で、健磐龍命を主祭神として阿蘇十二神を祭っている。

一宮は健磐龍命、二宮は阿蘇都比咩、三宮は国竜神、四宮は比咩御子《ひめみこ》神、五宮は彦御子神、六宮は若比咩神、七宮は新彦神、八宮は新比咩神、九宮は若彦神、十宮は弥比咩神、十一宮は国造《くにのみやつこ》速瓶玉《はやみかたま》命、十二宮は金凝神で、このうち一宮の健磐龍命と二宮の阿蘇都比咩、十一宮の国造速瓶玉命は阿蘇三社とよばれる。

末社として、甲佐神社（上益城郡甲佐町）、健軍神社（熊本市）、郡浦神社（宇城市三角町）などがあり、また熊本県の広い範囲わたって阿蘇神社関連の神社が祭られている。阿蘇の火山と阿蘇谷を開拓した健磐龍命への信仰が、肥後国内では一般的なものとして広がっていたことをしめすものといえよう。

景行天皇が阿蘇を巡幸したとき、広大な原野がつづくばかりで人影を見ることもできなかったが、やがて阿蘇神社に参拝したのであろう。景行天皇に神託を告げた神のうち阿蘇都彦とは健磐龍命のことと考えていいであろう。景行天皇は阿蘇都彦と阿蘇都姫の声を聞き、この地を阿蘇と名づけたというが、これまた古くからよびならわされていた地名を、天皇の権威によってあらためて認知したものであったろう。

◉八女国の女王

阿蘇地方の巡幸を終えた景行天皇は、山を下り、菊池川を下って、ふたたび長渚の行宮に帰還した。阿蘇山から山越えして高千穂方面にぬけるルートもあるが、景行天皇は次の巡幸先を筑後方面と定めていた。景行天皇は、長渚の浜を出発してふたたび北上を開始し、矢部川河口をめざした。

七月四日、景行天皇は三池郡（福岡県三池郡）の「高田の行宮」に到着した。

『日本書紀』には、「秋七月四日、筑紫後国の三毛（三池）に着いて、高田の行宮におはいりになった。ときに倒れた樹木があり、長さ九百七十丈。役人たちはみなその樹を踏んで往来した。ときの人は『朝霜の御木《みけ》のさ小橋《おばし》　群臣《まえつきみ》い渡らすも　御木のさ小橋（朝霜のおりた御木の小橋を渡って、群臣たちは宮仕えにいく）』と歌をよんだ。天皇は何の樹かとたずねられた。一人の老人が『これはクヌギ（歴木、櫟）といいます。以前まだ倒れていなかったときは、朝日の光に照らされて杵島山を隠すほどでした。夕日の光に照らされると阿蘇山を隠すほどでした』といった。天皇はこの木は神木である。この国を御木国《みけのくに》とよぼうといわれた」と書かれている。

『筑後国風土記』逸文にも、「三毛の郡。むかし楝《あうち》が一本、郡役所の南にはえていた。その高さは九百七十丈である。朝日の影は肥前国の藤津郡多良の峰をおおい、夕日の影は肥後国の山鹿郡の荒爪《あらつめ》の山をおおった。それで御木（三池）の国といった。のちの人はなまって三毛といった。いまは郡の名としている」と書かれている。

大牟田市歴木《くぬぎ》の高泉という場所が、高田の行宮の地と伝えられている。

七月四日に高田の行宮に到着した景行天皇は、七月七日には八女県（福岡県八女郡）に到着している。

『日本書紀』によると、「七日、八女県に着いた。藤山を越え、南方の粟崎を望まれた。そして『山の峰は幾重にも重なって大変うるわしい。きっと神はその山におられるだろう』といわれた。ときに水沼　県主《みぬまのあがたぬし》の猿大海《さるおおみ》が、『女神がおられます。名を八女津媛といいます。常に山の中においでです』と申し上げた。それで八女国の名はこれからおこった。八月、的邑《いくはのむら》（福岡県浮羽郡）に着いて食事をなされた。この日、食膳係がウキ（酒杯）を忘れた。当時の人はそのウキを忘れたところを名づけて浮羽といった」と記している。

矢部川の上流の八女郡矢部村（現在は八乙女市）には、八女津媛を祭神とする八女津媛神社が祭られている。三池郡から八女郡に至るには、矢部川下流左岸の山門郡（柳川市・みやま市）を通らなければならない。矢部川は、矢部郡矢部村の福岡・大分・熊本の県境付近を水源に、山門郡大和町付近で有明海に流れ込む川で、筑後川・遠賀川に次ぐ福岡県第三位の河川である。河口近くには鷹尾《たかお》神社（柳川市大和町）があり、仲哀天皇・神功皇后・応神天皇を祭っている。付近には神功皇后が休憩したといわれる腰掛け石があるなど、山門郡一帯には神功皇后のおびただしい伝承が残されている。

仲哀天皇は景行天皇の孫で、神功皇后はその后である。仲哀天皇と神功皇后は、熊襲の反乱を鎮圧するため九州へ訪れたが、仲哀天皇は香椎宮（福岡市東区）で急死する。朝鮮へ出兵して新羅を討伐することを決意した神功皇后は、その前に朝倉郡方面の熊鷲を討伐し、その後筑後川を下って有明海にでて、矢部川河口に拠点を構え、矢部川下流左岸の山門郡を根拠としていた田油津媛《たぶらつひめ》を討伐した。田油津媛の兄の夏羽《なつは》は兵を集めて駆けつけたが、妹が殺されたと聞いて逃げ去った。

田油津媛は、矢部川流域の山門地方の女帝ともいうべき人物で、田油津媛という名は、人心を惑わし、たぶらかす、というような意味の蔑称であろう。

この付近に共通する八女《やめ》、矢部《やべ》からみて、この地域に古い時代から「八女国」とでもいうべきクニがあり、景行天皇がこの地方を通過したとき、猿大海が告げた八女津媛というのは、このクニを治めていた女王であったろう。

しかしながら、景行天皇は八女津媛が八女の山中にいることは聞いたものの、どういうわけかそれを放置したまま八女を通過している。このため、八女地方の在地勢力は無傷のまま勢力を温存できたが、最終的に神功皇后によって討伐されてしまったわけである。田油津媛の本名は、ひょっとしたら八女津媛であったかもしれない。

ちなみに山門郡のヤマトという呼び名に着目して、この地こそ邪馬台国ではないかとする説が生じた。

星野恒（一八三九〜一九一七年）は、田油津媛を卑弥呼につづいて倭の女王となった「壱与」であると主張し、榎一雄（一九一三〜八九年）も『魏志倭人伝』の里程や方位に関して、伊都国から放射状方式で読むべきことを主張し、邪馬台国は山門である、と主張した。

しかしながら、山門は地政学的にみて、広大な筑後平野の南の端に位置し、筑前・筑後を治めるにはやや辺鄙すぎる場所といわねばならない。しかも、矢部川下流に位置し、筑後平野の大動脈ともいうべき筑後川の流域から外れている。ただし、前述したように八女地方および山門地方を統括するクニがあったとしても、べつにおかしいことではない。『魏志倭人伝』にも邪馬台国の周辺諸国の一つとしてまさしく「邪馬国」が列挙されており、これこそが八女国というべきであろう。

景行天皇の道案内をしたのは、水沼県主の猿大海であった。筑後川下流左岸は水や沼の多い地域であることから水沼《みぬま》（福岡県三潴《みずま》郡）とよばれ、この土地を治める豪族は水沼氏とよばれた。水沼氏は玄界灘を拠点とした宗像一族とおなじ神々を氏神として祭っていた。天照大神の娘で、田心姫《たごりひめ》神・湍津姫《たぎつひめ》神・市杵嶋姫《いちきしまひめ》神という宗像三女神である。

『日本書紀』「神代紀上・第六段第三の一書」に、「(宗像三女神は) 海の北の道の中 (朝鮮への航路) にいる。名づけて道主貴《ちぬしのむち》と申す。これは筑紫の水沼君らが祭る神である」と記されている。

このことは、玄界灘を拠点とする宗像氏と筑後川・有明海を拠点とする水沼氏が、古い時代にさかのぼれば、その祭祀を共有するほどの強い結びつきがあったことをしめしている。したがって、水沼氏は古代日本におけるもっとも古い氏族の一つということになり、おそらくは景行天皇の道案内をした猿大海はそのような古代氏族の血を引いた人物であったにちがいない。

しかしながら、景行天皇の巡幸を契機に、水沼の地は大和朝廷の支配下に組み込まれていった。すなわち、『日本書紀』の景行天皇四年二月の条に、景行天皇と襲武媛《そのたけひめ》との間にできた国乳別《くにちわけ》皇子が水沼別の始祖となったという記事がある。すでに述べたように、景行天皇は数多くの皇子に「別（わけ）」という称号をあたえて、各地の領主に任命している。国乳別皇子がいつごろ水沼の地を治めるようになったか不明であるが、古代氏族に源を発する水沼氏が景行天皇の血を引く国乳別皇子によって継承されたのは、おそらく神功皇后の田油津媛討伐後であったろう。

10 高羅の行宮

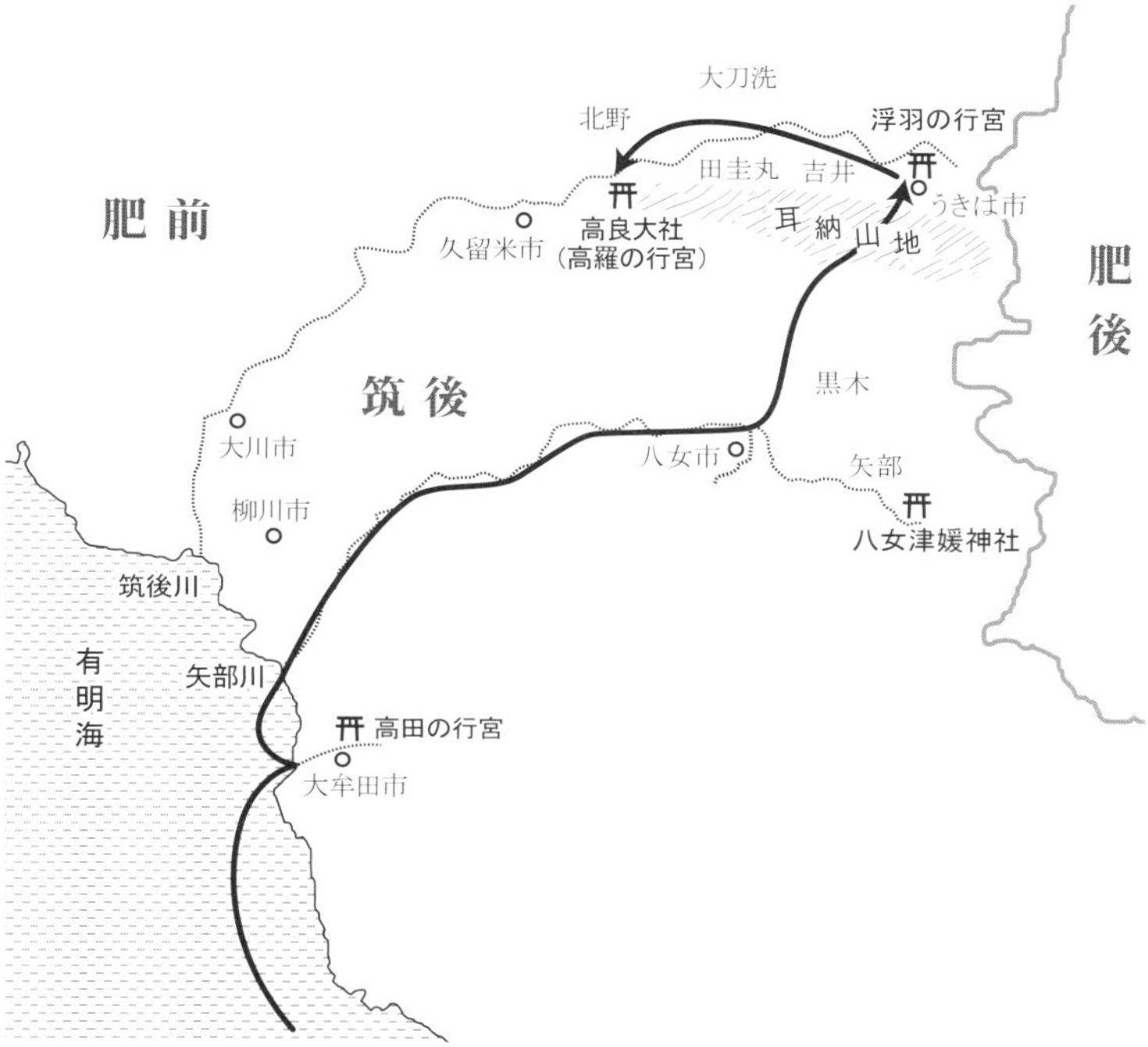

大刀洗
北野
浮羽の行宮
田主丸
吉井
肥前
高良大社
(高羅の行宮)
久留米市
うきは市
耳納山地
肥後
筑後
黒木
大川市
八女市
矢部
柳川市
八女津媛神社
筑後川
有明海
矢部川
高田の行宮
大牟田市

◉高良大社

景行天皇一行は、矢部川沿いに山門郡から八女を通り、八女郡の上陽町・星野村あたりの耳納山を越えて、浮羽郡にぬけていった。

浮羽郡は筑後川中流域左岸、耳納山地の北麓に位置している。

前述したように、『日本書紀』には「八月、的邑（浮羽郡）に着いて食事をなされた。この日、食膳係がウキ（酒杯）を忘れた。当時の人はそのウキを忘れたところを名づけて浮羽といった」とあるが、『筑後国風土記』逸文には、「むかし景行天皇が国めぐりを終わって都にお帰りになると、食事係の役人がこの村に御盃を忘れた。天皇は『惜しいことをしたよ、私の酒盞《うき》はや』とおっしゃられた。（俗語で酒盞のことを宇枳《うき》という）それで宇枳波夜《うきはや》の郡という。のちの人は誤って生葉の郡と名づけた」とある。

吉井町にある若宮八幡宮（うきは市吉井町若宮）が景行天皇の遺跡地と伝えられている。

『肥前国風土記』によると、景行天皇は「高羅《こうら》の行宮」を拠点にしている。

高羅とは、久留米市御井町にある高良山（標高三一二・三メートル）のことである。耳納《みのう》山地の西端にあり、古い時代から霊山として崇められてきた。高牟礼《たかむれ》山・不濡山《ぬれせぬやま》・青山山・琴弾山ともよばれる。

高羅という地名もまた、末盧（松浦）や託羅（多良）とおなじく、朝鮮半島の新羅や南岸の加羅・安羅などの「羅《ラ》（ラ）」などと共通した起源をもつ語であろう。

高良山の中腹には、高良大社がある。「高羅の行宮」とは、現在の高良大社のことである。

高良大社は、延喜式内社で旧国幣大社、筑後国一の宮で、高良《こうら》玉垂《たまたれ》命・八幡大神（応神天皇）・住吉大神を祭神としている。

主祭神の高良玉垂命については諸説あり、物部氏祖神とする説（『高良縁起』『高良玉垂宮神秘書』『同紙背』）、武藤大臣とする説（『高良玉垂宮縁起』）、武内宿禰とする説（『二十二社註式』『群書一』）があるが、一般には武内宿禰とされている。神功皇后ゆかりの神社として応神天皇と住吉大神を祭神としていることは理解できるが、景行天皇が行宮を置いたことから、景行天皇を祭神としている可能性がないでもない。

景行天皇の和風諡号は「大足彦忍代別《おおたらしひこおしろわけ》」あるいは

「大帯日子《おおたらしひこ》」といい、「足（たらし）」あるいは「帯（たらし）」と「垂（たれ）」とが音が通じているようにおもえるからである。

すでに紹介した『播磨国風土記』の賀古郡の条に、景行天皇がイナビヒメを妻にするため、播磨を訪れたときの服装について、腰には二本の帯（ベルト）を巻き、八咫《やた》の剣を腰に差し、上の帯には八咫の勾玉をかけ、下の帯には麻布都の鏡をかけていたと記されている。

「足《たらし》」「帯《たらし》」「垂《たれ》」とは、三種の神器を身につけ、あるいは垂らした状態をしめしているようにもおもわれる。

高羅の行宮に滞在した景行天皇の勾玉などによって着飾ったその姿が、ひとびとの印象に強く残ったため、玉垂の神として崇められるようになったのかもしれない。

ただし、神功皇后の和風諡号は「気長足姫尊《おきながたらしひめ》」あるいは「息長帯比売命」といい、これまた「足」と「帯」を含んでいることから、神功皇后の可能性もある。

確定的に述べることは困難であるが、この地に大和朝廷の王としてはじめて足跡を残したのが景行天皇であったところからみて、主祭神の高良玉垂命の第一候補として景行天皇をあげるべきであろう。それとも景行天皇と神功皇后二人を合わせて祭ったものであろうか。

◉基肆の国

「高羅の行宮」に拠点を構えた景行天皇は、周辺地域の制圧に乗り出した。

『肥前国風土記』は、このあたりのことについて、断片的ながらもきわめて貴重な情報を伝えている。

景行天皇はまず「基肆《きい》の郡」を巡幸している。『和名抄』では「木伊」と表記されている。

「むかし、纏向の日代の宮に天の下をお治めになった天皇（景行天皇）が巡幸なされたとき、筑後の御井郡の高羅（高良）の行宮においでになって国内を遊覧なさると、霧が基肆の山を覆っていた。天皇は『この国は霧の国とよぶがよい』とおっしゃられた。のちの人は改めて基肆の国と名づけた。いまは郡の名としている」

何度も述べたとおり、この風土記の記事は、もともとあった「基肆」という地名が、景行天皇の権威によってよって公式に認知されたことをしめしているというべきであろう。

『魏志倭人伝』には邪馬台国の周辺諸国の一つとして、「鬼国」が列挙されており、「基肄国」ではないかとみる説があるが、その是非はともかくとして、この地方に邪馬台国時代の拠点的なクニがあった可能性は高い。

基肄郡の領域は、現在の佐賀県の基山町と鳥栖市の一部（田代村、基里村）を含んでおり、北は筑前国御笠郡、東南は御原郡・御井郡、西南は養父《やぶ》郡に接している。

北部は脊振山地東部に連なる山地と丘陵地で、南部は筑後川に流れ込む小さな河川によってつくられた平坦な地勢となっている。

もとより基肄郡は古い時代から開けていた地域で、縄文時代の遺跡や弥生時代・古墳時代の遺跡も豊富で、肥前・筑後と筑前を結ぶ戦略上の要衝であった。天智天皇時代、朝鮮半島からの侵攻に備えるため、筑紫大野城とともに基山に基肄城を築き、大宰府の守りを固めたことはよく知られている。

基肄城の跡は、いまでも基山の北峰（標高四一六メートル）・西峰（標高四〇四・五メートル）・東峰（標高三三六メートル）を結ぶ稜線内の凹地ではっきりと確認することができる。

風土記が編成された当時、基肄郡には六つの郷と十七の里があった。ただし、『和名抄』には、基肄・姫社・長谷《はせ》・山田・川上の五つの郷は記されているが、残り一つの郷名は伝えられていない。

つづけて、『肥前国風土記』は基肄郡の「長岡の神の社」について記している。

「長岡の神の社は郡役所の東方にある。おなじ天皇（景行天皇）が高羅の行宮からお帰りになって、酒殿の泉のほとりにおいでになった。ここでお食事をおすすめしたとき、着用していた鎧が光り輝いて、いつもと違っていた。そこで占いをさせると、卜部の殖坂《うえさか》が、『この地に神があって、天皇の御鎧をひどくほしがっています』と申し上げた。天皇は『まことにそうであるなら、神社に奉納し、永き世の財宝とせよ』とおおせられた。それで永世の社と名づけた。のちの人は改めて長岡の社という。その鎧を綴っていた紐はことごとく腐れて切れてしまったが、ただ冑と鎧の板金とは今も残っている」

「酒殿の泉」とは、鉱泉のようである。『肥前国風土記』には、「この泉は、秋九月のはじめごろは白い色に変わって、味はすっぱく、臭気がして飲むことができない。春正月にはうって変わって清く冷たくなり、人々ははじめて飲むことができるようになる。そういうわけで、酒井の泉といった。後代の人はこれを改めて酒殿の泉といっている」とある。

この「酒井の泉」ないし「酒殿の泉」という鉱泉のあった場所は、鳥栖市曽根崎町の酒井といわれている。景行天皇がこの地を訪れたのは、八月であったから、ぎりぎりのところで鉱泉をすくって飲むことができたかもしれない。

景行天皇が鎧を奉納した「永世の社」あるいは「長岡の神の社」とは、永世《ながよ》神社（鳥栖市永吉町）のことといわれている。祭神は大己貴命・住吉三神・八幡大神・春日大神であるが、大己貴命は出雲の神であり、住吉三神・八幡大神・春日大神は永保三（一〇八三）年に合祀されたといわれているため、本来の祭神はつまびらかではない。住吉三神らを合祀した神官たちはその神を地主神とよんだという。

おそらくは、もともとこの神社は、この地方を治めていた土着の首長を祭ったもので、それは邪馬台国時代の基肆国ともいうべき一つのクニを治めていた人物であったろう。

やがて、この地方が大和朝廷の支配化に組み込まれるにつれて、大和朝廷に連なる神々が祭神として祭られるようになり、この結果、本来の土着神の記憶が失われてしまったのであったろう。

ちなみに、『県神社誌要』によると、時期は不明であるが、景行天皇が奉納した鎧を亡失した三人の者が鞭打ちの刑に処せられたという。

◉「荒ぶる神」の伝承

前述したとおり、基肄郡六郷の一つに姫社《ひめこそ》の郷があった。現在は佐賀県鳥栖市に属しており、姫古曽《ひめこそ》神社（鳥栖市姫方）付近一帯に比定されている。

『肥前国風土記』は、「この姫社の郷のなかに川がある。名を山道《やまじ》川という。その源は郡の北の山から出て、南に流れて御井の大川と出会っている」と記している。

山道川とは、山下川のことである。基山町西部の山地を源に鳥栖市酒井の北部で大木川と合流し、さらに下って「御井の大川」すなわち筑後川に注ぎ込む。

『肥前国風土記』はつづけて記している。

「むかしこの川の西に荒ぶる神がいて、道行く人の多くが殺害され、死ぬ者半分、死を免れる者半分という具合であった。そこでこの神がどうして祟るのかそのわけを占って尋ねると、その占いのしめすところでは、『筑前国宗像郡の珂是古《あぜこ》にわが社を祭らせよ。もしこの願いがかなえられたら凶暴な心はおこすまい』とあった。そこで珂是古という人物を探し出して神の社を祭らせた。珂是古は幡を手に捧げて祈り、『本当に私の祭祀を必要とされているなら、この幡が風の吹くまま飛んでいって、神のもとへ落ちよ』といい、ただちに幡を高く上げて風に乗せて放してやった。するとその幡は飛んでいき、御原郡の姫社の社に落ち、ふたたび飛んで帰ってきて、この山道川付近の田の村に落ちた。珂是古はおのずから荒ぶる神のおいでになる場所を知った。その夜の夢に、臥機《クツビキ》と絡垜《タタリ》が舞をしながら出てきて、珂是古を押さえてうなされた。そこでまたこの荒ぶる神が女神《ひめがみ》であると知り、さっそく社を建てて祭った。それからあとには道行く人も殺されなくなった。そういうわけで、姫社といい、いまは郷の名となった」

宗像の珂是古は荒ぶる神の鎮座する場所を知るため、姫古曽神社（鳥栖市姫方）あたりから幡を飛ばしたところ、「御原郡の姫社の社」まで風に流されて飛び、ふたたびもとの山道川付近の田の村にもどってきたというのである。「御原郡の姫社の社」とは、媛社神社（福岡県小郡市大崎）のことである。

この記事には多くの興味深い情報が隠されているようにおもわれる。

第一に、「むかしこの川の西に荒ぶる神がいて、道行く人の多くが殺害され、死ぬ者半分、死を免れる者半分という具合であった」という記述である。これと類似の記事が『肥前国風土記』の神埼郡と佐嘉郡の条にのせられている。

「むかし神埼の郡に荒ぶる神がいた。往来の人が多数殺害された。纏向の日代の宮で天下を治められた天皇（景行天皇）が巡幸なさったとき、この神は和平《やわらぎ》なされた。それ以来二度と災いをおこすことがなくなった。そういうわけで神埼郡というのである」

「郡の西に川がある。名を佐嘉《さか》川という。この川上に荒ぶる神があった。往来の人を半分は生かし、半分は殺した。そこで県主らの先祖の大荒田が神意を尋ねると、土蜘蛛大山田女《おおやまだめ》・狭山田女《さやまだめ》という二人の女子の助言によって神を祭ると和んだため、大荒田は二人の女子を賢女《さかしめ》とよんだ。そういうことで賢女の郡とよび、なまって佐嘉の郡とよぶようになった」

神埼と佐嘉の川上にも、やはり往来の人々を殺害する荒ぶる神がいたことが記されている。

さらには、『筑後国風土記』逸文には、筑紫の由来に関して、「むかし（筑前の国と筑後の国の）境の上に荒ぶる神がいた。往来の人は半数助かり、半数は死んだ。その数は大変多かった。それで『人の命尽くしの神』といった。そのとき、筑紫君と肥君らが占って、筑紫君らの祖甕依姫《みかよりひめ》を巫祝として祭らせた。それから以降は、道を行く人は神に害されなくなった。このことによって筑紫の神という」と、やはり往来する人々を殺害する神がいて、それが筑紫の神であると記している。

大きくみれば、脊振山系の南部、東部、西北部に沿って往来する人々を殺害する「荒ぶる神」の伝承が残されているのである。

もともと筑紫という語は、狭くは福岡県の御笠《みかさ》川上流域一帯をさしていた。基山の北東部、宝満川右岸の御笠郡筑紫村（筑紫野市）に、筑紫神（白日別命）を祭神とする筑紫神社（筑紫野市原田字森本）があり、おそらくはこのあたりが筑紫という名の発祥の地で、御笠郡および那賀郡、席田郡の一部を包含した筑紫国とでもいうべきクニがあったろう。

この筑紫国の勢力圏はやがて拡大していき、筑前と筑後を包含するほどに拡大し、やがて筑紫島といえば九州の代名詞にもちいられるほどに勢力を拡大していった。

この筑紫国がいつごろ最盛期を迎えて、どのような過程を経て衰退し、一地方の荒ぶる神に転落していったか不明であるが、いずれにしても邪馬台国との関係をどうみるべきかが重要な課題であろう。

九州に邪馬台国があったとする説に立てば、当然のことながら、筑紫国と邪馬台国の間に何らかの関係があったとみるべきであろう。

筑紫神社の所在する場所が筑後川をにらんだ筑前・筑後の要衝の地という点を重視すれば、「筑紫国＝邪馬台国」という説も成り立ち得るかもしれず、そうすると「遠の朝廷」とされた大宰府にもわりと近い筑紫神社あたりが邪馬台国の発祥の地であった可能性すら考えられる。

ただし、安本美典氏が説かれるごとく、最盛期の邪馬台国の中心地が朝倉地域にあったとすれば、筑紫郡が御笠川・那珂川の上流にあったことからみて、筑紫国はもともとは奴国に属していたとみるべきかもしれない。

『魏志倭人伝』を読むかぎりは、奴国は邪馬台国の属国の一つとみられるが、紀元五十七年に漢の光武帝から金印を下賜されたのが倭の奴国王であったことからみて、奴国は邪馬台国よりも先に栄えたクニであったことはまちがいない。

やがて、倭国大乱を経て三世紀前半には邪馬台国が北部九州を制覇したが、その後の「筑紫」という呼称の九州全土への拡大という流れからみれば、奴国に属していた筑紫国が邪馬台国へと拡大発展していったのかもしれない。

いずれにしても、「風土記」に残された「荒ぶる神」の伝承は、かつてこの地を支配した古代勢力の何らかの記憶を伝えたものであり、この「荒ぶる神」の究明は、ひょっとしたら日本の古代史を解明するための大きなキーワードになるかもしれない。

◉筑後川中流域

高羅の宮を拠点にした景行天皇は、筑後川中流域右岸を巡幸している。このあたり一帯は、吉野ケ里遺跡に代表されるように、おびただしい弥生時代の遺跡が残されており、邪馬台国の所在地を論じるうえでも、きわめて重要な地域である。

『肥前国風土記』の順にしたがえば、景行天皇は、基肄郡を巡幸したのち、筑紫国と肥前国の境界の養父《やぶ》郡を訪れている。現在の鳥栖市の大半を占める地域である。

律令時代、養父郡には四郷があったというが、『肥前国風土記』は鳥樔《とす》、曰理《わたり》、狭山《さやま》の三郷しか記していない。一方、『和名抄』には鳥栖、狭山、屋田《おくた》、養父の四郷が記されており、屋田は曰理とみられているから、『肥前国風土記』では養父郷が欠落していることになる。

また、養父郡には十二里があり、烽火台が一か所あったというが、鳥栖市旭町にある旭山とみられている。『肥前国風土記』は、養父郡について次のように記している。

「むかし、纏向の日代の宮に天の下を治められていた天皇（景行天皇）が巡幸なされたとき、この郡の人たちが部落総出で参集した。そのとき、天皇の御猟犬がでてきて吠えた。ところがここにひとりの臨月の妊婦がいてこの御犬をみると、ただちに吠えるのをやめた。そういうわけで犬の声の『やむ』の国といったが、いまはなまって養父の郡といっている」

鳥栖《とす》という地名については、景行天皇の時代よりものちの時代の伝承として、おなじく『肥前国風土記』に、「むかし、軽島の明の宮に天の下をお治めになられた誉田天皇（応神天皇）の御世に、鳥屋《とりや》（鳥小屋）をこの郷につくり、さまざまな鳥を捕り集めて飼育し、朝廷へ貢物としてたてまつった。それで鳥屋の郷といったが、のちの世の人はこれを改めて鳥樔の郷といっている」とある。

鳥樔《とす》の郷の筑後川に近い湿地帯には水や沼が多く、おびただしい鳥や獣が棲息しており、筑後川下流左岸の三潴《みずま》郡には鳥飼の専門的集団の拠点ともいうべき鳥《とり》養《かい》郡（福岡県久留米市鳥飼）があった。水沼氏の支配していた地域であったが、鳥栖や三潴郡を含む筑後川中下流地域の広い範囲で、鳥を飼育する伝統的な技法が普及していたことをしめしている。

筑後川の中流は川幅がひろく、舟やいかだに乗って対岸へ渡るしか方法はなかったが、大人数で渡ることはできず、大きな荷物や馬などを運ぶことは困難であった。このため、景行天皇は大きな船をつくった。

『肥前国風土記』には、「曰理《わたり》の郷は、郡役所の南にある。むかし筑後国の御井川の渡り場が非常にひろかったので、人も馬も渡るのに難渋した。そこで纏向の日代の宮に天の下を治められていた天皇（景行天皇）が巡幸なされたとき、生葉（浮羽）の山を造船のための木を採る船山とし、高羅山を梶山として船をつくって備えたので、人馬も漕いで渡れるようになった。そういうわけで曰理《わたり》の郷というのである」と記されている。

筑後国の御井川とは、筑後川のことである。筑後川は時代と場所によってさまざまな名称でよばれた。御井川、御井大川、あるいは千年川、千隈川、境川、境川、また筑紫次郎の名で人々に親しまれてきた。寛永十三（一六三六）年に江戸幕府によって筑後川と統一された。

筑後川は時代によって蛇行の姿を変えているので、

曰理の郷の所在地も不明となっているが、鳥栖市水屋町・高田町・安楽寺町付近とみられている。『和名抄』に出てくる「屋田郷」のことである。

つづけて『肥前国風土記』は、狭山郷について記している。

「狭山の郷は郡役所の南にある。おなじ天皇が行幸されたとき、この山の行宮におられて、さまよいながら展望されると、四方の国々は分明《さやけ》くはっきりみえた。そういうわけで分明《さやけ》の村といった（分明をサヤケシという）。いまはなまって狭山の郷といっている」

景行天皇は、次に三根《みね》郡を巡幸した。『肥前国風土記』によると、三根郡はもともと神埼《かんざき》郡に属していたという。

「むかしはこの郡と神埼郡とをあわせて一つの郡であった。ところが海部直鳥《あまべのあたいとり》が上司にお願いして三根の郡を分置した。すなわち、神埼郡の三根村をもとにして郡の名とした」

海人集団を統率するため、全国各地に海部が置かれたのは応神天皇時代であるから、神埼郡から三根郡が分かれたのは、五世紀以降のことであったろう。景行天皇当時は神埼郡の郷の一つであった。

三根は、『和名抄』では「美彌」と書かれている。東は養父郡に接し、西は神埼郡に接している。

『肥前国風土記』は、「三根の郷は郡役所の西にある。この郷に川があり、その源は郡の北の山からでて、南に流れて海に注ぐ。年魚《あゆ》がいる。おなじ天皇（景行天皇）が行幸されたとき、御船がその川の河口からきてこの村で宿を取られた。天皇は『昨夜は御寝《みね》が大層安らかであった。この村は天皇の御寝安《みねやす》の村というがいい』とおっしゃられた。いま『寝』の字を改めて『根』とした」とある。

三根郡の領域は、現在の三養基郡みやき町、上峰町の地域にあたる。北部には脊振山系に属する九千部山（標高八四八メートル）や石谷山（標高七五四・四メートル）などの山々と山麓につづく丘陵地があり、南部には筑後川によってつくられた沖積平野が広がっている。

三根郡を流れる川とは、三根川のことである。現在は城原《じょうばる》川とよばれる。上流は脊振川あるいは広滝川、下流は神埼川ともよばれる。脊振山腹巻村を源に、神埼町・千代田町を通り、佐賀市蓮池町で筑後川水系の佐賀江川に注ぐ川である。『肥前国風土記』の記事からみて景行天皇当時、この川は直接有明海に注いでいたように書かれているから、当時の有明海の海岸線は内陸部のほうに深く入りこんでいたのであろう。

『肥前国風土記』は三根郡に属する郷として、物部・漢部《あやべ》・米多《めた》を掲げているが、『和名抄』は千栗《ちりく》・物部・米多・財部《たからべ》・葛木《かつらぎ》の五郷を掲げているので、漢部をくわえた六郷を三根郡の領域とみるべきであろう。

三根郡六郷の現在地は、次のとおりである。

千栗郷……みやき町千栗
物部郷……みやき町中津隈字板部の物部神社付近
米多郷……上峰町前牟田字米多
財部郷……みやき町西尾
葛木郷……みやき町天建寺の葛城神社付近
漢部郷……みやき町の綾部神社付近

『肥前国風土記』には、物部郷について、「この郷のなかに神の社がある。名を物部の経津主《ふつぬし》の神という。むかし小墾田《おわりだ》の宮に天の下をお治めになった豊御食《とよみけ》炊屋姫《かしきやひめの》天皇（推古天皇）が来目《くめ》皇子を将軍として新羅を征伐させられた。そこで皇子は勅を奉じて筑紫に到り、そこで物部の若宮部を派遣してこの村に社を建ててその神を鎮め祭らせた。そういうわけで、物部の郷という」とある。

経津主の神とは、『日本書紀』には経津主神、『古事記』には建御雷之男《たけみかづちのお》神とあり、建布都《たけふつ》神、豊布都神または布都御魂とも同系の神とされている。経津主神は武甕槌《たけみかづち》神とともに葦原中津国《あしはらのなかつくに》を平定して大己貴に国譲りをさせ、布都御魂《ふつのみたま》は神武天皇が建御雷之男神から賜った剣の名とされる。『古語拾遺』によると、経津主の神は下総国香取神宮の祭神とされている。

物部の経津主《ふつぬし》の神を祭ったのは、物部神社（みやき町中津隈字板部）といわれている。

来目皇子とは、用明天皇の第三皇子で、聖徳太子の同母弟にあたる人物である。『日本書紀』推古天皇十（六〇二）年二月の条によると、来目皇子は二月推古天皇の命をうけて二万五千人の兵を率いて筑紫の嶋郡（糸島市）に派遣されたが、新羅征伐におもむくまえに病死している。したがって、物部郷に物部神社が建てられたのは、景行天皇よりもかなりのちの時代ということになるが、奥野正男氏はそれ以前のかなり古い時代から筑後川中流域右岸・左岸が、物部氏と密接

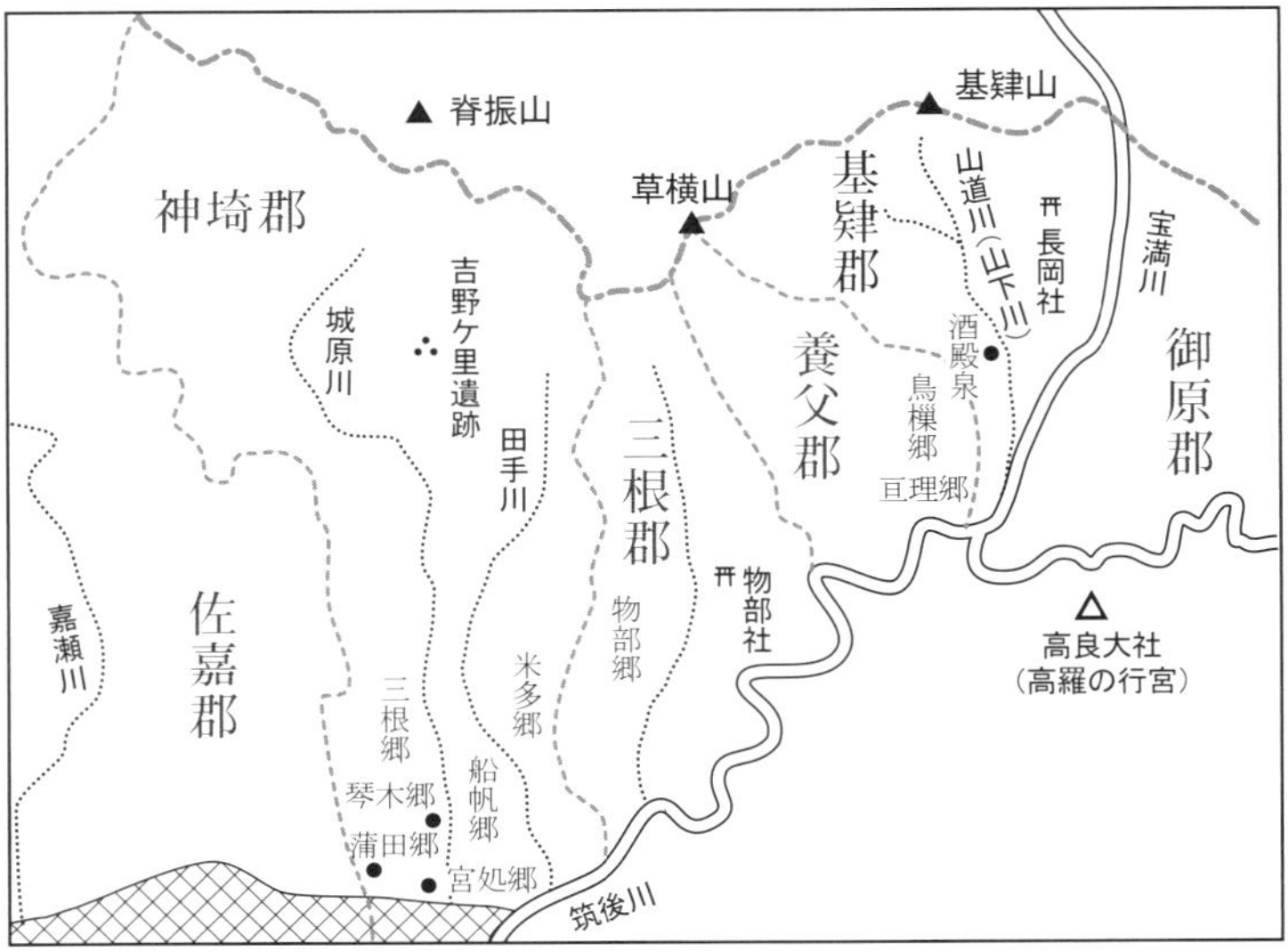

なかかわりがあったのではないかと推察している。

「三根郡の豆津や神埼郡の豆田などは物部二十五部人の大豆《まめ》物部の居住地とおもわれ、また筑後川対岸には物部氏の祖先神ニギハヤヒを祭る伊勢天照御祖神社（久留米市大石町速水）があり、その東に筑後物部の本拠とみられる高良大社があることから、風土記の地名縁起は、筑後川中流域右岸・左岸にあった古い物部氏の伝承地に来目皇子の話を付会したものではなかろうか」（『日本の神々第一巻九州』）

今後の検証が必要ではあるが、遠賀川流域・筑後川流域など北部九州には物部氏の伝承が数多く残されていることは事実であり、物部氏の出身はもともと九州であった可能性が高いというべきであろう。

景行天皇は、三根郡を巡幸したとき、米多《めた》郷（上峰町前牟田字米多）を訪れた。

『肥前国風土記』には、「米多郷は郡役所の南にある。この郷のなかに井戸がある。名を米多井《めたい》という。水の味は塩辛い。むかしは海藻（め）がこの井戸の底にはえた。纏向の日代の宮に天の下を治められていた天皇（景行天皇）が巡幸されたとき、井戸の底の海藻をご覧になって、やがて勅によって名を賜り、海藻《め》生《おう》る井といった。いま米多井となまって郷の名としている」と記されている。

米多の井の水が塩辛く、しかも底に海藻がはえていたというのは、井戸水が海水であったからであろう。これまた景行天皇当時、有明海の海岸線が内陸部の奥深くまで入りこんでいたことをしめしている。

ちなみに、『古事記』応神天皇の段には、応神天皇の孫にあたる意富富杼《おほほど》王が「筑紫の米多君」の祖と記され、また『先代旧事本紀』の「国造本紀」にも景行天皇を継いだ成務天皇の時代に、息長氏と同祖で稚沼《わかぬ》毛二俣《けふたまた》命の孫の「都紀女加《つきめか》命」が「筑志の米多国造」に任じられたと記されている。

ついでながら、いずれも「筑紫」の米多君《めたのきみ》、「筑志」の米多国造というように、米多地方が筑紫に属しているように記されている。筑後川はしばしば氾濫し、とりわけ中流域から下流域にかけて、その蛇行の姿を変えている。景行天皇時代と現在とでは筑後川の流れは大きく異なっており、また筑肥間の勢力争いなどによって、時代によって境界も変動したはずであり、一時期米多地方が筑紫に属していた時期があったのであろう。

◉神埼の「琴木の岡」

米多郷の次は、神埼郡である。三根郡ももともと神埼郡に属していたことについては、すでに触れたとおりである。

「埼」とは「岬」あるいは「崎」のことで、地形的にいえば海や湖などに突き出した陸地の端を表わす言葉である。神埼の古い地形は、古い時代においては有明海ないし筑後川に突き出したようなかたちをしていたのであろう。したがって、「神埼」といえば、「神の岬《こうの》（御崎）」という意味である。宗像大社専用の港を、神湊《みなと》とよぶようなニュアンスであろう。

前述したように、景行天皇の時代ごろまでは、有明海の海岸線は現在よりも内陸部に入り込んでおり、神埼郡を流れる田手川や三根川（城原川）などの河口に整備された港から、船で直接有明海に出入りすることができたにちがいない。

『肥前国風土記』は、そのような港の一つとして、神埼郡のなかに「船帆《ふなほ》の郷」があったことを記している。「船帆の郷は郡役所の西方にある。おなじ天皇が巡幸なされたとき、もろもろの氏の人たちが、村中こぞって船に乗り、帆をあげて三根川の津に参集し、天皇のご用にお仕え申し上げた。それで船帆の郷という。また御船の碇石《いかりいし》が四個、その津のほとりに現存している。このなかの一個（高さ六尺、径五尺）ともう一個（高さ八尺、径五尺）の二つの石に子のない女がていねいにお祈りすると、かならず子をはらむことができる。また、日照りつづきのときに、一個（高さ四尺、径五尺）ともう一個（高さ三尺、径四尺）の二つの石に雨乞いの祈祷をおこなうと、かならず雨を降らせる」

三根川の津の船帆とは、三根川（城原川）河口にあった港のことである。

『日本書紀』には、景行天皇から二代前の崇神天皇の時代に、「船は天下の大切なものである。いま海辺の民には船がないので献上品を運ぶのに苦労している。それで国々に命じて船舶を造らせよ」と詔を下し、諸国に船舶を造らせたという記事がある。日本では縄文時代において、一本の大木をくりぬいた「くり舟」が主流であったが、弥生時代の中期から後期にかけて鉄製の尾野ヤリガンナなどの鋭利な工具がもちいられるようになったため、二本以上の木材をつないだ「複材くり舟」も造られるようになった。やがて、本体のくり舟に波よけの「棚（舷）」をつけるなどのような機能強化が図られ、準構造船が出現した。

『日本書紀』の記事をもって、舟そのものの発明のことをさしているとするような見解もあるが、これは誤りで、大型の「船舶」すなわち準構造船の建造のことを表現しているというべきであろう。

また、帆を立てるための穴をもった船形埴輪などもみつかっており、準構造船はいうまでもなく、くり舟などにおいても、ムシロやゴザなどでつくった帆がもちいられていたであろう。船帆という地名は、このようなことを表わしているようにおもえる。

つづけて、『肥前国風土記』は、景行天皇が神埼郡の「蒲田《かまた》の郷」に立ち寄ったことを記している。

「蒲田の郷は郡役所の西にある。おなじ天皇が行幸されたとき、この郷にお宿りになった。お食事をお進めしたとき、蝿がひどくたくさん鳴いて、その声が大層かまびすく、うるさかった。天皇は『蝿の声、甚囂《かま》（あなかま）』とおっしゃられた。それで囂の郷といった。いま蒲田の郷というのはなまったものである」

蒲田（神埼市千代田町・佐賀市）は、『和名抄』では

「加万多」と表記されている。

蒲田にある港は、蒲田津（佐賀市蓮池町蒲田津）とよばれた。蒲田津は筑後川河口の微高地にあり、佐賀江川と三根川（城原川）の二つの川が筑後川と合流しているため、古代から有明海沿岸の河口港として利用されてきた。蒲田に一泊した景行天皇は、つぎに「琴《こと》木《き》」に立ち寄った。

琴木という地名の所在地はよくわかっていないが、郡役所の南にあると書かれていることから、千代田町の西方にあったであろう。千代田町余江の香椎宮とする説もある。

景行天皇は、この琴木で奇妙なことをした。

『肥前国風土記』によると、景行天皇は、「この地には岡があるべきである」として、岡をつくらせたというのである。

すなわち、「琴木の岡は高さ二丈、周囲五十丈で、郡役所の南方にある。この地は平原で、元来岡はなかった。大足彦天皇（景行天皇）は『この土地の地形では、かならず岡があるべきである』とおおせられ、すぐさま人々に命令してこの岡をつくらせた。つくり終わったとき、岡に登って宴をし、興が尽きてのち、その御琴を立てると、琴は高さ五丈、周囲三丈の樟《くすのき》と化してしまった。そういうわけで、琴木の岡という」とある。

丈とはもともと成人男子の身長のことで、周尺では約一・七メートルになる。高さ二丈といえば約三・五メートル、周囲五十といえば八〇五メートルになり、正方形であるとすれば、一辺の長さは約二一メートルになる。後世の尺貫法でいえば、一丈は尺の十倍で、約三メートルとなり、約二倍の規模になる。急ごしらえで完成したことからみて、周尺かそれに近い尺度をもちいてつくったとみるべきであろう。

それはともかく、景行天皇の「この地には岡があるべきである」という発言が注目される。中国の陰陽道にもとづいて、そのような発言をしたのではないかとおもわれるからである。

陰陽道とは、古代中国の陰陽五行説に基づいて、天文や吉凶などを占うことで、専門の陰陽師については大宝律令（七〇一年）にはじめて規定された役職であるから、景行天皇当時はたして陰陽道が中国から伝わっていたかどうか確認することはできないが、邪馬台国の卑弥呼の鬼道をはじめ、日本古来のやり方による加持祈祷や占いなどをおこなう伝統的技法があったとしてもおかしいことではない。

景行天皇は、天皇家に伝わる伝統的な手法によって、地形を読み、岡をつくらせたのであろうが、あるいはこの当時すでに陰陽道が中国から伝来していたのだろうか。

◉吉野ヶ里遺跡

神埼郡内を巡幸するとき、景行天皇は拠点となる行宮を造営していたようである。

『肥前国風土記』には、「宮処《みやこ》の郷は郡役所の西南方にある。おなじ天皇が行幸なされたとき、この村に行宮を造営したてまつった。それで宮処の郷という」とある。「宮処」の所在地は不明であるが、郡役所の西南に方あると記されていることから、千代田町西南部一帯とみていいであろう。

これまで再三述べたように、「風土記」や『日本書紀』などに多く記されている地名説話は、天皇などの言葉によってはじめて命名されたように記されているのがほとんどであるが、古くからの地名を、天皇の権威によってあらためて認知したものともとれるものが少なくない。

神埼や三根など『肥前国風土記』などにもとづいて列挙してきた地名が、景行天皇時代以前から伝わる古い地名であるとすると、宮処という地名もまた、古い時代から伝えられたものであるかもしれず、そうするといずれかの時代に神埼を治める神がいて、その都を神埼郡内に置いていたことをしめすものであるかもしれない。なぜこのようなことを述べるかというと、この神埼郡内にはまさしく古い王国が存在していたことが確認されているからである。

それは、神埼郡内の田手川中流域で発掘された、「吉野ケ里遺跡」(神埼郡吉野ヶ里町・神埼市神埼町)である。田手川は、吉野ヶ里町北部にある蛤岳を源に、神埼町、千代田町を経て筑後川に注ぐ川である。むろん古い時代においては、有明海に直接注いでいた川であった。

吉野ケ里遺跡は、昭和六十一(一九八六)年から平成元(一九八九)年の佐賀県教育委員会の発掘調査によって、紀元前五世紀(縄文時代晩期後半ないし弥生前期)から紀元三世紀(弥生時代後期)にかけて、長期間にわたって営まれた集落の跡として一躍全国的に有名になった。

縄文時代晩期ないし弥生前期ごろ吉野ヶ里丘陵の南端に、稲作を中心とした小さな環濠集落が形成され、紀元前三世紀から二世紀（弥生時代前期前半から後半）になると、丘陵の南から北へ環濠集落が拡大して約三ヘクタールの規模となり、青銅器の鋳造など外来の技術を導入し、おそらく周辺の小規模な集落の盟主的な集落として栄えた。

紀元前一世紀になるとますます発展し、約二〇ヘクタールの規模となり、専門的な青銅器の工房なども設けられ、大量の青銅器が造られるようになった。丘陵の見晴らしのよい場所に約四五メートル規模の祭壇が設けられ、この祭壇から北を向いて歴代の首長の墳丘墓が築造されている。

北側に宗廟、南側に祭壇という配列様式は中国の祭祀儀礼の影響を受けたもので、紀元前一世紀というきわめて早い時期に、すでに中国文化がこの地域に伝来していたことをしめしている。

一般の庶民は墳丘もない共同墓地的な区画に列をなして埋葬され、しかも剣や矢で傷ついた遺体もまじっている。吉野ヶ里の集落が拡大し、周辺集落を統合する過程で激しい武力闘争――戦争があったことをしめしている。

紀元前一世紀から紀元三世紀（弥生時代中期後半から後期）は、吉野ヶ里が最も発展した時代である。紀元二世紀末は「倭国大乱」の時代であり、紀元三世紀は「邪馬台国の時代」でもある。吉野ヶ里の環濠集落はクニの首都、祭祀と政治の中心としての機能を拡大し、高床式倉庫や物見やぐら、高楼などの大型建築物が立ち並び、市場なども整えられた。『魏志倭人伝』にいう、「宮室、楼観、城柵」などを備えた邪馬台国の中心地をまさに彷彿とさせるもので、将来邪馬台国の首都が見つかって発掘されたとしても、ほぼ同様の光景を見ることになるはずである。

やがて、この広大な環濠集落は古墳時代になると凋落してしまう。これはおそらく、邪馬台国の東遷および大和朝廷の成立の過程で、この地方国家が併呑・解体されていったことをしめしている。

このように、吉野ヶ里遺跡は、集落の形成とクニの成立までの発展形態と衰退の一連の過程がわかるきわめて貴重な遺跡である。このような吉野ケ里遺跡が存在していたということは、神埼をはじめ周辺の地名のなかには、邪馬台国時代かそれ以前の時代に起源を有する地名もいくつか残されているはずである。

『魏志倭人伝』のなかに、邪馬台国の周辺諸国として、「対蘇国」「蘇奴国」「呼邑国」「華奴蘇奴国」「鬼国」などが列挙されており、それぞれ、鳥栖《とす》国、佐嘉《さか》国、小城《おぎ》国、神埼《かんざき》国、基肄《きい》国と読めないでもない。

神埼という地名は、吉野ヶ里を拠点にした王族の記憶を伝えているのかもしれず、『肥前国風土記』の記事を率直に読めば、地方国家の拠点であった吉野ヶ里集落を治めていた首長は、大和朝廷の成立の過程で、一地方の「荒ぶる神」に転落し、ついには大和朝廷によって完全に制圧されてしまったとみるべきかもしれない。

◉佐嘉の女酋

神埼に巡幸した景行天皇のその後の足取りはよくわからない。

神埼の西方に佐嘉（佐賀県佐賀市）があるが、『肥前国風土記』には、佐嘉という地名が景行天皇ではなく、その子の日本武尊によって命名されたと記されている。

「むかし樟《くすのき》が一本この村にはえていた。幹も枝も高くひいで、茎葉はよく茂り、朝日の影は杵島郡の蒲川《かまかわ》山をおおい、夕日の影は養父郡の草横山をおおった。日本武尊が巡幸されたとき、樟の茂り栄えたのをご覧になって、『この国は栄《さか》の国というがよい』とおおせられた。そういうわけで、栄《さか》の郡といった。のちに改めて佐嘉の郡という」

景行天皇が大和に帰還したのち、ふたたび熊襲が反乱をおこしたため、皇子の日本武尊を九州に派遣した。このとき、日本武尊は藤津郡に立ち寄っり、佐嘉郡・小城郡方面を巡幸して熊襲を討伐している。

日本武尊が討伐した熊襲建は、一般には薩摩地方を拠点にしていたように解されているが、日本武尊の足跡からみて脊振山などの高地を拠点にしていた部族であるようにおもえる。

佐嘉という地名の由来について、『肥前国風土記』はつづけて別の伝承を伝えている。

「ある人はこうもいう。郡の西に川がある。名を佐嘉川という。年魚《あゆ》がいる。その源は郡の北の山からでて、南に流れて海に入る。この川上に荒ぶる神があった。往来の人を、半分は生かし、半分は殺した。ここに県主らの先祖の大荒田が占いによって神意をおうかがいした。ときに土蜘蛛大山田女と狭山田女という者がいたが、この二人の女子がいうには、『下田の村の土を取って、人形と馬形をつくってこの神をお祭りすれば、かならずおとなしくやわらぎなされるでしょう』といった。そこで大荒田はその言葉にしたがってこの神を祭ったところ、神はこの祭祀を受け入れてついに和んだ。ここに大荒田は、『この婦人はじつにまことに賢女《さかしめ》である。それゆえに、賢女という言葉をもって国の名としたいとおもう』といった。そういうわけで、賢女《さかしめ》の郡といった。いま佐嘉《さか》の郡とよぶのは、なまったものである」

佐嘉川というのは、嘉瀬《かせ》川のことである。脊振山地の金山（標高九六七・二メートル）を源に、神埼郡三瀬村の栗原川や高瀬川などと合流し、佐賀郡富士町・大和町・佐賀市・小城郡三日月町・佐賀郡久保田町などを経て、有明海に注ぐ全長五六・九キロの一級河川である。佐賀平野の大動脈ともいえる川であり、上流は川上川ともよばれる。律令時代の肥前国府は、上流の佐賀市大和町にあった。嘉瀬川もまた時代によってその蛇行の姿を大きく変えており、もともとは現在の市ノ江水道から東に流れて、巨瀬川・佐賀江川を経て、筑後川に注ぎ込む川であったらしい。

佐賀市諸富町に大津とよばれる大きな港があり、律令時代には国府津とされたという（『佐賀県史』）。

佐賀市大和町に東山田と西山田という地名があることからみて、土蜘蛛の大山田女と狭山田女という二人の女性は、このあたりを根拠にしていた女酋であったろう。邪馬台国の卑弥呼とおなじく、女性を首長とする祭政一致の伝統にしたがっているようにおもわれ、したがって県主らの先祖の大荒田という人物が、土蜘蛛の大山田女と狭山田女に占いをさせたというこの伝承も、景行天皇や日本武尊の時代よりもずっと古い時代のものであるようにおもわれる。

『肥前国風土記』は、つづけて、「また、この川上に石神がある。名を世田姫という。海の神（鰐魚《わに》とよぶ）が毎年毎年流れにさからって、潜り上ってこの神のもとへくる。海の底の小魚がたくさん従って上る。その魚をおそれかしこむ人には災いがないが、またその反対に、人がこれを捕って食ったりすると死ぬことがある。これらの魚たちは、二、三日とどまって、また海にもどる」と書いている。

嘉瀬川（川上川）の上流に「與止日女《よどひめ》神社」（佐賀市

大和町大字川上）がある。延喜式内社、旧県社であり、河上神社とも称し、淀姫神社とも書く。祭神は「與止日女神」であり、『肥前国風土記』の記す「世田姫」と「與止日女」は同一人物とみるべきであろう。

ただし、與止日女神社の社伝では、祭神を神武天皇の祖母の豊玉姫とする説と神功皇后の妹とする説が伝えられている。六キロほど上流の富士町にある「淀姫神社」の祭神は豊玉姫とされており、これからすると豊玉姫を祭神とする説も有力であるかもしれない。

與止日女神社文書の建久四（一一九三）年十月三日付けの在庁官人署名在判の書状に、「当社は、一国無双の霊神、三韓征伐の尊社なり」と記されており、社伝には、「神功皇后が朝鮮に進出のおりに、海神を祭り、航海の安全と戦勝を祈った。神功皇后の妹に当たる與止日女命は磯童とともに鯰に乗って龍宮に到り、満珠・干珠をもたらした。凱旋したのち、満珠・干珠はこの神社に納められた」とあるから、古い時代から神功皇后ゆかりの神社として崇められていたことも確かである。

これらの伝承を総合的に勘案すれば、おそらく、もともとはこの嘉瀬川（川上川）流域を支配する佐嘉国ともいうべきミニ国家―クニがあり、それを統治していた女王が風土記の伝える世田姫（與止日女）であったろう。ところが時代が下り、大和朝廷による支配が進むにつれて、一女酋たる世田姫を祭神とすることについてはばかりが生じ、中央の権威につらなる人物を祭神とする必要が生じたにちがいない。そこで、まず「世田姫＝豊玉姫」という連想がはたらき、その次に神功皇后の伝承が付加されたのであろう。

県主らの先祖の大荒田が祭祀をおこなわせた土蜘蛛の大山田女と狭山田女という二人の女酋は、あるいはこの世田姫の系統を引くものであったかもしれない。

11 神功皇后の足跡

三箇山
砥上
勝山
古処山
陣内
野島
畑嶋
目配山
秋月
江川
日向石
栗田八幡
大己貴神社
弥永
矢野竹
野竹
仙道古墳
草場川
角枝
大平山
安見ヶ崎山
美奈宜神社
国道386
寺内
甘木
屋形原
荷原
小石原川
(安川)
三奈木
大分自動車道
宮野
一ツ木・小田台地
平塚川添遺跡
佐田川
須川
荷原川
蜷城
大庭
入地
美奈宜神社
山田
福成神社
恵蘇八幡
筑後川
浮羽の行宮

◉岡浦の大倉主と菟夫羅津媛

『筑前国風土記』が数少ない断片しか伝えられていないため、筑前地方における景行天皇の足跡についてはほとんど知ることができない。

ただし、景行天皇の孫にあたる仲哀天皇と神功皇后が、熊襲討伐のため九州に下向した記事については、『日本書紀』『古事記』や風土記などにわりと詳しく記されており、また地元の伝承も豊富であることから、当時の情勢をかなり知ることができる。

詳しくは、『神功皇后の謎を解く』を参照されたいが、景行天皇のその後の行動とも関連するので、その概要について紹介しよう。

仲哀天皇は、紀伊国（和歌山県）の「徳勒津宮《ところつのみや》」（和歌山市新在家）にいたとき、熊襲が反乱したという知らせを聞き、船に乗って瀬戸内海を下り、「穴門《あなと》の豊浦《とゆら》の津」（山口県下関市）に到着したのち、角鹿《つぬか》（敦賀）に滞在していた神功皇后に応援を求めた。

神功皇后は軍勢を率いて西下し、豊浦の津で仲哀天皇と合流し、しばらくの間、「穴門豊浦宮《あなとのとゆらのみや》」すなわち、忌宮神社（下関市長府宮の内町）の地に滞在した。やがて仲哀天皇と神功皇后一行は、周芳（防周）の「沙《さ》麽《ば》の浦」から、船団を組んで九州へ渡った。

『日本書紀』によれば、このとき、「岡《おか》の県主《あがたぬし》の先祖の熊鰐《くまわに》が、天皇の行幸を聞いて、あらかじめ五百枝の賢木《さかき》を切って、九尋《ひろ》の船の舳先に立て、賢木の上の方の枝には白銅鏡《ますみのかがみ》を掛け、中の方の枝には十握剣《とつかのつるぎ》を掛け、下の方の枝には八尺瓊《やさかに》を掛けて、沙麽《さば》の浦に出迎えのためにやってきた」という。

岡とは、遠賀《おんが》のことであり、現在の福岡県遠賀郡あたりのことである。岡の県主の先祖の熊鰐《くまわに》とは、遠賀地方を支配する豪族であった。

また、このとき仲哀天皇らの船団は、関門海峡の西口にある「引嶋《ひこしま》」（山口県下関市彦島）あたりで、筑紫の伊覩《いと》の県主《あがたぬし》の先祖「五十迹手《いとて》」という人物の出迎えを受けた。

『日本書紀』によると、筑紫の伊覩の県主の先祖の五十迹手が、天皇の行幸を知って、熊鰐と同じく、船の舳先に五百枝の賢木（榊）を立て、上から順に八尺瓊、白銅鏡、十握剣を下げて出迎えたという。仲哀天皇は、五十迹手を、「いそし（伊蘇志）」と、ほめたという。よくつとめる、精励する、というような意味である。

つづけて、『日本書紀』によれば、「このため、当時の人々は五十迹手の本国を名づけて、伊蘇国《いそのくに》というようになった。今伊都《いと》というのは、それがなまったものである」とする。伊都というのは、『魏志倭人伝』にも伊都国として出てくるきわめて古い地名である。怡土郡《いと》（福岡県糸島市）あたりのことである。これまた、例によって天皇の権威によって、公に認知し、一般化する儀式であったろう。

ちなみに、『筑前国風土記』逸文では、天皇が五十迹手にむかって、「おまえは誰か」とたずねると、五十迹手は、「高麗の国の意呂山《おろ》（蔚山）に天から降ってきた日鉾《ひぼこ》の末裔の五十迹手というのは私のことです」とこたえたという。

「日鉾」とは「天《あめ》の日矛《ひぼこ》」のことである。『古事記』の応神天皇の条に出てくる人物である。むかし、朝鮮の新羅国の阿具沼《あぐぬま》のあたりで昼寝をしていた女性の陰部に日光が指し、女性は赤玉を生んだ。天の日矛はある男からその赤玉を手に入れたが、その赤玉が美しい娘に変身し、天の日矛はその乙女と結婚する。しかし、その妻は夫である天の日矛のもとを逃げ去り、日本の難波（大阪）にとどまった。妻を追って日本に渡った天の日矛は、但馬国（兵庫県）にとどまり、そこで新たに妻をめとり、子をもった。その子の名は「多遅摩《たじま》母呂須玖《もろすく》」という。その子孫に「葛城《かずらき》の高額比売命《たかぬかひめ》」という女性がいるが、この女性こそ神功皇后の母であった。高額比売命と開化天皇の子孫の息長宿禰王《おきながのすくね》との間に生まれたのが神功皇后だったのである。神功皇后が別名を息長足姫尊《おきながのたらしひめ》といわれるのは、父系の息長氏からきている。

五十迹手の出迎えを受けた仲哀天皇の船は、響灘の方から山鹿岬《やまかのさき》（北九州市若松区岩屋にある遠見ノ鼻（妙見崎））を回航して岡浦《おかのうら》入った。ところが、仲哀天皇の船が山鹿岬を回って岡浦入ったところで、いきなり船が進むことができなくなった。

仲哀天皇が水先案内を勤めていた熊鰐にむかって、「熊鰐は清らかな心でやってきたのに、どうして船は進まないのか」となじると、熊鰐は、「お船が進まない理由は、臣の罪ではございません。この浦のほとりに、男女の二神があり、男神を大倉主《おおくらぬし》と申し、女神を菟夫羅媛《つぶらひめ》と申します。おそらくこの神のせいであります」と弁明した。

熊鰐の申し立ては仲哀天皇に受け入れられ、『日本書紀』によると、仲哀天皇は、「菟田《うだ》」（奈良県宇陀郡）の舵取りの「伊賀彦」に命じてお祓いをさせたという。

航行を妨げた神は、「大倉主《おおくらぬし》」という男神と「菟夫羅媛《つぶらひめ》」という女神であった。この二神は、遠賀郡芦屋町にある「岡湊神社《おかのみなとじんじゃ》」と遠賀郡岡垣町の「高倉《たかくら》神社」の祭神とされている。

『太宰管内史』によれば、大倉主は高倉神社近くの高津峰に天降った神であるという。古い時代には遠賀郡から企救郡一帯を治めていた人物とみられるが、スサノオノミコトの子という伝承が残されている。菟夫羅媛とは、大倉主とともにまつりごとに携わったこの地方の女酋であったろう。

いずれにしても、仲哀天皇が菟田《うだ》の伊賀彦に命じて祈祷をさせると、たちまち船は前進することができ、一行は岡浦に上陸することができたという。

一方、神功皇后は別船で「岡浦」にむかった。彦島の東海岸沿いを南下し、関門海峡を横切って対岸の企救半島をめざし、小森江（北九州市門司区）に渡り、「洞海《くきのうみ》」（洞海湾）に入り、若松半島の江川を通って進んでいった。その途中干潮のため、神功皇后を乗せた船が動けなくなった。

岡の浦から出迎えのためやってきた熊鰐は、神功皇后の船が進退極まっているのを見て、恐れおののき、神功皇后の怒りを静めようとした。熊鰐は部下たちに急いで干潟に沼と池――「魚鳥池」をつくらせ、そこに魚と鳥を集めて、神功皇后を慰めたという。

『日本書紀』によると、やがて潮が満ちてきたので、船が動くことができるようになり、神功皇后は遠賀川河口の「岡津《おかのつ》」（芦屋町）で仲哀天皇と合流した神功皇后は、やがて、儺県《なのあがた》の橿日宮《かしひのみや》に移動して、そこを拠点とした。

◉仲哀天皇の急死

儺県とは、奴国のことであり、橿日宮とは、香椎宮（福岡市東区香椎）のことである。

香椎宮に居を構えた仲哀天皇と神功皇后は、さっそく熊襲討伐にむけて準備を進め、その年の秋九月五日に軍議を開いた。そのとき、神功皇后に神が乗り移り、その神が神功皇后の口を借りて、仲哀天皇を責めた。

『日本書紀』によると、「天皇よ、どうして熊襲の従わないことを憂えるのか。その土地は荒れた不毛の国である。戦いをして討つには値しない。その国よりもはるかに宝があり、たとえば処女の眉毛のように、かすかに海の向こうに見える国がある。まばゆいばかりの金・銀や彩色がたくさんある国である。これを、栲《たく》衾《ふすま》新羅国という。もしよくわたしを祭ったら、刀に血を塗らないで、その国は服従するであろう。また、熊襲も従うであろう。そのための捧げ物として、天皇の御船と穴門直践立《あなとのあたいほむたち》が献上した水田（名づけて大田という）を差し出しなさい」と、不毛の熊襲国を討伐するより、金銀財宝に富んだ新羅国を討伐せよ、と神功皇后に乗り移った神が告げたのである。

『古事記』では、「西の方に国がある。金銀をはじめとして、目のくらむようなたくさんの宝物がその国にあるが、わたしがその国を授けよう」といったという。

しかしながら、仲哀天皇はその神のお告げに疑いを抱き、高い山に登ってはるかかなたの大海を眺めたが、広々とした海が見えるだけで、新羅国は見えなかった。

そこで仲哀天皇は、神にむかって、「私が見まわしたのに、海だけあって国はありません。どうして大空に国がありましょうか。いたずらにわたしを欺くのは、いったい何という神でしょうか。わが皇祖の代々の天皇は、すべての神をお祭りいたしております。どうして漏れた神がありましょうか」といった。すると、神が再び神功皇后に乗り移って、「水に映る影のように、はっきりと天上から見えるのに、どうして国がないといってわたしの言葉をそしるのか。そんなことを言って信用しないのであれば、おまえは国を保てないであろう。ただし、いま皇后が身ごもった。その御子が国を得るであろう」といった。

神の言葉を信じない仲哀天皇は、いずれ国を失い、神功皇后が身ごもった子供が譲り受けることになるであろう、とその神は予言した。

『古事記』によると、神に逆らった仲哀天皇は急死したことになっている。しかし、『日本書紀』によると、強引に熊襲征伐を実施し、勝つことができずに帰還して、一説によると熊襲の矢に当たった傷がもとで亡くなったという。『古事記』にくらべ『日本書紀』の方が詳細な経過を書いているところから、仲哀天皇はいったん熊襲討伐に出向いたのちに急死したのであろう。

◉羽白熊鷲討伐

神功皇后は、新羅遠征の前に後顧の憂いを断つことにし、吉備臣《きびのおみ》の先祖の鴨別《かものわけ》に熊襲討伐を命じた。鴨別は、ただちに軍勢を率いて熊襲討伐にむかった。『日本書紀』では、「十二支が一周（十二日）する前に、自然と服従した」と書かれているとおり、鴨別はたちまちのうちに熊襲討伐を終えたというが、どこを拠点にしていた熊襲を討伐したのか不明である。

一方、熊襲討伐を命じた神功皇后は、「羽白熊鷲《はじろくまわし》」という反逆者をみずから出向いて討伐することとした。

羽白熊鷲は、儺（奴）の県の南方、脊振山系から朝倉郡にかけた山岳地帯で勢力を有している土酋の一人であった。『日本書紀』によれば、「その人となりは強健で、翼があり高く飛ぶことができる。皇命に従わず常に人民を掠めている」というように、まるで翼を持った鳥のように軽々と野山を動きまわることのできる山岳系の人物であった。

神功皇后は軍勢を率いて香椎宮を出発し、御笠川沿いに南下していった。御笠川は大宰府の宝満山から福岡市博多区へ流れ、博多湾に注ぎ込む川である。大宰府防衛のために重要な役割を果たした川で、大宰府から福岡平野への出口には白村江の戦い（六六三年）の翌年、天智天皇時代に築かれた水城の堤防が現在でも残っている。また、御笠川流域には板付遺跡など弥生時代を代表する遺跡が残されている。

山田村（大野城市山田）に、「御笠の森」という森があった。『日本書紀』によると、「皇后が熊鷲を討とうと思って、橿日宮（香椎宮）から松峡宮《まつおのみや》に遷りなされた。このときつむじ風がたちまち起こって、御笠が吹き落とされた。それゆえ、人々はその地を名づけて御笠といった」という。

神功皇后一行は、御笠の森あたりを通って、御笠川沿いの道を上流に向けて進んでいった。水城付近から太宰府の中を抜け、筑紫野市の宮地岳（標高三三八メートル）の北側あたりから朝倉郡に入っていった。『筑前国続風土記』には、「三箇山《さんが》（朝倉郡筑前町）の西南に長い山がある。三並、曽根田、砥上の東北にある山である。この山の西北に高い山がある。山家（筑紫野市）の方に近い。夜須郡と御笠郡の境である。神功皇后が通られたところから、神おり峠という」とある。宮地岳（天山）から山家付近に抜け、砥上岳（標高四九六メートル）の南麓方向に進んだらしい。

大根地山《おおねち》（標高六五二メートル、筑紫野市・筑穂町）の中腹南面の見晴らしのよい場所に「烏帽子岩《えぼしいわ》」という岩があって、神功皇后が羽白熊鷲との戦いの様子を眺めたといわれる。

旧夜須町に砥上《とがみ》という村がある。砥上岳の南麓にあり、そこには中津屋神社がある。砥上神社とも呼ばれる。三神を祭り、真ん中が神功皇后、東側（向かって右側）が住吉大神、西側（向かって左側）が八幡大神すなわち応神天皇である。、

「神功皇后が新羅を討とうとなされて、まず諸国の軍衆をここまで招き寄せられ、中宿なりとおっしゃられたので仲ッ屋と号するようになった。そして、軍衆に命じて、各兵器を研ぎ磨かせられた。故に砥上というそうである。このような遺跡であるので、後世に至って神功皇后を祝い祭ったのであろう。むかしは相当な大社であったらしく、宮所は広く壮麗で、池も橋も世の常ではなかった。むかしは一月十五日に祭礼があり、神楽を奏し、射礼をおこなった。また、九月二十四日には恒例の大祭がおこなわれ、神幸があった」という伝承が残されている。

神功皇后は中津屋神社を中宿にして、羽白熊鷲の掃討作戦を練ったらしい。中津屋神社の東一キロに陣ノ内（夜須町三並）という所があり、そこに神功皇后の陣所が置かれたという。

陣ノ内から東南方向一・五キロのところに栗田《くりだ》（朝倉郡筑前町栗田）がある。目配山（標高四〇五メートル）の南西麓にあり、小石原川右岸の平野部に位置し、草葉川が流れている。山の南斜面には「栗田《くりだ》八幡宮」がある。三神を祭っており、東（向かって右）が神功皇后、真ん中が八幡大神すなわち応神天皇、西（向かって左）が住吉大神である。

『筑前国続風土記』は、「むかし神功皇后が羽白熊鷲を討つため、ここを通過されたところから、ここに祝い祭っているのであろうか」と書いている。

栗田は古くから開けていた土地で、縄文中期～後期の栗田遺跡があり、弥生時代中期の甕棺墓群遺跡が発掘され、銅矛と丹塗研磨の高杯・壺・大型器台が出土した。また、溝落谷からは石棺と石製紡錘車などが出土し、栗田谷古墳群からは玉・鐶・刀子・鉄鏃・片把手付土器などが出土している。

栗田から東二キロの弥永《いやなが》というところに、大己貴神

社がある。延喜式内社で旧県社である。大己貴命を主神として、相殿には天照大神と春日大神を祭っている。『日本書紀』などには「大三輪社」や「大三輪神」と記されている。

大己貴命は、大物主神のことであり、神功皇后に随行していた大三輪《おおみわ》氏の氏神とされている。『日本書紀』には、「秋九月十日、諸国に令して船舶を集め、兵を訓練された。ときに軍卒が集まりにくかった。皇后がいわれるには『これは神のお心なのだろう』と大三輪の神社を建て、刀と矛を奉納なされた。すると軍兵が自然に集まった」と書かれており、また、『釈日本紀』所収の『筑前国風土記』逸文には、「気長《おきなが》足姫尊《たらしひめ》（神功皇后）が新羅を討とうと思って兵士を整備して出発されたときに、道の途中で兵士が逃亡してしまった。そのわけを占ってたずね求められると、すなわち祟っている神があった。名を大三輪の神といった。それでこの神の社を建てて、ついに新羅を征服なされた」と書かれている。

筑前町の東側に隣接する朝倉市に、小石原川が流れている。夜須郡の中を通っていたことから、この川は安川とも呼ばれた。「夜須」は、古くは「安」と書かれた。

◉邪馬台国朝倉説

安本美典氏は、邪馬台国の所在地に関して、『魏志倭人伝』だけの情報では不十分であり、日本側の記録である『古事記』や『日本書紀』などをあわせ用いる必要がある、ということを前提に綿密に考証したうえで、次のような結論を導き出している。

一、『古事記』『日本書紀』の記す日本神話によれば、天皇家の祖先神である天照大神をはじめとする天つ神は、高天の原に住んでいた。

二、日本神話の伝える天照大神は、卑弥呼のことが伝承化したものである。

三、したがって、高天原は邪馬台国のことを伝承的に伝えたものである。

「わが国の古代のことを記した『古事記』と『日本書紀』には天皇の系譜が記されている。したがって、ある天皇が、ある天皇の何代前の天皇かはわかる。しかし、古い時代の天皇については、その天皇が西暦何年ごろの人かという実年代はわからなかった。『古事記』本文はどの天皇のつぎに、どの天皇が立ったかを記しているだけである。『日本書紀』は、神武天皇以下歴代の天皇の記事において、即位をはじめとする種々の事件のおきた年月日を記している。しかし、『日本書紀』の年月日の数字は、たとえば、神武天皇が百二十七歳まで生きたとし、孝安天皇の在位期間を百二年とするなど、信頼できない。『古事記』と『日本書紀』とでは、年紀や個々の事実ではかなり食い違いがあるものの、天皇の代の数については完全に一致している」

——つまり、実年代のはっきりしている古代の諸天皇の平均在位年数を約十年と算出し、これをもとに統計学的な方法を用い、推定の誤差計算をおこないながら古代にさかのぼっていくと、まさしく卑弥呼と天照大神の年代が一致したのである。

『魏志倭人伝』は西暦二三八年ごろに、女王卑弥呼の使いが魏に貢献したことを伝えている。すると天照大神は三世紀半ばごろの女王であったということになる。

つづけて安本美典氏は、天照大神と卑弥呼が同一人物であると推定して以下のような論拠を示している。

一、ともに女性である。
二、ともに宗教的権威をそなえている。
三、ともに夫をもたなかったようである。
四、卑弥呼には弟がいたことになっている。天照大神にも須佐之男の命、月読の命という弟がいる。
五、『古事記』には、「天照大神、高木神二柱の神の命をもちて」などの記述がしばしば見られ、高木神は天照大神といっしょに、しばしば命令を下したりしている。『魏志倭人伝』の女王の言葉を伝えるために出入りしている一人の男と高木神が符合するようにおもわれる。

そして、『古事記』神話のおもな舞台が九州であることから、『古事記』『日本書紀』の伝える「高天の原」こそが邪馬台国のことを神話的に伝えたものであり、「高天の原＝邪馬台国」は、筑前国の夜須郡付近であるとの結論を導き出している。

その理由として以下のようなことを掲げている。

一、高天の原には「天の安河」が流れ、その河原に神々が集まって会議を開いたというが、夜須（安）には夜須（安）川が流れている。
二、日本神話に天の香山という地名がしばしば出てくるが、夜須と甘木の近くに香山（高山）がある。

夜須郡周辺の地名と近畿地方の大和郷周辺地域の地名が不思議な一致を示しており、『古事記』と『日本書紀』が伝える神武天皇の東遷、すなわち邪馬台国が東遷したために類似の地名が命名されたのではないかと推察できる。ただし、神武天皇は日向を根拠にしていた天皇であり、邪馬台国は、

筑紫（夜須）→豊前（京都）→
日向（宮崎）→近畿（大和）

というように遷っていったものとされる。

いずれにしても、もともとの邪馬台国の中心地は、九州の朝倉（朝倉市）にあり、邪馬台国の領域としては筑後川のほぼ全領域に及んでいたであろう、というのが安本美典氏の推測である。そう考えなければ邪馬台国の「戸数七万余戸」をおさめることはできないからだ。考古学的に見ても、朝倉には邪馬台国時代の遺物とみられる鉄利器、小型仿製鏡第Ⅱ型などがおびただしく出土している。

安本美典氏の説の骨格をなす四つのポイントがある。

一、平均在位年数約十年を基礎に、古代天皇の在位時期の実年代を推測する。
二、邪馬台国の中心地は、夜須郡周辺にあった。
三、卑弥呼と天照大神は同一人物である。
四、邪馬台国は南九州の日向を経たのち、東遷して大和となった。

これらを当面の前提にして考えると、神功皇后の事跡もわかりやすくなるように思える。

第一に、神功皇后が活躍した時代は西暦三九〇年から四一〇年ごろとなる。四世紀末から五世紀初めにかけての時代である。

第二に、神功皇后は邪馬台国の卑弥呼（天照大神）

の時代から一世紀半程度後の人物であり、邪馬台国あるいは高天原の事跡やそのことの意味を明瞭に理解していたはずである。

第三に、神功皇后にとっては、夜須郡周辺はいわば天皇家発祥のいわば聖地であり、神功皇后はそのことを十分に認識し、あるいはそのことを踏まえて行動したはずである。

第四に、神功皇后は、邪馬台国のその後の変遷を知っていたはずである。

以上のように考えられるということである。

神功皇后一行は、大己貴神社が建てられることになる筑前町の弥永を過ぎ、小石原川（安川）沿いに上流に上っていった。

野鳥《のとり》（朝倉市大字秋月野鳥）という村がある。『日本書紀』に、「荷持田村《にとりたのふれ》に羽白熊鷲という者がいる」と記されているが、『筑前国続風土記』は、「日本書紀の神功皇后の条に、荷持田村に羽白熊鷲という者あり、と記しているのはこの村のことを指すのであろうか。しかしながら、決定は困難である。今は野鳥村という」とあるが、『日本書紀』にいう荷持田村は、現在の野鳥村と断定していい。

野鳥村は、小石原川（安川）中流域の盆地にあり、古処山（標高八五九・五メートル）の南西の麓に位置する。

古処山は白髪山あるいは白山とも呼ばれた。九州の戦国時代には、山頂に秋月氏の根拠となった古処山城があったところである。この村には神功皇后が陣営を置いたという「后《こう》の森」または「郷の森」と呼ばれる所があり、その林の中にある「腰掛石」に座って神功皇后がしばらく休憩したと伝えられ、別伝ではもともと熊鷲が拠点として籠っていた場所であるという（『筑前国続風土記附録』、『飛廉起風』）。

朝倉市大字下渕の東北に「三府」、大字隅江に「車寄」があり、いずれも神功皇后ゆかりの場所であるという（『飛廉起風』）。

神功皇后は甘木・秋月あたりに入ったのち、しばしば戦闘を繰り返しながら進軍し、野鳥村あたりの山岳地帯に羽白熊鷲を追いつめていった。

◉朝倉の伝承

秋月の秋月八幡近くには、神功皇后が鎧をかけたという「鎧掛松《よろいかけまつ》」があり、八丁坂という坂道にある「大休《おおよこい》」という場所は、神功皇后が休憩を取った場所であるという。

「三府の森」付近に「老松神社」（朝倉市下渕）があり、神功皇后を祭神としている。この神社の外側の田の中に、高さ七尺（約二・一メートル）の大岩があり、神功皇后がこの岩と背比べをしたという。その岩は「丈くらべ石」と呼ばれ、霊石として一般の者が手で触れることを禁じられてきたという。

下大庭村の東北に出張野《でばるの》（今は田になっている）という所がある。神功皇后が熊襲を征伐されたとき、官軍を駐屯された所という。また、村の西南に討熊襲《うつをぞ》野《の》という所がある。むかしは野地（原野）であったが、いまは宅地となっている。神功皇后が熊襲を平らげて凱歌を上げられたところであろう。またこのあたりに御帷張《みいばり》という所がある。神功皇后が熊襲を討たれたとき、御帷を張られた所という。村の北の水路の中に、磨劒石《とくつるぎ》という石がある。高さ一尺（約六〇センチ）、横一尺（三〇センチ）の自然石で、里人は『とくつぎ』という。神功皇后が携帯された剣を磨かせられたところから、この土地の名としたという。村の西北に塗器《ぬるげの》瀬《せ》というところがある。川のそばの竹林の生い茂った場所である。神功皇后の軍が器を漆塗りされた所である。民家が七軒ある（『飛廉起風』）。

戦いの合間に、食器の漆を塗ったり武器を研ぎながら、悠然と敵を追いつめていったらしい。もちろん夜明けとともに行軍を開始し、日が暮れればおのずから戦闘は中止されたであろう。

大庭村の西方二キロのところに、桑原村（朝倉市桑原）がある。

『筑前国続風土記附録』に、「桑原村から三町（約三〇〇メートル）ばかり南に、石原口という田の中に、一畝ほどの雑草の生い茂った荒地がある。いにしえは蜷城村林田（朝倉市林田）の「美奈宜《みなぎ》神社」の神輿を休めた所という。あるいは、神功皇后が美奈宜の神を祭られたときに、ここに神輿を留められた所ともいう。したがって、現在でもこの地で耕作をしない」と書かれている。また、林田の東側には片延村（朝倉市片延）があり、「この村から六町（約六〇〇メートル）ばかり西北のヤナキという所に鷺塚というものがある。榊が一株茂っている。神功皇后が美奈宜の社を祭られたとき、鷺が現われ、その鷺がとまった所であるという」

と、神功皇后が熊鷲征伐時に「美奈宜の神」を祭ったという伝承が残されている。「美奈宜」という名は、神功皇后がこの地の「喰那尾《くいなお》山」に陣所を置き、山頂から麓を眺めると、美しい林もあり、清らかな水流にも恵まれ、人家が多く、村は広いことから、「みな、宜《ぎ》」（すべてがすばらしい）と、称えたことに由来するという。

蜷城の林田にある「美奈宜神社」は、筑後川から一キロ北側の平野部にある。「林田神社」とも呼ばれる。ただし、佐田川・荷原川上流の三奈木村寺内にも同名の「美奈宜神社」があり、「栗尾《くいお》神社」とも呼ばれる。栗尾山の大宮谷に中宮跡があり、山頂には上宮跡がある。「栗尾」は「喰那尾」のことであろう。

いずれも祭神は須佐之男命と大己貴命（大国主神）・事代主命親子である。大己貴命と事代主命親子はもともと出雲の神であり、大己貴命を氏神とする大三輪大友主君が主宰して祭祀をおこなったのであろう。

延喜式内社の筑前国下座郡の「美奈宜神社三座」が、どちらの神社であるかについて古来議論されてきたが、『筑前国続風土記』は林田神社の方を美奈宜神社とし、明治新政府もそれを追認したが、のちに訴訟になり、現在では両者とも美奈宜神社ということで一応決着している。

神功皇后たちは、険しい山々へ進軍していった。

熊鷲の根拠地の一つは、鬼ヶ城山にあったらしい。『筑前国続風土記附録』には、「鬼ヶ城山は荷原村と城山村の境にある。むかし羽白熊鷲という鬼がいたので、この名がついたという。（鬼とは強暴の者でみだりに人を殺害するものをいう）」と書かれている。

神功皇后一行は、佐田川中流の山間部に位置する矢野竹村（朝倉市矢野竹）で、矢箆《やの》すなわち矢の幹の材料となる篠竹を伐り取った。このため、この村は矢野竹村と呼ばれるようになったというが、竹を伐採した森は「矢がらの森」と名づけられたという。

また、この村に神功皇后を祭神の一人とする「矢野竹神社」があり、この神社の前にある地蔵堂には「休跡庵」と呼ばれる「腰かけ石」が安置されている。この石は神功皇后が矢箆を切り採る間腰掛けていた石であるという。矢野竹神社には椀に高々と飯を盛って食う「モスソ飯」という珍しい行事があり、熊鷲を恐れた民人たちが裳のすそに飯を包んで山林に逃げ込み、隠れて食事をした故事に由来するという。熊鷲を討伐した神功皇后を偲ぶため、村人たちは祭神として祭るようになったという。

矢峰山は矢船山ともいうが、神功皇后の軍が朝鮮出兵に際し、矢の竹を刈り取った山であるという（『飛廉起風』）。

平原村（朝倉市平原）に神功皇后の本陣が置かれたらしい。盾岩山があり、左右の谷は湿潤で蛭《ひる》の多いところである。兵士たちが足を蛭に吸われて難渋したので、神功皇后が祭祀を営んで蛭の口をふさいだため、その後害をなさなくなったという。平原の続きを「まな板原」ともいい、台地状の地形となっており、熊鷲の一味を屠殺した場所であるという。全滅するとき血しぶきが木の枝に飛び散ったため、「血の枝」と呼ばれたが、のちに転じて「角枝」になったという。

甘木地方を流れる佐田川の上流に「すすぎ原」という場所があり、神功皇后の軍が汚れた兵器を川の水で濯いだという伝承が残されている（『飛廉起風』）。「層《そ》増岐《そき》」と「すすぎ」は発音がよく似ている。場所柄といい地名といい、まさに「層増岐野」にふさわしい。もともとは、「そそき野」あるいは「そそぎ野」と呼んでいたのであろう。それが転じて「すすぎ野」になり、「すすぎ原」という地名として残存したのであろう。

神功皇后は、層増岐野すなわち「すすぎ原」に兵を集結し、鬼ヶ城を根城にしていた羽白熊鷲を野鳥村あたりの山岳地帯まで追いつめ、さらに山を越えて逃げる熊鷲を嘉穂郡の益富山（標高一八九メートル）において殺したという。益富山はまたの名を大熊山ともいう。そして、神功皇后は夜須に帰り、そばに仕えていた者たちに、「熊鷲を討って心安らかになった」といった。このため、その地を「安（やす）」と呼ぶようになったという。

もともとあった「安」という地名に「心安らぐ」という意味を掛け、縁起を担いで、あらためて「安」と宣言したのであったろう。「安」が現在では「夜須」と書かれるのは、おそらくは元明天皇時代の和銅六（七一三）年の、「郡郷の名は、今後好ましい漢字二文字で表記せよ」という勅令によって改められたのであろう。

このように、「安」がきわめて古い地名であったとすると、日本神話の「高天の原」にあったとされる「天の安の河」との関連が問題となることについては、すでに述べたとおりである。

朝倉地方（朝倉郡・朝倉市）は、西から夜須郡・下座郡・上座郡の順となっている。

斉明天皇時代、上座郡に「朝倉橘広庭宮《あさくらのたちばなのひろにわのみや》」という行宮が置かれた。略して「朝倉宮」とよばれる。『日本書紀』によると、斉明七（六六一）年、百済再興支援の要請を受けた斉明天皇は、皇太子の中大兄皇子以下を率いて九州へ向かった。斉明天皇は神功皇后と同じく女帝である。

三月二十五日に博多の那の津に到着し、五月九日に那珂川中流域の「磐瀬《いわせ》の宮」（福岡市南区三宅付近とされている）から「朝倉宮」に遷った。そのとき、「朝倉の社」の木を切り払って宮殿を造ったため、神の祟りを受け、宮殿は破壊された。宮中には鬼火が現われ、大舎人など近侍者に多くの病死者が出たという。そして、七月二十四日には斉明天皇自身が朝倉宮において六十八歳で亡くなったのである。八月一日に、中大兄皇子は天皇の遺体を「磐瀬の宮」に移したが、この日朝倉山の上に鬼が現われ、大笠をつけて葬儀を見つめたので、人々はこれを怪しんだという。

「朝倉橘広庭宮」すなわち「朝倉宮」の所在地については、説が分かれているが、現在朝倉町山田の恵蘇八幡宮境内に「朝倉木之丸殿旧蹟碑」が建てられている。恵蘇八幡宮の祭神は応神天皇・斉明天皇・天智天皇であり、もともと天智天皇が戦勝祈願のために応神天皇（神功皇后の子）を祭って創建したが、白鳳期に斉明天皇と天智天皇が合祀されたという（『筑前国続風土記』）。上座郡の惣社とされている。

「卑弥呼＝天照大神」であり、「邪馬台国＝高天の原＝甘木・朝倉」という安本美典氏の結論を前提に考えると、神功皇后の行動は「聖地奪還」であり、斉明天皇は大和政権発祥の地への「里帰り」ともいえる行動である。

女王たる天照大神あるいは邪馬台国の卑弥呼が居住した地域の第一候補としては、神功皇后と斉明天皇のこれらの行動からみても、この甘木・朝倉地域とりわけ「上座《かみあさくら》」地域を中心にした可能性が高いと思われる。

『魏志倭人伝』には、「男弟があって、佐《たす》けて国を治めている。（卑弥呼が）王となって以来、見た者は少ない。婢千人をもつて自身にはべらせている。ただ男子が一人あって（卑弥呼に）飲食を給し、辞を伝え、居拠に出入りしている。宮室・楼観・城柵をおごそかに設け、つねに人がいて兵器を持ち、守衛している」とあり、卑弥呼が居住していた区域は、一般の集落から隔絶されて独立していたようであり、神聖不可侵の神の座す場所として、まさに「上座」という名にふさわしい。

そして、「下座」の小石原（安）川と佐田川にはさまれた流域――とりわけ「平塚川添遺跡」のある丘陵地帯に邪馬台国の一般住民たちの集落があり、軍事・政治・経済などを実質的に取り仕切る重臣たちや兵卒たちの住居があったであろう。

天智二（六六三）年八月二十八日、日本・百済連合軍は「白村江の戦い」で唐・新羅連合軍と戦って敗れ、ついに朝鮮半島から撤退を余儀なくされたが、翌年には福岡平野から筑紫平野に抜ける要衝の地に水城や大野城を構築して唐・新羅軍の来襲に備えた。天智天皇は北からの攻撃に備えて、朝倉地方および筑紫平野を死守しようとする姿勢を見せたのである。天智天皇の脳裏には、朝廷の聖地であり、母の故地となった朝倉地方の防衛という意味合いもあったに違いない。

神功皇后が、熊鷲を討伐したのち、「安らかになった」と述懐したのは、聖地を奪還した心からの喜びの表現でもあったろう。

冗談のようではあるが、「邪馬台」という発音は「山田」にも通じるともいわれている。空想をたくましくして考えれば、「邪馬台国」の中心地は、一時期朝倉市「山田」の周辺にあったかもしれないのである。安本氏も、「山田という地名と邪馬台との音の近似も、気になるところである」と述べている（『邪馬台国への道』）。

羽白熊鷲の掃討を終えた神功皇后は、次に宝満川を下って、筑後川下流方面に軍団を動かし、三潴郡を通って有明海に出て、すでに述べたとおり、矢部川下流を拠点としていた田油津媛を討伐している。

◉熊鷲一族の実像

ところで、景行天皇の足跡についてである。

『日本書紀』には、朝倉地方に関して、景行天皇の伝承はまったく記されていない。しかしながら『福岡県地理全誌』（福岡県編纂）によると、上座郡の福成神社（朝倉市入地）について「景行天皇西征の時、この神

（宗像三女神）を祭らせた」とあり、甘木の蜷城《ひなしろ》という地名は景行天皇に由来するという伝承が地元に残されている。

『筑前国続風土記付録』によると、「大庭村の日代《ひのしろ》は十二代景行天皇が日代宮（奈良県桜井市）から周防・豊前などの国を経て、筑前国に入られたときにここに滞在されたところから、日代というらしい。神功皇后もまたこの地においでになり、熊襲を征伐なされた。官軍の陣列を閲兵された、と太刀八幡宮の社伝にある」と記されている。

なお、別伝として、羽白熊鷲討伐後、筑後山門の田油津媛を討伐するために南下するとき、神功皇后は太刀を捧げて祈ったため、太刀八幡宮（朝倉市大庭）とよばれるようになったともいう。

蜷城という地名に関しては、この場所に神功皇后が巻き貝の河貝子《かわにな》を集めて城を築き、熊鷲を欺いたからであるという伝承も残されており（『宗像神社縁起』）、また景行天皇の事跡と神功皇后の事跡が混同されている可能性もあり、『筑前国風土記』も失われていることから確定的に述べることは困難であるが、景行天皇が神功皇后に先立って朝倉地方を訪れた可能性は高いというべきであろう。

そうすると、景行天皇、神功皇后、斉明天皇、天智天皇という四人の天皇が訪れ、朝倉の宮が置かれた朝倉地方というのは、やはり天皇家にとって特別の存在であったということになろう。

ところで、景行天皇が朝倉地方を巡幸したとき、神功皇后時代に反乱を起こした熊鷲一族について『日本書紀』に何の言及もなされていないことからみて、熊鷲一族は大和朝廷と円満な関係にあったとみていいであろう。いや、それどころか、安本氏の「邪馬台国＝朝倉説」にしたがうならば、熊鷲一族は天皇家の発祥の地を守る特別の一族であったとみることもできるかもしれない。

安本氏の統計的年代論によれば、景行天皇は三七〇年から三八五年ごろにかけて在位した天皇で、神功皇后は三九〇年から四一〇年ごろ活躍した人物である。せいぜい二十年程度の開きしかない。普通に考えれば、神功皇后の時代に反乱を起こした熊鷲からみれば、父親の時代であろう。景行天皇が朝倉に行幸したとき、幼い熊鷲自身、景行天皇を出迎えた可能性すら考えられよう。

八女津媛の系列に属する八女地方を治めていた女王が、神功皇后に逆らったため田油津媛という蔑称で『日本書紀』に記されたごとく、神功皇后時代に反乱を起こしたため、熊鷲という蔑称によって『日本書紀』に記録される羽目になってしまった人物は、ひょっとしたら邪馬台国時代以来、朝倉地方を治めていた一族の王であったとも考えられる。

安本氏の統計的年代論にしたがえば、熊鷲の時代から邪馬台国時代まで約百五十年であり、景行天皇の時代からは約百三十年である。

景行天皇の時代も、神功皇后・熊鷲の時代も、邪馬台国の卑弥呼の時代とは、それほど隔てられた時代ではない。

安本氏の三世紀前半の「邪馬台国＝朝倉」を前提にすれば、四世紀後半の熊鷲一族は、へたをすれば邪馬台国の後継勢力である大和朝廷の本家筋の部族であった可能性すらあるともいえよう

12 倭の女王たち

有田川
花月川
小迫辻原遺跡
日田
会所山
鏡坂
石井
三隈川(筑後川)
玖珠川
大分へ
天ヶ瀬
五馬
大山川(阿蘇川)

◉大野城の宝満宮

景行天皇の筑前における動向は不明である。『日本書紀』にはまったく記されず、『筑前国風土記』もほとんど散逸しているからである。

しかしながら、朝倉市の蜷城《ひなしろ》などに景行天皇の伝承が残されていることについては、すでに述べた。

筑後川右岸にあたり、景行天皇が拠点とした高羅の宮（久留米市）あるいは生葉の宮（うきは市）からいえば、いわば対岸の至近距離にあり、景行天皇が巡幸したとしてもまったく不自然ではない。

問題は、福岡平野と博多湾岸方面に巡幸したかどうかである。かつて金印奴国が栄えるなど、北部九州における拠点的な地域で、神功皇后もまた朝鮮出兵の戦略的拠点としたところであった。古田武彦氏は景行天皇の巡幸記事がないことなどを根拠にして、九州王朝説を唱えられ、景行天皇は博多湾岸を拠点とした九州王朝の大王であったとされる。

実は、御笠川中流域の大野城市に景行天皇の伝承が残されている。三郡山地の大城山の西北麓に中村（仲村）という集落があり、宝満宮が祭られている。その宝満宮に、「玉依姫がこの地にきて亡くなった。よって御陵を築き、神廟を建てて崇め祭った。十二代景行天皇の時代に熊襲という賊が皇命に背いたので、天皇みずから賊を平定なされた。このとき、景行天皇は御陵の宮に祈願し、熊襲を征伐された」という社伝が残されているのである。

玉依姫とは、海神（一説では豊玉彦命）の娘で、豊玉姫の妹にあたる。

豊玉姫は綿津見《わたつみ》国から日向の彦火火出見尊《ひこほほでみ》（山幸彦）に嫁ぎ、子供を産んだ。ところが、産屋で出産した姿を夫の山幸彦に覗かれたことを恥じて、綿津見国に帰ってしまった。そのとき生まれた子が鵜葺草葺不合尊である。豊玉姫は帰国に際して、妹の玉依姫に子供の養育を託した。そして、玉依姫は成長した鵜葺草葺不合尊の后となって、彦五瀬命、稲飯命、三毛入野命、神日本磐余彦尊の四人の子供を産んだ。末子の神日本磐余彦尊こそ、初代天皇とされる神武天皇である。このように、玉依姫は初代天皇の母とされるきわめて重要な天皇である。

この玉依姫の御陵と神廟と伝えられるものが、景行天皇時代に現存していたことを、この宝満宮の社伝は伝えている。つづけて、宝満宮の社伝は、「神功皇后も三韓を征伐なされるとき、この神廟に祈られた。このとき、玉依姫から神功皇后と姉妹の契りを約束する神託があった」という。

この玉依姫の御陵といわれるものは、後世になってかなり荒れていたらしく、斉明天皇七（六六一）年に朝倉の木の丸殿（朝倉市）に都が置かれたとき、勅命で御陵の宮を再建しようとしたが、その年に斉明天皇が急死したため、天智天皇元（六六二）年九月にとりあえず太い宮柱を立て、九月十八日に神を移し奉ったという。

天智天皇十（六七一）年十月二十二日に、大友皇子《おおとものみこ》をはじめ左大臣蘇我赤兄《そがのあかえ》などの大臣や重臣を集めて朝議を開き、秦友兄《はたのともえ》という人物を奉幣使として派遣し、御陵の名を宝満宮と改めるとともに、村人のうちから二人を選び、正光と佐々保という氏をあたえて、宝満宮の宮司としたという。

宝満宮の御廟は、二間半（約四・五メートル）・三間（約五・四五メートル）の大きさで、瑞垣に囲まれ、楼門もあって、壮麗な建物であったらしい。しかしながら、天正年間（一五三七〜一五九二）の戦国の争乱によって焼失し、勅額や神宝類も失われ、御陵の跡には松の木だけが残ったという。近くにある大野城市立御陵中学校という名称は、この御陵にちなむものである。

このように大野城市の宝満宮には、景行天皇の伝承が残されている。

また、すでに述べたように、『肥前国風土記』の「値嘉《ちか》の郷」の条には、志式島の行宮（長崎県平戸市）にいた景行天皇は、随行していた阿曇連百足《あずみのむらじももたり》に命じて、小近《おぢか》の大耳と大近《おおちか》の垂耳という土蜘蛛を討伐させたことが記されている。

阿曇連百足は、博多湾にある志賀島を拠点とする海人である。

安曇氏の祖先神は底津綿津見神《そこつわたつみ》・中津綿津見神《なかつわたつみ》・上《うわ》津綿津見神《つわたつみ》のワタツミ三神で、志賀島の志賀海神社に祭られている。ワタツミ三神は、大和朝廷の皇祖神である伊弉諾尊から生まれるなど、安曇一族は玄海灘における代表的な海人族として、早くから朝廷に服属していた氏族であった。

阿曇連百足が景行天皇の水先案内人として随行していたことからみて、景行天皇が博多湾を拠点とする海人族を支配下に置いていたことはまちがいない。

『日本書紀』には記載されていないが、これらのことを踏まえれば、景行天皇は博多湾岸地域にも足をのばした可能性が高いとみるべきであろう。

◉日田の久津媛と五馬媛

このようにして、筑前・筑後方面の巡幸を終えた景行天皇は、高羅の宮（久留米市）から生葉の宮（うきは市）にもどり、豊後の日田（大分県日田市）にむけて出発した。

『豊後国風土記』には、「むかし、纏向の日代の宮に天の下をお治めなされた大足彦天皇（景行天皇）が球磨贈於を征伐して凱旋なされたとき、筑後の生葉の行宮をお発ちになって、日田郡にお出ましになった。ここに久津媛という名の神があったが、人間になって出迎えて、この国の国状をよく判断して言上した。こういうわけで久津媛の郡という。いま日田郡といっているのは、それがなまったものである」と書かれている。

日田は、『和名抄』では「日高」と書かれ、『先代旧事本紀』では「比多」と書かれる。いずれにしても、「ヒタ」と読む。

北は豊前・筑前・筑後の三国、南は肥後国に接し、日田盆地の東方から玖珠川が流れ込み、盆地内では日田川（三隈川）とよばれ、西に流れて筑後川となる。南からは大山川（阿蘇川）、北から有田川・花月川・大肥川が流れ込み、盆地の南北は山間地帯となっている。

日田は筑後川上流の筑前・筑後と豊後・肥後を結ぶ要衝の地にあり、この地方の古代遺跡は、広域的な交流の痕跡を色濃く残している。

「久津媛という名の神があったが、人間になって出迎えて、この国の国状をよく判断して言上した」という『豊後国風土記』の記事は、景行天皇が日田を巡幸した当時、かつてこの地方を治めていた久津媛はすでに死亡しており、その祭祀を継承していた久津媛一族が祖神たる久津媛の名において服従の申し出をおこなったことを述べようとしているのであろう。

JR日田駅の北方約二キロのところに、「小迫辻原《こざこつじばる》遺跡」がある。標高約一二〇メートルの丘陵地の上にあり、環濠に囲まれた古墳時代初頭（三世紀末ないし四世紀初頭）の三棟の居館跡が見つかった。

そのうち、東側の一号居館は一辺約四七メートルの環濠に囲まれ、日田盆地を治めた首長級の人物の住居で、西側の二号居館は一辺約三六メートルの正方形の環濠に囲まれ、祭祀儀礼をおこなうための施設ではないかと考えられている。

この遺跡は、ひょっとしたら日田地方を統括した久津媛一族の居住地であったかもしれない。

景行天皇一行は、浮羽から日田にむかって進む途中、石井（日田市石井）を通った。『豊後国風土記』には、「石井の郷は、郡役所の南にある。むかし、この村に土蜘蛛の堡《とりで》があった。石を使用せず、土をもって築いた。こういうわけで、名を石なしの堡といった。後世の人が石井郡というのは、誤っているのである。郷のなかに川がある。名を阿蘇川という。その源は肥後国阿蘇の小国の峰からでて、この郷まで流れてきて、やがて玖珠川に入り、合流して一つの川となる。名を日田川という。年魚がたくさんいる。その終わりは、筑前・筑後などの国をすぎて、西の海に入る」と書かれている。

石井の郷は、日田郡五郷の一つで、日田盆地の西南部に位置している。律令時代には石井駅が置かれ、江戸時代には石井の渡しが置かれたところで、水陸交通の要衝とされてきた。

石井のガランドヤ遺跡からは、六世紀なかごろの二基の装飾古墳が見つかっている。

四世紀後半の景行天皇の時代からいえば、ずっとのちの時代の遺跡であり、石井あたりを拠点とした地方豪族の墳墓であったろう。

景行天皇は、石井を経て日田川（三隈川）左岸の鏡坂（日田市上野町鏡坂）に到着した。『豊後国風土記』には、「鏡坂は、郡役所の西にある。むかし、纏向の日代の宮に天の下をお治めになった天皇（景行天皇）がこの坂の上にのぼって国の形勢をご覧になり、『この国の地形はなんと鏡の面に似ていることか』とおっしゃられた。それで鏡坂という。これはその由来談である」と書かれている。

唐橋世済編『箋釈豊後風土記』には、「鏡坂は石井郷の上野村の東にあって、坂の上には南北二本の道路があり、ともに筑後方面に通じている。また、坂の上には景行天皇を祭る祠がある」と書かれている。

上野原の北端には現在鏡坂公園があり、鏡坂展望台からは日田の市街地と英彦山《よそ》を遠望することができる。また、日田市刃連《ゆきい》町には会所山という山があるが、山麓にあった会所宮《えそみや》に由来するという。すなわち、『豊日誌』には、「成務天皇五年に日田国造に任じられた鳥羽宿禰《とばのすくね》は靫負《ゆきおい》にいて、常に庶民に会して耕作を教えたことから、会所宮というようになった」と書かれている。

会所山はまた国見岳ともよばれるが、それは景行天皇がこの山に軍勢を集め、山頂から国見をしたからであるという。山頂には「景行天皇御腰掛石」があり、景行天皇はその場所で天神地祇を祭ったという。現在、山頂の平坦地には「景行天皇御遺跡」の石碑が建てられ、そのそばには内柴御風《うちしばぎょふう》の歌碑が建てられている。碑の表には、

御巡狩記念碑
　万起むくの　日代の宮の　と保須米呂藝《おすめろぎ》
　仰がいまつる　恵曾の神山
　　　　　　　　　　　　謹詠　御風

と刻まれ、裏には「昭和十三年十月建」と刻まれている。

日田に巡幸した景行天皇は久津媛一族の歓待を受けたのち、玖珠川に沿って上流にむかい、現在「天ヶ瀬温泉」としてよく知られている天瀬（日田郡天瀬町）を通った。

この地方の温泉の由来について、『豊後国風土記』は、「飛鳥の浄御原の宮に天の下をお治めになった天皇（天武天皇）の御世の戊寅の年（六七八年）に大きな地震があって、山や丘が裂けて崩れた。五馬山の一つの谷間が崩れ落ちて、ところどころに温泉が湧き出した。湯気が猛烈に熱く、飯を炊くとすぐにできた。ただ一か所の温泉は、その穴が井戸に似ていて、口径一丈あまりで、深さははかり知ることができない。水の色は濃い藍色で、ふだんは流れない。人の声を聞くと、驚き怒って泥を吹き上げることは一丈あまりである。いま慍湯《いかりゆ》というのはこれである」と記している。

この地方にも女性首長がいたらしく、『豊後国風土記』には、「五馬《いつま》山は、郡役所の南にある。むかし、この山に土蜘蛛があり、名を五馬媛《いつまひめ》といった。それによって五馬山という」と記されている。

◉九州の女性首長

日田の久津媛や五馬媛にかぎらず、これまで紹介してきた景行天皇の巡幸経路のなかで、女性を地域の首長とする例がしばしばみられる。

豊前国の魁師《ひとごのかみ》……神夏磯姫《かむなつそひめ》
豊後碩田国速見村の一処《ひとところ》の 長《ひとごのかみ》……速津媛《はやつひめ》
日向国諸県君……泉媛《いずみひめ》
肥前国浮穴郷の土蜘蛛……浮穴沫媛《うきあなわひめ》
肥前国彼杵郡の速来村の土蜘蛛……速来津姫《はやきつひめ》
肥前国杵島郡の盤田杵《いわたき》の土蜘蛛……八十女《やそめ》
肥前国松浦郡の賀周の土蜘蛛……海松櫃媛《みるかしひめ》
筑後八女国の神……八女津媛《やめつひめ》
肥前佐嘉の川上の土蜘蛛……大山田女《おおやまだめ》・狭山田女《さやまだめ》
肥前佐嘉の川上の石神……世田姫《よたひめ》
豊後国日田郡の神……久津媛《ひさつひめ》
豊後国日田郡五馬山……五馬媛《いつまひめ》

肥前はじめ筑後・豊前・豊後各地の女性首長のうち、肥前佐嘉の川上の石神世田姫、筑後八女国の神八女津媛や豊後日田郡の神久津媛などは、それぞれ「神」と形容されており、景行天皇の時代よりも古い時代の人物であったようにおもわれる。

これをみると、肥後・日向・薩摩には女性首長はみられない。十二か所のうち、半数の六か所が肥前国で、三か所が豊前・豊後国——豊の国となっている。

肥前国に多く残されたのは、『肥前国風土記』の残存記事が多いという理由にもよるが、いずれにしても、総じていえば、阿蘇以北の九州北部に多く残存している。

このことは、卑弥呼を女王とする「邪馬台国＝女王国」の伝統が、四世紀後半の景行天皇や神功皇后の時代にいたるまで、北部九州地域にわりと多く残存していたことをしめしている。

『魏志倭人伝』には、倭国について、「その国はもと男子をもって王としていた。七・八十年前倭国は乱れ、あい攻伐して年を歴《へ》る。すなわち、ともに一女子をたてて王となす。名づけて卑弥呼という」と、対立する国々が女王を共に擁立することによって、動乱を終結させたことが記されている。

倭国大乱が起きたのは、一七〇〜一八〇年ごろのことで、卑弥呼が女王となったのは一八〇年代とみられている。倭国においては、もともとは男子を王とする伝統をもっていたが、卑弥呼のときはじめて女王として擁立したのである。卑弥呼が選ばれたのは、『魏志倭人伝』の記事からみて、卑弥呼の「鬼道につかえ、よく衆を惑わす」――シャーマンあるいは巫女としての霊力が抜きん出ていたからであろうが、もともとすぐれた血統をもった女性であったためであろう。国々の首長や各地の有力者たちが一致協力して擁立するからには、それ相応の部族に属していたはずである。

『魏志倭人伝』によると、卑弥呼が亡くなったあと、旧来の伝統にしたがい男王をたてたが、国中不服で対立して殺しあったので、卑弥呼の「宗女」で十三歳の壱与（『梁書』『北史』によれば台与《とよ》）をふたたび女王に共立して混乱を収拾している。

邪馬台国の特徴は、女王を戴く女王国ということであった。女王国の勢力拡大とともに、女王を首長とする斬新で特異な政治体制は、先駆的モデルとして周辺諸国へ普及・拡大していったはずである。景行天皇の時代においても女性を首長とする例が多くみられるということは、邪馬台国の女王の記憶が九州各地の部族に継承されていったことをしめしている。

◉沖縄のオナリ信仰

沖縄においては、現代にいたるまで、社会生活の根源において女性の霊力（セジ）を重視するオナリ神信仰が残っている。オナリとは兄弟から姉妹をよぶときの呼称で、オナリ神信仰においては姉妹（オナリ）の霊力（セジ）が兄弟（エケリ）を守護する。兄弟からみれば、姉妹は神に近い存在として認識されている。

古い時代、沖縄各地のマキヨとよばれる集団・集落は、長老（アジ）によって治められていたが、この長老（アジ）の政治権力は姉妹（オナリ）の霊力（セジ）によって支えられていた。兄弟が遠い旅にでるときは、姉妹は航海の安全を守る印として手布（ティサジ）を渡し、稲の収穫のときには、兄弟は初穂を姉妹に捧げ、種おろしの際には、他家に嫁いだ姉妹は実家に帰って兄弟のために豊作を祈った。

琉球においては、このような集落単位の祭政一致の平穏な政治形態が、十二、三世紀までつづいたようである。ところが、各地の按司（アジ）――長老たちが、互いに勢力を争うようになる。時代は大きく異なるが、二世紀後半の「倭国大乱」に匹敵する動乱といっていいかもしれない。

勢力を拡大した按司（アジ）は、「世の主」となってグスクを拠点に多くの集団・集落を支配するようになる。

那覇市総務部女性室編の『なは・女のあしあと――那覇女性史（前近代編）』には、次のように書かれている。

「十二、三世紀の琉球は、長い貝塚時代からグスク時代へと突入していく。古琉球の始まりである。各地のアジたちはやがて互いに勢力を争うようになっていくが、その過程で彼らが築いたのが数多くのグスクであった。グスクは、集団の聖地、拝所、集落跡、アジの居館、防御施設等々、種々の説が唱えられているが、いずれにせよ、十二、三世紀、一定の権力を持つに至ったアジもしくはその所属集団によって築かれたであろうことは間違いない。グスクのアジたちの争いを経て、権力は次第に強力なアジの下に収斂していった。そうしていくつかのグスクを支配し、地域を支配するアジの中のアジである世の主やテダが誕生する」

十三、四世紀には沖縄南部を拠点にした南山の大里アジ、中部を拠点にした中山の察度《さっと》、北部を拠点にした北山の今帰仁アジが鼎立する「三山時代」となった。

三山は互いに抗争を繰り返したが、南山の一角を拠点とする尚巴志《しょうはし》が急激に勢力を拡大し、一四〇六年に中山、一四一六年に北山、一四二九年に南山を滅ぼして、三山を統一した。

三山を統一した第一次尚氏王朝は、都を首里に置き、一四〇六年から一四六九年まで、七代六十四年間つづいた。ところが、尚氏氏の家臣金丸（のちの尚円）がクーデターをおこし、第二次尚氏王朝をうちたて、官僚制度を整備し、聞得大君《きこえおおきみ》を頂点とする国家祭祀システムを整備したのである。聞得大君・君々《きみぎみ》・大阿母《おおあも》などの下、村々にはノロ（祝女）がいて、村の祭祀をつかさどった。ノロ（祝女）は生涯独身を通したともいわれるが、既婚者も少なくなかったという。

男王は政治の世界をつかさどり、男王の姉妹は聞得大君として、宗教的世界をつかさどった。男王は役人を支配し、女王はノロ（神女）を支配した。いずれにせよ、沖縄に古くから伝わる素朴なオナリ神信仰が、国家の宗教的統治システムとして整備されたのが、聞《きこ》得大君《えおおきみ》（チフジンガナシーメー）を頂点とするノロ（祝女）制度であった。

オナリ神信仰については、中国福建省や台湾などの媽祖信仰やインドネシアなどにおける風習などとの関連が指摘されており、いずれにしろ根底には南方的な要素が感じられる。

◉ヒメ・ヒコ制

邪馬台国の卑弥呼もまた祭祀をつかさどる女王であった。

『魏志倭人伝』によると、卑弥呼について、「夫婿はいない。男弟が佐《たす》けて国を治めている」と書かれており、卑弥呼は姉妹（オナリ）として兄弟（エケリ）とともに政治をおこなっているようにもみえる。祭祀をつかさどる卑弥呼が上位に立ち、弟はそれを補佐して現実の政治をおこなう、姉妹と兄弟のペア政治体制である。「男女ペア首長制」とよぶべきであろうが、一般には「ヒメ・ヒコ制」といわれている。

伊弉諾尊《いざなぎ》と伊弉冉尊《いざなみ》のように、夫婦によるペア政治体制を含めてもいいかもしれない。神代の面足神《おもだる》と吾屋惶根神《あやかしこね》、大富道神《おおとのじ》と大富辺神《おおとのべ》、角杙神《つのぐい》と活杙神《いくぐい》、埿土煮神《うひじに》と沙土煮神《すひじに》なども同様であろう。

高天原の女王天照大神にも、素戔嗚尊《すさのお》という弟がいた。また、『古事記』には、「天照大神、高木神二柱の神の命をもちて」などの記述がみられ、天照大神と高木神はしばしば共同して命令を下しているようにみえる。これも男女ペア首長制である。

景行天皇の巡幸記事にみられる男女ペア首長制としては、「肥後阿蘇国の神——阿蘇津媛と阿蘇都彦」（『肥後国風土記』）があり、神功皇后の巡幸記事では、

岡（遠賀）の神……菟夫羅媛《つぶらひめ》と大倉主《おおくらぬし》（日本書紀）
筑後山門の土蜘蛛……田油津媛《たぶらつひめ》と夏羽《なつは》（日本書紀）
大野郡の土蜘蛛……小竹鹿奥《しのかおく》と小竹鹿臣《しのかおみ》（豊後国風土記）

があげられよう。もっと古い時代でいえば、神武天皇東征の途中、筑紫の宇佐で出迎えた菟狭津彦・菟狭津媛もこのような男女ペア首長制とみるべきであろう。

このうち、阿蘇津媛・阿蘇都彦と菟夫羅媛・大倉主は、やはり「神」と形容されており、また大倉主は須佐之男の命の子であるという伝承が残されていることから三世紀半ばごろの人物で、菟狭津彦・菟狭津媛は神武東征の時期からみて、紀元三世紀後半ごろの人物であったろう。大野郡の小竹鹿奥と小竹鹿臣については、性別がはっきりせず、兄弟の可能性もあるが、とりあえず男女ペアとして整理した。また、『常陸国風

土記』にも、日本武尊の時代に、「行方郡芸都《きつ》の国栖《くず》──寸津毘売《きつひめ》と寸津毘古《きつひこ》」がいたことが記されている。

前述したように、邪馬台国の勢力拡大とともに、女王を首長とする政治体制あるいは姉妹と兄弟などによる男女ペア首長制ないしヒメ・ヒコ制は、周辺諸国へ普及拡大していったはずである。

邪馬台国は拡大し、その一派は南進して日向を制圧し、南海方面に勢力を広めていった。

沖縄に伝えられたオナリ神信仰は、ひょっとしたらこのような邪馬台国の拡大に由来するのかもしれない。

琉球方言もまた、古い時代の日本語を伝えている。

言語学者の服部四郎氏は、『日本語の系統』のなかで、「琉球方言を含む現代日本諸方言の言語的核心部の源となった日本祖語は、西暦紀元前後に北九州に栄えた弥生式文化の言語ではないか。そして、紀元後二、三世紀の頃、北九州から大和や琉球へかなり大きな住民移動があったのではないか」と指摘している。また、安本美典・野崎昭弘氏は、『言語の数理』のなかで、「首里方言と本土方言との分裂の時期は、およそ千七百年前、邪馬台国の時代のころとなる。琉球の諸方言は、かつて南から来た人々が琉球に残留したものではなく、ほぼ邪馬台国の時代に、南九州から南下したものと考えられる」と指摘している。

大野晋氏もまた、『日本語の起源』に、「日本語と那覇方言との代名詞が同じ構造で対応し、語源的にも日本語で説明がつく。その上、アクセントにも明らかに日本語との対応があることが、服部四郎博士によって証明されている。日本語と那覇方言とでは語順もほとんど一致する。日本語と琉球語とが同系語であることが知られると思う」と書いている。

邪馬台国の勢力拡大とともに、男女ペア首長制や女王制などの政治体制とともに、その言語などが周辺地域へ普及拡大していったようにおもわれる。

いずれにしても、景行天皇や神功皇后の時代、北部九州各地において女性を首長とする例がみられるのは、邪馬台国の伝統を継承したものといえよう。

◉女性首長の遺跡

宇土半島のつけ根に、四世紀末後半ごろの「向野《むこうの》田《だ》古墳」(熊本県宇土市松山町向野田)がある。その古墳は、三十代後半の女性を埋葬していた。すでに述べたように、このあたりには景行天皇巡幸の伝承が残されており、肥の君の拠点があったところである。

墳丘の長さ八六～八九メートルの柄鏡式前方後円墳で、丘陵の上、不知火海（八代海）を見おろす場所に築かれている。柄鏡式とは、前方部の細長い形式の古墳のことで、日向地方に多くみられ、景行天皇の母ヒバスヒメの「佐紀《さき》陵《みささぎ》山《やま》古墳」と同じような設計であるという。

竪穴式石室のなかに大きな舟型石棺が南北に置かれ、北側にある石枕に女性が頭を置いていた。頭のまわりには、三面の銅鏡が置かれており、勾玉などの首飾りが上半身に散乱していた。被葬者の右手首には重さ七二グラムの大きな碧玉製の腕輪がつけられ、足元には生前つけていたであろうイモガイ製貝釧《かいくしろ》二十数個が置かれていた。

種子島以南で採れる南海産の貝輪をつける風習は、弥生社会の伝統に由来し、男性はおもにゴホウラをつけ、女性はイモガイをつけた。男女とも右手に着装することが多く、貝輪をつけた状態では日常の労働に従事することは困難で、集団内でもっぱら祭りをつかさどったとみられている。向野田古墳に埋葬された女性の右手の碧玉製腕輪についても、このような九州における弥生時代の貝輪の伝統に基づくものと考えられている（『日本の古代』森浩一編など）。

四世紀後半といえば、景行天皇の巡幸直後のことである。前方後円墳という形式は景行天皇の巡幸を契機として大和朝廷からもたらされたものであろうが、碧玉製腕輪をつけた女性首長の姿は、弥生社会と邪馬台国の伝統を継承している。

このほか、景行天皇巡幸の経路にあたる大分県北海部郡佐賀関町の「築山古墳」や熊本県玉名郡の「山下古墳」なども女性を主体とした古墳として知られている。

また、玄界灘に注ぐ宇美川の中流右岸に、五世紀前半ごろつくられた「七夕池古墳」（福岡県糟屋郡志免町田富）がある。『魏志倭人伝』の不弥国の領域と考えられ、邪馬台国の属国として長官の多模（玉または魂）と副官の卑奴母離（夷守）に支配されていた。

七夕池古墳は径二九メートルの円墳で、竪穴式石室内に置かれた組合せ式木棺のなかに、四十～五十歳代の女性が埋葬されていた。九州で二例目の琴柱形石製品が出土するなど、この地方の有力な女性首長の墓とみられている。

日本海に面した鳥取県東伯郡羽合町の「長瀬高浜一号墳」や丹後半島にある京都府中郡大宮町の「大谷古墳」、瀬戸内海に面した神戸市須磨区の「得能山古墳」など、日本海側と瀬戸内海側にも女性を主体とした古墳が見つかっている。

これなどもまた、邪馬台国の女王卑弥呼の影響が九州・西日本地域の広い範囲にわたって伝播していったことをしめしている。

◉男子首長制

一方で、『魏志倭人伝』は、「その国（倭国）は、もとまた男子を王としていた」と、邪馬台国に先行して男王の伝統があったことを記している。

『魏志』『呉志』『蜀志』などをみれば、東アジア諸国はすべて男王制で、女王国として記載されているのは倭国だけである。倭国においても、邪馬台国を除いては基本的に男王制であったようにおもわれる。

邪馬台国に先行する代表的な国といえば、金印奴国である。

すでに紹介した那珂川上流の「安徳台遺跡」（福岡県筑紫郡那珂川町）からは、四十三点ものゴホフラの貝輪をつけた男性の人骨が出土しており、これは奴国の有力首長ではないかとみられている。邪馬台国に先行した奴国においては、男性首長制をとっていたであろう。

一方、『魏志倭人伝』によると、邪馬台国と敵対した狗奴国には、男王の卑弥弓呼《ひみここ》がいた。卑弥弓呼は男王（ひこみこ）の誤写ではないかとする説もあるが、いずれにしても狗奴国もまた男王制をとっている。記紀によると、日向王朝と近畿の大和朝廷もまた、基本的に男王制を採用している。

景行天皇の巡幸経路のなかでも、豊前・豊後の山岳地帯や五島列島、肥前・肥後の有明海沿岸部や薩摩地方に男性の首長が登場する。

宇佐の川上の賊……………鼻垂《はなたり》
御木の川上の賊……………耳垂《みみたり》
高羽の川上の賊……………麻剥《あさはぎ》
緑野の川上の賊……………土折猪折《つちおりいおり》
稲葉の川上の土蜘蛛………青《あお》と白《しろ》
直入郡の禰疑野の土蜘蛛…打猿《うちさる》と八田《やた》、国摩侶《まろ》

襲国の熊襲の八十梟師《やそたける》……厚鹿文《あつかや》と迮鹿文《さかや》
熊県の熊津彦……………兄の兄熊と弟の弟熊
益城郡の朝来名の峰の土蜘蛛………打猴《うちさる》と頸猴《うなさる》（ただし崇神天皇の時代に肥君らの祖の健緒組に滅ぼされる）
値嘉の郷の土蜘蛛…………小近の大耳《おおみみ》と大近の垂耳《たりみみ》
藤津郡の能美郷の土蜘蛛…兄 の大白《おおしろ》と次弟の中白《なかしろ》と末弟の少白《おしろ》
彼杵郡の周賀郷の土蜘蛛…鬱比袁麻呂《うつひおまろ》
高来郡の山の神…………高来津座《たかくつくら》
玉名郡の土蜘蛛…………津頬《つつら》

これらに加えて、神功皇后時代の伝承としては次のものがある。

・岡の県主の先祖…………熊鰐《くまわに》
・伊覩の県主の先祖………五十迹手《いとて》
・熊襲……………………羽白熊鷲《はじろくまわし》

岡とは遠賀川流域（福岡県遠賀郡）、伊覩は邪馬台国の伊都国（福岡県糸島市）、熊襲の羽白熊鷲が拠点とした地域は神功皇后の経路からみて筑後川中流域右岸の朝倉（朝倉市）であり、いずれも北部九州に所在する。遠賀川流域は一部豊前に属するものの、おおむね後世の筑前国に属する国々とみていい。もとの邪馬台国に属する国々である。

安本美典氏の「邪馬台国＝朝倉説」にしたがえば、邪馬台国時代から百数十年後には、邪馬台国の中心部と近隣地域に男性を首長とする部族が勢力を張っていたわけである。

初代女王卑弥呼が亡くなったあと、旧来の伝統にしたがい男王をたてたが、国中不服で対立して殺しあったので、壱与（台与《とよ》）が第二代女王に就任している。台与（とよ）は、豊に通じる。

すでに述べたように、安本氏などによると、卑弥呼は筑紫の朝倉地域を高天原として拠点としたものの、壱与は豊の国に都を遷し、その後日向を拠点とし、その後神武天皇にいたって近畿に東征して大和朝廷を樹立したとされる。

『古事記』『日本書紀』には、豊前への移動についてはまったく触れられていないが、豊前・豊後地方を経なければ高天原勢力は日向へむかうことは不可能である。勢力拡大の過程で、一時期、豊前・豊後を拠点とした可能性は十分にあるといっていい。

　どのような理由かよくわからないが、高天原の中心勢力は、朝倉から豊前・豊後、さらに日向へと移動した。その百数十年後の神功皇后時代の朝倉地方には、男性首長制をとる部族が勢力を張っていたわけである。『常陸国風土記』や『陸奥国風土記』逸文にも、男性首長の名が記されている。

『常陸国風土記』……手鹿《てが》、疏禰毗古《そねびこ》、小高《おだか》、夜《や》尺斯《さかし》・夜筑斯《やつくし》、行方郡当麻の佐伯（鳥日子《とりひこ》）

『陸奥国風土記』逸文…黒鷲《くろわし》、草野灰《かやのはい》、保々吉灰《ほほきはい》、栲猪《たくい》、神石萱《かむいしかや》、狭磯名《さしな》

『日向国風土記』逸文…大鉏《おおくわ》・小鉏《おくわ》

　やはり、圧倒的に男性首長の数が多い。腕力や暴力という点においては、男性の方が女性よりも身体的に優位にたっており、古代においても、もとより戦闘行為は基本的には男性同士でおこなわれたため、その延長として平時の政治体制についても男性首長制をとるケースが多かったのであろう。

　一方で、『魏志倭人伝』には倭国の婚姻形態について、「その地の風俗では、国の大人はみな四、五人の婦、下戸もあるいは二、三人の婦をもつ。婦人は淫らではない。やきもちを妬かない」と、「一夫多妻制」をとっていたことが記されている。

　これは、『魏志』東夷伝に記された東アジア地域のなかでは、唯一倭国のみの風習であった。

　人類は生物学的に男女同数で出生するのが原則であるから、複数の妻を持つ男がいるということは、一人の妻しか持てず、あるいは一人の妻も持てない貧しい男性がいたはずである。妻を娶るためには、当然のことながら妻の属する一族にそれ相応の婚資を提供する必要がある。『魏志倭人伝』に、「尊卑には、おのおの差序（階級）がある。それぞれ上の人に臣服する」とあるとおり、邪馬台国においては、すでに持てる者と持たざる者との階級格差が生じていた。

　原始的な形態としては、夫は夜になると妻たちの家を訪ね、朝になると自分の生家に帰る「妻問い婚」であったろうが、夫が日常的に妻の家にとどまりつづける「婿入り婚」の形態が主流であったろう。『魏志倭

人伝』に、「(倭の地に)屋室があり、父母兄弟で寝所を別々にしている」とあるのは、父母の同居を前提にしたものというべきであろう。

◉母系制社会

一夫多妻の社会は、一見すると男性優位の社会のようであるが、かならずしもそうではない。母親と子供を中心にした母系社会・母権社会が形成されるため、女性の地位が優位を占めることとなる。

兄弟姉妹は母親を中心に結束を固め、甥姪は祖母を中心に結束を固める。母親が亡くなれば、兄弟姉妹を中心にした政治形態――ヒメ・ヒコ制へ移行したであろう。甥姪にとっては、オバ・オジによる政治体制である。

子供は母の家で母の兄弟や一族に育てられるため、父親は基本的に自分の子供に対する養育の権利義務を負わない。妻の実家での婿の地位は低く、父親と子供の関係はきわめて希薄であったろう。子供を育てるのは、母であり、その兄弟である。

「婦人は淫《みだ》らでない。やきもちを妬《や》かない」とあるが、結婚後妻は夫に対して貞節を守るものの、一夫多妻・母系制社会のなかでは地位の低い夫が他に女をつくっても嫉妬の対象とすることはなかったのであろう。

このように、倭国社会においては、母系血縁集団が形成されており、もともと女性が優位を占めやすい土壌があったのである。したがって、このような社会においては、女性首長や女王が出やすい。

『魏志倭人伝』の「(卑弥呼に)夫婿はいない。男弟が佐けて国を治めている」というのは、未婚のヒメを弟が支える構図とみるべきであろう。沖縄風にいえば、姉妹(オナリ)たる卑弥呼を、兄弟(エケリ)たる男弟が補佐しているのである。

むろん、このような倭国の母系社会においても、もちろん男性首長も存在し得る。

母や祖母、姉妹や姪などの女性たちも、その霊力によって勝利を祈り、鹿の骨を焼いて戦いを占い、呪術でもって敵を攻撃し、戦勝を祈りつづけたであろうし、戦闘後は戦勝の祭りを行ない、戦死者を弔うなど、直接間接に戦争に関与したであろうが、実際の戦闘行為そのものは男性によっておこなわれたはずである。

世の中が乱れ、戦乱状態が長引けば、母系社会においても男性の地位が高まってくるのは必然である。ヒメ・ヒコ制を前提にしつつも、相対的にヒコの地位が高まる。

倭国において、邪馬台国を除いては基本的には男性首長制をとることが多かったのも、ある意味では当然の帰結というべきであろう。

このように、古代日本においては、「男性首長制」、「男女ペア首長制」や「女性首長制」という三つのパターンがみられるが、根底に母系制を共有した、相互転換可能な政治形態というべきである。

倭国においては、政治情勢や社会環境に応じて、「男性首長制」、「男女ペア首長制」、「女性首長制」のうち、いずれかのパターンを選択することが可能であり、東アジア諸国のなかで唯一例外的に女王が共立される母系制という社会的土壌を備えていたのである。

景行天皇は、日田地方の巡幸を終え、玖珠川に沿って豊後方面をめざした。玖珠川上流から由布院を経て、別府湾にむかったであろう。そして、そこから南下して日向の高屋宮にもどり、一同に別れを告げたのちに大和の纏向の日代宮に帰還した。

『日本書紀』には、「十九年の秋九月二十日に、天皇は日向からお帰りなされた」と書かれている。ただし、『肥前国風土記』には、「むかし纏向の日代の宮に天の下をお治めになった天皇（景行天皇）が球磨噌唹を誅滅して凱旋なされたとき、天皇は豊前宇佐の海辺の行宮においでになり……」と記されているから、景行天皇は大和への帰還の途中、宇佐に立ち寄っていることがわかる。

景行天皇による九州遠征は、このようにして終了した。

13 日本武尊出征

琵琶湖
伊吹山
損斐川
関市
木曽川
長良川
真澄田神社
久多神社
庄内川
朝日遺跡
猿投山
貝殻山貝塚遺跡
猿投神社
草薙神社
高座結御子神社
尾津神社
高蔵遺跡
氷上姉子神社
四日市
矢作川
入海神社
矢作神社
鈴鹿川
亀山
宮道天神社
津
雲出川
伊勢湾
五十鈴川
纒向日代の宮
宮川
内宮

◉九州へ再征

大和に帰還した景行天皇は、翌年の二月四日に五百野皇女《いおののひめみこ》に命じて、天照大神を祭らせている。これは、九州巡幸の成功を皇祖神たる天照大神に報告したものであったろう。

九州・西日本地域を制圧した景行天皇は、武内宿禰《たけうちのすくね》に東方の調査を命じた。

任務を終えた武内宿禰は、景行天皇に復命した。

「東国の辺境の地に日高見国があります。その国の人は男も女も、髪を椎のように結い、身体に入れ墨をして勇敢です。これらすべて蝦夷《えみし》といいます。また、土地は肥えていて広大です。攻略すべきです」

景行天皇は武内宿禰の進言にしたがって、関東・奥羽地方方面への進攻を当然検討したはずであるが、九州の熊襲がふたたび反乱を起こしたという報告を受けたため、再度九州へ軍を派遣することとした。

ただし、今回はみずから出馬するのではなく、皇子の小碓尊《おうす》――すなわち、のちの日本武尊《やまとたける》を総大将として派遣することとした。『日本書紀』によると、このとき小碓尊は十六歳であったという。

『古事記』では、景行天皇が小碓尊に対して、「兄の大碓尊《おおうす》はなぜ朝夕の大御食《おおみけ》をともにしないのか、よく教え諭すように」と命じたが、五日たっても大碓尊が参内しないので、景行天皇がそのわけを尋ねると、小碓尊は、「大碓尊が朝厠《かわや》に入るところを捕らえ、手足をちぎり、菰《こも》に包んで投げ捨てました」と答えたので、景行天皇はそのあまりにも粗暴な心を恐れて、西方の熊襲討伐のため派遣したという。

小碓尊について、『日本書紀』は天皇に忠誠を尽くす皇子として美化し、『古事記』では暴虐な性格と言動で天皇にも恐れられる人物として描かれているのが注目される。

こうして熊襲討伐を命じられた小碓尊は、人材を集めることとし、宮戸彦という者に命じて、美濃国の弓の名手として知られる弟彦公《おとひこのきみ》を招いた。すると、弟彦公は、伊勢の石占横立《いしうらのよこたち》や尾張の田子稲置《たごのいなき》、乳近稲置《ちぢかのいなき》などの豪族を引き連れてやってきた。

小碓尊はその年の十二月に九州の熊襲国に到着した。そして地形や人の暮らしぶりを観察した。熊襲の首長は川上梟師《たける》といい、名は取石鹿文《とろしかや》といった。『古事記』では、熊曾建《くまそたける》と記す。

すでに述べたとおり、景行天皇は大隅国の贈於郡を拠点にしていた厚鹿文《あつかや》と迮鹿文《さかや》という熊襲の八十《やそ》梟師《たける》を、市乾鹿文《いちふかや》と市鹿文《いちかや》という二人の娘を味方に引き入れて討伐している。

川上魁師《たける》の取石鹿文もよく似た名であり、常識的に考えれば大隅国の贈於郡あたりを根拠とした部族のようにもおもわれる。大隅国肝属郡には川上大明神も祭られている。

ただし、『肥前国風土記』によると、日本武尊の伝承が肥前地方に多く残されている。

佐嘉郡の条に日本武尊（小碓尊）が巡幸したとき、樟の茂り栄えたのをみて栄《さか》の国といったので佐賀の名となったといい、小城郡条に、皇名にしたがわず堡をつくって隠れた土蜘蛛がおり、これを日本武尊がことごとく滅ぼしたので小城《おぎ》の名ができたといい、藤津郡の条に、むかし日本武尊が行幸したときこの津にきて日没となったため停泊し、翌朝遊覧して船のとも綱を大きな藤につないだので藤津《ふじつ》という名が生じたという。

佐賀の嘉瀬川（川上川）上流に、まさしく川上（佐賀市大和町）というところがあり、すでに紹介したように、『肥前国風土記』には、「山の川上に荒ぶる神あり。往来の半ば生き、半ば殺さる」「また、この川上に石神がある。名を世田姫という」とあり、脊振山系南麓の嘉瀬川流域を根拠とする土豪勢力であった可能性が高い。

もと嘉瀬川河口にあった堀江神社（佐賀市神野西二

丁目）は、祭神として神功皇后や景行天皇とともに日本武尊を祭っている。

この堀江神社の社伝には、「川上に住む川上梟帥一党の暴逆がやまないので人民が訴えた。そこで景行天皇の勅命をうけてやってきたのが小碓尊で、平戸まわりでこの地に着岸し、賊党を征伐した。その後新羅出征のとき神功皇后が仮宮を置かれた」とある。

神功皇后時代に反乱をおこした熊襲の羽白熊鷲が拠点としたところは、脊振山東方の朝倉地域である。景行天皇時代に脊振山系を拠点とした部族がいたとしても、とくに不自然ではない。

『肥前国風土記』では、「肥前（佐賀県）は、もと肥後（熊本県）と合わせて一つの国であった」ともある。筑後川北岸の肥前の地には、古くから肥後の熊襲と通じた勢力があったのであろう。

◉日本武尊の誕生

小碓尊の軍は、川上梟帥の軍に対して著しく劣勢であったのだろう。正面攻撃を回避し、小碓尊みずから刺客となって敵陣に乗り込み、暗殺するという大胆な作戦にでた。

川上梟帥は一族郎党を集めて新築祝いをしようとしていた。小碓尊は童女のように髪を垂らし、叔母の倭姫命からもらった衣のなかに剣を隠して宴会の席に紛れ込み、女たちのなかにまじった。

『日本書紀』によると、川上梟帥は女装した小碓尊の容姿をほめ、そばに座らせ、みずから盃をさしだして酒を飲ませて戯れたという。

夜がふけて、宴席の客もまばらになり、川上梟帥もすっかり酔いがまわってしまった。そこで小碓尊は衣のなかの剣を取り出して、川上梟帥の胸を刺した。すると川上梟帥は、「しばらくお待ちください。申し上げることがあります。あなたはどなたでいらっしゃいますか」とたずねた。

「わたしは大足彦天皇（景行天皇）の子で、名は日本《やまと》童男《おぐな》という」

小碓尊は、この当時日本童男を名のっていたのである。

「わたしは国の中で大きな勢力をもっており、これまでわたしにさからう者など一人もいませんでした。皇子がはじめてです。卑しい者の口から申すのも何ですが、死期に臨んであなたに尊号を奉りたい。お許しただけますでしょうか」といった。

小碓尊が、「許そう」と答えると、川上梟師は、「これ以降、皇子を名づけて日本武皇子《やまとたけるのみこ》と申し上げたい」といった。

「梟師《たける》」というのは、「勇敢なる首長」とでもいうような最大級の尊称であったろう。川上梟師は死期に臨んで、単身敵陣に乗り込んだ小碓尊の勇気をほめたたえ、服属のしるしとして尊称を献上した。『日本書紀』に日本武尊、『古事記』に倭建命と記される、ヤマトタケルの誕生である。

小碓尊――改め日本武尊は、川上梟師のとどめを刺して引き揚げたのち、弟彦公に命じて、川上梟師一族を全滅させた。

ちなみに『古事記』では、熊曾建二人の兄弟のうち、兄建がまず日本武尊に殺され、弟建は日本武尊に尊号を奉ったのち殺されたとされている。

日本武尊は帰路、糸島の飯原《いいばる》（福岡県糸島市）に立ち寄ったらしく、雉琴《きじこと》神社に伝承が残されている。また、遠賀川河口にも立ち寄ったらしく、八剣神社（遠賀郡水巻町立屋敷）には日本武尊と砧姫《きぬた》が祭られている。

その後、日本武尊は、海路吉備から難波にもどり、景行天皇に、「わたしは天皇の霊力によって熊襲の首領を討伐し、西国を平らげました。ついでに吉備の穴の済《わたり》と難波の柏（大阪市淀川河口）の済の神が人を害し、往来を妨げていたので、それらの神を殺して水陸の道を確保しました」と、奏上した。

吉備の穴とは、備後国安那郡・深津郡のことで、現在の広島県深安郡・福山市鞆《とも》の浦にあたる。芦田川の河口にあり、風よけの蓑島の内側に海が袋のように入りこんだ港で、古来瀬戸内海航路の要衝の地とされてきたところである。済《わたり》とは、湾のことである。

難波の柏とは、大阪市の淀川河口付近のことで、これまた航路の要衝の地である。

日本武尊は、不穏な動きをしていた地方豪族を制圧し、この二つの港の管轄権を完全に朝廷の支配下に置いたのであろう。

ちなみに、『古事記』では、日本武尊は九州からの帰途、出雲国にまわって出雲建《たける》という豪族を討伐したとされている。この際にも日本武尊は、偽計をもちいて出雲建を殺している。

すなわち、日本武尊は偽の刀をつくったうえで、出雲建とともに肥の河で沐浴をし、刀を交換して刀合わのモデルとなった人物が複数いたというのも、たんなる空想である。

九州遠征の帰路、瀬戸内海から出雲方面へ迂回することは、いともたやすいことである。かつて、出雲に相当の勢力が存在していたことは、『古事記』『日本書紀』の出雲神話のボリュームからいっても、十分に首肯できるものである。それを証明するかのように、出雲の荒神谷遺跡（島根県簸川郡斐川町）から三五八本の銅剣が、加茂岩倉遺跡（島根県雲南市加茂町）から三九個の銅鐸が出土している。大和朝廷にとって、九州とともに、瀬戸内海と出雲を中心とする日本海方面を制圧しなければ、西方を支配下においたとはいえないはずである。『日本書紀』に記載がないのは、おそらく編者の不手際であろう。

ついでながら、景行天皇の九州巡幸記事についても、『古事記』にまったく記載がないことから、これを虚構とする説が少なくない。しかしながら、「風土記」の記事や九州各地に残されたおびただしい伝承からみて、虚構とはおもわれない。ただし、大和畿内からすれば、九州ははるか遠隔の地である。実地検証も困難であったろうし、九州のこまごました地名を暗誦せをした。ところが、出雲建は偽の刀を抜くことができず、日本武尊に打ち殺されたという。

少しばかりわき道にそれるが、一般に『古事記』と『日本書紀』を比較して、いずれかに記載のない事項については信用性が乏しいものとする傾向が強い。

この結果、記事量の多い『日本書紀』の相当量の内容が、記事量の少ない『古事記』によってふるい落とされてしまうという現象が生じている。

また、両書に記載された事項についても、相互矛盾を厳格に解釈するなどの方法によってふるい落とす作業がつづけられている。あげく果てには、『古事記』『日本書紀』の記事はまったく信頼できないとして、『古事記』『日本書紀』の記事を素材にしながら、主観的な想像に基づく空想的な古代像を構築する試みが横行している。

疑うこと、懐疑は学問の基本であることはむろんであるが、『古事記』『日本書紀』に対してのみ血眼になるのはいかがであろう。

この場合も、『日本書紀』に記載がないから、日本武尊は出雲に行ったはずはないというのは、このような主観的な解釈に基づくものである。また、日本武尊するのは、かなりの難度であったはずである。『古事記』に記載がないのは、語り部の稗田阿礼か編者の太安万侶いずれかに、何らかの不手際があったのであろう。

要するに、『古事記』『日本書紀』「風土記」やその他の文献資料、地域伝承、地名、考古学的な遺物などのそれぞれの顔を立て、総合的に整合するように叙述すれば、その先に歴史の真実の像がみえてくるはずである。

◉大碓皇子

それはともかく、『日本書紀』によると、西方の諸国を制圧した日本武尊の報告を聞いて、景行天皇はその功績をたたえ、ことさら可愛がったという。ところが、東国の蝦夷が叛いて、辺境が騒がしくなった。

景行天皇は、蝦夷を鎮圧するため誰を派遣すべきか群臣に尋ねたところ、日本武尊は、「わたしは先に西征に赴きました。今度は大碓《おおうす》皇子の番です」と主張した。

日本武尊の主張は、常識的であろう。第十代崇神天皇の時代にさえ、北陸・東海・丹波・吉備と別々に四道将軍が派遣された。

ところが、それを聞いた大碓皇子は、驚いて草のなかに隠れてしまったという。怒った景行天皇は使者を派遣して、大碓皇子をつれもどし、「おまえが望まないことを無理に命じることはないが、敵に遭うまえにそんなに怖がるとは何ごとだ」と叱責し、美濃国に追放した。

ちなみに、美濃国に封じられた大碓皇子は、身毛津《むげつ》君《のきみ》と守《もり》君という二つの氏族の先祖となったという。

身毛津君の身毛は、牟義、牟宜、牟下、武義などとも書かれ、美濃国武義郡（岐阜県関市・美濃市）など、武儀川・津保川流域を支配した豪族である。

『古事記』には、美濃に移り住んだ大碓皇子は、三野（美濃）国造の先祖・大根《おおね》王の娘の弟比売と結婚して押黒弟日子《おしくろおとひこ》王をもうけたが、この押黒弟日子王が牟宜（身毛）都君らの先祖となったと記されている。

また、守君も大碓皇子の末裔氏族で、『新撰姓氏録』の「左京皇別下」に、「牟義公と同氏。大碓命の後なり」とあり、河内国皇別にも、「牟義公と同祖。大碓命の後なり」とある。

『古事記』はまた、大碓皇子の末裔氏族として、大田君と島田君をあげている。

大田君は揖斐《いび》川以西の美濃国安八郡大田郷（岐阜県安八郡神戸町から揖斐郡池田町あたり）もしくは美濃国大野郡大田郷（岐阜県揖斐郡池田町あたり）を根拠とした豪族である。

島田君は尾張国海部郡島田郷（愛知県あま市七宝町のあたり）を根拠とする豪族で、『新撰姓氏録』では初代神武天皇の皇子の神八井耳命を祖とする氏族ともされる。

猿投《さなげ》神社（愛知県豊田市猿投《さなげ》町）は、大碓尊を祭り、景行天皇、垂仁天皇を配祀する。大碓尊は、景行天皇五十二年、猿投山の毒蛇に咬まれて死去し、猿投神社の背後の猿投山西峰の御陵に葬られたという。

「猿投」の由来については、(1)景行天皇が遺愛の猿を海へ投げ捨てたとする説、(2)猿投山の姿が鐸《さなぎ》（銅鐸）に似ているからとする説、(3)鐸を木に掛けて祭祀を行ったとする説、(4)大碓命の薨去の悲しみを嘆いた「真嘆山」が変化して「猿投山」となったとする説、などがある。

大碓尊は左利きで、左鎌を用いてこの地域を開拓したという。このため、猿投神社に左鎌を奉納して祈願するならわしが生じたと伝えられている。

◉東征

東方征伐軍の総大将の人選をめぐって紛糾したものの、最終的に景行天皇は日本武尊を任命した。

景行天皇は日本武尊を将軍に命じるにあたり、斧と鉞《まさかり》を授けた。

『古事記』には「比比羅木《ひひらぎ》の八尋矛《やひろほこ》（柊《ひいらぎ》の木で作った大きな矛）」を授けたとある。

『日本書紀』によると、日本武尊は、「熊襲を平らげてまだいくらも経たぬうちに東国の蝦夷が叛いた。いったいいつになったらすべてを平定できるのであろうか。天つ神と国つ神のご神慮と、父天皇のご威信をもって、辺境の地まで、その教えを伝えて参ります。それに服従しないものは、断固として武力により平定して参る所存です」と男らしく宣言したという。

大和を出発した日本武尊は、途中、伊勢の倭姫命のもとに立ち寄った。

大和を出発する際、天皇の前では大言壮語したが、倭姫命の前では、思わず胸のうちを吐露した。

「父は、私など死んでしまった方がいいと思っているのでしょうか」

それに対して、倭姫命は言葉を尽くして日本武尊を慰め、さらに剣を授けた。

倭姫命が授けたのは、皇室に伝わる「草薙剣《くさなぎのつるぎ》」である。草薙剣とは、もと「天叢雲剣《あめのむらくものつるぎ》」といい、素戔《すさの》嗚《お》尊が八岐《やまた》の大蛇《おろち》を退治したときに、大蛇の尾からでてきたものである。大蛇の上にはいつも雲がたっていたため「天叢雲剣」と名づけられたという。

『古語拾遺』によると、崇神天皇時代に天照大神の御霊が宮中から大和の笠縫邑に遷座させられたおりに、剣も同時に移されたという。やがて垂仁天皇時代に倭姫命に引き継がれ、倭姫命とともに伊勢神宮に移されていた。

倭姫命は、日本武尊を励まし、宝剣を授け、さらに袋を授けて、「何かの時には、この袋の結びを解きなさい」と告げた。

倭姫命の見送りをうけて、日本武尊の東征の旅がいよいよ始まったのである。

日本武尊の東征に際して、『日本書紀』は吉備武彦と大伴武日の従軍を記し、七掬脛《ななつかはぎ》を「膳夫《かしわで》」（食膳係）として随行させている。

吉備氏は、すでに述べたとおり、第十代崇神天皇の時代に「四道将軍」の一人として吉備に派遣された吉備津彦命および異母弟の稚武彦に由来する。吉備津彦命は第七代孝霊天皇の子で、第八代孝元天皇と倭迹《やまとと》迹日百襲姫《とひももそひめ》命の弟とされている。その後の吉備においては、弟の稚武彦の系譜が繁栄した。日本武尊の母・播磨稲日大郎姫と日本武尊に従軍した吉備武彦も稚武彦の末裔である。

『古事記』は、吉備武彦について「吉備の臣が祖、名は御鉏友耳建日子《みすきともみみたけひこ》」と記している。のちに述べるように、吉備武彦の娘の吉備穴戸武媛は日本武尊の妃となっている。さらにいえば、仲哀天皇・神功皇后時代に、吉備武彦の子の鴨別《かもわけ》は、九州の熊襲討伐で功績をあげている。

一方の大伴氏も、古い時代から天皇家と密接な関係を有している。瓊瓊杵《ににぎ》尊の日向高千穂への天降りに際して先導役を務めた天忍日《あまのおしひ》命を祖とし、神武東征のおり、大伴一族の日臣《ひのおみ》命が手柄を立て、大和の築坂邑《つきさかむら》（高市郡・奈良県橿原市鳥屋町）に土地を下賜されている。日本武尊に従っている大伴武日もまた、天皇家直属の軍事職をつかさどる名門氏族の棟梁であった。

なお、「膳夫」——食膳係として、日本武尊に付き従った七掬脛は、『古事記』には、「久米直《くめのあたい》の祖」と記されている。久米氏もまた天皇家と密接な関係を有する氏族で、瓊瓊杵尊の高千穂への天降りの際にも、久米氏の先祖の大来目命（天久米命）は先導役の一人として随行し、神武天皇東征の際にも、大久米命（大来目命）が随行し、神武天皇の側近として重要な役割を演じている。「膳夫」は、一般には「食膳係」と解されているが、東征軍全体の食糧・物資調達を担っていたのかもしれない。

◉尾張へ

日本武尊の東征コースは、『古事記』と『日本書紀』では若干異なる。

『古事記』

（往路）伊勢→尾張→駿河→相模→上総→蝦夷

（復路）蝦夷→相模の足柄峠→甲斐の酒折宮→科野之坂→尾張

（信）野之坂→尾張

『日本書紀』

（往路）伊勢→尾張→駿河→相模→上総→陸奥→蝦夷

（復路）蝦夷→日高見国→常陸→甲斐の酒折宮→武蔵→碓日坂→信濃→尾張

以下、『古事記』『日本書紀』の記事をベースに、『風土記』や各地に残された伝承を手がかりに、日本武尊の東征経路を追跡することとしたい。

『古事記』によると、伊勢を出発した日本武尊は、「かれ尾張国に到りまして、尾張の国造の祖、美夜受比売《みやずひめ》の家に入りたまひき」とあるとおり、尾張に立ち寄った。

伊勢から尾張に向かうには、伊勢湾を船で直行するのが最も速い。鳥羽から渥美半島へ向かうルートや津から知多半島に向かうルートなどが考えられるが、日本武尊は安全を優先したものか、陸路で尾張に向かったようである。

伊勢からは、飯高郡・壱志郡・安濃郡・河曲村・鈴鹿郡・三重郡・朝明郡を経て、揖斐川・木曽川右岸の桑名郡に至る。桑名郡が尾張国海部郡に接した伊勢国の東の国境である。
『日本書紀』には、「さきに日本武尊、東に向《い》でまし歳に、尾津浜《をつのはま》に停《とどま》りて進食《みをし》す。是の時に、一《ひとつ》の剣《つるぎ》を解《ぬ》きて、松の下に置きたまなふ。遂に忘れて去《い》でましき」とあり、『古事記』には、「尾津前《さき》の一つの松のもとに到りまししに、先に御食《みをし》せし時、其地に忘らしし御刀《みはかし》」とある。

肘江《ひじえ》川の南――三重県桑名市多度町御衣野《みその》に草薙神社がある。昭和十六年に三重県指定史跡となり、神社の入口には「日本武尊尾津前御遺跡」と刻まれた石碑が建てられている。古くは八剣社とも称したという。拝殿の横には小さな祠があり、中には日本武尊が剣をその下においたという松の枯株が納められている。草薙家の一族十数軒で神社が保持されている。

この御衣野の草薙神社の地が日本武尊の伝承地とされているが、戸津の尾津神社（桑名市多度町戸津）と小山の尾津神社（桑名市多度町小山）も伝承地として論じられている。

二つの尾津神社は近鉄養老線多度駅を挟んで東西二〇〇メートルの近隣の地にあるが、往古、多度川あたりまで海が迫っていたというから、「尾津浜」あるいは「尾津の前」の地にふさわしい。戸津の尾津神社の北東に一キロのところには、舟着社という神社もある。

現在、御衣野の草薙神社の周辺は開拓が進み、ほぼ水田の中の小山にようになっているが、かつては丘陵地の一角に位置していたといい、海に突き出た岬のような地形をしていた可能性もある。

いずれにしても、木曽三川（木曽川、長良川、揖斐川）の氾濫や江戸時代の干拓、戦後の大規模開発などにより、大きく地勢が変化しており、厳密な考証は困難である。後裔の一族の移住とともに尾津神社を町中の方へ遷座させた可能性もある。いずれも日本武尊の伝承地に数えてもさしつかえないであろう。

日本武尊は、「尾津の前」で食事をし、松の木に携行していた刀剣を一振りかけて、そのまま置き忘れたという。

◉中嶋郡・海部郡

日本武尊らは、多度町の当津《とうつ》あたりから揖斐川・木曽川を渡り、濃尾平野――尾張国の中嶋郡に足を踏み入れた。『日本後紀』には「渡津」と記されており、舟の渡し場があったとみられる。

中嶋郡は、現在の一宮市・尾西市・稲沢市にあたる。木曽川の流れの変遷する中で、岐阜県羽島市付近も、かつては中嶋郡内であったとされる。尾張国の式内社——『延喜式』記載の神社は、百二十一社あるが、中嶋郡に三十社あり、四分の一を占める。木曽川と庄内川にはさまれた中嶋郡に、尾張国の中枢があったことがわかる。中嶋郡に属する津島市には津島神社があり、素戔嗚尊《すさのお》など出雲の神々を祭る。

後述するように、この地域からは、出雲文化を象徴する銅鐸などが出土している。

また、中嶋郡には尾張国一の宮の真澄田《ますみだ》神社（一宮市真澄田）があり、天火明《あまのほあかり》命を祭っている。『先代旧事本紀』によれば、天火明命＝饒速日尊で、その子が尾張氏の祖とされる天香語山《あまのかごやま》命＝高倉下《たかくらじ》である。尾張氏は、近畿から中嶋郡に移住して尾張氏ゆかりの天火明命＝饒速日尊を祭り、この地の開拓を進めたのであろう。

また、『先代旧事本紀』によると、饒速日の東遷に際して、「天背斗女命《あまのせなとめのみこと》尾張中嶋《おわりなかじま》の海部直《あまべあたい》」が加わっていたことが記されている。天背斗女命もまた、中嶋郡の久多神社（稲沢市稲島）の祭神とされている。

日本武尊一行は、中嶋郡から海部郡に入った。

景行天皇の九州巡幸の際に述べたように、この当時、「海部郡」という郡名はまだなかったはずである。『古事記』に、「この御世に、海部・山部・山守部・伊勢部を定められた」とあるとおり、応神天皇の時代に設置された郡名である。

日本武尊当時、伊勢湾は北方に深く湾入し、北西部奥の熱田台地（名古屋市熱田区）あたりまで海が迫り、丘陵地を除き低湿地が広がっていたであろう。

いずれにしろ、古代における尾張国の中枢部は、濃尾平野の中南部、木曽川左岸下流域と庄内川下流域の丘陵地とその周辺部に所在していた。

◉尾張の遺跡

そこには、東海地方最大級の弥生時代の環濠集落遺跡「朝日遺跡」（清須市・名古屋市西区）がある。

高速道路の建設に伴い、昭和四十七年から愛知県教育委員会、清須・名古屋教育委員会などにより発掘調査がおこなわれた。「貝殻山貝塚」などを含む一万平方メートルが国の指定史跡になり、二〇一二年には出土品一式が国の重要文化財に指定された。

縄文時代から人が住み始めたらしく、中期末の土器や後期のドングリ貯蔵穴などが確認されている。

弥生時代になると、集落化が進み、縄文時代最終末の突帯文系土器とともに、伊勢湾周辺地域では最古級の遠賀川系土器が出土している。

弥生時代中期になると、二重三重の環濠と坂茂木《さかもぎ》・乱杭《らんくい》・柵列などの堅固な防御施設を備えた、南北〇・八キロ、東西一・四キロという大規模集落に発展した。東西に延びる谷に沿う微高地の南北に居住地が配置され、東西に墓域が配置された。西墓域には小規模な土坑墓や土器棺墓がつくられたが、東墓域には超大型の方形周溝墓がつくられるなど、首長クラスの人物——王が出現していたことを示唆している。その他の弥生式土器・石器・骨角製品・玉類・銅鐸・木製農具・ヤナ遺構などが出土している。

また、三か所の玉造り工房跡も発見され、糸魚川産とみられる翡翠も見つかっており、菱環紐式銅鐸の石製鋳型も出土している。

「朝日遺跡」は、日本海地域との交流ないし共通性をしめす、きわめて重要な遺跡である。

ただし、弥生時代の中期を過ぎ、後半に入ると、竪穴住居も円形が消滅して、方形に変化し、それ以前の方形周溝墓の配置を無視して新たな方形周溝墓を造営し、首長クラスを埋葬した東墓域に人々が住みはじめた。

このことは、それまでの伝統的な支配体制が何らかの要因によって大きく揺らぎ、支配者層の交替が生じた可能性を強く示唆している。おそらく、尾張氏のこの地方への入植に関係するとみるべきであろう。「朝日遺跡」は中期を過ぎ、後期に至るにつれて変容し、衰退していった。尾張氏が、熱田台地にその拠点を移したからであろう。

かつて伊勢湾に臨む熱田台地の東縁部にあった「高蔵遺跡」（名古屋市熱田区高蔵町）は、弥生時代から古墳時代、鎌倉時代までつづく遺跡群である。

一九〇八年（明治四十一）の大津通の改修工事の際に土器が出土したため、名古屋陸軍地方幼年学校教官・鍵谷徳三郎などによる発掘調査がおこなわれ、多数の土器・石器・貝・獣骨などが確認され、以後二〇〇七年までの百年の間に約七十回の調査が行われた。

東西五八〇メートル、南北七七〇メートルの規模で、今は公園や住居になって、往時の状況はみられないものの、建て替えの時などに地主の協力もと、継続して発掘調査が行われてきた。

弥生時代前期から形成された貝塚があり、弥生時代全般を通じて集落が拡大し、環濠も築かれている。多数の方形周溝墓も確認されている。

古墳時代、五世紀ごろの竪穴住居もある。

古墳の墳丘は削られているものの、複数の周濠が検出された。石器、彩文土器、鏡、須恵器、埴輪（円筒、家型など各種）が出土している。五世紀後半から六世紀前半にかけて、多くの小型方墳がつくられた。

熱田公園内にある「断夫山古墳」は、東海地方最大の前方後円墳である。石室の石材は、木曽川、庄内川から運ばれたとみられている。一号墳からは、玉類、金環、直刀、鏃、釣針、須恵器、土師器、中国古銭、弥生土器片が出土した。なかでも「釣針」の出土は珍しく、この古墳に関係する氏族の生業を表すものとみられている。

五世紀から六世紀ごろの古墳とみられているが、この高蔵遺跡――とりわけ古墳時代の遺跡群が、尾張氏と関係しているのは確実であろう。高座結御子《たかくらむすびみこ》神社は尾張氏の祖の高倉下《たかくらじ》命を祭っている。

日本武尊一行は、尾張氏の拠点である熱田《あつた》（名古屋市熱田区）に到着した。景行天皇の九州遠征とおなじく、日本武尊の東征軍もまた、徒歩と船によって移動したはずである。日本武尊が熱田に到着したとき、伊勢湾を渡ってきた船団が熱田の港に碇泊していたであろう。

熱田神宮の『尾張国熱田太神宮縁起』によると、日本武尊の東征軍のなかに、尾張氏第十二代の建稲種《たけいなだね》命が加わっていたという。

『先代旧事本紀』によると、建稲種命は、尾張国丹羽郡の丹羽君大荒田《おおあらた》命の娘玉姫を妻に迎えて、二男三女をもうけていた。丹羽の君は、神武天皇の皇子の神八《かむや》井耳《いみみ》命の子孫とされている。

建稲種の父は乎止与《をとよ》命といい、『先代旧事本紀』によると、志賀高穴穂朝――すなわち、第十三代成務天皇時代に尾張国造に任じられたという。

尾張の地において、日本武尊と出会うこととなる宮《みや》簀媛《ずひめ》（美夜受比売、宮酢媛）は、熱田神宮の縁起によると、建稲種の妹とされているから、乎止与の娘ということになる。北畠親房の『神皇正統記』にも、「日本武尊は信濃より尾張国にいで給ふ。かの国に宮簀媛といふ女あり。尾張の稲種宿禰の妹なり」とある。

東征軍に加わっていた建稲種は、本拠地の尾張を通過するとき、父乎止与の屋敷に日本武尊を宿泊させ、妹の宮簀媛に接待させたのであろう。尾張氏の屋敷があった場所は、愛智郡の氷上邑《ひかみむら》にあった氷上姉子神社）の元宮と伝えられている。

熱田神宮境外摂社の氷上姉子《ひかみあねこ》神社（名古屋市緑区大高町）は、主祭神として宮簀媛を祭っている。はじめ元宮の地に創建されたが、持統天皇時代に現在地に移されたという。

なお、氷上姉子神社代々の宮司は、日本武尊に膳夫（食膳係）として随行した七掬脛の末裔と伝えられている。

宮簀媛と出会った日本武尊は、『古事記』には、「尾張の国造が祖、美夜受比売の家に入りたまひき。すなはち婚《まぐはひ》せむと思ほししかども、また還り上りなむ時に婚せむと思ほして……」

と記されているとおり、宮簀媛に一目惚れして、契りを結ぼうと思ったが、東征を終えて帰還するまで待とうと思った。

尾張を出発し、三河地方に入る矢作川付近で、地元の民から懇願されて賊を退治したという。そこには、矢作神社（岡崎市矢作町）が祭られている。

また、三河の宮道天神社（豊川市赤坂町）は、日本武尊が皇子の建貝児王《たけかいこのみこ》（武卵王）をこの地に封じ、その子孫が祭った社とされる。

日本武尊率いる東征軍は、陸路と海路をつかって進軍した。成海神社（名古屋市緑区鳴海町）では、日本武尊の出航にちなむ「御船流《みふねながし》神事」がいまでも行われている。

14 東海の道

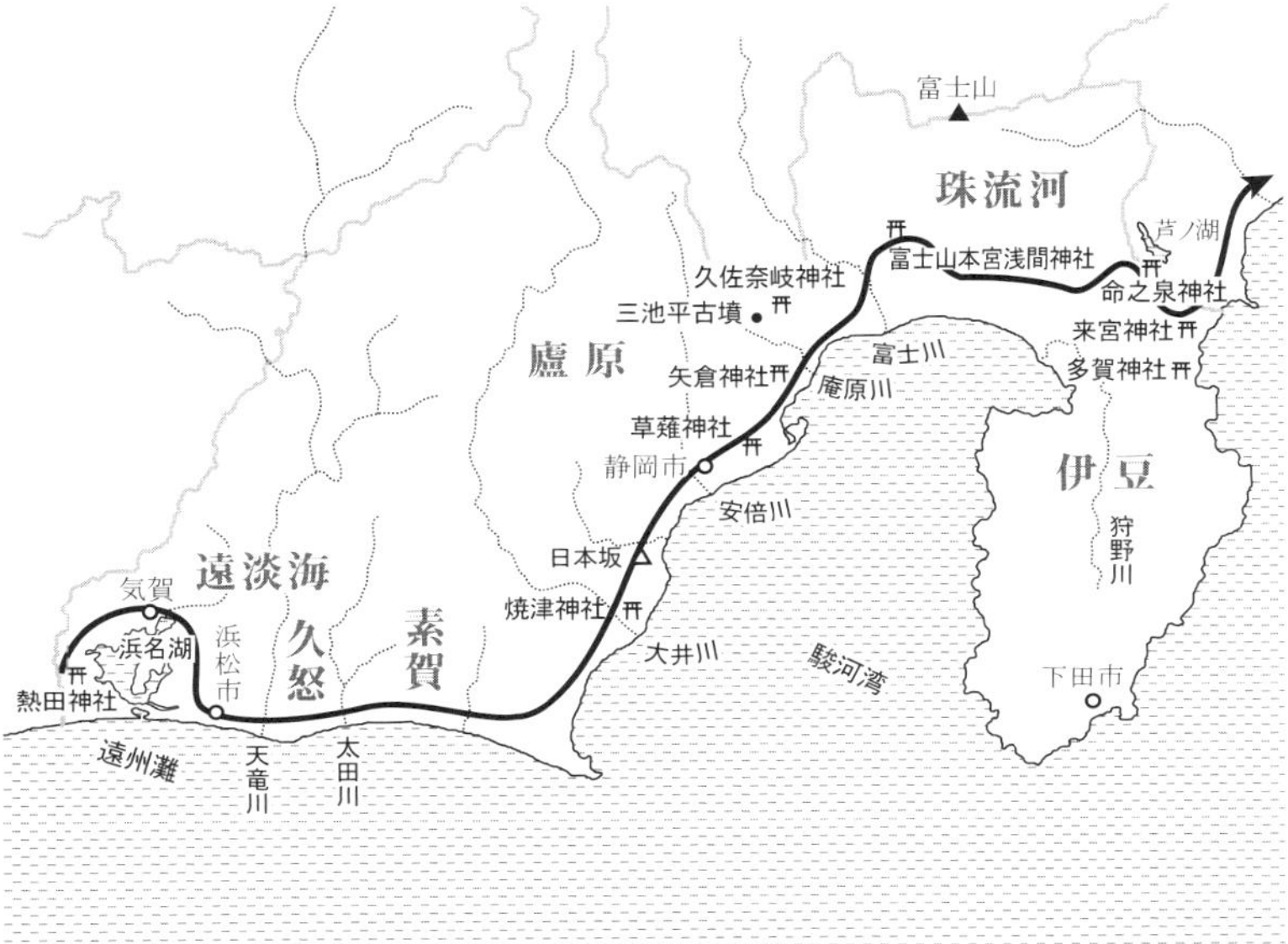
富士山
珠流河
芦ノ湖
富士山本宮浅間神社
久佐奈岐神社
三池平古墳
命之泉神社
来宮神社
多賀神社
盧原
矢倉神社
富士川
庵原川
草薙神社
静岡市
伊豆
安倍川
狩野川
日本坂
遠淡海
気賀
焼津神社
浜名湖
浜松市
久怒
素賀
大井川
駿河湾
下田市
熱田神社
遠州灘
天竜川
太田川

日本武尊の東征以前には、すでに「四道将軍」の武渟川別命《ぬなかわわけ》が「東海」に派遣されており、その行軍経路も参考にしたであろう。

日本武尊の東征は、武渟川別命の足跡を参考とし、平安時代の征夷大将軍・坂上田村麻呂は、日本武尊の足跡を踏まえている。東海から東北・北陸に至るルートには、東征を委ねられた男たちのドラマが重層的に残されている。

日本武尊は八ヶ岳や諏訪湖を源流とする天竜川を渡った。『先代旧事本紀』によれば、浜名湖から天竜川以西の「遠淡海」から、天竜川を渡った静岡県の東側には「久怒《くぬ》」「素賀《そが》」「珠流河《するが》」「廬原《いおはら》」「伊豆」などの国造が置かれたとある。それぞれ太田川、原野谷川、安倍川、庵原川、狩野川などの中小河川を中心とした国々である。

日本武尊は、大井川を渡り、駿河の国を進んだ。

遠江や駿河、とりわけ天竜川・大井川流域の山間部では、現在でも焼畑農業がおこなわれている。焼畑農業は、熱帯から温帯にかけてアジア各地で伝統的に行われている農業形態で、作物を収穫したあと火で燃やし、地力が回復するまで数年間休耕する。縄文時代の

◉火難

日本武尊《やまとたける》は、尾張から三河を経て、遠江国《とおとうみのくに》に入った。そこには、「遠淡海《とおつおうみ》」——浜名湖が広がっている。

浜名湖の西、静岡県湖西市吉美の熱田神社には日本武尊の旧跡地として「神井戸神社」「御手洗」「白鳥の森」などが伝えられている。地名の吉美は、従者の吉備武彦に因むものという。

湖西市吉見の伝承地は「かめえど」すなわち「神井戸」で、日本武尊がこの地を通りかかった時、ひどくのどが渇いていたが、適当な飲み水が見当たらなかった。そこで、手にしていた剣で地面を突き刺すと、こんこんと清水が湧き出た。日本武尊はその水を手ですくって飲み、また東へ向かって進んだという。

浜名湖の北に引佐細江《いなさほそえ》（浜松市北区細江町）という入江がある。近くの気賀《きが》（浜松市北区細江町）は、古い時代から水陸交通の要地であった。

この地の三社神社は、伊奘諾尊とともに日本武尊を祭っている。日本武尊の足跡の一つに数えていいであろう。

日本武尊は、遠江を東へ進む。

基幹的な農業形態であったが、水耕稲作を中心とする弥生時代になっても、山間部のみならず、平野部においても、さかんにおこなわれた。

これから述べる日本武尊の「火難」にも、その背景には、このような伝統的な焼畑農業あるいは野焼きの風習が横たわっている。

日本武尊の東征に反感を抱いた土豪勢力が、野焼きという手段で攻撃してきたのである。

ただし、その場所について、『古事記』は「相武国」（相模・神奈川県）と記し、『日本書紀』は「駿河」（静岡県）と記す。

『古事記』によると、日本武尊が相模国に入ると、国造が偽って、「この野の中に大きな沼があります。この沼の中に住んでいる神は、たいへん荒荒しい神（道《ち》速振神《はやぶる》）でございます」と申し上げた。そこで、その神を見るためにその野にお入りになった。するとその国造はその野に火をつけた。だまされたとお気づきになって、叔母の倭比売命《やまとひめ》の下さった袋の口を解いて開いてご覧になると、火打石があった。そこで、まず刀で草を刈り払い、その火打石で火を打ち出して、向え火をつけて脱出して、その国造どもをみな斬り殺し、火をつけてお焼きになった。それゆえ、今は焼津という、と記されている。

『日本書紀』によると、駿河に到着すると、その地を拠点とする賊が、服従したふりをして、「この野には大鹿が多く、その吐く息は朝霧のようで足は若木のようです。おいでになって狩をなさいませ」といった。日本武尊はその言葉を信じて、野に入って狩をおこなった。日本武尊を殺すつもりであった賊は、野に火を放った。欺かれたと知った日本武尊は、とっさに火打石を取り出して、迎え火をつけて逃れることができた。「危うくだまされるところであった」とおっしゃられて、たちまちその賊らを焼き滅ぼされた。このため、その地を焼津（静岡県焼津市）と名づけたという、とある。

迎え火は、焼畑や野焼きなどの火が延焼したときに火を止める方法で、現在でも用いられている。『日本書紀』の一書によると、このとき天叢雲剣《あめのむらくものつるぎ》がひとりでに抜けてあたりの草をなぎ払ったので、草薙の剣と名づけられたという。

草薙神社（静岡市清水区草薙）の社伝によると、日本武尊は火攻めに遭った時に、倭姫命から拝領した剣を抜いて「遠かたや、しけきかもと、をやい鎌の」と唱え、あたりの草をことごとく薙ぎ払い、火打石によって火をつけた。その火は賊の方へ煙とともになびいて、尊は無事にこの難を切り抜けたという。

◉焼津

『古事記』『日本書紀』とも「焼津」という点では一致している。焼津といえば、駿河である。『古事記』が「相模」としたのは、何らかの錯誤が生じたのであろう。

焼津は、駿河湾西岸の大井川河口部に広がる扇状地──志太平野の北東部に位置する。

弥生時代の「宮の腰遺跡」からは、土器類・剣・勾玉などの土製模造品のほか、米に混ざって鰹の骨がみつかっており、古い時代から漁業が盛んであったことがわかる。

近くに焼津神社（焼津市）がある。旧称は入江大明神で、かつては南東数キロの地にあったとされる。

主祭神は日本武尊であるが、随行した吉備武彦・大伴武日・七束脛を配祀している。ご神体は「火石」と「水石」で、日本武尊が二つの石を投げたところ、焼津神社と尾張の熱田神宮に落ちたという。『駿河国風土記』によると、第十八代反正天皇四年に社が建立されたという。

焼津神社のほど近くに、日本武尊の「お沓脱」の旧蹟がある。ここで沓を脱いで休息した時に、一人の老婆が小麦の飯を献じたという。

焼津から東に向かうと、日本列島を東西に分ける糸魚川・静岡構造線であるフォッサマグナの大断層に出る。その南端の大崩《おおくずれ》海岸（焼津市浜当目・静岡市駿河区石部）は、断崖となって太平洋に落ちている。

その断層上を縫うように、旧東海道沿いに「日本坂」（静岡市小坂・焼津市花沢）がある。日本武尊が賊に追われて登った坂といい、峠の「穴地蔵」は草薙の剣で難を免れたのち、身を隠した洞窟という。

その後、日本武尊は日本坂を登って山の上に立ち、そびえ立つ富士山の眺めに感動したとも伝えられる。

焼津から日本坂を越えて安倍川を渡った。

安倍川は、静岡・山梨の安倍山に源を発し、静岡平野を南流して駿河湾に注ぐ、長さ五一キロの河川である。下流域が静岡平野で、有名な登呂遺跡もある。

焼津辺に　わが行きしかば　駿河なる
安倍の市道《いちぢ》に　逢ひし児らはも
春日蔵首老『万葉集』巻三・二八四

――ようやく峠を越えて焼津付近までやって来たが、安倍の市で出会った娘のことがずっと忘れられない

とあるとおり、奈良・万葉の時代には「安倍の市」があって賑わい、焼津方面などからも一般の往来があったことがわかる。

清水（静岡市）に出ると、草薙神社があり、日本武尊が祭られている。もと西方の東海道に面した「天皇原」に鎮座していたが、葦毛の馬が社前を通ると必ず落馬するので現在地に遷されたという。

景行天皇は、日本武尊の没後、関東に巡幸したが、この地に草薙神社を建立し、草薙の剣を奉納し、その後、朱雀元（六八六）年、第四十代天武天皇（在位六七三〜六八六年）の勅命により、草薙の剣は熱田神宮に移されたという。

この地には、狩をしている時に犬を放った「御犬ヶ森」、狩で汗をかいた手を洗った「手水ヶ谷」、狩をした時に柳を折って箸にした「柳ヶ沢」、賊徒を鎮圧した後に、戦勝を報告し、さらに東方鎮定を祈願した「東護の森」など、日本武尊の伝承が密である。

草薙神社の南の山を越えると、富士山の遥拝所の日本平（有度山）で、その海岸部に三保の松原の絶景が広がる。

さらに東方の庵原川《いはら》は、古代の廬原の国の名称を留めている。清水区の北東山麓の山切にある久佐奈岐《くさなぎ》神社は、江戸時代までは、東久佐奈岐《ひがしくさなぎ》神社とも称し、日本武尊の本宮（本陣）があった地と伝える。日本武尊を主祭神とし、弟橘媛命、吉備武彦命、大伴武日命、七掬脛命を配祀する。吉備武彦が当地を統治し、社殿を築いて日本武尊を祭ったのが起源という。

『新撰姓氏録』の「廬原《いおはら》の公」の条に、次のような記事がある。

「吉備武彦命は、景行天皇の御世に、東方に遣わされて、毛人《えみし》や荒ぶる神たちを平定し、安倍の廬原の国にいたった。復命した時に、廬原の国を与えられた」

そして『先代旧事本紀』では日本武尊の弟の成務天皇の時代に、吉備武彦の子の思加部彦《しかべひこ》命を、廬原の国造に任じたという。

成務天皇の時代に任命された東海地方の国造のすべ

てが物部氏・尾張氏系であったなかで、清水地域を所管する廬原国造に、日本武尊の東征に従った吉備武彦の子の思加部彦命（意加部彦）が任命されていることに注目すべきであろう。

久佐奈岐神社は、東征に随伴した九万八千の人々を祭ったことから、「九万八千社」とも呼ばれ、かつては祭祀の時に九万八千の幣帛を奉納していたという。日本武尊の東征軍の規模についてはまったく記録はないが、「九万八千」というのは、やや過大な数値であろう。

久佐奈岐神社の周囲は庵原古墳群に囲まれる。隣接する尾根の先端を利用して、全長六五メートル前方後円墳の三池平古墳があり、竪穴式石室には水銀朱が内部に施された割竹型石棺が置かれていた。変形方格四神鏡・四獣文鏡・石釧・管玉・筒型銅器などが副葬され、五世紀初頭の年代の築造とされている。

海岸部にある清水区矢倉の矢倉神社は、第十四代仲哀天皇の時代の創建とされる。廬原国造となった思加部彦命が日本武尊と景行天皇を祭ったとされる。日本武尊の東征の際に、軍営を敷き、兵站や武器庫を置いた「矢の倉」にちなむともいう。

廬原――すなわち、清水を中心とした地域は、古来、漁業・水軍の基地あるいは海運の中継地として、重要な役割を果たしてきた。

ずっと後の時代――朝鮮半島において唐・新羅軍と百済・日本軍が「白村江の戦い」で激突したが、『日本書紀』天智天皇二（六六三）年八月の条に、「大日本国の救援将軍である廬原君臣《いおはらのきみおみ》が、勇武の一万の軍勢を率いて、今まさに海を越えて駆けつけている。どうか諸将はそのつもりで奮闘してほしい。私自身もこれから白村江に出向くつもりだ」と、百済王が全軍を鼓舞する場面がある。日本・百済の命運を担って登場したのが、廬原君臣率いる水軍であった。

日本武尊の行軍は続き、清水から富士川を渡ると、「田子の浦」（富士市）があり、富士山がよく見える。

富士川沿いを遡った富士宮市宮には富士山本宮浅間大社があり、その北方約六キロに、その元宮とされる山宮浅間神社（富士宮市山宮字宮内）がある。いずれも浅間大神（おそらく火の神）を祭神とする。近世になって、瓊瓊杵《ににぎ》尊の妃の木花開耶姫《このはなのさくやひめ》命を祭神とする説が生じた。

山宮浅間神社は社殿がなく、神木・磐境《いわさか》を通じて富士山の霊——浅間大神を祭る。そして、日本武尊がこの地を通過する際、浅間大神に祈念して難を逃れたので、磐境を設けて祭ったという。

『富士本宮浅間社記』によると、第七代孝霊天皇の時代に大噴火があり、長期にわたり荒廃したが、第十二代垂仁天皇時代になってふたたび祭祀が営まれるようになったらしい。さらには、坂上田村麻呂が、現在の本宮の地に社殿を造営したと伝える。

◉相模

日本武尊率いる東征軍は、陸路と海路で進んでいる。駿河の次は相模である。日本武尊は陸路をとったようである。伊豆半島の付け根部分——三島に向かった。

三島には、伊豆国一の宮の三嶋大社（三島市大宮町）がある。律令時代には国府が置かれた。祭神は、大山《おおやま》祇《つみ》命と積羽八重事代主神《つみはやえことしろぬし》とされる。江戸時代までは大山祇命とされていたが、幕末の国学の流行に伴って事代主神説が盛んとなり、現在では「二柱説」に基づき二神が祭られている。


神社名の「三嶋」は「御島」すなわち伊豆諸島に由来するといわれ、本来は伊豆諸島の守護神としての「三嶋大神」であったようである。伊豆諸島・神津島の阿波命《あわのみこと》神社（東京都神津島村）の祭神・阿波咩命《あわのめ》は三嶋大神の正妃とされ、下田市白浜の伊古奈比咩《いこなひめ》命神社の祭神・伊古奈比咩命は、三嶋大神の妾妃とされる。

三嶋大神は、伊豆諸島の守護神として祭られ、やがて本土に移されて伊豆国全体の守護神として祭られるようになった。

三嶋神社は、中世に入ると伊豆国一の宮として源頼朝はじめ多くの武士から崇敬された。江戸時代には、東海道の三島宿として栄え、往来する人々からも広く信仰されるようになった。

したがって、日本武尊がこの地を通過したころは、もちろん、この地に社は築かれていなかったが、律令時代には「国府」も置かれるなど、三島はもともと東海地方における海陸交通の要衝の地として重視されていた土地であった。

伊豆半島は、森林と良港に恵まれた古代における一大造船基地でもあった。

『日本書紀』には、応神天皇の時代に「枯野」（からの・軽野）とよばれる官用船が造られたことが記されており、軽野神社（伊豆市松ヶ瀬）は応神天皇時代の造船所跡とも伝えられている。

また、伊豆国には多くの神社が祭られている。『延喜式』神名帳には、九二座が記され、賀茂郡四六座、田形郡二四座、那賀郡二二座にのぼっている。なかでも半島東南部の賀茂郡四六座のうち、二三座が伊豆諸島に散在しているが、火山活動や地震、津波などを鎮めるためであったろう。

骨卜《こつぼく》も盛んにおこなわれた。『延喜式』臨時祭の条に、朝廷に仕える卜部について、「伊豆五人、壱岐五人、対馬十人」とあるとおり、伊豆には朝廷に出仕する優秀な卜術者がいたようである。『古事記』『日本書紀』には「太占《ふとまに》」と記され、『魏志倭人伝』に「骨を焼いて卜し、吉凶をうらなう」と記されている。

それを証明するかのように、ニホンジカの肩甲骨を焼いたとみられる遺物が、壱岐・対馬・大阪・伊豆や相模などから見つかっている。伊豆は、「齋（いつく）」という祭祀用語と何らかのかかわりがあるのかもしれない。

熱海市西山町に来宮《きのみや》神社がある。祭神は大己貴《おおなむち》命、五十猛《いたける》命および日本武尊である。

大己貴命は大国主命で、五十猛命は父の素戔嗚尊とともに出雲に天降ったとされる。出雲の文化およびそれを継承した饒速日と物部氏の文化がこの地に及んでいたことをしめしている。その地を、日本武尊は通過していく。

箱根路から来宮を通過する際、日本武尊は村人をねぎらい、産業を奨励したという。坂上田村麻呂もまた、来宮神社において戦勝祈願をおこなっている。

『古事記』では「足柄の坂本」が帰路にでてくるが、地元の伝承から考え合わせると、どうも情報が混乱しているようである。日本武尊は「箱根路から」熱海の来宮神社へきたとされる。

相模の国には良港が少ないので、伊豆半島を回った船団を、熱海やその南の多賀付近に集結させたとみられる。

日本武尊は足柄山——箱根山を越えてそのまま東へ進まずに、裾野市から芦ノ湖の西側に出て、いったん回り道をするように熱海峠を越えて熱海に下りてきたのであろう。

箱根山の芦ノ湖を眼下に見下ろすスカイライン沿い

に命《みこと》之泉神社（静岡県裾野市茶畑）があり、日本武尊はこの地において「命の泉」を飲んで病（脚気という）を癒したと伝えられる。

伊豆を越えると、相模（神奈川県）である。

小田原からは酒匂《さかわ》川を遡るように進んで、足柄神社（神奈川県足柄市苅野）の地に仮宮を設けたという。酒匂川は箱根山の水を集めて流れる暴れ川であった。昔の海岸線はかなり内陸にはいりこんでおり、河川を渡る際には、河口でなく、上流で渡河したようである。治山治水がなされない時代に東山道が重視されたのは、東海道は渡河が困難な大河川が多かったからである。日本武尊は、陸路東へ進んだ。

神奈川県足柄上郡松田町松田惣領の寒田神社は、仁徳天皇時代の創建とされる。倭建《やまとたける》命を主神として、弟橘比売《おとたちばなひめ》命を合祀する。。

日本武尊は東征の成就を祈願して、酒匂川に神酒を注いだという。その酒の香が長く芳わしかったので、酒匂川と称されたという。

相模の国を東へ進むと相模川が流れている。鮎がよく獲れるため鮎川とも呼ばれた。その相模川を渡ると、寒川神社（高座郡寒川町宮山）がある。

祭神の寒川比古命・寒川比売命は、『古事記』『日本書紀』に見えない地主神である。相模国一の宮とされ、相模国唯一の名神大社である。

二の宮の川匂《かわわ》神社（中郡二宮町山西）の祭神は、大《おお》名貴《なむち》命・大物忌《おおものいみ》命・級長津彦《しなつひこ》命・級長津姫《しなつひめ》命・衣通《そとほり》姫《ひめ》命で、出雲の神々とともに、地主神が祭られている。「川匂」という社名は、近くを流れる押切川がこのあたりで曲流していたからであるという。

社伝によれば、垂仁天皇の時代、余綾・足柄両郡が磯長《しなが》国であったころ、磯長国造であった阿屋葉造《あやはのみやつこ》によって創建されたという。江戸時代の『二宮川勾神社縁起書』によれば、日本武尊が東征のおりにこの神社に参拝し、磯長国造の大鷲臣《おおわしおみ》命と相模（相武）国造の穂積忍山宿禰《ほずみおしやまのすくね》によって神宝が奉納されたという。

穂積忍山宿禰といえば、のちに述べる弟橘媛命の父である。『先代旧事本紀』「国造本紀」には、日本武尊の弟の成務天皇の時代に、磯長国造として「意富鷲意《おおわしお》弥《み》命」――大鷲臣命が任命されたことが記されている。

ただし、おなじ時代に相模国造に任命されたのは出雲系の弟武彦《おとたけひこ》命と記されており、穂積忍山宿禰の名はみえないが、日本武尊の東征後、一時期忍山宿禰が相模国造であった時期があったのであろう。
四の宮の前鳥《さきとり》神社（平塚市四之宮）の祭神は、菟道《うじ》稚郎子命《わきいらつこ》である。社伝では、第十五代の応神天皇の皇子の菟道稚郎子皇子は、兄の仁徳天皇に皇位を譲り、一族を率いて東国に下り、日本武尊の由縁の地である前鳥の里に宮を築いて居住したという。

『日本書紀』によれば、皇子は仁徳天皇に皇位を譲るため、みずから命を絶ったことになっている。真偽のほどは定かでないが、菟道稚郎子皇子の一族の関係者が、日本武尊ゆかりのこの地に移り住んだことはあったと考えられる。

この神社の周辺には、古墳群が集中している。

前鳥神社の西方一・四キロの「真土《しんど》大塚山古墳」は、開発のため消失してしまったが、相模では最大級の古墳であった。昭和十（一九三五）年、地元住民が松の根元から鏡、銅鏃、直刀を掘り出したのを契機に現地調査がおこなわれたが、十分な調査が行われないまま、破壊されてしまった。円墳、方墳、前方後円墳いずれの古墳であるかも確認されていない。葺石はあったともいわれるが、埴輪や周濠は存在せず、木棺直葬されたとみられている。

出土品で注目すべきは、三角縁神獣鏡で、京都椿井大塚山古墳出土のものと同范鏡である。その他、管玉、巴形銅器、銅鏃、鉄斧、剣破片、刀破、土器破片などが出土し、出土品のほとんどは東京国立博物館に所蔵され、一九六〇年に調査再度調査された際の出土品は平塚市博物館に所蔵されている。

日本武尊は、相模国内に足跡を残しつつ、東に進んでいった。

日本武尊は、神奈川県大和市深見の深見神社あたりに滞在して、船団を整えたようである。

このあたりは、現在は内陸部に位置しているが、かつては海が深く浸入し、入江になっており、深見という地名が生じたといわれている。『和名抄』では「布加美」と記されている。

深見神社の社伝には、「日本武尊御東征の時、足柄峠を越え古相模湾の岸を経てここに軍を駐められ、この入江から舟師《ふないくさ》を出されたと云う。今郷内にある薙原、石楯尾《いわたてお》及御難塚の地名は尊の御遭難の地と伝承されている」とあり、深見を船出した日本武尊は何らかの海難に遭遇しているようである。

沿岸部はすでに土砂の堆積が進んでおり、日本武尊の船団は、時に浅瀬に乗り上げ、あるいは干潮に遭遇して難渋したのであろう。ようやく相模湾に出て、南にむかって進み、やがて三浦半島を迂回して、浦賀水道に入った。狭い水道で、右手には房総半島が迫っている。

そのまま浦賀水道を通過し、船団は左に航路を変え、走水（神奈川県横須賀市）に到着した。

◉弟橘媛の入水

この当時、関東平野——武蔵国の下流域には、広大な低湿地・沼地・潟地が広がり、蘆や雑木なども生い茂っていた。多摩川、荒川、江戸川（大日川）、古利根川、隅田川など多くの河川が流れ込み、また江戸湾も現在よりも内陸部に深く浸入していた。

そのような低湿地帯を横断するより、三浦半島から「走水海《はしりみずのうみ》」——浦賀水道を渡って、安房・上総・下総を通り、常陸へと向かうほうがはるかに安全かつ迅速であった。

相模から武蔵を経て、下総から常陸へむかう行程がとられるようになったのは、律令制下において沿岸部の開拓が進み、交通網が整備されてからである。

別れを惜しむ村人たちに、日本武尊は冠をあたえたという。村人たちはそれを石櫃に納め、地中に埋めて、その上に杜を築いた。それが走水神社（神奈川県横須賀市走水）という。

日本武尊一行は、村人たちに別れを告げ、浦賀水道を船で渡った。

船出したのち、いきなり海が荒れた。

ここで登場したのが、弟橘媛である。穂積臣忍山宿禰《ほづみのおみのおしやまのすくね》の娘である。穂積氏は物部系に属し、『先代旧事本紀』によれば、物部氏四世の大水《おおみな》口《くち》宿禰命を祖とする氏族である。天皇家との関係も深い。第八代孝元天皇の妃の欝色謎《うつしこめ》と第九代開化天皇の妃の伊香色謎《いかがしこめ》は、いずれも穂積氏から出ている。

倭姫命が天照大神の鎮座の地を求めて諸国を巡幸したとき、伊勢の桑名野代宮から鈴鹿の忍山に至り、その地に忍山神宮――伊勢国鈴鹿郡の式内社「忍山神社」（三重県亀山市野村町）を設けて、半年間滞在したのち、皇大神宮地――伊勢神宮の地へ移ったという。このとき、倭姫命に随従していた穂積臣忍山宿禰は、忍山の地に定住し、忍山神宮の祀官になったという。

その穂積臣忍山宿禰の娘が、弟橘媛なのである。忍山神社は弟橘姫の生誕地とされている。

弟橘媛は日本武尊との間に稚武彦王《わかたけひこ》をもうけていた。

弟橘媛が日本武尊の東征に従軍していたのは、妃として身辺に侍るだけではなく、その「巫女的霊力」を期待されての従軍であったかもしれない。邪馬台国の卑弥呼は鬼道に仕え、高天原の天照大神は太陽に仕え、天鈿女命《あまのうずめ》は天の岩戸隠れや瓊瓊杵尊の天孫降臨に際して重要な役割を演じた。

暴風雨に見舞われ、日本武尊の身が危ういと感じた刹那、弟橘媛はわが身を神に捧げる決断をした。

『古事記』は次のように記している。

「そこからさらに軍旅を続けられて、走水《はしりみず》の海をお渡りになった時に、その海峡をお治めになる神が波を起こして、船を木の葉のように翻弄したので、お進みになることができなくなってしまわれた。その時に皇后の弟橘比売命《おとたちばなひめ》は申し出られた。『私が、御子《みこ》に代わり海の中に入ります。御子は、どうかご立派にお仕事を成し遂げて、ご報告申し上げて下さいませ』。そのように申し上げて、海へ入る身支度をされた。菅《すが》畳《だたみ》を八重に、皮畳《かわだたみ》を八重に、絁畳《きぬだたみ》を八重に、それぞれを重ねて波の上に敷かれて、その上に降り立つと、そのまま浪間に沈んでいかれた。そして荒波はいつしか静まり、日本武尊を乗せた御船は進むことができた」

スゲ草を編んだ菅畳、獣の皮で作った皮畳、獣の皮で作った皮畳、あし絹で編んだ絁畳を幾重にも波の上に投げおろし、その上に弟橘媛は降り立った。弟橘比売は海の神を鎮めるため、わが身を捧げたのである。船から降りる前、弟橘比売は次のような歌をうたった。

さねさし相武《さがむ》の小野に燃ゆる火の
火中《ほなか》に立ちて問いし君はも

――相模の小野で燃えている野焼きの火を見るにつけても　あの焼津の地での受難が思い出されました　あのような生死の境をさまよう折にも　私の安否を優しく気づかって下さったあなた様のことは　お忘れすることはございません

「そして七日後に、皇后が身に着けておられた御櫛が、海辺に流れ着いた。日本武尊はその櫛を手にして弟橘比売を偲び、形見として大切に御陵にお納めした」

一方、『日本書紀』は、次のように記す。

「そこから相模に進んで上総に行こうとした。海に望んで言挙《ことあ》げして『こんなちっぽけな海は、立って飛ぶだけで渡ってしまうだろう』と仰せられた」

この海の潮流に習熟していた現地の船乗りたちは、潮流の速い今の時間は止めた方がいいと諌めたようである。それに対して、日本武尊はあえて「言挙《ことあ》げ」（ハッキリと口に出して）、出航を宣言したのである。

しかし、いにしえの大和の国は、伝統的に言挙げをすることをよしとしない国柄であった。

『万葉集』にある、「あきづ島　大和の国は　神《かむ》からと　ことあげせぬ国　然れども　吾は言挙げす（大和の国は神意を大切にするので、人は自分の考えをことばに出してはっきり言わない国である。けれども私はあえてはっきり口に出して言おう／巻十三・三二五〇）」という歌からも明らかである。

出航を決める重大な局面において、日本武尊があえて「言挙げ」したことを『日本書紀』が記したのは、日本武尊の行動を暗に非難した伝承を踏まえたのであろう。

『日本書紀』はつづけて記す。

「ところが海の中ほどまできた時に、突然に暴風が吹いて、御船は木の葉のように漂って向こう岸へ渡ることができなくなってしまわれた。その時に御子に従う者の中に、弟橘媛という妃がおられた。穂積氏の忍山宿禰の娘である。御子に申し上げた。『今まさに急に風が吹いて波の流れも速く、このままでは御船が沈んでしまうでしょう。これはすべて海神《わたつみ》のたたりと思われます。どうか、我が身を御子のお命に代えて海に入ることをお許し下さいませ』。このように申し上げると、浪間に分け入ってそのまま沈んでいかれた。すると暴風は静まり、船は無事に進んで向こう岸に着くことができた。それで世の中の人々は、その海を名づけて馳水《はしりみず》といった」

三浦半島から見える房総半島は、まさに手の届く距離である。日本武尊は、西国の遠征を成し遂げ、さらに東海地方を征圧して、意気揚々、得意満面の時期であった。これまで数々の航海を経験した日本武尊にとって、なんということもない平凡な海峡に見えたはずである。

にもかかわらず、予想外の事態が生じた。狭い湾の出入り口は、干満の差が大きく、潮の流れも想像以上に速い。くわえて、急に風波が高まり、暴風雨となった。

日本武尊は、自信満々、言挙げしてまで、海を渡る船団を進めてしまった。そうして弟橘媛は、わが命を海の神に捧げることになった。幼い皇子を残しての犠牲である。

日本武尊が「吾妻《あづま》はや（我が妻よ）」と嘆いたことから「東国（あずまのくに）」という名が生じ、千葉県と神奈川県の双方に吾妻神社が祭られた。

(1) 千葉県富津市西大和田の「吾妻神社」
(2) 千葉県木更津市吾妻の「吾妻神社」
(3) 神奈川県中郡二宮町山西の「吾妻神社」

おなじように、弟橘媛を祭る橘樹《たちばな》神社も祭られた。

(1) 千葉県茂原市本納の「橘樹神社」
(2) 神奈川県横須賀市走水港の旗山崎（御所ヶ崎東海岸）にあった「橘神社」（ただし、明治十八年に走水神社境内へ移された）
(3) 神奈川県中郡二宮町の吾妻山山頂近くにある「吾妻宮（吾妻神社）」
(4) 神奈川県川崎市高津区子母口《しぼくち》の丘にある「橘樹神社」

七日後に、弟橘媛の櫛が海岸に流れついた。

富津市西大和田字吾妻の吾妻神社は、布引海岸に漂着した弟橘媛の遺物を収納するために、住民たちが建てた社殿という。毎年九月十七日（もとは八月十七日）の「馬だし神事」は、漂着した弟橘媛の櫛を馬に乗せて吾妻山に遷座したという故事にちなむ。

対岸の三浦半島にある走水神社（神奈川県横須賀市走水）の例祭も同じ日に行われる。かつては、馬だしを終えて吾妻山へ帰る神燈を、三浦半島側から遥拝するのがならわしであったという。

走水海――浦賀水道をはさんだ人々の強い連帯感がうかがえる。

『江戸名所図絵』によると、神奈川県川崎市高津区子母口の橘樹神社も、「弟橘媛の御衣と御冠などが流れ着いたのを土中に納めた旧跡である」という。

千葉県木更津市富士見の八剣八幡神社には、弟橘媛を偲んでしばらく留まったという日本武尊の伝承が残されている。太田山から海を眺めた日本武尊は歌を詠んだという。

君さらず　袖しが浦に立つ波の
　その面影を見るぞ悲しき

その歌の「君さらず」が転じて、「木更津《きさらづ》」の地名になったといわれる。

相模国造《さがみのくにのみやつこ》として留まっていた忍山宿禰のもとにも、娘の弟橘媛の悲報は届いた。知多半島の入海神社（愛知県知多郡東浦町緒川）の社伝によると、帰郷した父を追うように神社付近の紅葉川に、弟橘媛の櫛が流れついたという。その入海神社に「夜泣き石」と名づけられた石があるが、これは忍山宿禰が、その死後においても墳墓の石の下から弟橘媛の死を嘆きつづけたという伝承に由来する。

15 房総から北進

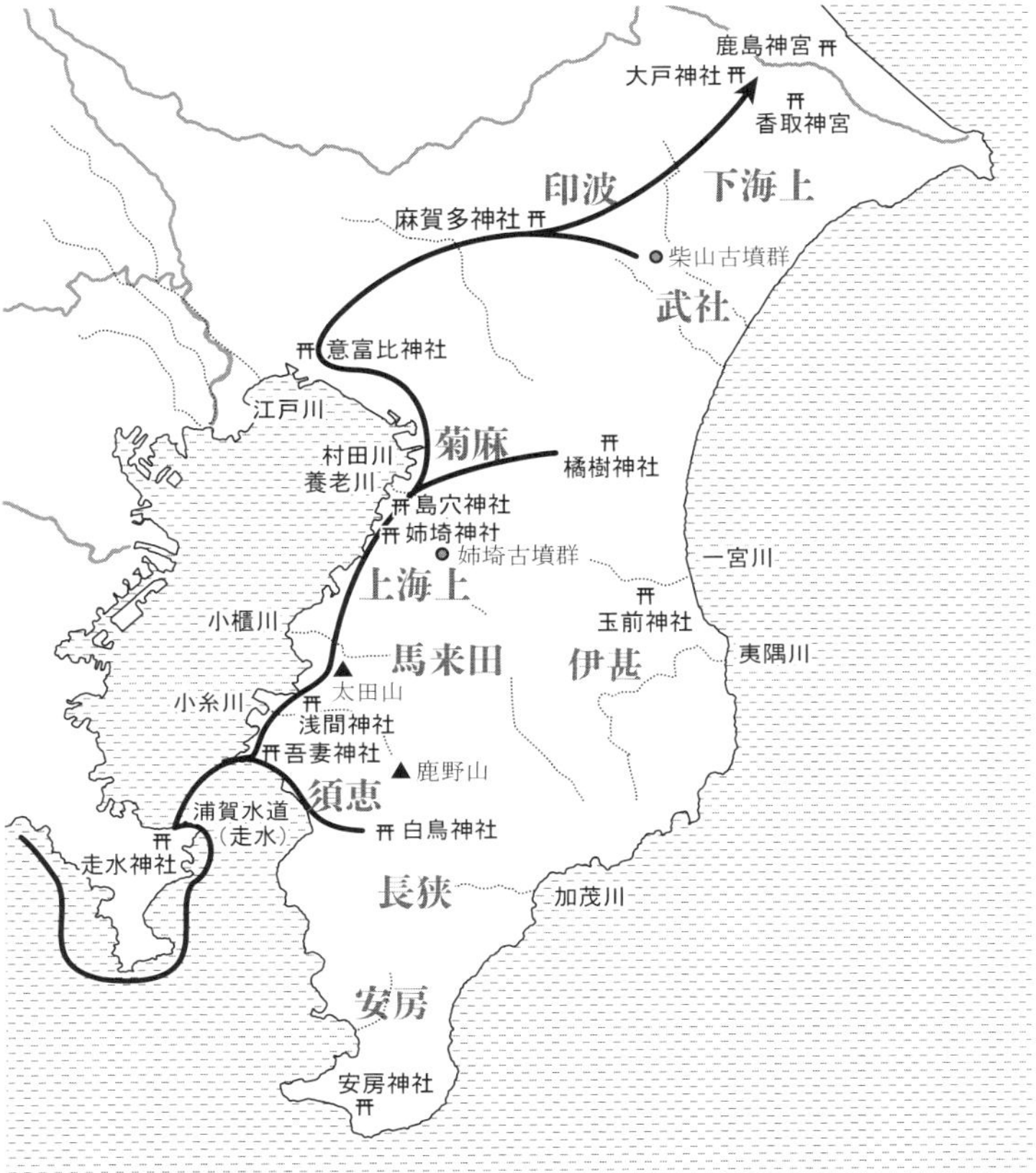
鹿島神宮
大戸神社
香取神宮
印波
下海上
麻賀多神社
柴山古墳群
武社
意富比神社
江戸川
菊麻
村田川
養老川
橘樹神社
島穴神社
姉埼神社
姉埼古墳群
一宮川
上海上
玉前神社
小櫃川
馬来田
伊甚
夷隅川
太田山
小糸川
浅間神社
吾妻神社
鹿野山
須恵
浦賀水道
（走水）
白鳥神社
走水神社
長狭
加茂川
安房
安房神社

◉房総

このころの房総半島には、阿久留王なる者を首領とする勢力が、鹿野山（三七九メートル）を根拠として勢力を張っていたらしい。阿久留王は、悪路王ともいわれ、村々を襲い、米や麦・牛馬を略奪して、村人たちに怖れられていたという。

房総半島の南部は三〇〇～四〇〇メートルの低山帯であるが、奥の深い森林地域が連なる。鹿野山には三つの峰があり、白鳥峰には白鳥神社、熊野峰には熊野神社、春日峰には春日神社が祭られている。

日本武尊らは、鹿野山の悪路王を攻撃し、大激戦となったという。日本武尊は悪路王軍を徹底的に攻撃し、激戦で流された血が川を赤く染めた。そして、悪路王は討ち取られ、この地に葬られた。熊野神社の下の神野寺に「阿久留王塚」がある。

こうして上総地域を平定した日本武尊であったが、この上総の地で大きな転機があったようである。

ある時、弟橘媛《おとたちばなひめ》を偲んで海岸を彷徨していると、走水の海の向こうに富士山が見えた。大きくすそ野を広げ、天に向かって真っすぐに聳え立つ富士山の雄姿に、おおいに励まされた。

浅間神社（木更津市畑沢字浜ヶ谷）は、このとき日本武尊が富士山を遥拝した場所とされる。

さらに日本武尊は、二度と今回の弟橘媛のような苦い出来事が起こらないことを祈願して、支那戸弁《しなとべ》命を祭ったという。

姉崎神社（市原市姉崎）は、東京湾を望む台地上に鎮座する。上海上《かみつうなかみ》郡の式内社である。支那戸弁命は、伊奘諾《いざなぎ》と伊奘冉《いざなみ》との間に生まれた「風の神」である。今も神職の海上《うなかみ》氏が連綿と祭祀を取りおこなう。日本武尊はこの地で風の神を祭り、後に景行天皇が日本武尊を合祀したという。

上総国の中心となった養老川流域には、姉崎古墳群をはじめ、四世紀後半から七世紀後半にかけて三〇〇基以上の古墳が造られた。

島穴神社（市原市島野）は、姉崎神社の北東三キロの養老川右岸に位置し、おなじく志那都比古《しなつひこ》尊＝風の神を祭っている。社伝では、日本武尊東征の時に祭られた社という。のち日本武尊と倭比売《やまとひめ》尊が合祀された。

『延喜式』兵部式には「島穴」と記され、駅家が置かれた古代交通上の要所であった。地元の伝承では、現在の社地から二〇〇メートルの水田のなかに三十坪ほどの森があり、そこがもとの社地であったという。鬱蒼と茂る松林の中に深い穴があり、その中から絶えず清い風が絶えず吹いていた。これは志那戸弁命のなすところで、島穴の由来ともいう。現在、穴の所在は不明になっているが、古墳の石室であった可能性も指摘されている。

『先代旧事本紀』は、平安初期に物部氏の後裔の興《おき》原《はらの》敏久《みにく》による編纂といわれる史書である。先行の『古事記』『日本書紀』『古語拾遺』などの文献からの引用が多く、江戸時代に多田義俊、伊勢貞丈、本居宣長などから偽書の疑いがかけられた。太平洋戦争後、『古事記』『日本書紀』に対してすら懐疑的な風潮が高まるなか、『先代旧事本紀』は偽書扱いのまま、ほとんど顧みられることもなく、現在に至っている。

一方で、巻十「国造本紀」の記載については、独自の古資料に基づいて書かれたものと評価し、地方の情報が少ない『古事記』『日本書紀』を補うものとして重視する見解も根強い。

「国造本紀」に記載された百三十余りの国造は、西日本地域など多くの地域で、おおよそ律令時代の国単位で国造が配置されるなかで、千葉県（九）・茨城県（七）・福島県（八）など、東国地域においては、郡レベル程度の小さな単位で国造が配置されている。

そのなかでも、千葉県には全国でも最多の九の国造が置かれていることが注目される。第十三代成務天皇から第十五代応神天皇の時代である。現在もっとも栄えている北部の江戸川流域には、一つも置かれていない。

このことからみても、日本武尊が東征したとき、洪水被害に見舞われる江戸川・利根川などの下流域には国造を置くほどの集落基盤が成立していなかったことがわかる。それを裏づけるように、江戸川・利根川中流域・上流域の群馬県内の丘陵地帯には多くの集落と古墳が残されている。

一方、千葉県中南部地域においては、中小河川の流域ごとに一人ずつ国造が置かれた。出雲氏、物部氏、凡河内氏、和邇氏、太氏などの氏族である。

いずれも、天皇家―大和朝廷と密接な関係を有する氏族たちである。

『古語拾遺』によれば、神武天皇の勅命により、麻裁培の適地を求めて忌部氏が安房の地に派遣されたという。忌部氏は安房神社（館山大神宮）を祭った。

また、『古事記』神武天皇の段に、神八井耳命《かむやいみみ》が太平洋側の「長狭《ながさ》の国造」（丸山川・鴨川流域）になったとある。

そのうち、山武郡一帯を治めた「武社《むさ》国造」が、日本武尊に対して積極的に支援したとみられるふしがある。『先代旧事本紀』によると、「武社国造」は、「彦《ひこ》忍人《おしひと》命」といい、「和邇臣《わにのおみ》の先祖の彦意祁都《ひこおけつ》命の子孫」という。すでに述べたとおり、和邇氏は第五代孝昭天皇と妃の尾張氏の世襲足媛《よそたらひめ》の皇子、天足彦国押人《あめたらしひこくにおしひと》命の後裔氏族である。

「武社」は、「上海上《かみつうなかみ》」と「下海上《しもつうなかみ》」という二つの国を分断するように、その中間に位置する。日本武尊の東征に際して尾張氏の海運力が大きな役割を果たしているが、その尾張氏と和邇氏は世襲足媛を通じて近い関係にある。

和邇氏は、東征の際に日本武尊を積極的に支援し、それゆえに「武社国造」に任じられた可能性が高い。横芝光町には国造一族の墓とされる芝山古墳群がある。

◉上総

日本武尊は、上総国内を巡幸し、太平洋側にも足をはこんで弟橘媛の霊を祭るにふさわしい場所を探した。

橘樹《たちばな》神社（茂原市本納《ほんのう》）は、長柄郡の式内社で、上総国二の宮である。主祭神は弟橘比売で、光孝八（八九一）年に日本武尊と忍山宿禰が合祀されている。

日本武尊は、遺品の櫛を納めて墓を作り、橘の樹を植えて墓標にしたという。『房総志料続篇』（田丸健良・天保四年）に、「徂徠先生の『南留別志』によると、森の形は船に似て、中に高い樹木があり、檣（ほばしら）をかたどっている。今は折れてなくなってしまったそうである」と、神社の森そのものが船の形に見立てられていたことがうかがえる。

橘樹神社住所大字の「本納」は「帆の丘」がなまったものであるという。橘樹神社の背後には、古墳があり、弟橘媛の御陵とされる。

なお、上総国一の宮の玉前《たまさき》神社（千葉県長生郡一宮町）は、太平洋に面した九十九里浜の最南端に位置する。このあたりは、縄文時代の遺跡や貝塚なども豊富で、古くから開けていた地域である。社名の由来は、九十九里浜が古くは「玉の浦」といわれ、その南端にあることからとも、祭神名に由来するともいわれる。祭神は玉依姫命とされているが、『大日本国一宮記』は、前玉命または天明玉命とする。いずれも、「玉」を共有している。

『日本書紀』安閑天皇元（五三四）年の条に、この地を支配していた国造の伊甚《いじむ》の直稚子《あたいわかこ》が、珠（真珠）の献上が遅れ、その罪を免れるために伊甚の屯倉《みやけ》を献上したという逸話が記されている。

◉下総

日本武尊は、上総から下総に進んだ。のちに父の景行天皇も、日本武尊の道筋を偲び、房総半島南部の安房から北部の葛飾野まで行幸している。

東京湾に臨む意富比《おおひ》神社（千葉県船橋市宮本）の社伝では、日本武尊はこの地で東国平定の祈願成就を祈ったという。また、日照りの害に悩む住民のために天照大神に祈ると、たちまち雨が降り出したという。

麻賀多《まがた》神社（「本社」・「奥宮」）においても、日本武尊は祭祀をおこなっている。社伝によると、日本武尊がこの地を通ったとき、山に登って一本の大杉の虚《うろ》（空洞）に鏡を掛け、その根元に玉を埋め、西に向かって伊勢の大御神（天照大神）を拝んで戦勝を祈願したという。

そのおりに、土地が悪く、不作を嘆く村人たちの声を聞いて、日本武尊は、「この鏡を授けよう。この鏡を祭れば豊作になる」と告げた。村人たちが鏡を祭ると、泉が湧き、雨が降り、土地が開けて、五穀豊穣の地になったという。

麻賀多神社は印旛沼東岸の台地上に位置する。麻賀多神社神官である太田家伝来の古文書によると、第十五代応神天皇の時代に印波《いには》の初代国造になった伊都《いつ》許利《こり》命が霊夢をうけ、杉の下から七つの玉を掘り出して日本武尊の鏡とともに祭って一社を創建したのが「奥宮」であるという。

大戸神社（香取市大戸）にも、日本武尊の伝承が残されている。日本武尊は、この地において蝦夷征伐を祈願し、社を創建したという。

日本武尊は、弟橘媛命の死を悼みつつ、気持ちを奮い立たせて蝦夷征討のために北進した。

◉信太郡

日本武尊は、下総国から水郷地帯を越えて、常陸国南端の信太郡に入った。信太郡の東南部には、現在の霞ヶ浦を含む広大な「香取の海」があった。

『常陸国風土記』には、「倭武天皇《やまとたける》（日本武尊）は海辺を巡行して乗浜《のりはま》に至った。そのとき浜辺の浦のほとりにたくさん海苔が乾してあった。これによって能理波麻の村と名づけた」とある。『和名抄』には、「信太郡乗浜郷」とあり、茨城県稲敷郡のことである。現在の阿見《あみ》町・河内《かわち》町・美浦《みほ》村の領域である。

大宮大神《おおみやだいじん》（稲敷郡美浦村大字土浦）は、天照皇大神・天太玉命とともに、日本武尊を祭る。景行天皇の時代に、生田長者の満盛なる人物が氏神として創立したという。

隣接する「陸平《おかだいら》貝塚」（稲敷郡美浦村）は縄文早期～後期の遺跡とされ、当時は霞ヶ浦南岸に浮かぶ島状の台地であったとされる。三万平方メートルの広大な台地を取り囲む斜面に、大小八か所の貝塚群があり、国指定史跡になっている。

◉行方郡

信太郡からは、船で「香取の海」を渡り、北の茨城郡から舌を突きだしたような細長い入江――行方郡に上陸した。南部は今の利根川河口と北浦につながっていた。

『常陸国風土記』には、次のようなさまざまな伝承が記されている。

「倭武天皇が海北の地を征伐した折に、この国を通過なされた。槻野《つきの》（行方市井上）の清い泉で手を洗い、お持ちになっていた玉を井のなかに落とされた。その井は今も行方《なめかた》の里にあり、玉清の井（異本では玉清水）といっている。さらに乗り物をまわして、現原《あらはら》の丘（行方市芹沢の日岡の丘陵）においでになり、お食事をさし上げた。ことのき天皇はあたりを眺望して、お付きの侍臣を振り返って『輿を停めて逍遥し、眼を上げて見わたせば、山々は高く低く入れ交って重なり合っている。海の入江は延々とうねって続く。山頂には雲を浮かべ、中腹には霧を抱く。まことに風光明媚で、国の形はめったにないほどに心が惹かれるものである。この地の名を行細《なめくはし》の国というべきであろう』と仰せられた。後の世もそれにしたがい、いまだに行方《なめかた》と呼んでいる。この岡から降りて、大益《おおや》川(梶無川)に出られ、小舟に乗って上るとき、棹梶が折れた。それで無梶川《かじなし》という。これはすなわち、茨城と行方二郡の境である。……無梶川から郡の辺境まで出たとき、鴨が飛んで渡るのが見えた。天皇が射ると弦の響きに応じて地に落ちた。それで鴨野《かもの》(かすみがうら市加茂)という」

「倭武天皇が巡行して、当麻郡(鉾田市当間)を過ぎるとき、鳥日子《とりひこ》と名乗る佐伯がいたが、天皇の言葉に逆らったので殺した。屋形野《やかたの》の帳宮《かりみや》——仮宮(所在不明)においでになったが、車駕の通る道が狭くでこぼこがひどかった。悪路という意味で当麻《たぎま》という。土地の人はタギタギシという」

「南方に芸都《きつ》の里(行方市内宿字化蘇沼《けそぬま》)がある。寸津毗古《きつひこ》・寸津毗売《きつひめ》という二人の国栖がいた。寸津毗古は、天皇がおでましになられるのにご命令に背き非礼であった。そこで御剣を抜いて即座に成敗された。寸津毗売は恐れおののいて、白旗を掲げて道に伏して拝み出迎えた。天皇は憐れんで恵みを与えてその家に帰して罪をお許しになった。さらに御輿を回して小抜野(行方市小貫《おぬき》)の頓宮(仮宮)に行幸したとき、寸津毗売が姉妹を率いて朝夕供奉し、誠心誠意お尽くしして、風雨をいとわず朝に夕にお仕えした。天皇はそのこまやまな心づかいを愛でて慈悲の心をもたれた。それでこの野をうるわしの野(行方市小貫)という」

「また波耶武《はやむ》の野がある。倭武天皇はこの野に宿泊し、弓筈《ゆはず》を修理された。この野の北の海辺に鹿島の神子の社(行方市麻生の鉾神社)がある」

「(倭武天皇は)相鹿の丘前《おかざき》の宮(行方市矢幡)におられた。この時に天皇のお食事の炊事をする建物を浦の浜にしっかりと構えて、小舟を並べて橋にして、天皇の御在所に通わせた。大炊《おおひ》の意味から大生《おおふ》の村と名付けた。倭武天皇の皇后の大橘比売命《おおたちばなひめ》が倭《やまと》より下ってきて、この地でお会いになられた。それで安布賀《あうか》の村（潮来市大生）という」

大橘比売命は、弟橘媛の姉とされる。走水に身を投じた妹に代わり、送り出されたのであろう。古代においては、姉妹が共に嫁ぐ例がみられる。

日本武尊は、陸上では、御輿に乗って移動しているようである。そして、九州巡幸時における景行天皇とおなじく、従順な土豪に対しては寛容な態度で接し、反抗的な土豪に対しては、断固たる処分をおこなっている。

◉香島郡・茨城郡

行方郡を東に進み、香島郡に出た。この地には、鹿島神宮がある。

『常陸国風土記』は次のように記す。

「毎年七月に舟を造り津の宮（鹿嶋市大船津にあったとされる別宮）に奉納するのは、倭武天皇の世に天大神《あめのおおかみ》が中臣狭山命《なかとみのさやま》に命じたためである」

「倭武天皇が停泊したとき、御膳に進める水がなく、鹿の角で地を掘ったが、そのために鹿の角が折れたので角折《つのおれ》の浜（鹿嶋市角折）という」

房総半島の太平洋側を北上した船団は、犬吠崎を迂回し、日本武尊の御座船は、護衛の船とともに、鹿島神宮近くまで曳航されていたのであろう。

茨城郡は、香島郡・行方郡の北部に位置し、北には男体山（八七一メートル）と女体山（八七七メートル）

という二つの頂を持つ筑波山がそびえている。茨城郡の中心地は、現在の石岡市付近に中心があったとされる。

茨城郡にも日本武尊の伝承が残されている。

「郡の東にある桑原の丘（小美玉市の玉里大宮神社付近）がある。倭武天皇は丘の上にしばらくおとどまりになられたので、お食事をさしあげた。その時に水部《もひとりべ》に新たに井を掘らせた。出た水は大変おいしく、そこで、『よく渟《たま》れる水かな』とおっしゃられた。こういうわけで、里の名を今は田余《たまり》（小美玉市上玉里・下玉里）という」（『常陸国風土記』）

玉里大宮神社（小美玉市上玉里）は武甕槌命《たけみかづち》を祭る。昔は鹿島明神といっていたが、元禄九（一六九六）年に水戸光圀が巡視の際に大宮大明神と改めたという。神社後方の「玉乃井跡」が、日本武尊が掘らせた井戸の跡とされる。

奈良時代の天平年間（七二九〜七四九）に創建された常陸国總社宮（石岡市総社）は、日本武尊ゆかりの「腰掛石」のあった場所につくられたという。

羽梨《はなし》山神社（笠間市上郷）は、もと羽梨山の中腹にあったという。社伝では、日本武尊が磐麻《いわま》（笠間市上郷）を通った際、老夫婦が山梨を献上したという。二人に名をたずねると、磐筒男《いわつつお》・磐筒女《いわつつめ》といった。日本武尊は蝦夷を平定して凱旋した時、羽々矢と梨を捧げたという。

◉新治郡

『常陸国風土記』には、「昔、美麻貴《みまきの》天皇（崇神天皇）の御治世に、東方の夷の荒賊を討ち平らげようとして、新治《にいばり》国造の祖先で、名を比奈良珠《ひならす》命というものを派遣した。

この人が下向してさっそく井を掘った。その井は今も新治の里にあり、時節に応じてお祭りをする。その水はきよらかに流れたので、すなわち井を治り拓いたということによって、郡の名称にしたのである」と、新治の由来が記されている。

『先代旧事本紀』の『国造本紀』には、「比奈羅夫《ひなうふ》命」が成務天皇の時代に新治の国造に任じられたとある。

比奈良珠命＝比奈羅夫命は、崇神天皇時代に派遣された四道将軍の一人・武渟川別命とともに東国に派遣され、新治を攻略したのであろう。

比奈良珠命は、日本武尊の時代、すでに国造として新治郡を治めていたらしく、『常陸国風土記』には、「ある人の説では、倭武天皇が、東《あづま》の夷《えみし》の国を巡幸し、新治の県（茨城県筑西市・笠間市・桜川市付近）を通り過ぎた。このとき、国造の比那良珠命を派遣して新しく井を掘らせたところ、こんこんと清らかな泉が湧き出て、感動するほどの美しさであった。倭武天皇は御輿をとめて、その水を愛でて手をお洗いなされたところ、御衣の袖が泉に垂れて濡れた。袖を漬《ひた》したので常陸の国名ができた。この土地の言い伝えで筑波岳に黒雲がかかり、衣袖《ころもそで》ひたちの国というのは、これが始まりである」と記されている。

筑波山を仰ぐ丘陵の先端部に、景行天皇時代に創建されたと伝わる雲井宮郷造《くもいのみやさとつくり》神社（筑西市倉持）がある。比奈良珠命は、武甕槌命・事代主命とともに、この神社の祭神とされている。

筑西市筑西市徳持にある「葦間山古墳」は、比那良珠命の墓と伝えられている。全長一四一メートルの前方後円墳で、四世紀末から五世紀はじめごろの古墳とされ、新治国造の領域では最大規模の古墳である。

◉那賀郡

那賀郡は、茨城郡と久慈郡の中間にある。那賀郡を流れる那珂川は、上流に阿波郷（桂村）があったため、『常陸国風土記』には「粟河《あわ》」とも記される。『先代旧事本紀』では、神八井耳《かみやいみみ》命の末裔の建借馬《たけかしま》命が「仲（那珂）」の国造に委任されたとある。

「ナカ」という地名の由来は、常陸国の中央に位置したからとする説、那珂郷が那賀国造一族の最初の拠点であったからとする説、「野処（ヌカ）」がなまったものであるとする説、晡時臥《くれふし》の山（朝房山）の「蛇（ナガムシ）信仰」に由来する説などがある。さらにつけくわえれば、高天原の武甕槌神と経津主神が出雲の国譲りののち関東に派遣されたが、その際、北部九州の那珂川流域の奴国の海人族が随行し、この地域に定住し、故国にちなんで那珂という名を付した可能性も考えられよう。

那珂川は、阿波郷から日部郷《くさかべ》（常北町上泉・那珂西周辺）・大井郷（水戸市飯富町周辺）などに沿って流れ、那賀郡の中心地（水戸市渡里町）に至る。律令時代には、この地に郡衙・郡の寺・河内駅家《こうちのうまや》などが置かれた。

那珂川が太平洋に注ぐ場所を「阿多可奈湖《あたかなのみなと》」といい、那賀郡と香島郡との境となっていた。海岸にはたくさんの船が集結していたであろう。

吉田神社（水戸市宮内町）は、日本武尊を祭神とする。市内を見下ろす高台にある。日本武尊が休憩したという三角山は、今も境内の見晴台の一画を占めて神聖な地として伝えられている。

◉久慈郡

久慈郡は、那珂川の北側の久慈川流域にある。北部は多賀山地、久慈山地となり陸奥との境をなす。『常陸国風土記』には、「郡役所の南に小さい丘がある。その形が鯨に似ているので、倭武天皇が久慈（常陸太田市）と名づけられた」と、その由来が記されている。常陸の太平洋沿岸部では、捕鯨がおこなわれていたことがわかる。

『常陸国風土記』はつづけて、「助川《すけがわ》の駅家はむかし遇鹿《あうか》（日立市助川東方の会瀬《おうせ》）といった。これは倭武天皇がこの地で皇后と出会われたからである」と、この地でも橘皇后の伝承を記す。

桜川市の磯部稲村神社（桜川市磯部）は、天照大神・木花佐久耶姫命を祭るが、後代の謡曲「桜川」で知られた桜の名所である。鹿島神宮の戌亥（西北）の鎮守とされて、鹿島神宮の地鎮めの要石と、凹凸一対をなすといわれる。鹿島神宮の要石は鯰の頭をおさえて、当社の要石が尾を抑えるという。

日本武尊は、この地からはるか伊勢神宮を遥拝し、礒宮を移祀して、磯部大明神と称したという。鹿島神宮の戌亥（西北）の鎮守とされる。鹿島神宮と磯部稲荷神社で一対の要石があり、鹿島神宮の要石は鯰の頭をおさえ、磯部稲荷神社の要石は鯰の尾をおさえるという。

◉多珂郡

久慈郡の東、太平洋に面した地域を多珂郡という。常陸国最北部で、古くは福島県いわき地方などにも及んでいた。

『常陸国風土記』は、成務天皇の時代、この地にはじめて国造として赴任した建御狭日命《たけみさひ》が、この地方が峰険しく「岳崇し《やまたか》」という地勢であったから、「たかの国」と名づけたという。『先代旧事本紀』では「高の国造」として「弥佐比命《みさひ》」と表記される。

タカという国名、ミサヒノミコトという人物が、文字のない時代に別々の氏族に伝承され、やがて文字で記録するようになってから、それぞれ異なる表記によって伝えられているところに、伝承の古さがうかがわれる。『古事記』『日本書紀』にない人名であるが、『風土記』と『先代旧事本紀』で一致している。

多珂郡にも、日本武尊の伝承も記されている。道前《みちのくち》の里の飽田村（茨城県日立市田尻の相田）に宿泊して橘《たちばなのきさき》皇后と遊んだ。

「倭武天皇は、野にお出ましになり、一方橘皇后を海に遣わして漁をさせて、獲物の量を較べあおうと、それぞれ山の幸と海の幸をお求めてになった。野の狩は一日中駆けずりまわっても一匹の獲物も得られなかったが、海の漁は短時間でたくさんのおいしい魚を得られた。お食事をお進め申し上げると、天皇は『山野の獲物は取れなかったが、海の幸は食べあきるほどことごとく味わった』とおっしゃられた。それで後の代に飽田《あきた》の村と名づけた」

「倭武天皇が舟に乗って海の上から島の磯をご覧になると、さまざまな種類の海藻《め》がたくさん生い茂っていた。それで藻島（茨城県日立市十王町伊師のメシマ）と名づけた」

またこの地の蚕養神社（日立市川尻町）は、養蚕の神とされる稚産霊命とその子の宇気母智神および事代主命を祭っている。社伝では、日本武尊が常陸から陸奥に入るとき、御座船を豊浦の湊に繋いで、この神社に参拝し、勝利を祈願したという。

常陸の国の人々が、日本武尊を天皇と称え、その足跡と伝承を連綿と後世に伝えてきたことがわかる。

東征経路のなかでも、蝦夷攻略の最前線の基地である常陸の地に比較的長期にわたって滞在したようである。そして、武器をつくり、兵糧を整え、新たに船もつくったようである。

『常陸国風土記』香島郡の条には、「倭武天皇の御世に、天の大神（鹿島大神＝武甕槌神《たけみかつち》）が中臣の臣狭山《おみさやま》命に『今、御舟を献上せよ』とご託宣せられた」とあり、長さ二丈（約五・八メートル）の舟を三隻造って献上したとある。

日本武尊は、常陸の国において蝦夷平定の準備を十分に整えたうえで、北上を再開した。

◉八溝山

律令時代における常陸国と陸奥国の境界は、久慈川上流の「焼山《たきやま》の関」（茨城県久慈郡大子町《だいごまち》北田気・南田気）にあった。関戸神社（大子町頃藤）付近である。大子町以北が常陸国に編入されたのは、天正年間（一五〇三～一五二〇年）以後のことである。

古代官道も、常陸国久慈郡の雄薩（大子町）から陸奥国白河郡の高野（福島県白河市）・長有（福島県東白河郡棚倉町）・松田（福島県白河市）に通じていた。

久慈川の源流は、茨城県と福島県の県境にある八溝《やみぞ》山《さん》（一〇二二・八メートル）である。八つの谷に分かれた山の姿を見て、空海が命名したとも伝えられる。その山頂に、八溝峰《やみぞみね》神社（茨城県久慈郡大子町上野宮）が祭られている。祭神は大己貴命と事代主命である。

社伝によれば、日本武尊が八溝山にたてこもる賊を討ち、二神を祭ったのが始まりという。のち、延暦十六（七九七）年に坂上田村麻呂がこの山に陣を置いて大勝し、宝剣を納めて神威に感謝したという。

また、のちに触れる近津神社（大子町下野宮）の社伝によると、日本武尊は八溝山の蝦夷の大将と戦ったが勝敗がつかず、そこに面足尊《おもだる》、惶根尊《かしこね》、事勝国勝《ことかつくにかつ》長狭命《ながさ》（塩土老翁《しおつちのおきな》）の三神が現われ、その加護を受けて勝利をおさめたという。

日本武尊は八溝山の賊を討伐したのち、棚倉方面にむかった。

『陸奥国風土記』逸文には、次のような記事がある。「八槻《やつき》郷（棚倉町八槻）の名の由来は、景行天皇の代、日本武尊が東の夷を征伐し、この地にお着きになり、八目《やつめ》の鳴鏑《なりかぶら》矢をもって賊を射殺された。その矢の落ちたところを矢着（やつき）という。八槻に正倉《みやけ》がある。神亀三（七二六）年に字を八槻と改めた。むかし、この地に八人の土蜘蛛（土知朱）が住んでいた。一を黒鷲といい、二を神衣媛《かむみぞひめ》といい、三を草野灰《かやのはい》といい、四を保保吉灰《ほほきはい》、五を阿邪尓那媛《あざになひめ》、六を栲猪《たくい》、七を神石《かむいし》萱《かや》、八を狭磯名《さしな》という。その各々に一族がいて、八か所の岩屋に住んでいた。この八か所はすべて要害の地で、服従することはなかった。国造の磐城彦が椎蜘蛛との戦いで敗走したのちは、人民を略奪することがしばしばであった。天皇は日本武尊に命じて征伐させられた。土蜘蛛は力を合わせて抵抗した。さらに津軽の蝦夷とも通じて、多くの猪鹿弓《ししゆみ》、猪鹿矢《ししや》を岩城に連ね張り、官兵を迎え射った。それで、官兵たちは一歩も進むことができなかった。そのとき、日本武尊は槻弓《つきゆみ》と槻矢《つきや》をお手に取り、矢継ぎ早に発射され、まるで雷鳴のように鳴り響いて、蝦夷の一群を追い散らし、土蜘蛛の頭八人を射殺された。土蜘蛛を倒した矢は、すべて芽を生じて、槻の木となった。その地を八槻郷と

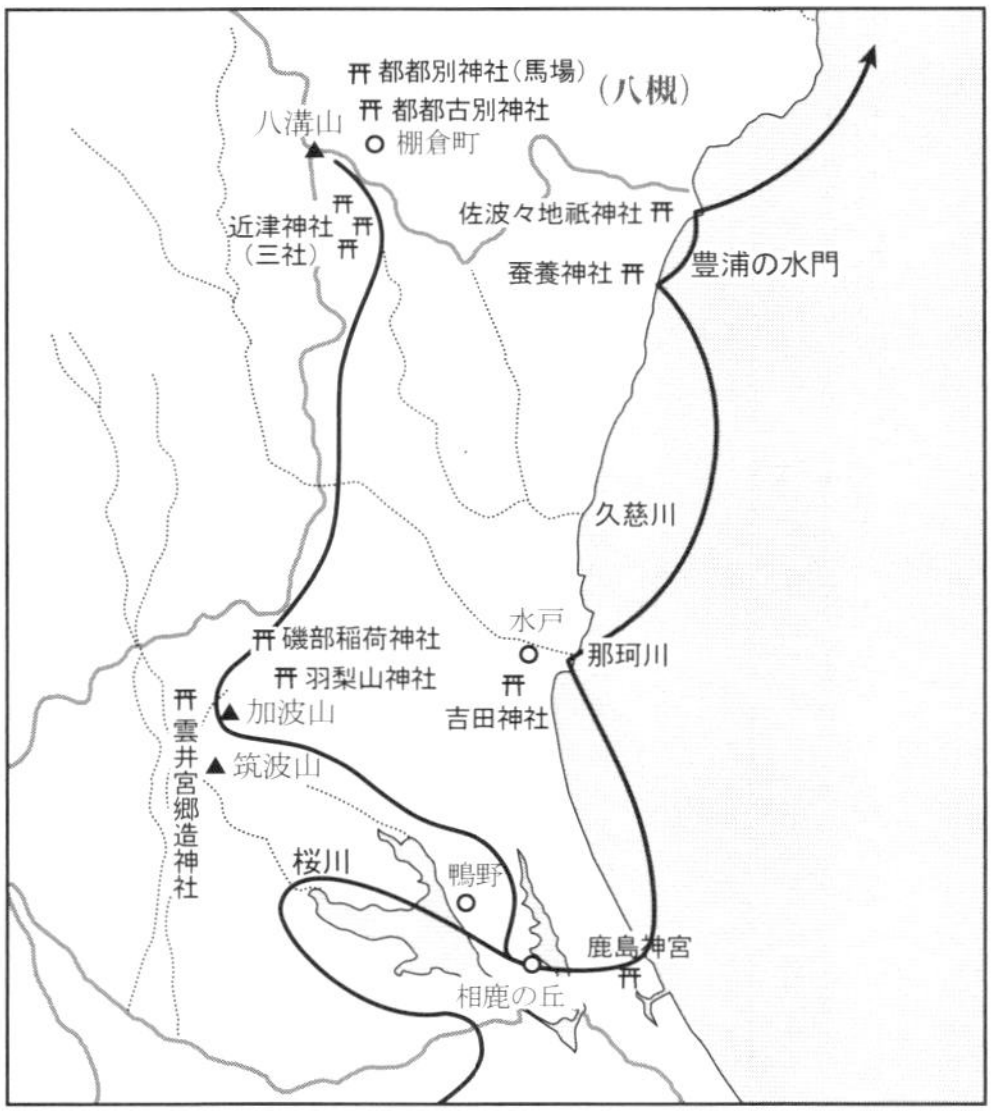

いう。ここに役所がある。神衣媛と神石萱の子孫は命を許されて、この八槻に住んでいる。いま綾戸《あやべ》とよんでいる一族がこれであるという」

棚倉町には、都都古別《つつこわけ》神社と称する神社が二社存在する。地元では馬場《ばば》にある神社を馬場都都古別《ばばつつこわけ》神社（東白川郡棚倉町大字馬場）、八槻《やつき》にある神社を八槻都都古別《つつこわけ》神社（東白川郡棚倉町大字八槻）と称する。いずれも、主祭神は味耜高彦根命《あじすきたかひこねのみこと》で、出雲の大国主命と宗像三女神の田心姫《たごりひめ》の間の子とされる神である。両神社とも「延喜式神名帳」の「都都古和気神社」とされ、奥州一の宮と称されている。

馬場都都古別神社は「上の宮」、八槻都都古別神社は「中の宮」、前述した近津《ちかつ》神社（茨城県久慈郡大子町下野宮）は「下の宮」とよばれ、三社あわせて「近津三社」と称されるから、福岡県宗像市の宗像神社のような「三宮制」をとっていたのかもしれない。

さらには、福島県石川郡石川町にも味耜高彦根命を祭神とする石都々古和気神社があり、おなじく陸奥国一の宮と称されている。あるいは、長崎県平戸市の志々伎神社のように「四宮制」をとっていたのかもしれない。

上の宮の馬場都都古別神社の社伝では、日本武尊が建鉾山（白河市）に鉾を立て、三森に都都古別神を祭ったのが創始という。大同二年に坂上田村麻呂が伊野荘（棚倉城跡）に奉還し、寛永元（一六二四）年に棚倉城の築城のため、本社地へ移されたという。

　中の宮の八槻都都古別神社の社伝によると、日本武尊が東征の際、立（建）鉾山の山頂に鉾を立てて都都古別神を祭ったのが始まりといわれ、立鉾山から矢を放ち、それが落ちた「箭津幾（八槻）」に創建したという。また、日本武尊は高篠山に陣を取り、八溝山の夷と戦うこと数度、それでも敵が屈しないため、天地神明に祈ったところ、味耜高彦根命が現われ、一気に夷を討ち平らげることができたため、この地に味耜高彦根命を祭ったという。

　下の宮の近津神社は面足尊、惶根尊、級長津彦命を祭神としている。

　日本武尊が八溝山の蝦夷の大将と戦った際に、面足尊、惶根尊、事勝国勝長狭命《ことかつくにかつながさ》（塩土老翁《しおつちのおきな》）の三神から味耜高彦根命の鉾を授けられ、その鉾を鉾立山に立てかけて東にむかって矢を放ち、矢の到達したところに味耜高彦根命を祭る社殿を建てたという。「近津」は、事勝国勝長狭命の「事勝」に由来するともいう。

　いずれにせよ、常陸国に通じる久慈川と仙台湾に通じる阿武隈川の源――八溝山山塊には、強勢な蝦夷の集団が割拠していた。そして、彼らは『陸奥国風土記』逸文に記されているように、津軽（青森県）の蝦夷の支援を受けている。日本武尊の時代においても、蝦夷の中枢的勢力は、伝統的に北海道に近い津軽方面にあったのであろう。

　以上の伝承によると、日本武尊は常陸から陸奥の国境付近に居住する抵抗勢力を鎮定してから海路で進んだようにみられる。あるいは鎮定することができなかった勢力に対しては、津軽方面への連絡通路を断ち切るべく、阿武隈川の河口を封鎖する作戦にでたのではなかったか。

16 陸奥の国々

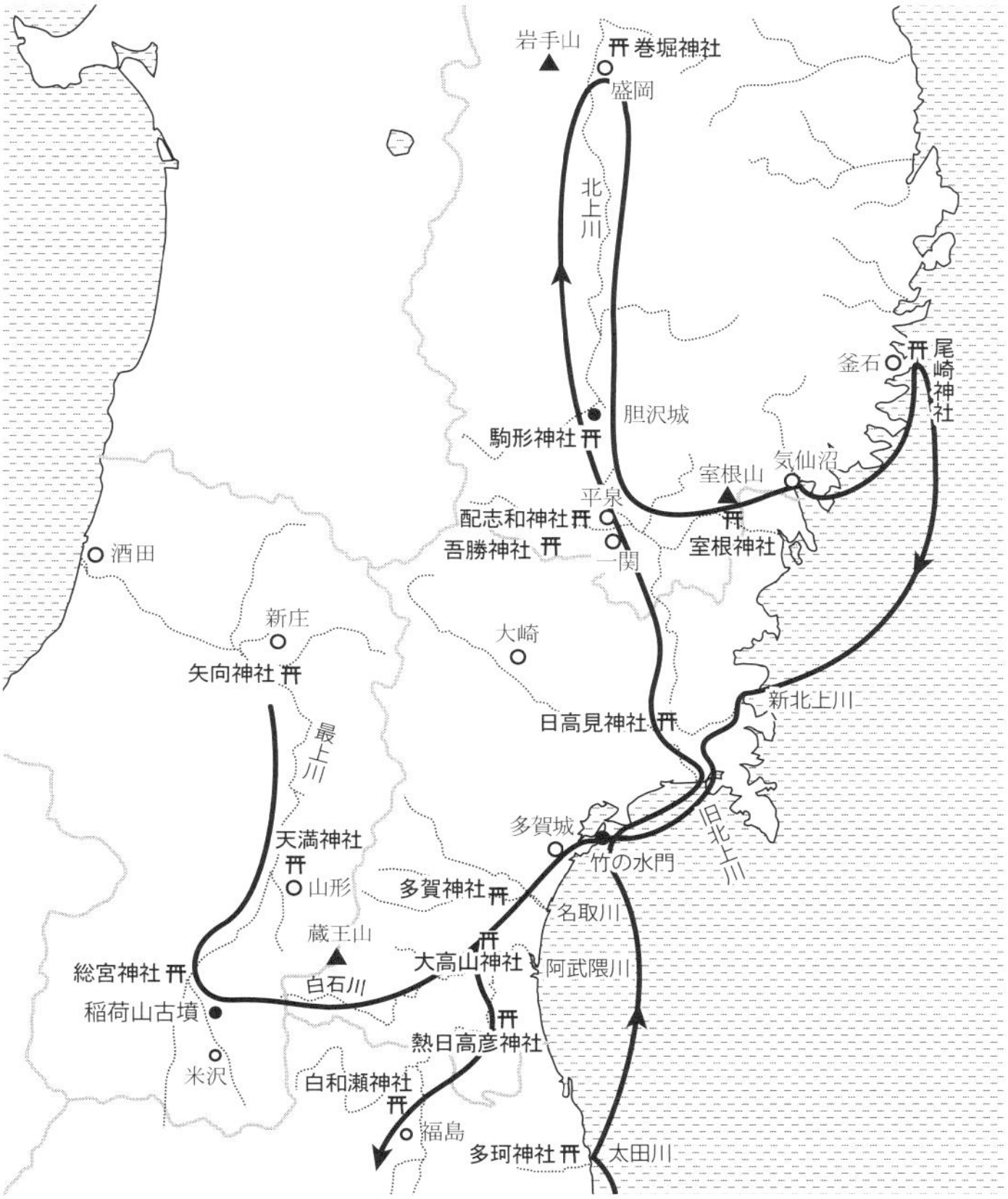
岩手山
巻堀神社
盛岡
北上川
釜石
尾崎神社
胆沢城
駒形神社
室根山
気仙沼
平泉
配志和神社
吾勝神社
一関
室根神社
酒田
新庄
大崎
矢向神社
新北上川
日高見神社
最上川
多賀城
旧北上川
天満神社
竹の水門
山形
多賀神社
名取川
蔵王山
総宮神社
大高山神社
阿武隈川
白石川
稲荷山古墳
熱日高彦神社
米沢
白和瀬神社
福島
多珂神社
太田川

◉ 竹水門《たかのみなと》

『日本書紀』は、日本武尊の常陸から陸奥への径路を次のように記している。

「日本武尊の乗った船は、上総《かみつふさ》から進んで陸奥に入られた。その時に大鏡を御船に飾り、海路で葦浦から玉浦を経て、蝦夷の境界に至った。蝦夷の首長、嶋津神と国津神たちは竹水門に集結して守りを固めていた。けれどもはるか遠方からの大船団が押し寄せてくるのを見て、威勢は急激におじけづいた。とうてい勝ち目はないと悟って、日本武尊に拝礼して申し上げた。『仰いでご尊顔を拝見いたしますと、大変優れたお方と拝察いたします。神なのでしょうか。お名前をお教え下さい』と、お伺いすると、王《みこ》は『われは現人神《あらひとがみ》である』とお答えになられた。蝦夷たちは、すっかり恐れかしこまって、裳を掲げて、波を分けて、自ら御船の先導を努めて、岸にたどり着いた。おのずから囚われ人となる姿勢をしめした。そして日本武尊はその罪をお許しになった。日本武尊は降伏した嶋津神と国津神らを許し、俘虜にして道案内をさせ、日高見国から凱旋した」

日本武尊は、大きな鏡を飾った御座船に乗り、船団を率いて常陸から陸奥にむかっている。

葦浦→玉浦→竹水門→日高見国というコースである。『大日本地名辞書』によれば、葦浦とは吉浦（千葉県鴨川市江見町）のことで、玉浦とは九十九里浜（千葉県夷隅郡〜旭市）であるとする。

前述したように、日本武尊は上総からは陸路で常陸の国に入り、各郡を巡幸している。そのおりに、後顧の憂いを断つために、常陸国北方の八溝山山塊と棚倉方面の蝦夷勢力を掃討し、そののち鹿島の港から御座船に乗って、皇威のシンボルである大鏡を飾って出発したのであろう。

鹿島からは、途中の港に立ち寄り、その周辺の蝦夷を制圧しながら北上している。北茨城市大津町と華川町の佐波々《さわわ》地祇《くにつかみ》神社は、日本武尊によって創建されたと伝わる。

福島県南相馬市原町区高城ノ内にある多珂神社は伊邪奈伎命を祭る。東北各地の多賀神社の首位にある社とされる。社伝によると、日本武尊が陸奥に下り、太田川のほとりに軍を進めて、戦勝祈願のために玉形山に神殿を創設した。もと大明神川原（大明神橋の名称も残る）にあったが、仲哀天皇時代に暴風雨のために社殿が大破し、現在地に遷されたという。

名取川河口右岸の名取市高柳の多賀神社も、日本武尊によって創建されたという伝承が残されている。近くの「皇壇ヶ原」は、日本武尊が東夷平定を祈った場所という。

名取川河口左岸の仙台市太白区富沢の多賀神社も日本武尊の東夷征伐のおりに祭られたとされる。

名取市植松字山には、全長一六八メートルの東北地方最大の「雷神山古墳」がある。近畿纏向遺跡の前方後円墳について、炭素十四年代測定法による意図的な年代遡及がおこなわれていることもあって、全国各地の古墳の築造年代が混乱しているが、この古墳は古典的な年代論では、古墳時代前期後半から中期前半ごろ――四世紀末から五世紀初頭の古墳とみられている。

この地方は、もと名取郡の領域であり、仙台平野は名取平野ともよばれる。この古墳の被葬者は、日本武尊東征ののちに仙台平野一帯を治めた豪族の墓であろう。

いずれにしろ、四世紀から五世紀にかけて陸奥国に近畿の古墳文化が波及したのは、『古事記』『日本書紀』に記されているとおり、四道将軍の大彦命・武渟河別命とその後の日本武尊の東征が大きな契機となったと考えられる。

『日本書紀』によれば、日本武尊は太平洋側を船で北上し、「竹水門」に到達している。

竹水門の所在地について諸説があるが、『大日本地名辞書』は、湊浜（宮城県宮城郡七ヶ浜町）とする。塩釜湾に面し、律令時代の多賀城（宮城県宮城郡多賀城町）にも近い。

七ヶ浜町にある君ヶ丘からは、太平洋はもちろんのこと、塩釜湾、松島湾、小鹿半島のほか、はるか奥羽山脈を眺望することができる。

この君ヶ丘は、もと「きびがおか」とよばれていたという。日本武尊とともに竹の水門に上陸した吉備武彦の姓をとったものと伝えられている。

なお、「竹水門」の所在地について、常陸国の多珂郡（茨城県多賀郡）、陸奥国の行方郡多珂郷（福島県南相馬市）などの説があるが、やはり、のちに大和政権の東北地方の拠点となった多賀城に近い湊浜を第一候補とすべきであろう。竹は多賀にも通じる。

蝦夷の賊首嶋津神と国津神らは、竹水門において朝廷軍を防ごうとしたが、大船団に恐れをなし、やがて弓矢を捨てて降伏した。日本武尊はこれを許した。無血で蝦夷を降伏させたのである。

◉北上川へ

日本武尊は、竹水門から上陸し、のちの多賀城付近の蝦夷を屈服させ、その後山奥に逃げ込んだ勢力を討伐した。

仙台湾は東北地方の太平洋に面した、宮城県石巻市の牡鹿半島黒崎と、福島県相馬市鵜ノ尾崎の間の湾である。石巻湾・松島湾の支湾がある。仙台湾へは旧北上川・阿武隈川の二つの大河をはじめ、名取川・鳴瀬川などが奥羽山脈の水を集めて流れ込む。

日本武尊は、北上川と阿武隈川の中間の位置する七ヶ浜に上陸した。松島丘陵の南東部の塩釜丘陵上に、後に隣接する多賀城市の中に、大和朝廷の陸奥国府や鎮守府として機能した多賀城が築かれた。

日本武尊が上陸した竹の水門（多賀の湊）は、古来、東北地域の要衝であり、まさに蝦夷たちの大動脈の出入り口を征圧したといえる。

『先代旧事本紀』によれば、陸奥方面の国造として「思《しだ》」「伊久《いぐ》」の国造が置かれている。「伊久」は、阿武隈川下流域の宮城県伊具郡・角田市周辺を支配したとみられる。伊具群丸森町の台町古墳群は伊久の国造との関係を示唆したものと考えられている。

宮城県角田市島田の熱日高彦《あつひたかひこ》神社は、天津日高彦火《あまつひこひこほ》瓊瓊杵命《のにに ぎ》・日本武尊を祭る。日本武尊が大森山に祭場を設けて瓊瓊杵命を祭ったという。日本武尊の死後、景行天皇の勅命により日本武尊の神霊を合わせ祭ったと伝える。

日本武尊は、周辺地域の蝦夷を平定した。

『先代旧事本紀』によると、茨城県北部・福島県・宮城県北部の太平洋岸には、成務天皇の時代までに「高《たか》」「石城《いわき》」「染羽《しねは》」「浮田《うだ》」「思《しだ》」「伊久《いく》」の国造が置かれている。

「高」＝常陸国多賀郡（茨城県高萩市・北茨城市）、「石城」＝（福島県いわき市）、「染羽」＝陸奥国標葉郡（福島県双葉郡）、「浮田」＝陸奥国宇田郡（福島県相馬市・南相馬市）、「思」＝陸奥国志太郡（宮城県大崎市）、「伊久」＝陸奥国伊具郡（丸森町、角田市）などがあてられる。

また、福島県内陸部の阿武隈川流域にも「信夫《しのぶ》」

「白河《しらかわ》」「石背《いわせ》」「阿尺《あさか》」の国造が置かれている。

福島県には、千葉県についで多い八つの国造が置かれ、茨城県にも六つ（応神天皇時代を含めると七つ）の国造が置かれた。

以上の国造の配置状況からみて、日本武尊の東征によって、大和朝廷の支配領域に組み込まれたみるべきであろう。

◉日高見の国

塩釜湾に船団を集結し、周辺の蝦夷勢力を平らげるや、日本武尊はさらに北上し、北上川流域にまで達した。

北上川は、岩手県北部の岩手郡岩手町の弓弭《ゆはず》の泉に源を発し、岩手県中央部を南流して宮城県に入り、東に向きを変えて牡鹿半島北部の太平洋に注ぐ全長二四九キロの川である。流長では全国第五位、流域面積では全国第四位で、支流は一六を数える。岩手県・宮城県の穀倉地帯は、北上川の賜物といっていい。とりわけ、中上流域にある北上盆地は、岩手県最大の穀倉地帯である。

『常陸国風土記』は、常陸国の信太郡について「もと日高見の国なり」と記している。ただし、「常陸」が「日高」そのものなのか、その一部なのかについては、『常陸国風土記』からは明らかでない。

常陸国以東の蝦夷勢力を総称して「日高見国」と呼んだのであれば、常陸はその一部ということになる。北上川は日高見川のなまったものとする説もあり、そうであれば、「日高見国」の領域は、常陸にとどまらず、東北地方全体に広く及び、「蝦夷」と限りなく重なってくる。

そのことを証明するかのように、平安時代に至るまで、北上川流域には蝦夷が強大な勢力を誇り、なかでも北上盆地中央部――胆沢川が流れ込む胆沢地方（岩手県奥州市水沢あたり）の蝦夷は頑強な抵抗をつづけたが、八〇二年の坂上田村麻呂の攻撃によって壊滅的な打撃を受け、首長の阿弖流為《あてるい》が降伏した。

坂上田村麻呂はこの地に「胆沢城」（奥州市水沢区佐倉河）を築き、さらに北上盆地北部の北上川と雫石川の合流地点付近に「志波城」（盛岡市中太田・下太田）を築いて前線基地とし、北方の蝦夷勢力と対峙した。

そして、平安時代後期に陸奥国を支配した安倍氏によって、北上盆地の南の入口付近に「一関」（岩手県一関市）と「衣が関」（岩手県西磐井郡平泉町）が置かれ、それより以北を「奥六郡」（胆沢郡・江刺郡・和賀郡・紫波郡・稗貫郡・岩手郡）と称した。

したがって、日本武尊が北上川流域にはじめて足を踏み入れたころは、蝦夷の圧倒的な勢力下にあったということである。

日本武尊は、北上川流域をさかのぼっていった。旧北上川と北上川にはさまれた丘陵地に、天照大神・日本武尊・武内宿禰を祭神とする日高見神社（宮城県石巻市桃生町太田）がある。社伝によると、日本武尊が創建し、この地で斎場を設けて、天つ神を祭ったという。『三代実録』には「日高見水神」と記されていることから、もとは北上川の水神を祭っていたのではないかとするも説もある。

日高見神社から、北上川をさかのぼると一関に出る。西方の栗駒山に源を発する磐井川が北上川に流入している。北に進むと、平泉（磐井郡平泉町）に出る。胆沢郡に源を発する衣川が北上川と合流している。

河川が集まる一関市・平泉町の地は、水運の拠点として発達した。

一関市の自鏡（境）山（三一四メートル）に「吾勝《わがち》神社」（一関市萩荘芦ノ口）があり、『安永風土記』によると、山頂の奥宮は日本武尊が「吾勝宮」を祭って戦勝祈願したという。天照大神の子の正哉《まさか》吾勝勝速日《あかつかちはやひ》天忍穂耳《あまのおしほみみ》命のことである。大同二（八〇七）年に坂上田村麻呂が日本武尊を合祀したと伝わる。

おなじく、一関市の欄梅山に配志和《はいしわ》神社（一関市山目舘）があり、社伝によると、日本武尊がこの山に陣地を構え、山頂で賊の平定を祈って矛を奉納し、高皇《たかみ》産霊《むすび》神・瓊瓊杵《ににぎ》尊・木花開耶姫《このはなさくやひめ》命の三神を祭り、祠を建てて「火石輪《ひいしわ》」（配志和《はいしわ》）と称したという。ヒイシワないしハイシワとは、篝火を囲む環状列石のようなものかとされる。日本武尊は、陣営に明々と篝火を焚いたのであろう。

一関・平泉からさらに北に進むと、胆沢川と北上川の合流地点に出る。坂上田村麻呂が胆沢城を築いた地である。胆沢川は、奥羽山脈の焼石岳北鹿に源を発して、奥州市北東部で北上川に注いでいる。

奥州市水沢区中上野町にある駒形神社は、社伝によると、日本武尊が天照大神・天常立《あまのとこたち》尊・国狭槌《くにのさづち》尊・吾勝《あかつ》尊・置瀬《おきせ》尊・彦火火出見《ひこほほでみ》尊を祭ったのがはじまりという。

地元では馬と蚕の守護神とされる。この地方は、南部馬の産地で、軍馬の供出地でもあった。

駒形神社は、岩手県内各地——盛岡市・水沢市・遠野市・一関市・宮古市などにあるが、日本武尊や坂上田村麻呂、上毛野・下毛野氏などをはじめ、この地に到達した大和朝廷の遠征軍が陣営を構え、あるいは祭祀をおこなったゆかりの地であろう。

ちなみに、胆沢城の跡から二キロほどの距離に、岩手県内最古の古墳とされる角塚《つのづか》古墳（奥州市胆沢区南都田）がある。胆沢川によってつくられた胆沢扇状地の段丘上に立地する。日本最北端に位置する古墳としても知られ、国の指定史跡になっている。全長四六メートルの前方後円墳で、葺石や動物・人物・家型埴輪などの形象埴輪、円筒埴輪の破片が出土し、五〜六世紀前半ごろの古墳とされる。日本武尊から統治を任された首長、あるいは安倍氏の先祖の墓であろうか。

岩手県内の前方後円墳自体が珍しく、かつこの古墳以外はすべて終末期古墳とされている。大和朝廷の奥羽進出の考古資料として、今後の精密な調査分析が望まれる。

岩手県北部にある巻堀神社（盛岡市玉山区巻掘）は猿田彦命・伊佐那岐命を祭神としているが、日本武尊が所持していた半透明の玉石の陽根を御神体として祭ったという。現在、御神体そのものは失われているが、社伝によると、日本武尊は猿田彦大神の末裔猿田豊根彦の娘の垣生《かきう》を娶り、金勢宿禰《こんせい》という男児をもうけたという。斉明天皇白雉六（六五五）年ごろ、その金勢宿禰を祭るため、一社を建立して祭ったのが神社の由来という。

皇極天皇奉納とされる鉄製の男根と陰石を、神主家が御神体として祭っていたという江戸時代の記録がある。南部藩においては、道中安全・男女和合の神——南部金勢大明神として広く信仰されていた。

この巻堀神社の社伝が、北上盆地最北端の日本武尊伝承である。

◉三陸地方

日本武尊は、北上盆地から太平洋側の気仙沼方面——三陸海岸へ向かったようである。

一関から東進し、現在の気仙沼街道に出るコースである。その中途に、室根山（一関市室根町）がある。

日本武尊がこの山で鬼退治をしたため、もと鬼首《おにこうべ》山とよばれていたという。
養老二（七一八）年、鎮守府将軍の大野《おおの》東人《あずまひと》が、室根神社本宮を創建した。その後、元正天皇の勅命を受けて蝦夷降伏の祈願所として、紀州（和歌山県）の熊野神を勧請した。このため、紀州の地名にあやかって「牟《む》婁《ろ》峯」と称されたが、安元元（一一七五）年に現在の「室根山」に改められたという。坂上田村麻呂も参詣している。

日本武尊は室根山の蝦夷を討伐し、気仙沼に到着した。そこには、すでに船団が待機しており、日本武尊は御座船に乗って、太平洋岸を北上した。

岩手県釜石市浜町の尾崎神社は、日本武尊が到達した海岸線最北の由緒地として知られる。奥宮・奥の院・本宮・里宮の四宮から成っている。奥宮・奥の院・本宮の三社は、尾崎半島にあり、のちの時代につくられた里宮は対岸の釜石市浜町にある。

尾崎半島はリアス式海岸特有の複雑な地形で、半島北東部から細長い岬が三キロほど海に向かって突き出ており、「奥の院」はその細長い岬の突端部にある。石柵による瑞籬《みずがき》を巡らせたなかに、鉄剣を地上に立てたものを御神体として祭っている。日本武尊が鉄剣を奉納したことに由来する。

釜石の地は、平安時代に至るまで、蝦夷の勢力が盛んな地域であった。日本武尊の東征を機に、大和朝廷の支配権が及びはじめ、平安時代にはほぼ完全に大和朝廷の支配領域に組み込まれた。

奈良県東大寺山古墳出土の琥珀《こはく》は、岩手県久慈市出土の品とされる。久慈の地名もまた、信太と同様に常陸国からの移住者によるものではないかともいわれており、大和朝廷の支配強化とともに、関東方面からこの地に入植する者も増加したのであろう。

◉最上川

奥羽内陸部と三陸海岸方面で作戦展開を終えた日本武尊は、南へ向きを変え、東征の拠点として行宮を設けた柴田郡の大高山神社（宮城県柴田郡大河原町）の地にもどってきた。阿武隈川の支流である白石川流域、大高山の東麓にある。

奥羽遠征を終えたにもかかわらず、日本武尊の意欲は衰えることを知らない。今度は、西方の蔵王山塊を越えて、最上川流域に遠征することとした。

白石川をさかのぼると、二井宿峠がある。宮城県刈田郡の七ヶ宿町と山形県東置賜郡の高畠町を結ぶ国境の峠である。その峠を越えると、最上川上流の米沢盆地に入る。

最上川は、山形県米沢市の吾妻山を源に、山形県中央部を北に流れ、新庄市付近で西に向きを変えて酒田市で日本海に注ぐ。

山形県長井市にある総宮神社は、坂上田村麻呂が蝦夷地征服の際、日本武尊を偲んで「赤崩山白鳥大明神」として祭ったのがはじまりと伝えられる。近くには最上川の源流の一つである松川が流れ、赤崩山がそびえている。日本武尊は松川の洪水を鎮めるため、この山に剣を捧げて五穀豊穣を願ったという。

米沢盆地北東部の南陽市長岡には、自然丘を削り出して作られた古墳時代前期後半から中期前半の稲荷森古墳がある。全長九六メートルの前方後円墳で、最上川流域最大規模の古墳である。一九八七（昭和六十二）年からおこなわれた調査によると、石室はなく、木棺を墳丘内に直接埋納したとみられているから、四世紀ごろの古式の古墳であろう。高杯形土師器と底部穿孔土師器という珍しい土器も出土したが、埴輪や葺石などは確認されていない。宮城県名取市の大塚山古墳、福島県浪江町の堂の森古墳などとの計測上の類似性がみられ、また東北地方最大の雷神山古墳との関連性も指摘されている。

最上川中流の天満神社（山形市小白川町）は、日本武尊が陣営を置いた場所と伝えられる。陣営跡はのちに「払鬼城《ふっき》」と称され、平安時代の天長二（八二五）年に社が創建された。日本武尊と地主神が祭られ、払鬼大明神として崇敬されてきた。

さらに北に進むと、新庄盆地に出る。そこにも日本武尊の伝承が残されている。

山形県新庄市本合海《もとあいかい》に矢向神社がある。最上川の中流域に位置し、もと白鳥神社と称されたという。祭神は日本武尊であることから、出羽の国における最古の神社とも伝えられる。日本武尊の足跡とみていいであろう。

山形県においては、日本海側方面からではなく、最上川上流の福島県北部・宮城県南部方面から古墳文化が流入している。このこともまた、日本武尊の遠征記事を裏づけるものといえよう。

◉柴田郡

最上川流域への遠征を終えた日本武尊は、ふたたび柴田郡の大高山神社にもどってきた。

柴田郡は、阿武隈川下流域の伊具郡の北にある。伊具郡は先に述べたとおり『先代旧事本紀』の「伊久《いぐ》国造」が置かれた。

大高山神社は、『大高山神社縁起書』には「敏達天皇元（五七二）年に創建され、日本武尊と橘豊日尊《たちばなのとよひ》を祭神とし、白鳥神社と呼ばれる」とある。

また柴田郡平村の『風土記御用書出』には、「大高宮白鳥大明神」と呼ばれ、日本武尊がこの地に仮宮を建てて白鳥神社と称したのがはじまりで、のちに橘豊日尊がこの地を訪れたので合わせ祭ったとする。橘豊日尊とは、用明天皇（在位五八五〜五八七年）のことである。

柴田郡の西方の刈田郡の刈田嶺《かったみね》神社（蔵王町馬場）の祭神は日本武尊である。土地の人々は白鳥大明神または白鳥様とよぶ。蔵王山から流れる松川と白石川の合流点の一キロほど手前にあり、かつては背後の青麻《あおそ》山山頂に祭られていたという。

社伝によれば、日本武尊が陣を置いた地で、のちに日本武尊が祭神とされ、仲哀天皇時代に刈田郡の当主（国造）に対して詔が下され、白鳥神社を合わせ祭ったという。

このように、日本武尊が拠点を置いた柴田郡とその南に接する刈田郡と伊久郡には、日本武尊を祭神とする神社の分布が顕著である。

柴田郡村田町は日本武尊が陣を張ったと伝えられる地の一つである。本松川が荒川に合流する村田町村田の白鳥神社は、古くは大宮白鳥大明神として日本武尊を祭る。日本武尊没後、景行天皇が建立したのが起源とされる。

村田町は奥州街道と羽州街道をつなぐ街道沿いにあり、四方に道が伸びる要衝である。古道も残り、古くから栄えていたことがわかる。古墳も多く残されている。四世紀後から五世紀ごろの築造とされる愛宕山古墳（村田町関場愛宕山）は、全長九〇メートルの宮城県下三番目の規模をもつ前方後円墳である。葺石・埴輪がみられる。竪穴式石室が確認されている。古墳の前に神明社が祭られている。また千塚古墳（村田町沼辺千塚）は、全長八五メートルの前方後円墳で、それに先立つ前期古墳とされる。

柴田郡付近は、白鳥の飛来地でもあった。近くを流れる白石川には、おびただしい白鳥が群れをなして集まる。

古代人は、空を飛ぶ鳥に畏敬の念を感じた。九州には神功皇后が白鷺を見て吉兆と喜んだ伝承が残されている。東北地方においては、白鳥を神の使いと考えて、落ちている白鳥の羽一枚さえを大切に神祭りしたという伝承が残されている。

この伝統はずっと後の時代まで保持され、明治維新の際には、東北に入った官軍が白鳥を捕らえたことから、怒った柴田藩士と騒動になり、結果として藩主が切腹に追い込まれ、船岡柴田藩が滅亡する原因ともなっている。

日本武尊は、白鳥を愛した人であった。

柴田郡から苅田郡にかけて、白鳥伝説と白鳥信仰が色濃く分布している。

日本武尊の東征期間は詳らかではないが、これまでの行程からみて、一冬を越したことはまちがいない。温暖な西国で生まれ育った日本武尊にとって、北日本の寒さや雪の到来は想像を絶したものであったろう。陸奥国の南端部近くに行宮を構えたのも、少しでも厳寒を避けようと試みたのかもしれない。

大高山の行宮で冬を過ごし、大和への望郷の念が高まった日本武尊にとって、川原に飛来した白鳥の群れを見ることは、大いなる喜びであり慰めであったろう。

灰色の羽の幼鳥が、少しずつ白い羽になり、美しい姿に変身する。真っ白な色、美しい容姿、餌をついばんだり戯れたりする様子――そのすべてに神々しい気品がある。

そして、はるか遠くの天の果てから飛来し、春になればまた去っていく――われもまた都に帰りなむ。日本武尊は、白鳥を見ながら、遠い都へ帰還できる日を待ち望んだであろう。

一方で、柴田郡には、哀しい伝承も残されている。日本武尊は当地の娘との間に一子をもうけたが、ほどなく母子を残して都へ去った。あとを追った妻子は途中で力尽き、白鳥と化したといい、あるいは子が成人することを恐れた里人が子を捕えて白石川の支流（児捨川）に捨てたともいう。そして、その子は白鳥となって天へ飛び去った。里人たちは大いに恐れて、白鳥を白鳥大明神として祭ったという。

延暦二十（八〇一）年に坂上田村麻呂がこの地を訪れ、社殿を整えて東征成就を祈願している。

このようにして、日本武尊の陸奥国遠征は終わった。蝦夷との激しい戦いと白鳥の記憶とともに、日本武尊らは「日高見の国」を後にした。いよいよ、大和を目指しての帰還の旅である。

◉信夫郡

日本武尊は、柴田郡を出発し、阿武隈川に沿って南に進み、刈田郡の篤借《あつかし》（福島県伊達郡国見町）あたりを経て、信夫《しのぶ》（福島市）に入った。

信夫郡には飯坂温泉（福島市飯坂町）があり、もと「鯖湖《さわこ》の湯」とよばれた。蝦夷はこの地を「サワ」と呼んだらしい。日本武尊は、この湯で病気を治したというから、東征の疲れが蓄積していたのであろう。のちに、東征ゆかりの地として白鳥神社（福島市飯坂町茂庭）が祭られた。

飯坂温泉の近くにある白和瀬神社（福島市大笹生《おおざそう》）は、日本武尊を祭神とする。大化元（六四五）年に烏帽子岳の頂上に祭られていたが、急峻で不便なことから、天正年間（一五七三～一五九三）に現在地に遷座されたという。

『大笹生史』によれば、日本武尊は、船で到着した地を「浜渕」、風雪をしのいだ小屋を「雪小屋」、都にたとえて「居都（折戸）」と名づけた。そして、春も暖かくなったころ、村人たちと名残を惜しみながら出発したという。

福島県と山形県の境にある吾妻山（吾妻連峰）は、山々が東屋《あずまや》のように連なってみえることから、「あづまやだけ」とも呼ばれた。

日本武尊は吾妻山を見て、その地名を耳にして、心の奥底に流れていた弟橘媛への思いが、ふたたびこみ上げてきたのであろう。吾妻山に登り、小高い丘からはるか東の海を望みつつ、弟橘媛を偲んで、「あずまはや」（わが妻よ）と嘆いたという。

日本武尊は弟橘媛への悔恨の情が消えることはなかったようで、長い東征の旅路において、しばしば嘆き悲しんでいる。

日本武尊は信夫から南下し、律令時代の安達郡（福島県二本松市・本宮市など）・安積郡（郡山市の一部）を通って、磐瀬郡（須賀川市・岩瀬郡鏡石町・天栄村など）の東部に出た。

亀居山（神居山）東麓にある桙衝《ほこつき》神社（須賀川市長沼字亀居山）は延喜式内社で、日本武尊・建御雷命を祭る。社伝によると、日本武尊は亀居山に景行天皇から授けられた柊《ひいらぎ》の八尋《やひろ》の矛を突き立て、建御雷命（武甕槌神）を祭ったという。柊の木は邪鬼を払う霊木と信じられていた。

日本武尊の伝承地をたどると「鉾立山《ほこたて》」とか「鉾立石」などの名称にしばしば出会うが、「ほこ」に対する信仰のようなものも感じられる。

17 帰還への道

那須岳
白河
いわき
八溝山
那須神社
那須
白根山
日光
下毛野
宇都宮
上毛野
久慈川
文殊山古墳
白鷺神社
大原神社
高椅神社
那珂川
足利
加波山
加波山神社
新田
筑波山
筑波山神社
鬼怒川
古利根川
小貝川
霞ヶ浦
知知夫
荒川
尾崎神社
大宮氷川神社
三峰神社
北野天神社
大鳥神社(雑司ヶ谷)
御嶽神社
大嶽神社
大鳥神社(目黒)
妻恋神社
甲斐
大國魂神社
氷川神社(白金)
多摩川

◉下野国

日本武尊はさらに南下し、白河郡（白河市・西白河郡西郷村・泉崎村・中島村・矢吹町など）に帰還した。

白河郡南方の八溝山と棚倉方面で、頑強な蝦夷勢力を討伐したことについては、すでに述べた。

日本武尊らは、松田（白河市・旧西白河市東村・もと釜子村）あたりから西に曲り、白河の関（白河市旗宿）方面に向かった。もちろん白河の関は律令時代に設けられた東山道の関所であるが、その原型となる旧道が通じていたはずである。

峠を越えると、そこは下野国の那須郡があり、那須岳を源とする那珂川が南に流れている。那珂川は、東に向かい常陸国から太平洋に注ぐ。崇神天皇の時代に派遣された四道将軍の武渟川別命《たけぬなかわわけ》は、那珂川・鬼怒川流域方面から東北に向かい、『古事記』によると北陸道を進んだ父の大彦命と会津（福島県）で出会ったとされる。

那須には上侍塚《かみさむらいづか》古墳・下《しも》侍塚古墳などの前方後方墳もあり、大和朝廷の支配権がわりと早期に及んだ地域である。

『先代旧事本紀』によれば、景行天皇の時代に那須国造が置かれ、大臣《おおおみ》命が任命されている。日本武尊の巡幸後のことであろう。

那須郡における日本武尊の伝承地は、那須神社（栃木県大田原市金丸）である。祭神は、天照大神・日本武尊・春日大神。仁徳天皇の時代に下毛野国造になった奈良別命が、国家鎮護および日本武尊を祭るため「金の瓊《たま》」を当地に埋めたという。埋めた場所は、社伝の背後にある杉林と瑞垣に囲まれた塚という。那須神社には、坂上田村麻呂も参詣している。

日本武尊は、那須郡を横切り、鬼怒川に出た。鬼怒川は、栃木県と群馬県境の鬼怒沼《きぬぬま》山（二一四一メートル）に源を発し、利根川に合流して太平洋に注ぐ川である。日本武尊は、鬼怒川を下って、常陸国にもどろうとしていた。

白鷺神社（栃木県河内郡上三川町）にも、日本武尊の伝承が残されている。『白鷺神社縁起』によると、嘉祥三（八五〇）年、夏の大干ばつのとき井戸を掘ったが大石があり掘り進むことができなかった。苦心の末に石を取り除いたところ泉が湧き出し作物がよく実った。その石には「日本」と刻まれていたので、日

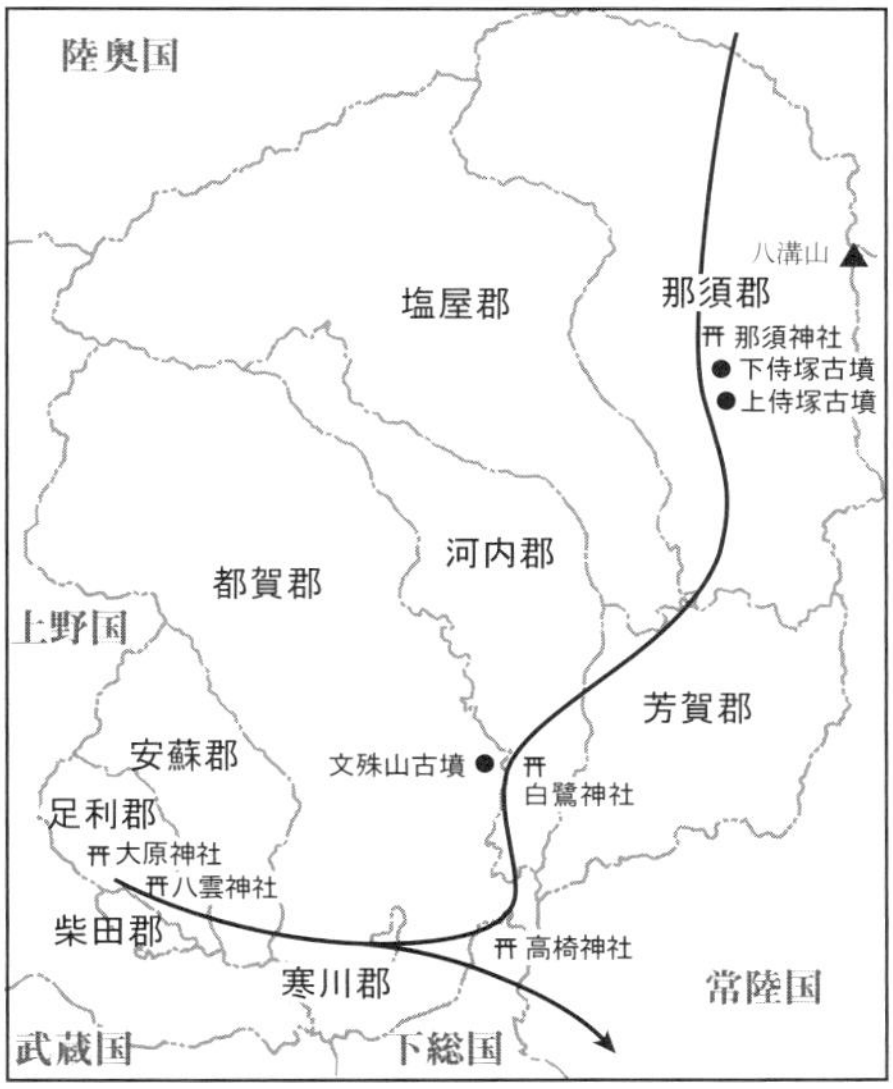

本武尊の神徳と考え、小さな祠を建て白鳥神社と称した。そして、延暦二（七八三）年、疫病が流行したとき、国主の平松下野守が夢に感じて、日本武尊の駐留の旧跡に神殿を造営したという。

上三川町に隣接する下野市には、二〇〇基を超える古墳がある。下野市上古山（旧石橋町）の文殊山古墳は、四世紀代の築造とみられている。銅鏡は推定直径一四センチ、内側に獣形の文様で、周縁は三角形状を呈している。昭和十（一九三五）年ごろの開墾工事によって消失したため、埋葬施設や葺石・埴輪などの有無は不明である。銅鏡片のほか、銅鏃四、碧玉製管玉三、鉄剣片一の出土遺物が現存する。

上三川町の西南方向に、高椅《たかはし》神社（栃木県小山市高橋）がある。この地を訪れた日本武尊は、丘に白旗を立てて、国常立尊《くにのとこたち》・天鏡尊《あまのかがみ》・天萬尊《あまのよろず》を祭ったという。

また、日本武尊没後、景行天皇もこの地を訪れた。このとき磐鹿六雁命は膳夫《かしわで》（料理掛）として随行していたが、老齢のためこの地にとどまり、以後代々この地方を支配したという。

磐鹿六雁命は大彦命の末裔で、安房国の高家神社（千葉県南房総市千倉町）にも祭られている。のちに述べるように、景行天皇の東国巡行に際して料理を献上して賞賛され、子孫の高橋氏は朝廷での大膳職についた。高家神社の社伝でも、天武天皇十二（六八二）年に高橋朝臣の姓を賜り、代々襲名したとする。

◉足利

日本武尊は下毛野の国の南西部も巡行した。

利根川支流の渡良瀬川（古くは別の川として東京湾へ注いでいた）を挟んで、南部の新田庄は新田義貞の、北部の足利庄は足利尊氏の本拠地として知られる。

足利市大前町の大原神社は、日本武尊がこの地を巡行したとき、台山（本社後方の台地）で国見をし、国家鎮護のために山城国乙訓郡の大原神社の四柱の大神を勧請した社であると伝える。

貞観十一（八六九）年に清和天皇の勅定により創建された八雲神社（足利市緑町）は、一説によると日本武尊が出雲大社を勧請した社という。素盞嗚《すさのお》男命を主祭神とし、大己貴《おおなむち》命・少彦名《すくなびこな》命・火具土《かぐつち》命を配祀する。足利市通町にも八雲神社があり、緑町の社は上の宮、通町の社は下の宮といわれる。七月の例大祭では、二十日に上の宮に、二十一日に下の宮に神輿が渡御する「御幣合わせ」の神事がある。

このように、日本武尊は下野国南西部の足利市にも足跡を残し、渡良瀬川と利根川の水運を利用しつつ南へ下った。

◉筑波へ帰還

上三川町から鬼怒川を下り、日本武尊はようやく筑波山を仰ぐ地にもどってきた。秀麗なその山容を仰いで、感慨もひとしおであったろう。

筑波山北西の加波山《かばさん》（七〇九メートル）に加波山神社（茨城県石岡市大塚）がある。加波山山頂付近に「本殿」と「拝殿」があり、加波山の東西山麓に「里宮」がある。東麓の里宮は「八郷拝殿」（石岡市）、西麓の里宮は「真壁拝殿」（桜川市）と称される。山中に七百以上の神を祭る信仰の山である。

日本武尊は、加波山に登って拝礼し、天御中主《あまのみなかぬし》神・日の神（天照大神）・月の神（月読命）の三神を祭ったという。

筑波山にも登ったらしく、日本武尊が登頂した際に休息したと伝えられる「連歌岳」という巨石がある。筑波山は、富士山と並んで古くから東国の人々によって広く信仰を得てきた山である。

『常陸国風土記』には、富士山と筑波山の相違する性格が記されている。

まず、富士山については、寒冷の山とされる。

「昔、祖先の親神が、多くの神々のもとを巡行された。駿河の国の福慈（富士）の岳《やま》にお着きになられた所で日が暮れてしまったので、その夜の宿をお頼みなされた。その時に福慈（富士）の神がお応えして申しあげたのは、『新嘗祭《にいなめ》の神事の最中なので、家の中にこもり物忌《ものいみ》をして潔斎しております。どうか今日のところはお許しください』というものであった。ご先祖の親神は嘆いてののしりお言葉をなげかえられました。『ほかならぬお前の親神なのだぞ。どうして一夜の宿を貸そうとしないのか。お前が住む山は、生きている限り、冬も夏も雪が降って、霜が降る寒さに、次々と襲われるであろう。人々が登ることはなく、飲食物がお供えされることもないであろう』」

親神に対して富士の神の応対が悪かったために寒冷の山となり、人に祭られることのない山になるであろうと呪っている。

一方で、筑波山である。

「今度は筑波の岳《やま》に登って宿を請われた。その時に筑波の神がお応えしてもうしあげたのは、『今晩は新嘗祭のお祭りをしておりますが、あえてご意向に反することはいたしません』とのことであった。そうして飲食物を御用意して謹んで拝礼して奉仕なされた。そこでご先祖の神はたいそうお喜びになり未来のご神託をなされた。『愛《は》しきかも我《あ》が胤《すえ》　巍《たか》きかも神つ宮　天地《あまつち》の並斉《むた》　日月とともに、人民《たみぐさ》集い賀《ほ》ぎ　飲食《おしもの》豊かに　代々《よよ》に絶ゆる無く　日に日に弥栄《いやさか》え　千秋万歳《ちあきよろづよ》に遊楽窮《たのしみきわま》らじ（ああ愛しく思うぞ、我が子孫よ。高く聳え立つことだ、神の宮の筑波山よ。天地・日月が無窮であるように、人々はこの神の山に集まって称え、飲食物も豊かにに供えてもらえる。我らの神の一族は、子孫代々絶えることもなく、日ましにいよいよ栄えて、千年も万年も遊楽は尽きないであろう）』と、おっしゃられた」

と記して、筑波の神を絶賛している。

「こうして福慈（富士）の岳《やま》は、常に雪が降って登ることができない。一方、筑波の岳は、人々は行き集って歌い舞い飲んで食べることが、今日まで絶えないのである」

さらに筑波山に関する賞賛は続く。

「筑波の岳は高く雲に秀で、最も高い頂の西の峰（男体山）は峻嶮で、雄の神といっても登ることを許さない。ただ東の峰（女体山）は四方に林立する岩石はあるものの、登る人は絶えない。その傍らを流れる泉は、冬も夏も絶えることがない。（足柄の）坂より東の国々の男も女は、春の花が咲くとき、秋の木の葉が色づくころになると、手を取り、肩を並べて列をなし、食べ物と飲み物を持って、騎馬や徒歩で登り、遊び楽しみ日を暮らす」

「筑波山を読んだ歌は数限りなく、書きつくすことはできない。土地の人の言葉に『筑波山の歌垣で求婚の贈り物をしてもらえなかったら、一人前の男女とはいえない』という」

「常陸の国の範囲は広大で、その境界も遠方におよんでいる。土は肥え、原野も豊かである。開墾されたところは山の幸・海の幸に恵まれて、人々は楽しんで暮らし、家々も満ち足りてにぎわっている。労を惜しまず耕作に励めばたちどころに多くの富を得ることができ、精魂こめて養蚕に尽くせば、すぐにも貧しさから免れることができる。塩と海の珍味が欲しければ、左は山で右は海である。桑を植え、麻の種を蒔こうとすれば、後ろは野で前は原である。世にいう山海の宝庫で、膏したたる物産の楽土である。いにしえの人が『常世《とこよ》の国』といったのは、もしかするとこの常陸の国のことであろうか」

山の幸・里の幸・海の幸に恵まれた常陸の地は、古代人にとって、まさに地上の楽園であった。

「筑波山の歌垣で求婚の贈り物をしてもらえなかったら、一人前の男女とはいえない」とあるとおり、筑波山では若い男女による歌垣もおこなわれた。歌垣とは、男女が歌をやりとりしながら、好ましい相手を見つける集いである。古くは春秋の農耕儀礼であったものが、男女の求婚の場となり、やがて遊興化した祭りに変化したものであろう。

筑波山には筑波神社が祭られ、「筑波山二座」として、男体山山頂に「男神本殿」、女体山山頂には「女神本殿」が祭られている。采女臣《うねめのおみ》の系譜に連なる筑波国造家一族が奉仕してきた。采女臣とは、『先代旧事本紀』「天孫本紀」によると、物部氏四世の大水口《おおみなくち》宿禰の末裔とされる。『新撰姓氏録』左京神別においても、饒速日《にぎはやひ》命六世の子孫の大水口宿禰の末裔とされている。

また、筑波山神社には、日本武尊とともに豊城入彦命が祭られている。すでに述べたとおり、豊城入彦命は崇神天皇時代に東北に派遣された人物で、上毛《かみつけ》

（＝上野）の国・下毛《しもつけ》（＝下野）の国の祖とされている。そして、晩年には筑波山の麓に居住して、平穏な生涯を終えたと伝わる。

筑波山麓の佐志能《さしの》神社（石岡市柿岡）の近くに「丸山古墳」があり、豊城入彦命の奥津城跡とされる。内行花文鏡・銅鏃・勾玉・鉄刀・刀子などが出土し、茨城県を代表する古式古墳とされている。周辺には三十基を超える古墳群が形成されており、豊城入彦命一族ゆかりの墳墓群であろう。

これら豊城入彦命の末裔一族も、日本武尊に対して全面的な協力をおこなったはずである。

◉武蔵国

常陸国において、十分に英気を養った日本武尊は、いよいよ東征の終盤に向かう。

まず、武蔵国に渡った。現在の東京都、埼玉県、神奈川県の一部を領域とする。

日本武尊は、武蔵国一の宮の大宮氷川神社（埼玉県さいたま市大宮区高鼻町）で出雲の神々を祭り、さらに港区白金の氷川神社の地で、大宮氷川神社を遥拝したという。

隅田川のほとりの高台にある妻恋神社（東京都文京区湯島）は、日本武尊が野営陣地を置き、東南の上総の海を望んで、「吾妻はや」と弟橘媛を偲んだことにちなむ神社という。

目黒区下目黒の大鳥神社において、日本武尊は部下の眼病の平癒祈願をおこなったところ、首尾よく快癒したため、手近に持っていた十握剣《とつかのつるぎ》を奉納したという。大鳥神社に伝わる太々《だいだい》神楽の剣の舞は、日本武尊の故事に由来する。

大同元年（八〇六）年に創建されたというが、社名は、日本武尊の死後、その御霊が白鳥になって当社に降り立ったことに由来するという。

十一月の酉《とり》の日に行われる「酉の市」は、熊襲や蝦夷を平定した日本武尊の戦勝記念と、焼津で火難を防いだ火難除けの神事と伝わる。酉の日に行われるのは、景行天皇の勅によって出発した日であったからという。

神前には「熊手」と「八つ頭」を供える。

熊手は、長い柄の先に熊の手のような鉄の爪をつけた武器で、火難にあったとき日本武尊は三方に別れた熊手で窮地を脱したという。八つ頭は、サトイモの別名で、八族の首領を平定した功績を表わすという。

江戸時代になると、熊手は家の中に宝をかきこみ、八つ頭は人の上に立って出世できるという縁起物に変化して、庶民の祭りとして盛んになった。

なお、豊島区雑司ヶ谷の大鳥神社も、日本武尊の祈願所とされている。

埼玉県川越市笠幡の尾崎神社は、台地はずれの見晴の良い所だったので、日本武尊が尾崎の宮と称えて、素戔嗚尊・稲田姫を祭った社とされる。

所沢市にも日本武尊の創始を伝える神社がある。北野天神社（所沢市小手指元町）、中氷川神社（所沢市三ヶ島）などである。

隣接する東京都清瀬市中清戸の日枝神社にも日本武尊の伝承が残る。この地にあったとされる柊《ひいらぎ》の大木の下で休憩したといい、立派な木を育てた根元の土を手にとって「清らかな土である」と褒めた。それで「清土」と呼ばれるようになり、後に「清戸」とかかれるようになったという。

◉多摩川

多摩川は、山梨県と埼玉県境にある笠取山（一九五三メートル）に源を発し、奥多摩山系の水を集め、多摩丘陵、武蔵野大地の間を蛇行して流れ、東京都と神奈川県の境になって東京湾に注ぐ。古代においては両岸とも武蔵の国で、武蔵国と相模国の境界は、西方の町田市と相模原市の境にある「境川」であった。

多摩川が平野部に流入する地に大國魂神社（東京都府中市）が祭られている。景行天皇の四十一年創建と伝えられるから、日本武尊の帰還の時期に重なる。のちに武蔵国の「総社」とされた。

『日本書紀』によると、「大化の改新」以降諸国に国司が置かれるようになったが、国司の任務は領国のまつりごと――政治と祭祀全般に及んだ。

このため、平安時代ごろから国府の近くに「総社」を置き、領国内の重要な神社を祭る祠を設け、その祠に詣でることによって国内巡回の労を省く方式が考案された。武蔵の国の「総社」もそのような性格のものである。

「大國魂神社」には、武蔵一の宮から六の宮が合祀されているが、これらの六宮は、武蔵国内における特別の神社のリストといえよう。

ちなみに、一の宮は小野大神、二の宮は小河大神、三の宮は氷川大神、四の宮は秩父大神、五の宮は金佐奈大神、六の宮は杉山大神を祭神としている。

そして、各宮に対応したいわば本宮が、小野神社（東京都多摩市一宮）、小河神社（東京都あきるの市二宮）、氷川神社（埼玉県大宮市）、秩父神社（埼玉県秩父市）、金鑽《かなさな》神社（埼玉県児玉郡神川町）、杉山神社（横浜市緑区）である。

このうち、氷川神社についてはすでに記したが、金鑽（金佐奈）神社も、日本武尊によって創建されたと伝わる。「金鑽」は砂鉄――すなわち「金砂《かなすな》」のことといわれる。この神社が立地する神流川周辺は良好な砂鉄がとれ、近くの御嶽山からは鉄鉱石がとれたという。

『金鑽神社鎮座之由来記』によると、日本武尊が倭姫命から授けられた火鑽金（火打金）を御室山に納め、天照大神と素戔嗚尊を祭ったのが創建の由来という。もともとの社殿は、現在地から南方約四〇〇メートルの元森神社（児玉郡神川町二ノ宮）の地にあった。

府中市から多摩川上流域の山塊に入ると、武蔵御嶽《みたけ》神社（東京都青梅市御嶽山）がある。御嶽山の山頂にあり、この地において日本武尊は着用の鎧を蔵《おさ》めたことから、「武蔵」という国名が生まれたという。以後、平安時代から江戸時代にかけて、武蔵国の支配者や武士たちから、大鎧・太刀・刀・具足などが奉納され、その多くが国宝・重要文化財に指定されている。

御嶽山の南の多摩川支流の秋川沿いに集落が点在するその源流域、東京都西多摩郡檜原村の大嶽《おおたけ》神社もまた、日本武尊を祭り由緒を伝える。秩父多摩山塊の大岳山（一二六七メートル）山頂に鎮座する。

村人たちが日本武尊の徳を慕って、大嶽山山頂に大嶽大神の社を建立したのが始まりとされる。

相模川上流の相模・甲斐・武蔵の国境付近にある石《いわ》楯尾《たてお》神社（神奈川県相模原市緑区名倉）は、日本武尊が持参していた「天の磐盾《いわたて》」をこの場所に鎮め、神武天皇を祭ったのが始まりという。「天の磐盾」とは、頑丈な鉄製の盾とみられる。

日本武尊は東征の帰路において、自分の大切な持ち物を一つ一つ手離して奉納している。

日本武尊は多摩川沿いに上流域まで足を伸ばしたのち、引き返して甲州街道沿いの道を進み、武蔵国から甲斐国へ向かった。筑波山からは、十日ほどの素早い進軍であった。

◉甲斐の酒折宮

日本武尊がこれから足を踏み入れることになる甲斐・上野・信濃の国は、本州中央部の山岳地帯にあって、海のない国々である。日本武尊は、険しい山道を避けて、富士山に近づくように、甲斐の国をいったん南下して進軍した。

その途中、日本武尊は、富士浅間神社（山梨県富士吉田市上吉田）裏手の大塚の丘から富士山を遥拝したという。

甲斐国に入り、酒折宮（山梨県甲府市酒折）に到着した。

ただし、『古事記』では、蝦夷から相模の足柄峠（静岡県駿東郡小山町・神奈川県南足柄市）を経て甲斐国の酒折宮に至ったと記され、『日本書紀』では、日高見国から常陸を経て酒折宮に至ったと記されている。

『古事記』『日本書紀』が伝える経路に異同はあるものの、「酒折宮」に至ったという点においては一致している。

『古事記』には、「その国から峠を越えて甲斐の国に出て、酒折宮においでになったときに『新治《にいばり》、筑波を過ぎて、幾夜か寝つる』とお詠みになられた。ここに、御火焚《みひたき》の翁がつづいて、『日日並《かがな》べて、夜《よ》には九夜《ここのよ》、日には十日を』と歌った。そこでその老人を誉めて、吾妻の国造になさいました」とある。

日本武尊は「新治や筑波を過ぎて、幾夜寝たのだろうか」と歌で問いかけ、火焼きの老人は「日数を数えて、夜は九夜、昼は十日でございます」と歌で返した。

『日本書紀』にも、「日高見国より帰還して、西南方の常陸を経て甲斐国に至り、酒折宮におられた。そのときに燭をつけてお食事を召された。この夜、日本武尊はお歌を作られ、侍者にお尋ねになってこういわれた。『新治《にいばり》、筑波を過ぎて、幾夜か寝つる』。多くの侍者はお答えすることができなかった。そのとき燭をともす者がいて、王のお歌につづけて、『日日並《かがな》べて、夜《よ》には九夜《ここのよ》、日には十日を』と申し上げた。そこで、燭をともす者の機知をお褒めになって、厚く褒章された」とある。

『先代旧事本紀』の「国造本紀」によると、景行天皇時代に狭穂彦《さほひこ》王の四世の子孫、塩海足尼《しおみのすくね》が「甲斐の国造」に任じられている。

狭穂彦王は第九代開化天皇の曽孫であるが、謀反をおこして妹の垂仁天皇の皇后・狭穂姫《さほひめ》とともに炎の城の中で死去した人物である。

その子孫の塩海足尼は日本武尊の極めて近い縁者ともいえる。この塩海足尼が、『古事記』の「御火焚の翁」であるとみられる。

日本武尊は倭姫命《やまとひめ》から授かった火打石の袋を塩海足尼に下賜したと伝わる。そして、『日本書紀』は、「この宮（酒折宮）におられたときに、靫部《ゆけいのとものお》を大伴連の遠祖である武日に賜った」と記している。「靫部」は「靫負部」とも書かれ、矢を入れる「靫《ゆき》」を背負う者で、兵士の意味である。大伴武日は、日本武尊の東征に当初から従軍しており、蝦夷との戦いで数々の軍功を上げていたのであろう。

弓削神社（西八代郡市川実郷町市川大門）は、大伴武日の居館の跡という。日本武尊・大伴武日命を祭る。神社の南には大伴武日命の墓と伝えられる古墳がある。

日本武尊は、酒折宮において論功行賞をおこない、老いた縁者に慈愛を注ぐなど、すでに王者としての風格を漂わせている。

日本武尊が滞在した酒折宮は、もと御室山《おむろやま》──酒折山（四八五メートル）の中腹にあったとされる。ご神体は、日本武尊が老人に下賜した火打石の袋であるという。

酒折宮の南方にある玉諸《たまもろ》神社（甲府市国玉町）も、かつては御室山の山頂にあり、日本武尊が祭った社といわれている。御室山には磐座遺跡や古墳などがあり、古くから霊山として崇められていた。

甲斐二の宮の美和神社（山梨県笛吹市御坂町二宮）の社伝によると、日本武尊の命により、甲斐国造の塩海足尼が大和の御室山（三輪山）の大三輪明神を勧請して創建したという。

美和神社近くには、甲斐銚子塚古墳（甲府市下曽根町）がある。四世紀後半代の全長一六九メートルの山梨県内最大の前方後円墳である。竪穴式石室を有し、割竹型木棺が確認されている。

岡山県岡山市の備前車塚古墳や群馬県藤岡市の三本木古墳、福岡県藤崎遺跡の出土鏡と同笵関係にある三角縁神獣人車馬画像鏡一面、内行花文鏡一面、鼉龍鏡一面、三角縁獣文帯三神三獣鏡（三角縁神獣鏡）一面、半円方格帯環状乳神獣鏡一面のほか、水晶製勾玉四個、碧玉製管玉、車輪石、鉄刀、鉄剣、鉄鏃片、短冊形鉄斧、スイジガイ製の貝製腕輪、杵形木製品など

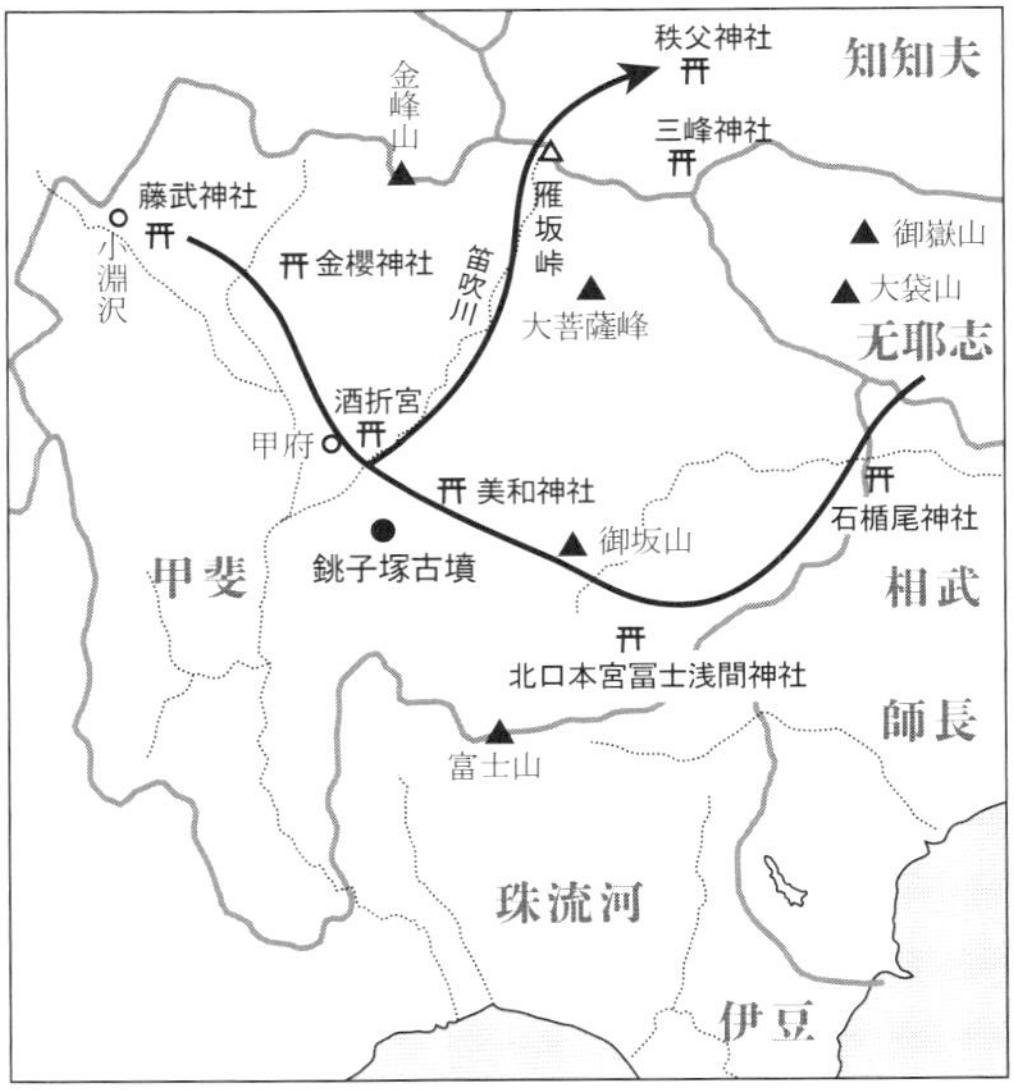

が出土している。円筒埴輪は、静岡県磐田市の松林山古墳、群馬県太田市の銚子塚古墳と共通するという。

築造年代とその規模からみて、この古墳の被葬者は日本武尊によって甲斐国造に抜擢された塩海足尼か、その直近の末裔とみていいであろう。

日本武尊は、甲斐国の北部、信濃の国との境にある金峰山《きんぷさん》(二五九五メートル)――甲州御嶽《みたけ》の山頂にも登ったらしい。

『甲斐国社記・寺記』には、「甲斐国総社金櫻神社(甲府市御岳町)は金峰山の山頂に鎮座する奇岩御像石《みぞういわ》を本宮とする里宮である。日本武尊が東征のとき、国家鎮護のために鎧を納めた霊地として、御像石の下に社殿を建立したのが、本宮の草創であり、雄略天皇十年に神勅によって現在地に里宮が創建され、以来歴代国司・領主の祈願所として社頭は賑わった」とある。

日本武尊は、釜無川沿いに、信濃国の国境近くまで足を伸ばしている。

藤武《ふじたけ》神社(北杜市長坂町中丸)の社伝によると、日本武尊はこの地で携えていた竹の鞭《むち》を埋めて一社を創建した。ゆえに「むちたけ」と称されたが、後世「ふじたけ」に転訛したという。

また、北杜市の小淵沢において、日本武尊は兵を休めて水を飲ませたという。

『古事記』には、日本武尊が甲斐から信濃に向かったように書かれている。しかしながら、『日本書紀』によると、日本武尊は甲斐から信濃には向かわず、武蔵と上野に向かっている。

『日本書紀』は次のように記す。

「『蝦夷の凶悪な者どもは、ことごとくその罪に服した。ただ信濃国や越国だけは、まだ完全には王化に従っていない』と日本武尊は仰せになって、甲斐より北方の武蔵・上野をお廻りになって、西方の碓日坂に至られた」

日本武尊は、甲斐と信濃の国境付近から大きく東方に迂回して、武蔵国北部の秩父方面（埼玉県）に向かったのである。

18 尾張への道

佐渡
高志深江
猪苗代湖
会津若松
伊佐須美神社
信濃川
高志
多多神社
松苧神社
武尊山
久比岐
奴奈川神社
武尊神社
大宮嶽神社
赤城山
王城山神社
小川八幡宮
子持神社
鳥居峠
浅間山
榛名山
上毛野
利根川
山家神社
碓氷峠
熊野皇子神社
金鐕神社
別所温泉
妙義山
宝登山神社
科野
千曲川
知知夫
无耶志
斐陀
八ヶ岳
諏訪湖
三峰山
矢彦神社・小野神社
諏訪大社本宮
諏訪大社前宮
甲斐
大御食神社
天竜川
三野後
阿智神社
神坂峠
神坂神社

◉武蔵の秩父

酒折宮から笛吹川に沿って北上し、奥秩父山塊の雁坂峠（山梨県山梨市・埼玉県秩父市）を越えて秩父盆地に入るルートは、秩父街道——雁坂路《かりさかみち》である。

荒川上流の三峰山（一一〇二メートル）にある三峯神社（埼玉県秩父市三峰）の社伝によると、日本武尊が酒折宮から武蔵に向けて雁坂峠を越えてきたところ、道に迷って行方を失ったが、そのとき山犬が現われてこの地へと導いた。日本武尊は山上から武蔵の国を望み、戦勝を祈念して伊奘諾尊・伊奘冉尊の二神を祭って仮宮を建てたという。

のち景行天皇もこの地を訪れ、秩父の雲取・白岩・妙法の三山を愛でて三峰山と命名し、仮宮を本社に改めて「三峰宮」と命名したという。

『先代旧事本紀』によれば、第十代崇神天皇の時代に八意思金命《やこころおもいかね》の十世の子孫の知知夫彦命《ちちぶひこ》が国造に任命されており、わりと早く大和朝廷の支配力が及んだ地域であった。

八意思金命とは高皇産霊尊の子で、『古事記』では思金神、『日本書紀』では思兼神などと表記される。

思兼命は、高天原のいわば参謀の神として、天照大神の「天岩戸隠れ」や「出雲の国譲り」、瓊瓊杵尊の「天孫降臨」、饒速日命の「東征」などの重要な場面に登場する。

日本武尊は東北に進み、宝登山《ほどさん》（四九七メートル・秩父市長瀞町）へ足を運んだ。その山頂に宝登山神社の奥社が祭られ、摂社として日本武尊社がある。社伝によると、日本武尊はこの地に至り、湧き水で禊をして山頂に登り、大和の方角に神籬《ひもろぎ》を立て、神武天皇を祭った。そのとき東北の方角から山火事が襲いかかったが、巨犬が現われて火を鎮め、そのまま姿を消したという。これによって山名を「火止《ほと》山」と呼ぶようになり、神籬の跡に社を営み「火止山神社」としたのが由来という。

日本武尊はさらに北に向かい、金鑽《かなさな》神社（埼玉県児玉郡神川町）付近を通過した。

利根川支流の神流川《かんな》の近くにある。標高約三〇〇メートルの御室山《みむろやま》の麓にある。『金鑽神社鎮座之由来記』によると、日本武尊は、この地で倭姫命に授けられた「火打金」を御霊代《みたましろ》として天照大神と素戔嗚命を祭り、金鑽神社と命名して関東総鎮守としたという。

延暦二十（八〇二）年には、坂上田村麻呂も訪れ、蝦夷地平定を奏請したという。

日本武尊は静岡県の焼津神社に「火打石」、山梨県の酒折宮に「火打石の袋」、そしてこの地で「火打金」を形見として残している。

◉上毛野国

北関東一帯は、古くは「毛の国」とよばれた。『先代旧事本紀』によれば、仁徳天皇の時代に「上毛野国（上野国）」と「下毛野国（下野国）」に分割された。そして、大宝律令によって、ほぼ現在の群馬県域に相当する範囲が上毛野国の領域となった。

『日本書紀』によれば、第十代崇神天皇の皇子の豊城入彦命が東国の統治を任されたとあり、その末裔の上毛野君《かみつけののきみ》と下毛《しもつ》野君が統治した。

そのことを裏づけるかのように、利根川上流域には東国でも屈指の前方後円墳が築かれ、県内全体で一万基は下らないとされる。また、群馬県の三角縁神獣鏡は東国地方において十三面という傑出した数の出土数を誇る。

上毛野国を代表する「上毛三山」は、赤城山（一八二八メートル）、榛名山（一四四八メートル）、妙義山（一一〇四メートル）である。

そのうち、信濃国境付近にある妙義山に日本武尊が登ったという伝承が残されている。中之嶽神社（群馬県甘楽郡下仁田町）は日本武尊を祭神とするが、往古は波胡曽《はこそ》神を山の主として祭っていたという。なお、富岡市妙義町にある妙義神社も日本武尊を祭っている。

北に進むと、子持山（一二九六メートル）の山麓に子持神社（渋川市中郷）があり、中腹の屏風岩という巨岩に奥宮が祭られている。日本武尊は、この地で木花開耶姫《このはなさくやひめ》命などを祭ったという。

利根郡の中央部にそびえる武尊《ほたか》山（二一五八メートル）の東南麓に、武尊神社（片品村花咲）がある。「保高（鷹）明神」とも称され、利根郡内の総鎮守とされている。主祭神は穂高見《ほだかみ》命であるが、のち日本武尊が合祀されたという。「ホダカ」に「武尊」の字をあてたのは、江戸時代になってからである。この神社でおこなわれる「猿追祭り」は、日本武尊が村人を苦しめていた武尊山の白毛の大猿を退治したことにちなむという。

『絵本で読む尾瀬地方の伝説』によれば、片品村北方の上野・陸奥・越後の三国境界付近の尾瀬の山奥に「悪勢《おぜ》」とよばれる盗賊がいて、山から下りて村で悪事をはたらいていた。日本武尊が盗賊を退治すると、その妻と娘たちは土出（片品村土出）方面へ逃れた。ところが、険しい山に阻まれ、妻は途中の丘で死んでしまった。娘と姥は悲しみ、その地で石になり、毎年小さな花を咲かせた。村人は小さい祠を建てて「花咲石明神」として祭り、娘の霊をなぐさめたという。

その後、日本武尊は西に向きを変え、吾妻《あがつま》川に沿って、信濃方面に向かった。

吾妻川は、鳥居峠（群馬県嬬恋村・長野県上田市）に源を発し、吾妻郡内を東に流れて、渋川市で利根川に合流する全長約七六キロの川で、流域には縄文時代の遺跡が多く分布する。弥生時代の遺跡はそれほど多くはないが、古墳時代の墳墓は吾妻郡内に三五〇基余りあるとされ、大和朝廷の影響が色濃く残されている。

吾妻川と四万《しま》川の合流点近くにある大宮巌鼓《おおみやいわつつみ》神社（東吾妻町原町）は、日本武尊・弟橘姫命・素盞嗚命・保食《うけもち》命を祭神とする。

日本武尊がこの地の豪族・高豊の屋敷に泊まったとき、その家の上野姫――別名、上妻姫に心奪われ寵愛した。上野姫は、吾妻郡を統治していた上毛野氏の娘であろう。日本武尊が立ち去ったあと、上野姫が産んだ子が大若宮彦という。

吾妻郡長野原町杯の王城山《みこしろやま》神社は、日本武尊を祭る。日本武尊が駐屯した旧跡とされ、村人たちは王城山（一一二三メートル）の山頂に祠を建て、日本武尊と諏訪明神（建御名方命）を祭った。のちに山麓に里宮を建て、山頂の祠は奥宮とされたという。

長野原の北に草津温泉があるが、その地の白根神社（吾妻郡草津町）も日本武尊を祭神とする。もと白根火山（二一七一メートル）の山上にあったという。

なお、吾妻郡の日本武尊の伝承を踏まえた嬬恋《つまごい》村は、明治二十二（一八八九）年にできた新しい村名であることを付記しておきたい。

◉碓日坂

日本武尊らは、吾妻川に沿って歩いていった。そして、上野国吾妻郡と信濃国佐久郡の国境にある鳥居峠を越えた。地元の伝承地をたどると、日本武尊はそのルートで信濃に入っている。

『日本書紀』は、「日本武尊は信濃国に進まれた。この国は、山が高く、谷が深く、翠《みどり》の山々が連なっていた。人は杖を使っても登ることは難しかった。巌は嶮しく、石の坂道がめぐっていて、高い嶺が数千に及び、馬は歩みを止めて進まない」と書いている。

しかしながら、『日本書紀』は次のように記している。

「甲斐より北方の武蔵・上野をお廻りになって、西方の碓日坂《うすひのさか》に至られた。そのとき日本武尊は、しきりに弟橘媛を偲ぶお気持ちを持たれ、碓日嶺《うすひのみね》に登られ、東南の方を望まれて、三たび嘆かれ、『吾嬬《あづま》よ』といわれた。そこで山の東の諸国を名づけて、吾嬬国というのである」

現在の国道一八号線沿いの「碓氷峠《うすい》」（群馬県安中市松井田町・長野県北佐久郡軽井沢町）は明治以降の道路整備によって新たに命名されたもので、江戸時代までの「旧碓氷峠」は北方の旧中山道沿いにあった。この旧碓氷峠にある熊野皇大神社（群馬県安中市松井田町峠・長野県北佐久郡軽井沢町峠町）の由緒記に、「景行天皇の時代に、日本武尊が東夷征伐凱旋の際に、武蔵・上野を経て碓氷山嶺にお登りになられると、雲や霧が道を遮って四方がわからず尊は道に迷ってしまわれた。その時に八咫烏《やたがらす》が紀の国の梛《なぎ》の葉を口にくわえて持ってきて、尊の御前に落とした。尊を導いているかのようで、その梛の葉に従って進んで行くとついに山頂に達した。その時まさに雲や霧が晴れた。尊は東南の方角に望んで、妃の橘媛を思い出されて三度『あづまはや』と嘆かれた。以来、坂東諸国を吾妻というようになった。そして尊は仰せられた。『始祖の神武天皇は八咫烏のお導きによって、熊野山を越えて大和の豪族たちを全滅なされた。今こうして私も東夷を平定し、こうして八咫烏の恩寵に預かったのは、まさしく熊野の神のご神霊によるものであろう』と明らかにされて熊野三社を勧請された。景行天皇四十年十月のことである。尊の登山の古事を伝えて頂上を『止《との》夫山《ぶやま》』というが、尊が嘆かれたことから『なげきある山』の略であろうか、当社の裏山を長倉山《ながくら》という」とある。梛《なぎ》の葉が魔よけとして用いられるなど、記紀にはみられない独自の情報を伝えている。

関東から西に向かう防人たちにとって、故郷との別れの場所でもあった。『万葉集』にも、「日な曇り　碓氷の坂を越えしだに　妹が恋しく　忘らえぬかも（碓氷の坂をいよいよ越えるときに、もうこれで見納めかと思うと、愛しいあの娘が忘れられない／巻二十・四四〇七）」と詠われている。

日本武尊は「碓日の坂」を越えて、信濃国——長野県の小県郡《ちいさがた》に入った。神川に沿って下り、千曲川（信濃川）に出た。

山越えしてきた日本武尊らは、喉が渇いていたらしい。山家《やまが》神社（長野県上田市真田町）の井戸で喉を潤したという。今も神泉社として祭られている。

その後、竹室の村人たちは梢を折って仮屋を造ってもてなした。そして、その跡に宮を建て、柴宮と称したという。明治になって現在地（上田市真田町）に遷され、竹室神社と改称された。旧柴宮跡地には、昭和十五（一九四〇）年に皇紀二六〇〇年記念事業として「奥宮」が建てられ、境内には日本武尊の足の跡という神足石が祭られている。

そこを発って赤坂の滝の宮（上田市殿城瀧宮神社）までき た。喉を潤す湧水地で、一休みしようと前方を見ると、石の上に諏訪明神（建御名方神）が現われ、賊がいることを告げたので、日本武尊が矢を放つと、賊は逃げ去った。日本武尊は石の上に御神酒を供え、諏訪明神への感謝の気持を表わしたという。

千曲川河畔にある白鳥神社（東御市本海野）も、日本武尊を祭神としている。日本武尊が伊勢で死去したのち、この地にも白鳥になって舞い降りた。村人たちは遺徳を偲んで祠をつくり、仲哀天皇二年に勅命により白鳥大明神と贈号されたという。

日本武尊は天白山（上田市小泉）の大神に桑の生弓を奉じ、その後千曲川対岸の別所温泉（上田市）に赴いた。諏訪と並ぶ信州最古の温泉で、日本武尊が七か所の湯を開いて入浴し、「七苦難の湯」と愛でたことから、「七久里の湯」と称された。一説によると、兵士たちの病がたちどころに治ったことから「七久離の湯」と称されたともいう。

周辺には生島足島《いくしまたるしま》神社があり、信濃の国造が居住した地であるとされる。『先代旧事本紀』によれば、第十代の崇神天皇の時代に、神武天皇の皇子の神八井耳《かむやいみみ》命の子孫の建五百建《たけいおたつ》命が科野の国造に委任されたとある。諏訪大社下社の大祝の先祖である。

この地に早く崇神天皇の時代に国造がおかれたのは、北陸道を平定した四道将軍の大彦命の功績によるものであろう。

ここから北にある千曲市上山田の波閉科《はべしな》神社は、日本武尊が波閉科峠を越えた際に天照大神を祭ったのがはじまりという。

ところで、『日本書紀』には、日本武尊が「碓日坂」に至ったのちに、「道を分けて、吉備武彦を越国に遣わされ、その地形の様子や、人民が帰順しているかどうかを監察させた」と記されている。

小川八幡宮（長野県上水内《かみみのち》郡小川村高府）の社伝によると、碓氷で日本武尊と別れた吉備武彦は、越後に向かう途中、この地に逗留したという。

越後における吉備武彦の足跡は定かではないが、いくつか手がかりがある。信濃川中流域の松苧《まつお》山（三六〇メートル）の山頂にある松苧神社（新潟県十日町市）は、奴奈川姫・天照大神などの神々とともに、吉備武彦も祭神とされている。

日本海に面した多多《たた》神社（柏崎市曽地）の社伝では、吉備武彦に随行していた多臣《おおのおみ》襲木彦が、この地の里《さと》長《おさ》の娘を娶り、この地に留まって先祖の神八井耳命を祭ったという。神社名の「タタ」は、「オオ」に由来するとされる。

また、美濃・加賀国にまたがる白山（石川県白山市・岐阜県大野郡白川村）の南麓にある白山中居神社（岐阜県郡上郡白鳥町石徹白）は、吉備武彦命が伊邪那《いざな》岐《ぎ》・伊邪那美《いざなみ》大神をこの地に祭ったのがはじまりという。

千曲川の支流の鹿曲《かくま》川沿いの大伴神社（佐久市望月）には大伴武日連《たけひのむらじ》が祭られている。

吉備武彦は別軍を率いて、越国方面に向かい、新潟から富山・石川県を経て、福井・岐阜県境から美濃に入り、日本武尊と再会している。

◉諏訪をめざす

日本武尊は、諏訪をめざしている。

八ヶ岳山群の北に位置する蓼科《たてしな》（立科）山の山頂を遥拝する里宮として、立科神社（北佐久郡立科町古里）があり、日本武尊が祭祀をおこなった地という。のちに坂上田村麻呂が社殿を造営した伝えられる。蓼科山は、八ヶ岳山塊の中で特にその秀麗な山容から霊山と仰がれた。

八ヶ岳三万年といわれるほど、蓼科山周辺の黒曜石の歴史は古い。麦草峠・和田峠など黒曜石産出地付近には多くの峠があり、遠く関東方面へ黒曜石を運んだ人々の往来を物語る。

古東山道の雨境《あまざかい》峠では、大和政権による祭祀も行われた。八ヶ岳山麓の諏訪地方は、その黒曜石と、日本海側から運ばれた翡翠《ひすい》が交錯する。

日本武尊は、蓼科山の肩を通る大河原峠（佐久市春日）越えの山道をたどった。峠にさしかかると、白装束を着た雄々しい武将が白馬に跨って一行を先導した。日本武尊は不思議に思い、従者に尋ねさせると「諏訪明神である」と答え、姿を消したという。

こうして日本武尊は、茅野方面から諏訪に入った。そこには、諏訪大社が祭られている。諏訪湖の周囲に四か所ある神社の総称である。

（上社）

・本宮（諏訪市中洲宮山）

・前宮（茅野市宮川）

（下社）

・秋宮（諏訪郡下諏訪町武居）

・春宮（諏訪郡下諏訪町下ノ原）

主祭神は、建御名方《たけみなかた》神とその妃の八坂刀売《やさかとめ》神である。

建御名方神は、「出雲の国譲り」に際して、最後まで抵抗した大国主命の子である。

高天原から派遣された武甕槌《たけみかづち》神と経津主《ふつぬし》神らは、出雲の稲佐の浜に剣を突き立てて大国主命に国譲りを迫った。大国主命がふたりの息子に意見を求めると、釣りに出ていた事代主《ことしろぬし》神は承諾したが、もうひとりの息子の建御名方神は反対した。そこで、建御名方神と武甕槌神の間で力競べが行われ、建御名方神は敗れてしまった。建御名方神は諏訪まで逃れ、「ここから出ない」と約束してようやく許された。そして、その死後、諏訪神社の祭神とされた。『古事記』『日本書紀』に記述はないが、『先代旧事本紀』では、建御名方神は沼河比売《ぬなかわひめ》（高志《こし》沼河姫）の子とされている。糸魚川市に残る伝承でも、大国主命と沼河比売との間に生まれた子とされている。

沼河比売は、越後一の宮、天津神社内の奴奈川神社（糸魚川市一の宮）をはじめ新潟県内各所の神社に祭られている。大国主命の妃であり、建御名方神の母である沼河比売は、翡翠の一大産地である糸魚川・姫川流域を支配する――越の国の女王――であったろう。

◉美濃へ

日本武尊は、諏訪大社上社摂社の八剣神社（諏訪市小和田）で、大国主命に配祀される。「御神渡《おみわたり》拝観神事」で名高い社である。こうして諏訪湖を過ぎて杖突峠（長野県茅野市・伊那市高遠町）を越えると、天竜川にそって伊那谷の広く細長い盆地がつづく。その最北端の小野盆地は、「たのめ（も）の里」として知られた。『枕草子』の「里は」の段にも記される。

鳥居を並べて小野神社（塩尻市北小野）と矢彦神社（上伊那郡辰野町）が祭られ、日本武尊が行宮を置いたという伝承が残されている。いずれも伊那盆地北部に原始信仰を残す聖域である。

楡沢《にれさわ》にある「沓掛石」は、日本武尊が東征の帰途、諏訪からこの地に入り、沓（靴）をかけて休んだという。

伊那盆地を南下すると、大御食《おおみけ》神社（駒ケ根市赤穂字美女ヶ森）がある。この地で、日本武尊に「大御食」――すなわち、天皇の召し上がる御食事を献上したという。

社伝によると、赤津の邑長の赤津彦が、大杉の陰に仮宮を設けて大御酒《おおみき》・大御食を奉ったところ、日本武尊が大杉を見て、「この杉まことに栄えて、霊妙な綾杉である」といった。それに対し、赤津彦が、

「この杉は天照らす日を避ける御蔭となる杉でございます。そして、久方の月の御蔭となる杉です。美しい木肌の霊妙な杉で、朝日が木漏れ日となって射し、夕日も木漏れ日となって射しこみます。神代には建御名方の神が愛で、私の代々の先祖も愛で、天皇の御子も愛でておられます。こうして目の前で何度も巡って仰ぎ見ております。いつまでも栄え生い茂り、雨もその間から降り注ぎます。いったいどれほどの高さがあるのでしょうか。まことに霊妙な杉です、この杉は」

と応じたので、日本武尊はたいそう喜び、赤津彦に御食津彦という名をあたえた。

赤津彦――あらため、御食津彦は、この杉を「日本武尊御蔭杉《みかげすぎ》」と名づけ、その下に祠を作って「大御食の社」と称した。のちこの杉が枯れたので、神功皇后時代に植えなおし、七日の宴をはって歌い舞い大祭を行ったと伝えられる。

所在地の「美女ヶ森」という字名は、応神天皇時代に尾張国から宮簀媛を相殿に迎え祭ったことによると

いう。日本武尊が盃を置き、あるいは手をかけた石を、「平加石（または御手掛石）」と伝える。

また御食津彦の娘の押姫を三夜わたり夜の床に招き、次の歌を詠った。

二夜三夜　二人寝しかも　飽かずかも　美《うるわ》し乙女
愛《はし》けやし　立廻り　はしけやし
――二晩三晩夜をともにして飽きることがないなあ
心惹かれる乙女よ　あれこれ世話をやいてくれて
可愛いなあ

これに対して、押姫は次のように応じたという。


愛《はし》けやし　我が大君の　御手に纏《ま》し玉　持つ日根子　忘れられず　玉持つ日根子　忘れられず　吾夫《せ》を標延《しめは》へ　吾夫を標延へ
――ああ愛おしいお方よ　大君の御手に抱かれて、宝石を手にしたように大人びた私は　忘れることができない　ああ　忘れることはできない　私の夫として少しでも長くいてほしい　少しでも長く
九月二十一日の例祭では、日本武尊を迎える神事という「獅子練り」も施行されている。

伊那盆地南部から天竜川支流の阿智川を上り、神坂《みさか》峠（長野県阿智村・岐阜県中津川市）を越えれば美濃国（岐阜県）である。

『先代旧事本紀』巻一の「神代本紀」に、阿智神社（長野県下伊那郡阿智村字前宮山）のことが記されている。

「（高皇参霊尊の）御子の天思兼命は、信濃の国に天下りなされた阿智祝部《あちのほうりべ》たちの先祖である」

『古事記』『日本書紀』は、思兼命の末路について何も記すことはないが、諏訪地方の強大な勢力に対する抑えとして、思兼一族は配置されたのだろう。

神坂峠の下の小さな川にはさまれた台地に、奥宮（字奥宮山）がある。そこには思兼命の御陵と伝えられる磐座――「川合《かあい》の陵《みささぎ》」がある。

里宮（前宮）のある「昼神《ひるがみ》」の地は、日本武尊の「蒜《ひる》」に由来するという。ノビルなど、ニンニク科の臭気の強い草のことで、薬草として用いられる。

濃霧のため方向を見失ったとき、いきなり大きな白鹿が現われて行く手を遮った。日本武尊がとっさに噛

んでいた蒜を投げつけると、その鹿の目に当り、鹿は逃げ去った。しかし、ますます霧は濃くなり、途方に暮れていると、一匹の白狛（犬）が現われ、人里まで案内したという。

『古事記』にも、「足柄の坂本」のことではあるが、日本武尊が蒜を坂の神の目に投げつけて殺したという逸話が記されている。

日本武尊の一行は、尾張を目指して最後の難所である古東山道の山道を進み、神坂《みさか》神社の地にたどりついた。神坂神社（下伊那郡阿智村園原）にも、「腰掛石」、「日本杉」など、日本武尊にかかわる伝承が残されている。

日本武尊が食事に使った箸が成長して二本の杉になったといわれる。一本は明治期に枯れてしまったが、残った大杉はご神木としてしめ縄が張り巡らされ、薄暗い森を突き抜けて天空にそびえ立つ。

まもなく、美濃国――岐阜県である。

◉尾張の宮簀媛

日本武尊は信濃から美濃へ入った。

国境にそびえる恵那山（二一九〇メートル）の西麓に、恵那神社（岐阜県中津川市中津川）がある。日本武尊は神坂峠を越えるとき、恵那山に登ったという。

美濃に入ると、越国から帰還した吉備武彦と合流した。吉備武彦は付知川渓谷を下り、木曽川渓谷の「理《わたり》」（中津川市苗木津戸）を渡り、千里林（中津川市千里林）・茄子川（中津川市茄子川）あたりで日本武尊と再会したといわれる（『恵那郡史』『中津川市史』）。

「亘理」は渡し場のことであり、木曽川の南岸と北岸に渡し場があった（西山の津戸と苗木の津戸）。

こうして日本武尊は、吉備武彦と合流して尾張へ入った。

『熱田大神宮縁起』によれば、美濃と尾張の国境にある内津峠（岐阜県多治見市・愛知県春日井市）を下っていると、訃報を伝える使者がやってきた。尾張の建稲《たけいな》種命《だね》が、不慮の死を遂げたというのである。

建稲種命は、駿河の海――駿河湾の船の上で、美しい羽をした変わった鳴き声の鳥を見つけた。彼はその鳥を日本武尊に献上しようと追い回すうち、突風が起きて船が転覆して溺死したという。

日本武尊は、「ああ、うつつかな、うつつかな」と嘆いたという。その地に祭られたのが、内々《うつつ》神社（愛知県春日井市内津町）である。建稲種命を主祭神にして、日本武尊・宮簀《みやず》媛を祭る。すでに述べたように、建稲種命は宮簀媛の兄である。

『張州府誌』によれば、日本武尊は、西尾の駒返において内津山の方を振り返ったとき、蹄の跡が石の上に残ったのが「馬蹄石（駒の爪）」、馬の尾が西を向いたので「西尾」と呼ぶようになったという。

日本で本格的に馬が使われるようになるのは、五世紀以降である。したがって、馬にまつわるこの伝承は、口伝の継承過程で変容を被った典型的な例といえようが、伝承地の径路に沿っていることから、日本武尊に関する伝承の一つとみていい。

日本武尊は、宮簀媛のもとへ急いで駆けつけた。夜が明けた場所が「明知」（春日井市明知町）、仮殿で休憩した場所が「神屋」（春日井市神屋町）、手を洗った場所が「御手洗《みたらし》」（春日井市神屋町御手洗）、昼食のための御膳水を汲んだ井戸が「柏」（春日井市柏井町）という。いずれも、古代の伝承が字名として残されている。

『熱田神宮縁起』によると、宮簀媛を偲んで、日本武尊は次のように歌ったという。

なるみ（成海）らを　見やれば遠し
ひたか（火高）ぢ（路）に
この夕潮に　渡らへむかも

——成海潟の一帯を見渡すと　手の届くところにある火高の里まで　なんと待ち遠しく思われることか　この夕べの満ち潮の時に　ようやくあなたのもとに渡っていく

古くは熱田から、尾張氏の邸宅にあった火上邑《ひかみむら》の「火高《ひだか》の里」までは、入江が浸入し、成海潟といわれる干潟になっていた。『万葉集』では「年魚市《あゆち》潟」とも歌われる。

日本武尊は、潮の満ちるの待ってようやく船で渡った。尾張氏の館——熱田神宮摂社の氷上姉子《ひかみあねこ》神社（名古屋市緑区大高山火上）の地——に駆け込み、尾張小《お》止与《とよ》と宮簀媛と対面し、建稲種命の死を弔ったであろう。

尾張一族は、若き総領の死の直後にもかかわらず、日本武尊の東征の成功を祝し、酒宴を開いた。

『古事記』には、「尾張の国にかえっておいでになって、先に約束しておかれた美夜受比売（宮贄媛）のお屋敷にお入りになりました。ここで大御食《おおみけ》をさしあげるときに、美夜受比売が大御酒盃《おおみき》を捧げてたてまつりました」とある。

日本武尊は、東征に向かうとき、この地に立ち寄り、尾張乎止与・建稲種父子に招かれ、宮簀媛とはじめて出会って、「婚《まぐはひ》せむと思ほして」と『古事記』に記されているとおり、契りを結ぼうとおもったが、無事東征を終えて晴れて帰還するまで待とうとおもった。

ところが、久しぶりに再会したというのに、宮簀媛は月経の最中であった。『古事記』は、「その時に美夜受比売の内掛の裾に月のものがついていました」と記す。

日本武尊は、おそらく苦笑いを浮かべて次の歌を詠ったはずである。

ひさかたの　天の香山　利鎌に　さ渡る鵠《くび》
弱細《ひはぼそ》　手弱腕《たわやがいな》を　枕《ま》かむとは　吾はすれど
さ寝むとは　吾は思へど
汝が著《き》せる　襲《おすい》の襴《すそ》に　月立ちにけり

——ひさかたの天の香具山を　鋭い鎌のように渡る白鳥　その羽根のように　か細くたおやかな腕を枕に　添い寝しようとは思うけれど　あなたの着ている内掛の裾に月がでてしまっているよ

それに対して、宮贄媛は次の歌を返した。

高光る　日の御子　やすみしし　吾が大君
あら玉の　年が来経《きふ》れば　月は来経往《きへゆ》く
うべなうべな　君待ちがたに
吾が著せる　襲の裾に　月立たなむよ

——空高く照り輝く太陽のような御子よ　ご威光すぐれたわたしの大君よ　新しい年がやってくれば　新しい月もやってきます　あなた様をお待ち申し上げている間に　わたしの着ております内掛の裾に月の出るのも当然でございましょう

女性がみずからの月経を歌ったのは極めて珍しい。「これ以上はお待ち申し上げることはできません、もはや大人の女性なのです」、と日本武尊にしっかりアピールしている。宮贄媛は、幼い童女からあでやかな乙女に脱皮していた。

『日本書紀』によると、日本武尊は宮簀媛のもとに長期間滞在したという。もちろん、その間、二人が懇ろな仲になったことはいうまでもない。ただし、子ができなかった。大黒柱となるべき建稲種命を失った尾張氏にとって、宮簀媛が皇子を受胎するかどうかは、一族の将来を左右する大きな問題であった。そのこともあって、日本武尊はある程度の期間の滞在を余儀なくされたのであろう。

しかしながら、大和では父景行天皇と母播磨稲日大郎姫《はりまのいなびのおおいらつめ》が日本武尊の帰還を待ちわびている。日本武尊は尾張を発つとき、心から尽くしてくれた尾張一族と宮簀媛に対して、最大級の感謝の気持ちを表わした。皇室に伝わる「草薙《くさなぎ》の剣」を、形見として宮簀媛に授けたのである。

「草薙の剣」といえば、皇室に伝わる三種の神器の一つである。天皇がそれを所持することで、天皇であると認められる神器である。伯母の倭姫命《やまとひめ》から特別に下賜されたその神器を、日本武尊は宮簀媛――尾張氏に形見として残した。「かならず迎えにまいる」という日本武尊の決意であったかもしれない。

日本武尊は宮簀媛のもとを去り、美濃国（岐阜県）と近江国（滋賀県）の国境にまたがる伊吹山（一三七七メートル）へ向かった。

日本武尊が萱津《かやづ》神社（愛知県あま市上萱津字車屋）までくると、別れを惜しむ村人たちが、「漬物」を持って集まってきた。

萱津神社に供えられた瓜・茄子・蓼などの野菜が腐れるのを惜しんだある村人が、一緒に供えられていた藻塩と混ぜて甕に入れておいたところ、程よい漬物になったのが由来という。現在でも、毎年八月二十一日に「漬込神事」がおこなわれているが、奈良時代の木簡にも漬物のことが記され、永禄二（一五五九）年の『熱田神宮史料』にも、萱津禰宜《かやづねぎ》が漬物を献納したという記録が残されている。

村人たちは、丹精を込めた特産の漬物を、日本武尊に献上すべく集まってきたのである。社伝では、日本武尊が「藪《やぶ》に神物《こうのもの》」――すなわち、「ヤブの中に神様の食べ物がある」といったことから、漬物を「神（香）の物」と呼ぶようになったという。

日本武尊は村人たちと別れ、伊吹山に向かって出発した。

19 旅の終わり

坂田
伊富岐神社
伊吹山
本宮山
内々神社
大県神社
田県神社
琵琶湖
当芸野
居覚の清水
玉倉部の清水
萱津神社
草薙神社
尾津神社
熱田神宮
氷上姉子神社
志賀高穴穂宮
日野川
野洲川
大津
三上山
四日市
杖突坂
水口神社
建部大社
加佐登神社
能褒野王塚古墳
鈴鹿川
忍山神社
亀山
津
伊勢湾
景行天皇遷都
纏向日代の宮

◉伊吹山

伊吹山は、美濃国と近江国の国境を南北に走る伊吹山地の主峰である。山頂は滋賀県米原市伊吹、東側は岐阜県揖斐郡揖斐川町、東南麓は岐阜県不破郡関ヶ原町と一市二町にまたがる。

「伊吹」の由来について『新撰美濃志』は、「伊吹山の文字は国史では『異吹』ともある。猛風が常に吹いて他の山とは異なっている、という意味である」、「美濃国不破郡にある。もとは異吹と書く」と記している。

イブキは「息吹」を意味し、「山の神」の息吹——すなわち、山の神が山気や霊気を吐き、息づく山という古代人の山岳観を意味するとする説もある。

琵琶湖の北の狭い山地を吹き抜けてくる冬の季節風は、伊吹山に当たって、山の神が大雪を降らせる。そして、冬の間、「山の神」の吹く「伊吹風」が濃尾平野の西部に吹き荒れる。

伊吹山は、全山石灰岩から成り、山頂部にはカルスト地形がみられる。普通の山のような樹林帯がほとんどない。夏は暑い日差しを避けることができず、ひとたび悪天候に見舞われれば風雨を避けることができない。冬の吹雪のときも、吹きさらしのなかを進まなければならない。

三合目以上は草地で、寒暖両系の植物——「伊吹百草」が生え、古来、薬草の採取地として名高く、山頂一帯の植物群は国の天然記念物に指定されている。

平安時代中期の歌人藤原実方も、

かくとだに　えやは伊吹の　さしも草
さしも知らじな　燃ゆる思いを
『後拾遺集』恋一

——こんなにもあなたのことを愛していると言えないのです　伊吹山の「さしも草」のような熱い思いを

という歌を詠んでいる。「さしも草」はヨモギの別称で、餅に入れて草餅にするほか、葉裏の綿毛を灸に用いる艾《もぐさ》としても利用されたらしい。

日本武尊は、天候の悪化をまったく予想していなかったのであろう。伊吹山の神を退治するため、さっそく登りはじめた。

『古事記』によると、「御刀《みはかし》（草薙の剣）を宮簀媛のもとに置いて、伊服岐（伊吹）の山の神を討ち取ろうとお立ちになられた。この時に『この山の神は素手で取ってみせる』と豪語して、その山にお登りになられた。すると白い猪が麓に現われた。その大きさは牛のように巨大であった。そこで『この白い猪の姿をしているが、神の使いにすぎぬ。今ここで殺さなくとも帰り道で十分間に合うだろう』と言挙《ことあ》げして、はっきりと仰せになり、登っていかれた。すると山の神は大雨を降らせて日本武尊を打ちつけ、そのため意識が朦朧《もうろう》となってしまわれた。実はこの白い猪になって現われたのは、神の使者ではなく、まさに神ご自身であった。それを言挙《ことあげ》してしまったせいで、神のお怒りにふれたのである」。

日本武尊は、言葉に発して——すなわち、「言挙《ことあ》げ」してしまった。「言挙げ」をしたのは、あの走水の海と同じ状況である。日本武尊は、山の神を冒涜してしまった。

『日本書紀』によると、大蛇が現われて道を塞いだとある。

「五十葺山（伊吹山）に荒ぶる神がいるとの報告を受けて、肌身離さず身に着けていた（草薙の）剣をその身から話して、宮簀媛の家に置いて、素手でお出かけになられた。膽（伊）吹山に到着すると、山の神は蛇《おろち》になって道をふさいでいた。それなのに日本武尊は伊吹山の神が蛇《おろち》に化身しているのに気づかずに、『この大蛇（おろち）はきっと荒ぶる神の使者であろう。主《あるじ》の神を殺すことができれば、その使いなど問題ではない』と仰せられた。そして大蛇をやり過ごしてさらに進んで行かれた。その時に山の神は、雲を起こし、雹《ひょう》を降らせた。霧が立ち込め、谷は暗くなり、道に迷った。そのなかを突き進んでいって、やっとのことで脱出することができた。日本武尊は山の神の毒気に当てられ、心惑い、酔えるがごとくなった」

『古事記』『日本書紀』いずれも、日本武尊が伊吹山の神の祟りによって病気になったように記しているが、現代人のわれわれは、そのような非科学的な迷信を信じるわけにはいかない。

常識的に考えれば、日本武尊は、伊吹山山麓を拠点にして不穏な動きをする部族を討伐するために、意を決して伊吹山に登頂したものの、その途中で不運にも悪天候にみまわれ、体調を崩してしまったというのが事実であろう。現在、伊吹山の三合目付近に、日本武尊の遭難碑が建てられている。

伊吹山の東南麓に、伊富岐《いぶき》神社（岐阜県不破郡垂井町岩手字伊吹）がある。延喜式内社で、美濃国二の宮である。祭神は諸説あって定まっていないが、伊吹山一帯を根拠とする伊福部《いふくべ》（「いおきべ」とも読む）氏ゆかりの神社であった。

伊福部氏は、五百木《いおき》・五百城《いおき》氏に通じ、盧城とも書かれた。

『新撰姓氏録』左京神別下には、「伊福部宿禰《いふくべのすくね》。尾張《おわりの》連《むらじ》同祖。火明命《ほのあかりのみこと》之後也」とあり、河内国神別には「五百木部連《いおきべのむらじ》。火明命之後也」とある。

『先代旧事本紀』「天孫本紀」には、尾張氏九世の子孫に「弟彦命《おとひこ》」と「若都保命《わかつほ》」が記され、若都保命は、五百木部連の先祖と注記されている。

弟彦命は尾張氏を継ぎ、その孫が宮簀媛と建稲種命の父の尾張小止与命である。このように、伊福部氏は、尾張氏とおなじく火明命すなわち饒速日命の末裔で、物部系の氏族である。

また、『和名抄』の美濃国池田郡内に伊福郷があり、伊福（いおき）部が居住した郷名と考えられ、伊吹山との関連で、揖斐郡揖斐川町一帯に比定されている。

『古事記』『日本書紀』とも、日本武尊がいかなる理由で伊吹方面に遠征したか記していないが、伊吹山はじめ揖斐郡一帯に拠点を構えていた伊福部氏もまた、本家ともいえる尾張氏とともに、日本武尊に従軍していたであろう。

◉最後の行軍

伊吹山で雹に打たれた日本武尊は「心惑い、酔えるがごとく」（『古事記』）と、心身衰弱状態に陥った。ふらつきながら伊吹山を下り、麓にたどり着いた。

『古事記』は、「やっとのことで山を下り、山麓に湧く『玉倉部《たまくらべ》の清水』のほとりに休んだ。その水を飲むと眠りから目覚めるように意識が徐々に正気に戻ってきた。それで、その泉を『居寤《いさめ》の清水』という」と記す。

『日本書紀』もまた、「まだ日本武尊は正気を失い、朦朧とした状態であったが、山麓に湧く泉のほとりにきて、その清水を口にすると、ようやく意識がはっきりと目覚めてきた。それで『居醒泉《いさめがい》』という。日本武尊は、初めて身体の衰弱を感じた」と書く。

日本武尊を蘇生させた「玉倉部の清水」は、伊吹山の山麓の、岐阜県不破郡関ヶ原町大字玉の清水とされる。あるいは「居醒泉」とは、旧近江国旧坂田郡玉倉部村の加茂《かも》神社（滋賀県米原市醒井《さめがい》）の地蔵堂そばの泉といわれる。地蔵川の水源で、現在も「居醒《いさめ》の清水」とよばれ、こんこんと水が湧き出している。

つづけて、『古事記』は記す。

「そこ（玉倉部の清水）をお発ちになって当芸野《たぎの》の付近にたどり着いて、『私はいつも空を駆け巡るような気持ちで歩んできたけれども、今となっては足を進めることができない。たぎたぎしくなってしまった』と仰せられた。それでその地を名づけて当芸《たぎ》という」

『日本書紀』は、「どうにかそこ（居醒泉）から尾張へ帰還なされた。けれども宮簀媛の屋敷には戻らずに、伊勢に移動して尾津に到着された」と書かれている。

「たぎたぎしく」とは足取りがたどたどしいさまを表わす。「当芸《たぎ》」は、美濃国の多芸郡のことで、現在の岐阜県養老郡養老町付近とされる。

やっとのことで、尾張の萱津《かやづ》神社（愛知県あま市上萱津字車屋）に戻ることができた。日本武尊が尾張から旅立つときに、別れを惜しんだ村人たちが漬物を持参して集まった場所である。美濃・尾張・伊勢の分岐点にあたる。

この地にたどり着いた日本武尊は、形見の植樹をおこなったといわれる。その木は「連理の榊」といい、雌雄の二枝に分れていた。ただし、現在は枯れてしまい、祠《ほこら》のなかでご神木として祭られている。

衰弱した日本武尊は、木曽川を越え、伊勢の尾津（三重県桑名市）にたどり着く。東方遠征にむかうおりに、剣を忘れた場所である。

その剣が、盗まれることもなく、そのまま松の根元に残されていた。それを見つけて、日本武尊は歌を詠んだ。

『日本書紀』は次のように記す。

尾張に　直《ただ》に向へる　一つ松あはれ　一つ松
人にありせば　衣著せましを　太刀佩《は》けましを

――尾張の国にまっすぐ向いている一本松よ　もし一本松が人であるなら　着物を着せ　太刀を佩かせてあげようものを

『古事記』も次のように記す。

尾張に　直《ただ》に向へる　尾津の埼なる　一つ松
吾兄《あせ》を　一つ松　人にありせば　大刀佩けましを

衣着せましを　一つ松　吾兄を
――尾張の国にまっすぐ向いている尾津の崎の一本松よ　おまえ　一本松が人であったら　太刀を佩かせてあげようものを　着物を着せようものを　一本松よ　おまえ

三重の村（三重県三重郡）に到着したころには、日本武尊の症状はますます悪化し、このため『古事記』によると、日本武尊は、「わたしの足は三重に曲がった餅のように大層疲れた」といい、このため三重というようになったという。

さらに、「ようやくその地から少しだけ歩みを進めることができたが、たいそうお疲れになったので、御杖《つえ》をついてそろそろと歩かれた。その地を名づけて杖衝《つき》坂という」とある。

また三重県四日市采女町の伝承では、「日本武尊は伊吹山の荒ぶる神の征伐にむかったが、途中で巨大な白い猪に惑わされ疲れきってこの険しい坂にたどり着いた。その時には杖をついていたという。このため、杖衝坂とよばれるようになった。このとき地元の郡家の采女《うぬめ》が日本武尊を介抱したため、この地を采女《うねめ》坂とよぶようになった」という。

坂の上には「御血塚の祠」があり、日本武尊の足から流れ出る血を止めたところであるという（『伊勢名勝志』）。

◉思邦歌

日本武尊は、ついに能褒野《のぼの》（三重県鈴鹿市加佐登町）まで戻ってきた。疲れきった日本武尊は、父母の待つ大和を偲んで、歌をうたった。

景行天皇が、かつて日向でうたった「思邦歌《くにしのびうた》」であった。

倭《やまと》は　国のまほろば　たたなづく
青垣　山隠《ごも》れる　倭し　美《うるは》し
命の全《また》けむ人は　畳薦《たたみこも》　平群の山の
熊白檮《くまかし》が葉を　髻華《うず》に挿せ　その子
――大和は最もすぐれた国　青々とした山が重なり　垣根のように包む　大和は美しい　無事に生きている者たちは　平群の山の　神聖な白樫の枝を　髪飾りにして挿しなさい　おまえたちよ

つづけて日本武尊は、次の片歌をうたった。

はしけやし　吾家《わぎへ》の方よ　雲居起ち来も
――なつかしいわが家の方から　雲が湧き流れくる

片歌とは、五・七・七音三句の歌である。症状が重くなり、短い歌しかうたえなかったのであろう。

『日本書紀』によると、その後日本武尊はますます症状が悪化したため、東方遠征で捕虜とした蝦夷らを伊勢神宮に献上するとともに、吉備武彦を使者として景行天皇のもとに派遣した。

『古事記』によると、日本武尊は臨終に際し、最後の歌を詠った。

嬢子《おとめ》の　床の辺《べ》に
吾が置きし　つるぎの大刀　その大刀はや
――乙女の床のほとりにわたしの置いてきた太刀
あの太刀よ

日本武尊は、能褒野において死去した。時に、三十二歳であったという。『日本書紀』には、日本武尊が吉備武彦を遣わして天皇に報告した最後の言葉が記されている。

「私は、勅命を受けて、遠く蝦夷を征伐いたしました。神恩を被り、皇威によって叛く者が罪に伏し、荒ぶる神も従えました。こうして甲を巻き、矛を収めて心安らかに帰ってまいりました。念願は、いつの日にか天朝に復命申し上げることでした。しかし、天命が突然訪れ、余命いくばくもございません。このようなことで、一人荒野に臥しております。誰にも話すことがございません。どうして死を惜しみましょうか。ただ残念なのは、御前にお仕えすることができなくなることです」

景行天皇は、悲しみのために何事も手がつかず、食事の味もせず、昼夜涙を流し、胸を叩いて嘆いた。

「わが子小碓皇子《おうすのみこ》よ、かつて熊襲が叛いたとき、幼い歳で長い戦いにおもむき、常にわたしを助けてくれた。東夷が騒いだときも他に適当な者がいなかったため、やむなく賊の地に派遣したが、一日とて忘れることはできなかった。朝夕帰る日を待ちつづけた。何の禍か何の罪か。おもいもかけずわが子を失ってしまった。今後誰と天下の政治をおこなったらいいのか」

このように叫び、群卿・百寮に命じて、伊勢に「能褒野陵」、すなわち能褒野王塚古墳（三重県亀山市田村町名越）を築いて日本武尊を葬った。『延喜式諸陵式』に、「能褒野陵。日本武尊。伊勢国鈴鹿郡に在り。兆域東西二町。南北二町。守戸三烟」とある。

逝去の地とされる加佐登神社（三重県鈴鹿市加佐登町）でも、日本武尊の遺品の笠と杖がご神体として祭られた。

◉白鳥伝説

都を目前にして没した日本武尊は、多くの人々の同情を誘った。日本武尊が死んだのちに、白鳥になって大和に帰還するという、白鳥伝説が生まれた。

『古事記』には、残された妃や子供たちが日本武尊の死を嘆き、白鳥を追いかける様子が記されている。

「こうして倭におられた皇后・妃と御子たちが一斉に都から下って御陵をお作りになられて、そのまわりの田の中を這いまわってお嘆きになって歌を詠まれた。

なづきの　田の稲幹《いながら》に　蔓《は》ひ廻《もとほ》ろふ　野老蔓《ところずら》

――御陵のまわりの田の稲の茎に這いまわっているトコロ芋の蔓のようですね　まるで私たちは

そのとき日本武尊の魂は、大きく羽を広げる白鳥になって天に向かって飛翔し、海辺に向かって飛んで行かれた。そうしてその妃たちも御子たちも、笹竹の切り株で足を傷つけて血を流しながらも、痛みを忘れて泣きながらその跡を追い続けていかれた。

浅小竹原《あさじのはら》　腰なづむ　空は行かず　足よ行くな

――笹竹の原を進もうとしても　笹が腰にまとわりついて歩きづらい　鳥のように空を飛ぶこともできない　足で歩むことのもどかしさよ

また海の中にまで入って行かれて、進むことも難しい水の中でも詠まれた。

海処《うみが》行けば　腰なづむ
　大河原の植草《うえぐさ》　海処《うみが》は　いさよふ
——海の中を進もうとしても　体の自由はきかない
大きな川の底に生えている水草がゆらゆら揺れるように　海の水に流されて前へ進むことなどできない

さらに白鳥が飛んできて、海辺の磯浜に羽を休めているときにも読まれた。

浜つ千鳥　浜よは行かず　磯伝う
——浜の千鳥は　私たちが歩きやすい砂浜には降り立たず　岩場にそって飛んでいく

この四首はすべて日本武尊のご葬儀の時に歌われた。それで今に至るまで、これらの歌は天皇のご大葬の折に歌うのが慣例である。

そして、その白鳥は伊勢の国から飛翔して、河内の国の志幾《しき》に留まられた。それでその地にも御陵を作って御魂をお鎮めした。その御陵を名づけて白鳥の御陵という。しかしその白鳥はさらにその地から天に向かって飛び去っていかれた」

日本武尊は白鳥と化して、能褒野から大和の方面に飛び去った。

三重から大和に飛来した白鳥は、しばらく琴弾原（奈良県御所市富田）にとどまったので、そこにも陵がつくられ、さらに飛び立って河内の旧市邑《ふるいちのむら》（大阪市羽曳野市軽里）にもとどまったので、そこにも陵がつくられた。時の人は、伊勢の能褒野陵・大和の白鳥陵・河内の白鳥陵を「白鳥三陵」とよんだ。

◉武部（建部）

景行天皇は日本武尊の功績を伝えるため、全国各地に朝廷直属の軍事拠点として武部《たけるべ》（建部）を置いた。『出雲国風土記』の出雲郡健部郷の条に、景行天皇によって建部が置かれたことが記されている。滋賀県大津市神領には日本武尊を祭神とする建部《たけるべ》大社があり、景行天皇の時代に建部となった日本武尊の子の稲依別《いなよりわけ》王《のみこ》によって創建されたと伝えられており、いずれも『日本書紀』の記事を裏づけるものであろう。

日本武尊の妃の布多遅比売《ふたじひめ》をはじめ、景行天皇、播磨稲日大郎姫、東征に随行した家臣たちも合わせて祭っている。

上田正昭氏によると、建部の分布は、東は常陸、西は薩摩にいたる各地域に存在しており、とくに濃厚な分布地域は、吉備・筑紫・出雲・美濃・近江の各地域であるという（『日本武尊』）。

ちなみに、『日本書紀』景行天皇五十一年の条には、日本武尊の「草薙剣」は尾張国年魚市《あゆち》郡の熱田社（名古屋市熱田区）におかれていたとされる。

神宮に奉った蝦夷らが昼夜騒ぐので、倭姫はこれを朝廷に献じ、御諸山（三輪山・奈良県桜井市）のそばに移した。それでも神山や人民を脅かすので、畿外に移した。これが、播磨、隠岐、伊予、安芸、阿波五国の佐伯部の祖である、と記されている。

ちなみに、平成十二（二〇〇〇）年、三重県の「宝塚一号墳」（松阪市宝塚町・栄町）から、日本最大の船型埴輪が出土した。全長一四〇センチ、円筒台を含めて高さ九〇センチという大きさもさることながら、類例をみない豪華な装飾が施されている。船首と船尾には、権威の象徴とされるひれ状の突起がある。船上には、王権の象徴の二本の玉杖《ぎょくじょう》・蓋《きぬがさ》・草薙の剣を思わす太刀が並んでいる。まさに、日本武尊の東征を彷彿とさせる埴輪である。

埋葬者について、倭姫命の伊勢巡幸に際し、この地で出迎えた飯高氏の乙加豆知命《おとかずち》に比定する説もあり、日本武尊の東征軍に従軍した可能性すら考えられる人物である。

この埴輪は、当時の人々の日本武尊への思いを後世に託した歴史的な遺品ともいえよう。

●景行天皇の東国巡行

景行天皇はさらなる不幸に襲われた。

『日本書紀』によると、景行天皇五十二年夏五月四日、皇后の播磨《はりま》大郎姫《おおいらつめ》が亡くなった。播磨大郎姫は日本武尊の実母である。播磨大郎姫の遺骸は、故郷に運ばれて埋葬された。

すでに紹介したように、『播磨国風土記』によると、播磨大郎姫の墓は日岡につくられたが、遺骸を運ぶために印南川を渡るとき、大きなつむじ風が川下から吹いてきて、遺骸が川のなかに落ち込んで行方不明になった。わずかに櫛箱と褶が見つかったため、この二つのものをその墓に葬ったといい、したがって「褶《ひれ》墓」とよばれるようになったという。

日本武尊につづき、播磨大郎姫を失った景行天皇は大いに嘆き、印南川の年魚《あゆ》を食べないことを誓った。

秋七月七日に美濃国出身の八坂入媛命が皇后となった。皇太子となった若帯日子命（成務天皇）の実母にあたる。

日本武尊が死去したのちの政治体制について、景行天皇は着々と手をつけていったが、それでも日本武尊への想いは消えない。景行天皇は群卿に、「愛しいわが子をどうしても忘れることができない。小碓王（日本武尊）の平定した国を巡幸したいとおもう」と告げた。

景行天皇は、日本武尊がみた東方の国々を、自分の目で見たくなったのである。景行天皇はただちに伊勢に下り、伊勢から尾張に向かった。

愛知県長久手市西浦の「景行天皇社」は、大帯日《おおたらしひ》子《こ》淤呂和気《おしろわけ》命――すなわち、景行天皇を祭神とする。

草薙神社（静岡県静岡市清水区草薙）の社伝によると、九月十日、景行天皇は駿河の国の草薙の地（静岡市清水区）に到着した。近くにある「天皇原」は、景行天皇が乗物を留めた場所という。

景行天皇は、十月には上総国に至り、船で「淡《あわ》の水《みな》門《と》」に着いた。

『日本書紀』には、次のように記されている。

「十月、上総国に至り、船で淡《あわ》の水門《みなと》に着いた。このとき、『カク、カク』と鳴く覚賀鳥《かくかのとり》の鳴き声が聞こえた。景行天皇はその鳥の姿を見るために、海岸まで出たところ、大きな蛤《はまぐり》を拾った。そのとき、膳臣《かしわでのおみ》の先祖で、磐鹿六雁《いわかむつかり》という者が、急きょ身近の蒲《がま》をたすきにして身支度を整えて、蛤の身を細かく切った膾《なます》にして天皇に差し出した。それが大層おいしかったので、景行天皇は磐鹿六雁をほめて、膳大伴部《かしわでのおおともべ》の役職をお授けになった」

淡とは安房（千葉県）のことで、房総半島南部地域のことである。『大日本地名辞書』は、淡の水門は館山湾のことであろうとする。

膳大伴部《かしわでおおともべ》という朝廷の料理番に抜擢された磐鹿六雁は、高家《たかべ》神社（千葉県南房総市千倉町朝夷）に祭られている。

磐鹿六雁命の父は彦背《ひこせ》立大稲腰《たつおおいなこし》命といい、四道将軍の大彦命の子で、東海へ派遣された武渟川別《たけぬなかわわけ》命とは兄弟である。磐鹿六雁命にとって、大彦命は祖父にあたり、武渟川別命は叔父にあたる。

◉高橋氏文

『高橋氏文』は、磐鹿六雁命の子孫で、天武天皇の時代に高橋朝臣姓を賜った高橋氏の家記である。延暦八（七八九）年、同じ職に従事する安曇氏との間で、神饌を奉供する席次をめぐる争いが起こったため、その解決のための資料として提出された書である。原本は失われ、『本朝月令』『政事要略』『年中行事秘抄』などの諸本に引用された逸文のみが残されている。江戸時代の国学者の伴信友が、天保十三（一八四二）年『高橋氏文考注』として紹介した。

この『高橋氏文』に景行天皇の逸話が含まれている。

「（景行天皇は）伊勢の国から、東国にお移りになられた、冬十月、上総国の安房の浮島宮に到着された。その時に磐鹿六獦命が随行していた。天皇は葛飾野（千葉県北西部）に行幸されて、御狩をなされた。大后の八阪媛は仮宮にいらっしゃられた。磐鹿六獦命も留守居をしておられた。この時に大后は磐鹿六獦命に仰せられた。『海の方でカクカクと不思議な鳥の鳴き声がしているのですが、どのような鳥なのでしょうか』。すぐに船に乗って鳥に近づいてみたが、鳥は驚いて他の海辺の方へ行ってしまった。さらに追っていったが、捕まえることはできなかった。磐鹿六獦命はのろいの言葉を唱えた。『お前の鳴き声に導かれてその姿を間近に見ようとしたが、ほかの海辺に飛んで行って姿はない。今後いっさい、陸地へ上がることはできないであろう。もし大地にあがれば死んでしまうであろう。海中を住処《すみか》とせよ』と。帰る時に船の舳先には多くの魚が集まっていた。磐鹿六獦命は角弭《つのはず》の弓（弓のツルをかける所が角製のもの）で水中の魚を射ると、弭《ゆはず》に着いてきてたちどころにたくさんの魚を捕獲した。これは頑魚《かたうお》といわれ、今の言葉では鰹《かつお》である（今、角で釣針をつくり、鰹を釣るのはここからきている）。船は干潟に入ってしまい、砂を掘りながら海水を入れて船を進めた。そうしている間に大きな蛤を得ることができた。磐鹿六獦命は、この鰹と蛤を大后に献上した。大后はお喜びになってお褒めのお言葉を述べられた。『上手にお料理して、天皇にお召し上がりいただきたいものです』。磐鹿六獦命は申し上げた。『この六獦命が料理して献上いたしましょう』と。

無邪志《むさし》（无耶志、武蔵）の国造の先祖の大多毛比《おおたもひ》と、知知夫《ちちぶ》（秩父）の国造の先祖の天上腹《あまのうわはる》・天下腹《あまのしたはる》などの人々に使いを出し召喚した。膾《なます》・煮物・焼き物を作り盛り付けた。折しも紅葉の美しい河曲山のハゼ（漆）の葉を見るようにたくさんの高坏に、緑の槇の葉を見るようにたくさんの平手の器に飾った。ヒカゲノカズラを取り、髪飾りとし、蒲の浦をミズラに巻いて、マサカキをたすきにかけて、帯にもして結んだ。こうして調理の身支度を整え様々の準備を整えて、御狩からお帰りになられた天皇にお仕え申し上げた」

　景行天皇が葛飾野で狩に出ている間に、覚賀鳥の不思議な鳴き声に気づいたのは、八坂の大后であったとする。皇后の八坂入媛命が随行していたことは、『高橋氏文』によって、はじめて知ることができる。

●カクカ鳥

　伴信友は、カクカ鳥について『釈日本紀』引用の『日本紀私記』や『倭名抄』の「ミサゴ鳥」説は誤りであろうとする。

「ミサゴは魚を捕食する魚鷹《うおたか》と呼ばれる鳥である。けれどもさすがに大宮住まいの皇后といえども、東の海辺に飛翔するミサゴの鳴き声であれば、それを不思議に思って気に留めたりはしなかったのではないか。さらに磐鹿六獦命が即座に船を出してその鳥を追って、のろい（詛）の言葉を唱えたのは、深いわけがあったのであろう」と伴信友は解釈する。

　すなわち、尾張の建稲種命が、不思議な鳴き声のする美しい毛色の鳥をみつけて、日本武尊に献上しようと追っているうちに突風がおこり船が転覆して亡くなってしまったという逸話を踏まえたものであり、そのような特別な鳴き声の鳥は、ミサゴ以外の鳥であろうとする。そして、日本武尊と建稲種命に災いをもたらした不吉な鳥であるからこそ、磐鹿六獦命が即座に追跡してその災いを取り払い、のろいの言葉までかけたのであろうとする。

　そして、伴信友は、『常陸国風土記』逸文の河内郡の条に言及する。

「浮島村（茨城県稲敷市浮島）に賀久賀鳥（カクカ鳥）が現われた。景行天皇が仮宮に留まること三十日、その間に珍しい景行天皇はその鳥の聞きなれない鳴き声が気になった。伊賀理《いかり》命を遣わして網を張り、ついにその鳥を捕獲した。天皇は感動されて、鳥取という姓を賜った。その子孫は今日まで、その場所に住んでいるという」

景行天皇がこれほどまでに執着したカクカ鳥について、伴信友はその鳴き声の特徴から「オジロワシ」とみているようである。

『高橋氏文』によると、カクカ鳥を追い払った後、磐鹿六雁命は船先に多く回遊する魚に角弓《つのゆみ》を使い、たちどころに多くの鰹を得たという。

伴信友は安房の漁民たちから聞き取り調査も実施し、周囲二〇センチ、長さ二メートル五〇センチに及ぶ大竹を釣竿として用いることを知ったという。大竹の先端に穴を開けて釣り縄を通して、牛角を削って餌としたものを釣針に結び着けるという。そのようにして鰹を捕獲する漁法が、『高橋氏文』の記事に反映しているのではないかと考察している。

また、『高橋氏文』では、蛤についても、景行天皇が覚賀鳥を見ようと海岸に出て見つけたものでなく、船が浅瀬に乗り上げて、砂浜を掘り進んでいるうちに見つけたことになっている。

このように、『高橋氏文』の伝える景行天皇伝承は、『日本書紀』とは細かい点で異なっているが、景行天皇の千葉県への行幸、磐鹿六雁命の随行と功績、覚賀鳥、蛤などという共通項目に着目すれば、中核部分に歴史的な事実を含んだ伝承とみるべきであろう。長期にわたる伝承の過程で、多少の変容をきたすことは当然あり得ることである。

『高橋氏文』によると、磐鹿六雁命は海の幸を調理して景行天皇を饗応した。その盛り付けもまた紅葉したハゼの枝葉と常緑に照り輝く槇の枝葉を利用するなど、食膳に美しい四季の自然美を取り入れたもので、高坏や平たいお皿などの器にも工夫と趣向を凝らしたものであったという。さらに天の岩戸などの神話の時代から出てくるヒカゲノカズラ、マサカキなどで髪を飾り、襷や帯を飾ったという。

その宴席には、秩父の国造の天下腹命（天下春命）・天上腹命（天上春命）や武蔵国造の大多毛比など東国諸国の有力者も一同に会した。これらの人々の名は『先代旧事本紀』の「国造本紀」にも記されている。

つづけて、『高橋氏文』は記す。

「景行天皇は『これらの料理は誰が準備したのか』とお尋ねになると、皇后は申し上げた。『これらは磐鹿六獦命が献上したものでございます』。天皇は大いに喜ばれて、お褒めになって仰せられた。『これは磐鹿六獦命のひとりの心ではあるまい。これは天におられる神がなすわざであろう。大倭《おおやまと》の国は、それぞれの職能をもって姓とする国柄である。磐鹿六雁命はわが御子たちの子々孫々に、末永く尊い御食膳の職について奉仕するように』とのお言葉を賜り、合わせて若《わか》湯坐《ゆえ》の連《むらじ》の先祖の物部意富売布《おおおめふ》の連の身に着けている太刀を渡すようにと命じて、磐鹿六雁命に添えて賜った」

景行天皇は、磐鹿六雁命を誉めたたえ、「御膳職」を授けて、それを永代保証するとともに、太刀まで授けたのである。

『先代旧事本紀』の「天孫本紀」によれば、確かに物部氏七世に「大咩布《おおめふ》命」なる人物がおり、「若湯坐の連の先祖」とある。

『高橋氏文』と『先代旧事本紀』の記事はここでも一致している。

なお、『高橋氏文』では「上総の国安房の浮嶋宮」とあるが、現在からみれば、淡《あわ》（＝安房）は上総の範疇ではない。しかしながら、『続日本紀』養老二（七一八）年正月、「上総の国の平群・安房・朝夷《あさひな》・長《なが》狭《さ》の四郡を割いて安房の国を置く」とあり、安房は上総から分離された国である。八世紀末に成立した『高橋氏文』の表記は、それ以前の古伝をそのまま記録したものとみられる。

「浮嶋」とは、勝山海岸（千葉県安房郡鋸南町）から一・一キロ沖にある小さな島――浮島のことで、「浮嶋宮」はその浮島の頂上にある宮――浮島神社（安房郡鋸南町勝山）とされ、景行天皇、日本武尊、弟橘媛、磐鹿六雁が祭られている。無人島ではあるが、毎年七月十四日の祭りの時には、渡し船で渡ることができる。

勝山海岸のすぐ北に位置する熊野神社（富津市更和）は、景行天皇の創始といわれ、熊野神・日本武尊・大山咋命・聖神を祭神とする。景行天皇はこの地を訪れ、神宿の地に宿泊したという。このとき、紀伊国の熊野神を祭ったため、木村（紀村）と呼ばれたという。

天神社（富津市海良）は、景行天皇が天津神に大嘗を奉った古跡と伝えられる。

さらには、景行天皇は、日本武尊ゆかりの姉崎神社（市原市姉崎）と島穴神社（市原市島野）を訪れ、日本武尊を祭っている。

◉常陸国

景行天皇は上総・下総を経て、常陸国を訪れた。景行天皇は日本武尊とおなじコースをたどっている。むろん、日本武尊を偲ぶ行幸ではあったが、日本武尊の東方遠征の総仕上げをおこなう意向もあったろう。

『常陸国風土記』信太郡の条には、「郡役所の北十里のところに碓井（茨城県稲敷郡美浦村）がある。古老がいうには、大足日子天皇（景行天皇）が浮島の帳《とばり》の宮（茨城県新治郡桜川村浮島）に行幸なさったが、お飲物の水がなかった。そこで占いする者を遣わして神意をさぐり判断させて穴を掘らせた。その井戸はいまも雄栗《おぐり》の村にある」とある。

この地の陸平《おかだいら》貝塚公園（美浦村土浦）には、雄栗の村の井戸と伝わる「ぷくぷく水」という湧水地がある。オグリは送りの意で、水を浮島へ送ったことにちなむという。稲敷市浮島は、比高二〇メートルほどの独立台地で、その名のとおり、かつて霞ヶ浦が入り込んで島状の地形になっていた。

景行天皇はこの地に行在所を置いたとされ、「景行天皇行在所之碑」が建てられている。

また、『常陸国風土記』行方郡の条には、「郡役所の南二十里のところに香澄の里（茨城県稲敷郡阿見町香澄の里）がある。古くからの言い伝えによると、大《おお》足《たらし》日子《ひこ》天皇（景行天皇）が下総国の印波《いには》の鳥見《とみ》の丘（千葉県印西市）にお登りになり、しばらくとどまって遠くを眺められ、東の方を振り返ってつき従う臣下に『海には青い波がゆったりと流れ、陸に赤い霞がもうろうとたなびいている。国はおのずとそのなかにあるとわが目には見える』とおっしゃられた。それで霞の里というようになった」ともある。

景行天皇は千葉県の北部の印旛沼付近の台地の上から、北方の霞ヶ浦を望んだようである。

千葉県印西市には鳥見神社が二十社以上ある。印旛沼北西部に多い。多くは江戸時代の農地開拓のために勧請されたものであるという。その中で古代に由緒もつ神社の一つが、印西市小林の鳥見神社である。崇神天皇の時代に創建されたと伝わるが、この神社の旧社地は、北へ一〇〇メートルほどの高台にあり、景行天皇が登った「鳥見ヶ丘」であるという。神社の西方には道作古墳群があり、円墳・前方後円墳合わせて二十五基ほどあるとされる。調査は進んでいないので詳細は不明であるが、円筒埴輪の出土した古墳もある。

常陸の国の巡幸を終えた景行天皇は、秩父方面をまわって帰京の途についた。

すでに述べたように、秩父の三峯神社（埼玉県秩父市三峰）は、日本武尊が山上から武蔵の国情を望み、戦勝を祈念した地である。

景行天皇も帰路この地を訪れ、雲取・白岩・妙法の三山を愛で、この地を三峰山と命名し、日本武尊の営んだ仮宮を本社に改め三峰宮と命名したという。

◉纒向の日代宮に帰還

十二月に景行天皇は東国から帰り、伊勢の「綺宮《かにはたのみや》」（三重県鈴鹿市加佐登町綺宮崎《きのみやざき》）に滞在した。景行天皇の行在所があったとされることから、高宮の里といわれ、「綺宮」の旧蹟もある。

日本武尊の没した能褒野《のぼの》付近とされる。景行天皇はここでも日本武尊を偲んだ。

景行天皇五十四年の秋九月十九日に、景行天皇は伊勢から纒向宮（奈良県桜井市）に帰還した。

その翌年の二月には、彦狭嶋《ひこさしま》王を、「東山道十五国の都督《かみ》」に任命した。彦狭嶋王とは、崇神天皇の皇子豊城入彦《とよきいりびこ》命の孫にあたる人物である。

崇神天皇は兄の豊城（入彦）命と弟の活目《いくめ》尊の二人の皇子のうちどちらを後継ぎにするか迷い、夢占いで決することにした。

豊城命は御諸山（三輪山）に登り、東にむかって八回槍を突き出し、八回刀を振った夢を見た。活目尊は御諸山の頂上に登って、縄を四方に張って粟を食べる雀を追い払う夢を見た。

崇神天皇は、「兄はもっぱら東をむいて武器をもちいたので東国を治めたらよかろう。弟は四方に心を配って作物の実りを考えていたので、わが位を継ぐがよかろう」といって、活目尊を皇太子とした。これが垂仁天皇である。

この結果、豊城命は東国を治め、上毛野君《かみつけのきみ》（群馬県）と下毛野君《しもつ》（栃木県）の先祖となった。彦狭嶋王はこのように、東国経営にゆかりのある豊城命の孫にあたる人物であった。

東山道とは、大和朝廷が都を中心に七つに区分した地域の一つである。東山道のほかには、東海道、北陸道、山陽道、山陰道、南海道、西海道がある。

のちの律令時代には東山地方を貫く道路というような意味にももちいられた。この意味での東山道は、近江国の勢多駅（滋賀県大津市）を起点に、中部地方から関東を経て、陸奥国の斯波城（岩手県紫波町）まで達する長大な道路であった。

この東山道が通る国々は、近江国、美濃国、飛騨国、信濃国、上野国、下野国、陸奥国、出羽国の八ヶ国で、これに武蔵国を加えこともできる。これらの国々は『先代旧事本紀』「国造本紀」では、古くはさらに細分化されている。景行天皇当時、日本武尊が遠征した帰路にあたる国々がおおむね東山道十五国の領域であったとみるべきであろう。

いずれにしても、彦狭嶋王は景行天皇によって東山道十五国の都督《かみ》――長官に任命されたのである。

ところが春日の穴咋邑《あなくいのむら》（奈良市横井の穴栗神社付近か）で病を発し、急死してしまった。東国とゆかりのある彦狭嶋王の赴任を大いに期待していた東国の人民は、ひそかに彦狭嶋王の遺体を盗み出して上野国に移したという。このため、景行天皇は彦狭嶋王の子の御《み》諸別王《もろわけ》を新たな都督に任命した。

御諸別王は東国をよく治めたらしく、蝦夷が騒いだときも兵を送って鎮圧し、降伏する者は許し、降伏を拒む者を処刑した。

こうして、西国と東国を平定した景行天皇は、晩年には坂手池（奈良県磯城郡田原本町阪手）を造成し、諸国に令して田部屯倉を設置させた。屯倉とは朝廷直轄領であり、田部とは屯倉耕作のための農民組織のことである。

こののち景行天皇は纏向宮（奈良県桜井市穴師）から近江国に巡幸し、滋賀の高穴穂宮（滋賀県大津市穴太）に三年間とどまり、その地で没した。

『日本書紀』には、「六十年の冬十一月七日に、天皇は高穴穂宮でお亡くなりになった。年百六歳であった」とある。

『日本書紀』の年代は大きく引き伸ばされているから、百六歳というのはまったくあてにならない。二倍暦がもちいられているという説もあり、半分の五十数歳程度というのが、本当の年齢に近いとおもわれる。

『日本書紀』によると、景行天皇は「山辺道上陵《やまのへのみちのえのみささぎ》」に葬られた。『古事記』にも、「山辺之道上」とある。『延喜式』諸陵寮には、「在大和国上城郡。兆域東西二町、南北二町。陵戸一烟」とある。

景行天皇陵は、奈良盆地東北の龍王山から西にのびる丘陵の先端にある「渋谷向山古墳」（奈良県天理市渋谷町大字渋谷狐の穴）とされている。前方部の長さ一三〇メートル、後円部の直径一六〇メートル、墳丘の全長三〇〇メートルの巨大な前方後円墳である。

柳本古墳群に属し、近くには崇神天皇陵――柳本行燈山古墳（天理市柳本町）もある。近畿地方では、三輪山山麓の古墳群に次ぐ時代に古墳がつくられた地域である。

20 飛躍への時代

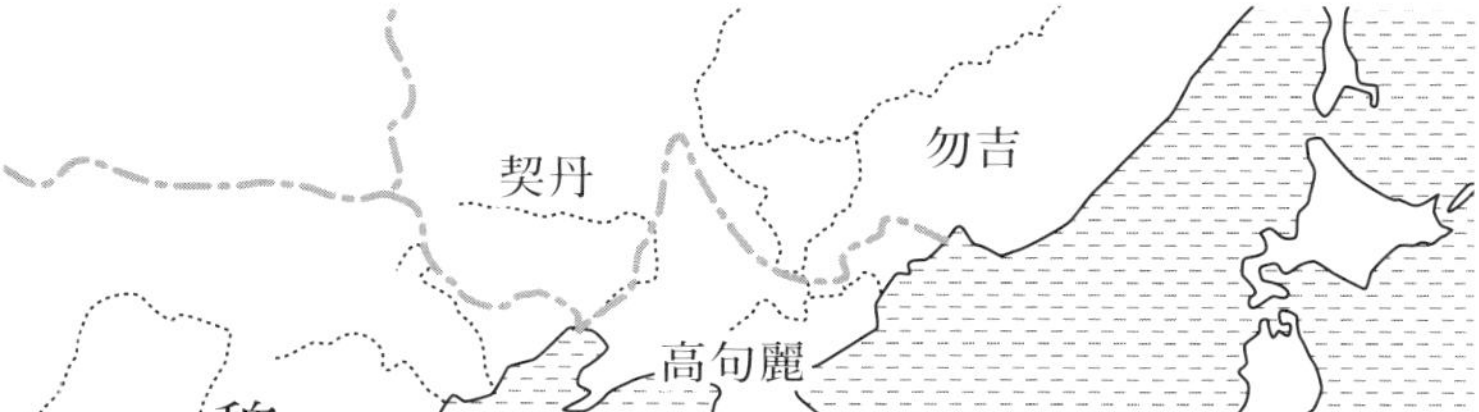

契丹
勿吉
高句麗
魏
百済
新羅
加羅
宋
日本(倭)

◉日本武尊の末裔

最後に、日本武尊の系譜について述べておきたい。

『日本書紀』によると、日本武尊は両道入姫皇女《ふたじのいりびめ》、吉《き》備穴戸武媛《びあなとたけひめ》、弟橘媛の三人の女性を妃としていた。

まず両道入姫皇女は、稲依別王《いなよりわけ》、足仲彦尊《たらしなかつひこ》（仲哀天皇）、布忍入姫命《ぬのしいりびめ》、雅武王《わかたける》の四人を産んだ。

長子の稲依別王は、近江国（滋賀県）を根拠とする犬上君《いぬがみのきみ》と武部君《たけるべ》（『古事記』では建部君）の始祖となった。

『日本書紀』は「犬上君、武部君二族の始祖」と記し、『古事記』は「稲依別王は犬上君、建部君等の祖」と記し、『先代旧事本紀』も「犬上君、武部君らの祖」と記している。

天武天皇十三（六八四）年十一月に「朝臣」の姓を賜り、『新撰姓氏録』左京皇別上には「犬上朝臣。出自は景行天皇の皇子日本武尊なり」とある。

『日本書紀』神功皇后摂政紀には、「犬上君の祖、倉見別」なる人物が見え、忍熊王に加わって、朝鮮・九州から帰還した神功皇后・武内宿禰らに反旗を翻している。飛鳥時代に、遣隋使・遣唐使として活躍した犬《いぬ》上君《がみのきみ》御田鍬《みたすき》も犬上一族の末裔である。犬上と称したのは、近江国犬上郡（滋賀県犬上郡豊郷町・甲良町・多賀町）を根拠としたからである。

武部（建部）君は、すでに述べたように、景行天皇が日本武尊の功績を伝えるため、全国各地に朝廷直属の軍事拠点として置いた「武部（建部）」に由来する。

滋賀県大津市神領には、日本武尊を祭る「建部大社《たけるべ》」があり、景行天皇時代に建部となった稲依別王によって創建されたと伝えられている。

社伝によれば、景行天皇四十六年に神勅により、両道入姫皇女（布多遅比売命・父は近江安の国造）が、稲依別王とともに住んでいた神崎郡建部郷（滋賀県東近江市五個荘伊野部町）の千種嶽（箕作山）に、日本武尊を奉斎したのを創祀とする。天武天皇の白鳳四（六七五）年に近江国府のあった瀬田の地に遷座し、近江国一の宮として崇敬を集めた。

境内の摂社に、布多遅比売命・稲依別命母子をはじめ景行天皇・播磨稲日大郎姫や日本武尊に従軍した家臣団を祭る。

稲依別王の弟が足仲彦尊——すなわち第十四代仲哀

天皇である。熊襲討伐のために九州に下り、香椎宮（福岡市東区香椎）で崩じ、その後神功皇后は朝鮮に出兵した。その詳細については、前著の『神功皇后の謎を解く』で述べたとおりである。

その時従軍した雅武王は、呼子（佐賀県唐津市呼子町）で死去したため、田島神社（唐津市呼子町加部島）に祭られている。

吉田兼倶《かねとも》（一四三五〜一五一一年）の『延書式神名帳頭注』には、「仲哀帝の弟の椎武王なり。号は上松浦明神なり」とあり、椎武王は上松浦明神として祭られている。田島神社の西北にある前方後円墳は、椎武王の墓とも伝えられている。

兄の仲哀天皇は香椎宮で急逝し、その弟の椎武王は朝鮮出兵の際、渡海前に呼子において死去している。死因は伝えられていないが、不慮の死を遂げた可能性もある。

布忍入姫命について、『古事記』には記載がなく、その詳細は不明である。

布忍神社（大阪府松原市北新町）は布忍入姫命に由来すると伝えられているが、祭神は須佐男之尊・事代主之尊・建甕槌尊という出雲の神々であり、布忍入姫命との関係はよくわからない。

次いで、日本武尊の妃となった吉備穴戸武媛は、日本武尊に従って東国へ遠征した吉備武彦の娘である。

吉備穴戸武媛を祭るのは、穴戸山神社（岡山県高梁市川上町高山市）である。創建は崇神天皇五十四年と伝えられている。

『倭姫世記』によると、崇神天皇から天照大神のご神体である鏡を「何処へお祭りしたらよいか」という命を受けた豊鋤入姫命が、紀伊国奈久佐浜宮から備中国名方浜宮——現在の穴門山神社の地を訪れ、四年間奉斎したと記されている。

吉備穴戸武媛は、武卵王《たけかひご》、十城別王の二人を産んだ。

兄の武卵王（『古事記』では建貝児王）について、『日本書紀』は、「讃岐綾君《さぬきあやのきみ》の祖」と記し、『古事記』は、「讃岐綾君、伊勢之別《いせのわけ》、登袁《とを》之別、麻佐首《まさのおびと》、宮首《みやのおびと》之別の祖」と記す。

讃岐綾君は、讃岐国阿野郡（香川県高松市国分寺町・坂出市の島嶼部・綾歌郡綾川町・仲多度郡まんのう町川東）を根拠とする氏族で、讃岐綾君の始祖となった。

香川県綾歌郡飯山町下法軍寺の讃留霊王《さるれおう》神社は、武卵王を祭っている。社伝によると、日本武尊が「悪魚」退治にやってきて、退治の後に建貝児王（武卵王）が生まれたという。

吉備武穴戸媛は、日本武尊の西国遠征時代に妃となり、長じた武卵王は日本武尊の東国遠征に随行していたようである。四国から大きく離れた三河国の宮道天神社（愛知県豊川市赤坂町宮路）の祭神は武卵王とされている。武卵王は日本武尊によってこの地に封じられ、その子の宮道宿禰速麿は「穂」（三河国宝飯郡）の県主となって、その子孫が武卵王を祭ったのが神社の起源と伝えられる。

また、先の三重県桑名市戸津の尾津神社は、日本武尊とともに、稚武彦命などを祭っている。

武卵王を祖とする「伊勢之別」、「登袁之別」、「麻佐首」、「宮首之別」については、他の文献には見えず、その所領地は不明であるが、武卵王が生まれ育った讃岐国近傍の地の可能性が高い。

「伊勢之別」は「伊予之別」の誤記とする説もあり、また弟の十城別王も伊予別君――すなわち伊予国（愛媛県）の温泉郡（松山市）を根拠とする一族の始祖とされているからである。

次いで、走水海――三浦水道に身投げした弟橘媛である。穂積氏忍山宿禰の娘であることはすでに述べた。弟橘媛は雅武彦王（若建王）を産んだ。

弟橘媛は千葉県茂原市の橘樹神社をはじめ、東国各地の神社に祭られている。生誕地とされる三重県亀山市の忍山神社は、鈴鹿川の支流安楽川を隔てて、日本武尊の「能褒野御陵」、終焉の地とされる「加佐登《かさど》神社」と向き合うような地にある。

『先代旧事本紀』には「伊豆の国造」に「若建命《わかたけるのみこと》」の名がみられるが、母弟橘媛を慕って走水海に近い伊豆の地に本拠を定めたのであろう。

日本武尊を祭る阿遅加《あじか》神社（岐阜県岐阜羽島市足近町直進）は、稚武彦王の創建という。父ゆかりの地に宮を創ったのであろう。

西国においても、弟橘媛命は讃岐国の大麻《おおさ》神社（香川県善通寺市大麻町）の境内社・白玖祖霊社にも祭られている。

大麻神社は忌部氏が祖先神の天太玉命を祭っていた社であった。その後、南海の悪魚の退治のために、景行天皇の子の神櫛《かみくし》皇子が下向し、讃岐の国造に任ぜられた。そして、ともに下向した弟橘媛の兄の穂積忍山彦根に祭祀を任せ、以来、穂積一族が神職を継承し、祭祀を守ってきたという。

大麻神社では天太玉命以下多くの高天の原の神々が祭られているが、弟橘媛命は特別の存在として、白玖祖霊社に祭られている。

『日本書紀』によると、日本武尊は、両道入姫皇女、吉備穴戸武媛、弟橘媛の三人の妃との間に七人の子を儲けている。まとめると、次のようになる。

・両道入姫皇女との間に、稲依別王、足仲彦尊（仲哀天皇）、布忍入姫命、稚武王の四人
・吉備穴戸武媛との間に、武卵王、十城別王の二人
・弟橘媛との間に、稚武彦王一人

一方、『古事記』によると、布多遅伊理毘売（両道入姫皇女）、大吉備武比売（吉備穴戸武媛）、弟橘比売（弟橘媛）の三人の妃にくわえ、布多遅比売、玖玖麻《くくま》毛理比売《もりひめ》の二人の妃と一人の名の伝わらない妃一人がいたという。

そして、布多遅伊理毘売（両道入姫）は帯中津日子（仲哀天皇）一人を産み、大吉備武比売（吉備穴戸武媛）は建貝児王一人を産み、弟橘比売（弟橘媛）は若建王一人を産んだ。つごう三人である。

布多遅比売は稲依別王一人を産み、山代の玖玖麻毛理比売は足鏡別王一人を産み、名の伝わっていない一人の妃は息長田別王を産んだという。計六名である。まとめると、次のようになる。

・布多遅伊理毘売（両道入姫皇女）との間に、帯中津日子（仲哀天皇）
・大吉備武比売（吉備穴戸武媛）との間に建貝児王
・弟橘比売（弟橘媛）との間に、若建王
・布多遅比売との間に、稲依別王
・玖玖麻毛理比売との間に、足鏡別王
・不詳の妃との間に、息長田別王

布多遅伊理毘売と布多遅比売の類似、若建王・雅武王・稚武彦王の類似などが気になるが、いずれにしろ、『日本書紀』と『古事記』の母子関係は混乱がみられ

る。

個々の天皇の系譜においては、これほどの差異はみられないから、日本武尊が天皇として即位せずに崩じたため、情報がよく整理されないままに後世に伝えられたものとみられる。

◉その後の尾張氏

ところで、尾張の宮簀媛のことである。

日本武尊は宮簀媛とも契りを交わしたが、ついに子を儲けることができなかった。日本武尊から草薙の剣を託された宮簀媛は、兄の建稲種命に代わって尾張氏の求心力となり、兄の子供たちが成長して、尾張氏が盤石となるのを見届けたであろう。

名古屋市熱田区旗屋町の熱田神宮公園内にある「断《だん》夫山《ぶさん》古墳」は、熱田神宮の社伝では宮簀媛の墓とされる。日本武尊の妃として、草薙の剣と尾張一族を守り通して、その生涯を終えたにちがいない。この古墳に隣接する白鳥塚古墳は、各地にある白鳥陵とおなじく、日本武尊を祭るために築造されたものであろう。

建稲種命の子孫については、注目すべき記事がある。『先代旧事本紀』「天孫本紀」によると、建稲種命は妻の玉姫との間に、二男四女を生儲けていた。

玉姫とは、丹羽の県《あがた》の君（旧丹羽郡大縣《おおあがた》神社に因む氏族）の先祖、大荒田《おおあらた》の娘である。丹羽の県とは尾張国丹羽郡のことで、愛知県の西北部――一宮市東部、岩倉市、江南市中南部から犬山市にわたる地域をさす。『古事記』によると、「尾張の丹羽臣《にわのおみ》」は、「島田臣《しまだ》」「伊勢の船木直《ふなきのあたい》」とおなじく、神八井耳命《かむやいみみ》の末裔とされる。

丹羽一族の大荒田命は、尾張・伊勢方面などに勢力を保持し、天皇家や尾張氏とも密接にかかわってきた名族である。丹羽郡に田縣《たがた》神社（愛知県小牧市田県町）があり、玉姫神を祭っている。もと大荒田命の屋敷跡という。

建稲種命と玉姫は、針綱神社（犬山市犬山）にも祭られている。

建稲種命と玉姫との間に生まれた二男四女のうち、『先代旧事本紀』「天孫本紀」には、一男二女の事績が記されている。尾綱根命《おづなね》・尾綱真若刀俾命《おづなまわかとべ》・金田屋野《かなだやの》姫《ひめ》命の三人である。

「（尾張氏）十三世の子孫の尾綱根命。この命は誉《ほむ》田《だ》天皇（＝第十五代応神）の時代に大臣《おおまえつきみ》となり奉仕した。

妹の尾綱真若刀俾命。この命は五百城入彦命《いおきいりびこ》（＝第十二代景行天皇の皇子）に嫁いで品陀真若王《ほむだまわか》を産んだ。

次の妹の金田屋野姫命。この命は甥の品陀真若王に嫁いで、三人の女王《ひめみこ》を産んだ。高城入姫命《たかぎいりひめ》、仲姫命《なかつひめ》、弟姫命。この三人の命は誉田天皇の皇妃となり、十三人の皇子が生まれた。

姉の高城入姫命を妃として三人の皇子が生まれた。額田部《ぬかたべ》の大中津彦皇子《おおなかつひこ》、大山守皇子《おおやまもり》、去来真稚皇子《いざのまわか》。

妹の仲姫命を皇后として、二男一女が生まれた。荒田皇女《あらたのひめみこ》。次に大雀天皇《おおさざき》（＝第十六代仁徳天皇）。次に根鳥皇子《ねとり》。

妹の弟姫命を妃として、五人の皇女が生まれた。阿倍皇女《あべ》、淡路三原皇女、菟野皇女《うの》、大原皇女、滋原皇女《しげはら》。

誉田の時代に尾張の連《むらじ》の姓（かばね）を授かり、大臣大連《おおおみおおむらじ》となった。

応神天皇は、尾綱根連に『お前の血筋から生まれた十三人の皇子皇女たちを、お前は慈しんで育てて成長した折に差し出しなさい』と仰せられた。

それを聞いて連は歓喜して、自分の子の稚彦《わかひこ》の連、外妹《いとこ》の毛良姫の二人に壬生部《みぶべ》（＝皇子の養育料としてさずけられた部）を定めた。即座に奉仕の人を三口献上した。この連の名は羨ましがれ、語り継がれた」

建稲種命と玉姫との間に生まれた娘の尾綱真若刀俾命は、景行天皇の皇子の五百城入彦皇子に嫁いで品陀真若王を産み、さらにその妹の金田屋野姫命が品陀真若王に嫁いで三人の娘を産んだ。

そして、その三人とも応神天皇の妃となり、次の仁徳天皇を産んだ。尾張一族の総領となった尾綱根命は、つごう十三人の皇子皇女の姻戚となったのである。

その結果、「尾張の連」の姓を賜るとともに、「大臣《おお》」「大連《おおむらじ》」にも就任した。朝廷内において、異例の出世を遂げることになったのである。

『熱田大神宮縁起』に神宮創設の由緒が記されている。

「宮酢（簀）媛はかつてのちぎりを違えず、日本武尊の御床を守り神剣を安置していたが、その霊験はいちじるしく、さらに宮酢媛も衰えてきたので、衆議の結果、社地を定めて神剣を祭ることにした。そこには楓の木が一株あったが、自然に燃えて水田に倒れたので、この地を熱田と呼ぶようになった（中略）この神剣が熱田に祭られたのは、以上のように稲種公と宮酢媛の縁であり、宮酢媛は氷上姉子天神として祭られている。稲種公は天火明《あまのほあかり》命の子孫で尾張の国造の小止与命の子であり、海部《あまべ》は尾張氏の別姓である」

「この神剣が熱田に祭られたのは、稲種公と宮酢姫の縁」とあるように、建稲種命と宮簀媛の日本武尊への忠誠が、一族の繁栄をもたらすことになったのである。日本武尊から草薙の剣を下賜され、熱田神宮を奉斎する尾張氏は、後代にもまた格別な氏族でありつづけた。

第二十六代継体天皇が天皇として迎えられる以前の妃には、尾張の連の草香の娘の目子媛《めのこひめ》の名前がみられ、その皇子は第二十七代安閑天皇・第二十八代宣化天皇として即位する。藤原氏以前には、即位する天皇の母方の氏族は極めて限られていたが、尾張氏一族はその希少な氏族であった。

◉成務天皇

日本武尊を亡くした景行天皇は、『日本書紀』によると、景行天皇五十一年八月四日に雅足彦《わかたらしひこ》尊を後継ぎに指名した。このとき二十四歳であったという。

あわせて、この日に武内宿禰《たけうちのすくね》を「棟梁《むねはり》の臣《まえつきみ》」に任命した。総理大臣、宰相とでもいうような意味である。こののち、武内宿禰は、成務天皇・仲哀天皇・神功皇后・応神天皇・仁徳天皇に仕えた。

後継体制を整えた景行天皇は、即位六十年十一月に崩じ、年明けの一月五日、若帯日子命が即位した。第十三代成務天皇である。武内宿禰は大臣《おおおみ》となった。

『古事記』『日本書紀』ともに、成務天皇に関する記事は極端に少ない。このことをもって、例によって成務天皇非実在説を唱える学者が少なくないが、きわめて短絡的な見方である。

世界中のどのような家系においても、この世に生まれたという痕跡——名だけを残した人間のほうが圧倒的に多い。動乱の世で激しく生きた人の名は残るが、泰平の世に平々凡々と生きた人の記憶はほとんど残らない。消え失せてしまう。しかしながら、記録にも残らず、後世に名が残らずとも、精一杯生き抜いた人物はいくらでもいる。

『古事記』『日本書紀』の記事が少ないことと、その人物が実在したかどうかとは、まったく関係ない。

数少ない記録からみても、成務天皇が景行天皇と日本武尊が達成した成果を継承しつつ、さらなる国家基盤の強化と国民生活の安定に向けて、地方統治機構の整備を進めたことがわかる。

即位した成務天皇について、『日本書紀』には以下のように記されている。

「先帝の大足彦天皇は聡明で武勇にすぐれ、天命を受けて皇位につかれた。天意に添い人の道に従って、賊を討ち祓い正しい道を示された。徳は民を覆い、道は自然に適うものであった。こうして天下に従わないものはなく、天下万民は安寧となった。今こうして自分は皇位を継いで、気持ちは引き締まる思いである。けれども人民の中には、虫がうごめくように野心をもつものがいる。これはひとえに国郡に長官がなく、県《あがた》邑《むら》に首長がいないためとみられる。今より後、国郡に長官を置き、県や邑に首長を設置しよう。それぞれの国にふさわしい者を選んで、その国や郡の首長として委任するように。それが王城を守護する垣根となるであろうと、詔を下した」

「五年秋九月、諸国に命じて国・郡に造長《みやつこおさ》を立て、県《あがた》・邑《むら》に稲置《いなき》を置き、それぞれに楯矛《たてほこ》を賜って印とした。山河を境界として国や県《あがた》を分け、縦横の道にしたがって邑里《むら》を定めた。こうして東西を日の縦とし、南北を日に横とした。山の南側を陰面《かげとも》、山の北側を背面《そとも》という。こうして人民は安住し、天下は無事であった」

『古事記』にも、「大国・小国の国造を定めたまひ、また国々の堺、また大県小県の県主を定めたまひき」と書かれている。

成務天皇は、景行天皇と日本武尊の地方遠征によって、新たに服従し、あるいは恭順の意をしめす国々に、「国造《くにのみやつこ》」「県主《あがたぬし》」「稲置《いなき》」などを配置した。

そのことを裏付けるように、『先代旧事本紀』「国造本紀」には、成務天皇の時代に多くの国造が配置されたことが記されている。

「国造本紀」には、国々の国造がどの天皇のときに定められたか詳しい記載があるが、成務天皇の時代に任命された国造は、全体のほぼ半数を占めている。

『古事記』『日本書紀』の記事と、『先代旧事本紀』の記事は、明らかに整合している。

成務天皇は、景行天皇と日本武尊の路線と成果を継承し、全国の支配体制を強化している。成務天皇は影の薄い、実在性の乏しい存在どころか、むしろ民生の安定のために地方統治機構を整備した英明の天皇であったといえよう。

本書でもとりあげたように、列島各地に、成務天皇時代に派遣された国造に関する多くの伝承やゆかりの神社、古墳などが残されている。

これらのすべてが、『古事記』『日本書紀』の記載をもとに創作されたなどという見解は、とうてい容認し得るものではない。古典を曲解して独自の歴史像を想像するという矛盾は、さらなる矛盾を生じるだけである。

安直に天皇非実在説を唱えてきた戦後の風潮は、そろそろ改められなければならない。

『古事記』によれば、成務天皇の皇后は、穂積臣たちの先祖の建忍山垂根《たけおしやまたりね》の娘——弟財郎女《おとたからいらつめ》とある。

穂積臣といえば、日本武尊の妃の弟橘媛の一族である。日本武尊と穂積一族との親密な関係は、成務天皇にも引き継がれている。

『古事記』では、成務天皇の宮は「志賀の高穴穂《たかあなほ》の宮」とある。『日本書紀』には宮の記載がないが、景行天皇の五十八年に「近江の国に行幸され、そちらに三年、お住まいになられた。これを高穴穂《たかあなほ》の宮という」とある。

景行天皇は、その晩年に、大和の纏向の宮を離れて、琵琶湖のほとりに拠点を移した。成務天皇は、父帝の宮をそのまま引き継ぎ、琵琶湖に望んで、政務をとり行ったのであろう。

◉飛躍への時代

成務天皇の時代は、全国各地に国造を配置するなど、景行天皇と日本武尊が達成した成果を継承しつつ、さらなる国家基盤の強化と民生の安定に向けて、着実に歩みを進め、戦争もなく、平和な時代であった。

『日本書紀』もまた、「百姓《おほみたから》安く居《す》みき。天下《あめのした》事無し」と、この時代を絶賛している。

「創業は易く守成は難し」という中国の故事により、

「創業」と「守成」の二つの類型に区分するとすれば、もちろん成務天皇は「守成」のタイプに属するであろう。

『日本書紀』によると、成務天皇は六十年間在位して、六十年夏六月十一日に百七歳で崩じたとするが、例によって年代が大きく引き伸ばされており、まったく信じるに値しない。安本美典氏の「統計的年代論」によれば、その在位は、三八五年から三九〇年ごろまでのせいぜい五か年間である。

成務天皇の御陵は『日本書紀』では「狭城《さき》の盾列《たたなみの》陵《みささぎ》」、『古事記』では「御陵は沙紀《さき》の多他那美《たたなみ》」とある。

『延喜式』「諸陵寮」に、「狭城盾列池後陵《さきたたなみいけじりのみささぎ》は、志賀高穴穂の宮で天下をお治めになられた成務天皇御陵である。大和国添下郡《そふしものこおり》。兆域は東西一町、南北三町、守戸五烟」とある。

奈良県奈良市山陵町にある狭城盾列池後陵が陵墓に治定されている。考古学名は「佐紀石塚山古墳」、全長二一八メートルの前方後円墳である。

山の辺の道にある父の景行天皇陵とは離れて、祖母の日葉酢媛命の御陵に隣接した佐紀路にある。

成務天皇は生前、甥で日本武尊の子の足仲彦尊を皇太子に指名していた。

『古事記』によると、成務天皇と弟財郎女の間には、和訶奴気《わかぬけ》王が生まれているが、『日本書紀』には「男無（ひこみこましまさず）」とある。その名前からして、早逝したのかもしれない。

いずれにしても、景行天皇の生前の意向を踏まえた後継天皇の指名であったろう。

はからずも即位できないまま崩じた日本武尊であったが、遺児の足仲彦尊が第十四代天皇に即位した。仲哀天皇である。その妃が神功皇后であり、その子が応神天皇、孫が応神天皇である。

日本が大きく飛躍した時代である。

そのための強固な国家基盤をつくったのは、直前の景行天皇・日本武尊・成務天皇三人であったと総括することができよう。

景行天皇は九州に遠征した。むろん九州は朝鮮半島に近く、外交上最も重要な場所であった。この地域を完全に支配しなければ、朝鮮の高句麗や新羅と対抗することはできない。

東九州・南部九州を制圧したのち、肥後・肥前の土豪勢力を討伐して大和朝廷の支配を強化するとともに、北部九州の海の玄関口ともいえる呼子（佐賀県）や周辺海域の防備を固め、九州最大の生産力と人口を擁する筑紫平野の支配権を強化することが大きな目的であったろう。

同様に、日本武尊の東北遠征も、大和朝廷の全国制覇に向けた大きな挑戦であった。統一王朝としての政権基盤を強化し、中央集権体制を確立するための試みであった。

歴史というものは、神話や伝承あるいは考古学的な遺物のなかに等しく隠されている。古い地名もまた伝承や歴史のいわば結晶であり、ある意味では考古学的な遺物である。『古事記』『日本書紀』も、もちろん第一級の古代文献である。これらのものすべてに、真正面から向き合い、その語るところのものに真摯に耳を傾けねばならない。

その際、決して我流の複雑な観念論に堕してはならない。また過度な懐疑と減点主義をとってはならない。

歴史とは、統合の学問である。すべての分野の成果を統合することが可能な学問である。

これまで縷々述べてきた景行天皇と日本武尊について、学界の主流は、もちろん「非実在説」である。

しかしながら、倭王武＝雄略天皇が中国に派遣した使者が、四七八年五月に宋の皇帝に対して「上表文」を提出した。

その冒頭に次のようにある。

「わが国は遠く隔てられたところにあり、藩を外になしている。むかしから祖先はみずから甲冑を着て、山川を駆け巡り、安住する暇はなかった。東は毛人を征すること五十五国、西は衆夷を服すること六十六国、渡って海北を平らげること九十五国」

景行天皇は西の衆夷（熊襲、隼人）の国々に遠征し、日本武尊は東の毛人（蝦夷）国々に遠征し、神功皇后は海を渡って朝鮮半島に遠征した。

これらの事跡は、『日本書紀』あるいは『古事記』『風土記』その他の文献に等しく記録されている。

「上表文」に書かれているように、景行天皇と日本武尊は、みずから甲冑を着て山川を駆け巡った。

雄略天皇の時代からいえば、せいぜい百年前の話である。鮮明な記憶として朝廷に伝えられていたはずである。

雄略天皇の「上表文」のなかには、景行天皇と日本武尊の記憶が織り込まれているというべきだろう。

あとがき

本著は、平成二十五年年十二月に出版した『神功皇后の謎を解く』の続編というべきものである。

本文でも述べたように、安本美典氏の統計的年代論によると、神功皇后は三九〇年から四一〇年ごろに活躍した人物であり、景行天皇は三七〇年から三八五年ごろに活躍した人物である。続編とはいいつつ、時代をさかのぼり、邪馬台国の卑弥呼にさらに一歩近づいたわけである。

前作においても、各地に残された神功皇后伝承を掘り起こし、『日本書紀』や『古事記』「風土記」などと対比しつつ、考古学的な成果などをおりまぜながら、具体的に叙述したが、本作においても同様の方針を踏襲した。

ただし、神功皇后の伝承が北部九州を中心としているのに対して、景行天皇の伝承は中・南部九州に多く残されている。

したがって、神功皇后と景行天皇の伝承を重ね合わせると、ほぼ九州全体を網羅することになり、安本氏の年代論を前提にすれば、四世紀後半の九州の姿がかなり見えてきたのではないかと自負している。

また、邪馬台国の卑弥呼の時代は、一八〇年ごろから二四七年ごろである。

神功皇后や景行天皇の時代からいえば、せいぜい一世紀半程度前の時代である。

神功皇后・景行天皇の伝承地や地方豪族の所在地を地図上にプロットしていくと、かなりの確率で邪馬台国時代の九州の勢力図と重なるはずである。神功皇后・景行天皇を通して、邪馬台国に迫ることも可能であろう。

今回、『日本書紀』や『風土記』に記された景行天皇の行動ルートに沿って、現地調査をおこなったが、やはり景行天皇に関するおびただしい伝承が残されていた。近くにはかならず弥生時代の遺跡や古墳時代の遺跡、古いゆかりの神社などが存在しており、景行天皇伝承の信憑性を高めているようであった。

さらには、中部・関東・東北の広範囲に広がっている日本武尊伝承についても、同様の方針で追跡した。

この結果、これまでに類をみない日本武尊に関するエンサイクロペディア（百科全書）ができあがったのではないかと自負している。

この作業を通じて感じたことは、歴史を後世に伝えようとする日本人の強固な意志であった。名もない人々が、報いられることもなく、古い伝承を継承し、ゆかりの神社を守り、後世に伝えようとしている。むろん、なかには伝承の精度に疑問の余地のあるものも含まれているが、先人の伝えた伝承に変わりはない。今回もまた、朝廷の命令によって造作したというような伝承は、一件も見つけることはできなかった。まさに、景行天皇・日本武尊そのものの伝承として伝えられている。

神功皇后に関してもそうであったが、景行天皇と日本武尊についても、実在したとの確信を得ることができた。

日本武尊の実在を否定する人々は、現地に赴いて、残された伝承に真摯に耳を傾けたことがあったのであろうか。

『古事記』『日本書紀』に対して、特定のイデオロギーによって偏った解釈をほどこすことに専心し、学問として最も大事な真摯で謙虚な気持ちを忘失しているのではないか。

本書は、各地に残された伝承を掘り起し、『古事記』『日本書紀』の記事を基本に、一個一個つないで書き記したものである。

前作の『神功皇后の謎を解く』とともに、この本をハンドブックに、神功皇后と景行天皇・日本武尊のコースをたどれば、古代の風景が見えてくるはずである。

伝承地をいちいち確認し、それらをつないで全体像を描くという根気のいる作業であったが、本著を書き終えて、これまでにない大きな達成感を感じている。むろん、書き漏らした伝承もあるはずであり、今後とも追跡調査をおこないたいと思っている。

共著という形で出版するのは、はじめての試みであったが、互いの長所を発揮し合い、欠点を補い合うという理想的なチーム作業であった。

よき同志を得られたことを心から喜んでいる。

また、この著作の刊行にあたり、すばらしい絵を描いていただいた日本画家の川崎日香浬さんに心より御礼申し上げたい。日本伝統の美を継承しつつ、新しい時代を切り拓こうとする気迫に満ちた作品ばかりである。美しい鮮やかな晴れ着とともに生まれたこの本は、これだけでも幸せ者である。末永く人びとに愛されることを心より願う。

末筆ながら、このような機会をあたえていただいた原書房社長成瀬雅人氏に深甚よりの謝意を表したい。そして、編集部の矢野実里さんはじめスタッフの皆さんにも心より感謝申し上げたい。

平成二十七年五月

河村哲夫

志村裕子

主な参考文献（書名五十音順）

『天翔る白鳥ヤマトタケル』小椋一葉（河出書房新社／一九八九年）

『角川日本地名大辞典〈全四十九巻〉』（角川書店／一九七八～一九九〇年）

『季刊邪馬台国』「景行天皇について考える」西岡光「ヤマトタケルの東方経路について」藤倉郁子（梓書院／四二号）

『記紀の考古学』森浩一（朝日新聞社／二〇〇〇年）

『吉備の古代史』門脇禎二（日本放送出版協会／一九九二年）

『幻想の多元的古代』原田実（批評社／二〇〇〇年）

『交代式・弘仁式・延喜式』黒板勝美編（吉川弘文館／一九六五年）

『古語拾遺・高橋氏文』安田尚道・秋元吉徳校注（一九七六年）

『古語拾遺』西宮一民校注（岩波書店／一九八五年）

『古事記祝詞―日本古典文学大系第一』倉野憲治・武田祐吉校注（岩波書店／一九五八年）

『古事記と日本書紀―坂本太郎著作集第二巻』（吉川弘文館／一九八八年）

『古代蝦夷』工藤雅樹（吉川弘文館／二〇一一）

『古代播磨の地名は語る』播磨地名研究会編（神戸新聞総合出版センター／一九九八年）

『古代日向の国』日高正晴（日本放送出版協会／一九九三年）

『古代物部氏と「先代旧事本紀」の謎』安本美典（勉誠出版社／二〇〇三年）

『古典と考古学』斉藤忠（学生社／一九八八年）

『式内社の研究』〈全一〇巻〉志賀剛（雄山閣／一九七七～一九八七年）

『神功皇后の謎を解く』河村哲夫（原書房／二〇一三年）

『新撰姓氏録の研究―本文篇』佐伯有清（吉川弘文館／一九六二年）

『先代旧事本紀現代語訳』安本美典監修・志村裕子訳（批評社／二〇一三年）

『大日本地名辞書』吉田東伍（富山房／一八九九～一九〇七年）

『太宰管内志』伊藤常足（日本歴史地理学会／

一九〇八年）
『田中卓著作集二―日本国家の成立と諸氏族』田中卓（国書刊行会／一九八六年）
『田中卓著作集九―新撰姓氏録の研究』田中卓（国書刊行会／一九九六年）
『田中卓著作集一一―神社と祭祀』田中卓（国書刊行会／一九九四年）
『天皇陵古墳』森浩一編（大巧社／一九九六年）
『東北は国のまほろば―日高見国の面影』中津攸子（時事通信出版局／二〇一三年）
『都道府県別祭礼行事』〈全四七巻〉高橋秀雄編（桜楓社／一九九一～一九九八年）
『国造・県主関係資料集』佐伯有清・高島弘志（近藤出版社／一九八二年）
『「国造」の研究』河野泰彦（近代文芸社／一九九七年）
『日本古墳大辞典』大塚初重編・小林三郎・熊野正也編（東京堂出版／一九八九年）
『日本史小百科　神社』岡田米夫（近藤出版社／一九七七年）
『日本書紀〈上・下〉』坂本太郎・家永三郎・井上光貞・大野晋校注（岩波書店／一九六五～一九六七年）
『日本書紀』井上光貞監修（中央公論社／一九八七年）
『日本神話の考古学』森浩一（朝日新聞社／一九九三年）
『日本の神々―神社と聖地』〈全一三巻〉谷川健一編（白水社／一九八六年）
『日本歴史地名体系』〈全五〇巻〉（平凡社／一九七九～二〇〇四年）
『白鳥伝説』谷川健一（集英社／一九八五年）
『はりま伝説散歩』橘川真一（神戸新聞総合出版センター／二〇〇二年）
『日向国史〈上〉』喜田貞吉（名著出版社／一九七三年）
『風土記』秋元吉郎校注（岩波書店／一九九三年）
『風土記の考古学―播磨国風土記の巻』櫃本誠一編（同成社／一九九四年）
『風土記の考古学―肥前国風土記の巻』小田富士雄編（同成社／一九九五年）
『風土記の考古学―豊後国風土記の巻』小田富士雄編（同成社／一九九五年）
『万葉集〈上・中・下〉』桜井満訳注（旺文社／

一九八八年）
『万葉集の考古学』森浩一編（筑摩書房／一九八四年）
『本居宣長全集〈第九～十二巻・古事記伝〉』（筑摩書房／一九六八～一九七四年）
『日本武尊』上田正昭（吉川弘文館／一九九二年）
『ヤマトタケル』森浩一・門脇禎二（大巧社／一九九五年）
『列島の地域文化―日本の古代〈二〉』森浩一編（中央公論社／一九八六年）
『和名類聚鈔』正宗敦夫編（風間書店／一九六二年）
『和名類聚抄郡郷理駅名考証』池辺弥（吉川弘文館／一九八一年）
『和名類聚抄郷名考証』池辺弥（吉川弘文館／一九七〇年）

日本武尊の后妃と子（『古事記』）

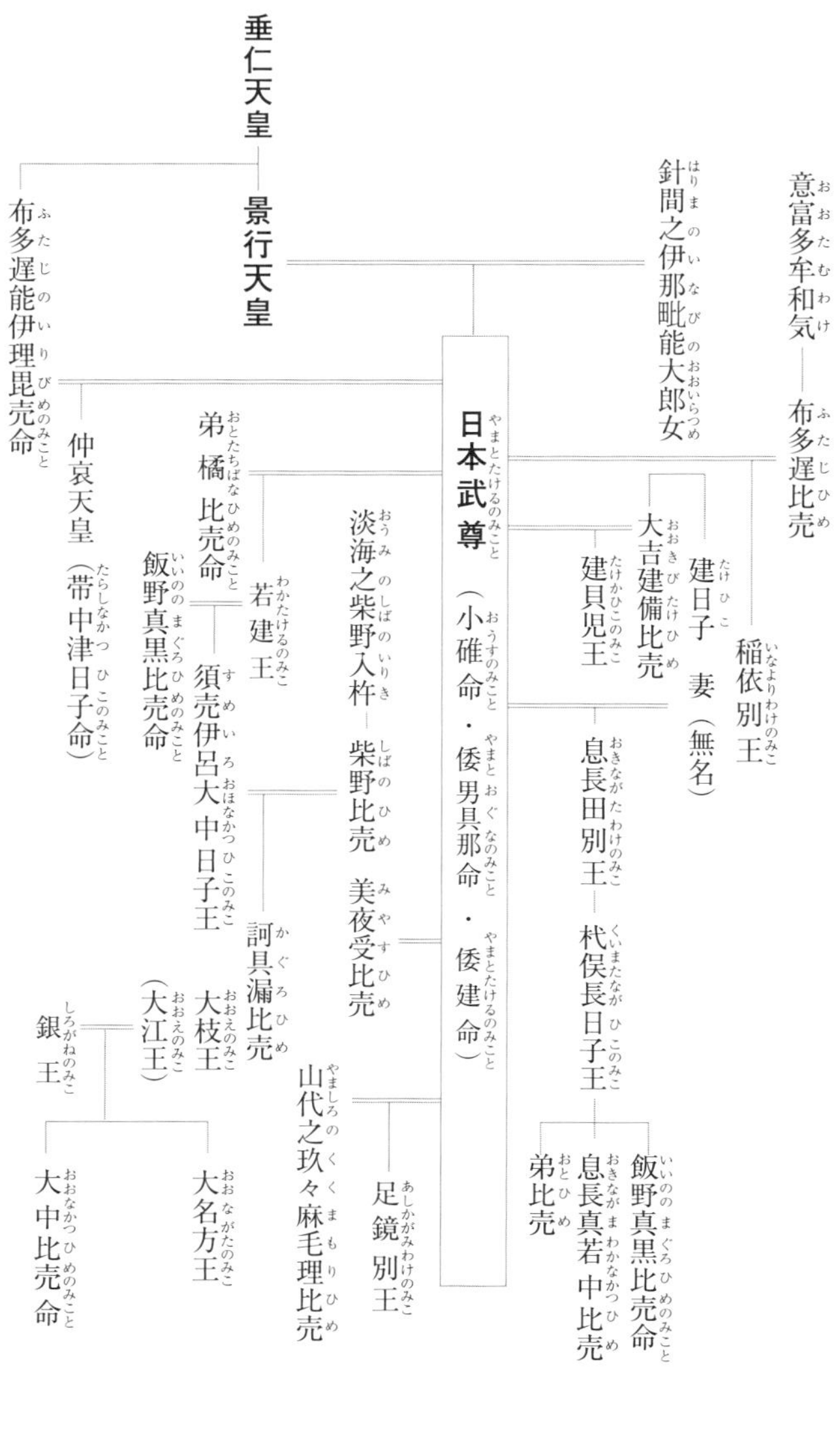

垂仁天皇
景行天皇
布多遅能伊理毘売命《ふたじのいりびめのみこと》
針間之伊那毘能大郎女《はりまのいなびのおおいらつめ》
意富多牟和気《おおたむわけ》
布多遅比売《ふたじひめ》
日本武尊《やまとたけるのみこと》（小碓命《おうすのみこと》・倭男具那命《やまとおぐなのみこと》・倭建命《やまとたけるのみこと》）
仲哀天皇（帯中津日子命《たらしなかつひこのみこと》）
弟橘比売命《おとたちばなひめのみこと》
若建王《わかたけるのみこ》
飯野真黒比売命《いいのまぐろひめのみこと》
須売伊呂大中日子王《すめいろおおなかつひこのみこ》
淡海之柴野入杵《おうみのしばのいりき》
柴野比売《しばのひめ》
美夜受比売《みやすひめ》
訶具漏比売《かぐろひめ》
大枝王《おおえのみこ》（大江王《おおえのみこ》）
銀王《しろがねのみこ》
大名方王《おおながたのみこ》
大中比売命《おおなかつひめのみこと》
山代之玖々麻毛理比売《やましろのくくまもりひめ》
足鏡別王《あしかがみわけのみこ》
大吉建備比売《おおきびたけひめ》
建貝児王《たけかひこのみこ》
建日子《たけひこ》
妻（無名）
稲依別王《いなよりわけのみこ》
息長田別王《おきながたわけのみこ》
杙俣長日子王《くいまたながひこのみこ》
飯野真黒比売命《いいのまぐろひめのみこと》
息長真若中比売《おきながまわかなかつひめ》
弟比売《おとひめ》

景行天皇の系図（『日本書紀』）

綺戸辺《かにはたとべ》

両道入姫皇女《ふたじのいりひめのひめみこ》

磐衝別命《いわつくわけのみこと》

播磨稲日大郎姫《はりまのいなびのおおいらつめ》※（一云に稲日稚郎姫《いなびのわきいらつめ》とある）

大碓皇子《おおうすのみこ》（身毛津君《むげつきみ》・守君《もりのきみ》の始祖《はじめのおや》）

小碓尊《おうすのみこと》（**日本武尊**《やまとたけるのみこと》・日本童男《やまとおぐな》）

日向髪長大田根《ひむかのかみながおおたね》

日向襲津彦皇子《ひむかのそつひこのみこ》（阿牟君《あむのきみ》の始祖《はじめのおや》）

御刀媛《みはかしひめ》

豊国別皇子《とよくにわけのみこ》

五十河媛《いかわひめ》

神櫛皇子《かむくしのみこ》（讃岐国造《さぬきのくにのみやつこ》の始祖《はじめのおや》）

稲背入彦皇子《いなせのいりひこのみこ》（播磨別《はりまのわけ》の始祖《はじめのおや》）

⑪**垂仁天皇**（活目入彦五十狭茅《いくめいりひこいさち》天皇）

五十瓊敷入彦命《いにしきいりひこのみこと》

⑫ **景行天皇**（大足彦忍代別天皇《おおたらしひこおしろわけ》）

日葉酢媛《ひばすひめ》

大中姫命《おおなかつひめのみこと》
倭姫命《やまとひめのみこと》
稚城瓊入彦命《わかきにいりひこのみこと》

阿部氏木事《あへのうじのこごと》

高田媛《たかたひめ》

武国凝別皇子《たけくにこりわけのみこ》（伊予国《いよのくに》の御村別《みむらのわけ》の始祖《はじめのおや》）

襲武媛《そのたけひめ》

国乳別皇子《くにちわけのみこ》（水沼別《みぬまのわけ》の始祖《はじめのおや》）
国背別皇子《くにそわけのみこ》（一云に宮道別皇子《みやぢわけのみこ》とある）
豊戸別皇子《とよとわけのみこ》（火国別《ひのくにのわけ》の始祖《はじめのおや》）

三尾氏磐城別《みおのうじのいわきわけ》

水歯郎媛《みずはのいらつめ》

五百野皇女《いおののひめみこ》

八坂入彦命《やさかのいりひこのみこと》

弟媛《おとひめ》

八坂入媛《やさかのいりひめ》

⑬ **成務天皇**（稚足彦天皇《わかたらしひこ》）
五百城入彦皇子《いほきいりひこのみこ》
忍之別皇子《おしのわけのみこ》
稚倭根子皇子《わかやまとねこのみこ》
大酢別皇子《おおすわけのみこ》
渟熨斗皇女《ぬのしのひめみこ》
渟名城皇女《ぬなきのひめみこ》
五百城入姫皇女《いほきいりひめのひめみこ》
麛依姫皇女《かごよりひめのひめみこ》
五十狭城入彦皇子《いさきいりひこのみこ》
吉備兄彦皇子《きびのえひこのみこ》
高城入姫皇女《たかきいりびめのひめみこ》
弟姫皇女《おとひめのひめみこ》

※一書には、皇后は三男を産んだとし、第三皇子として稚倭根子皇子《わかやまとねこのみこ》をあげる。

河村哲夫（かわむら・てつお）

福岡県柳川市生まれ、福岡県在住。福岡県立伝習館高校、九州大学法学部卒。立花壱岐研究会会員。日本ペンクラブ会員。福岡県文化団体連合会参与。全国邪馬台国連絡協議会九州支部副支部長。

〈主な著作〉

著書に『志は、天下——柳川藩最後の家老・立花壱岐（全五巻）』『筑後争乱記——蒲池一族の興亡』『九州を制覇した大王——景行天皇巡幸記』『龍王の海——国姓爺・鄭成功』（すべて海鳥社）、『立花宗茂』（西日本新聞社）、『柳川城炎上——立花壱岐・もうひとつの維新史』（角川書店）、『天草の豪商石本平兵衛』（藤原書店）、『神功皇后の謎を解く——伝承地探訪録』（原書房）ほか多数。

志村裕子（しむら・ゆうこ）

千葉県市原市生まれ、千葉県在住。千葉県立千葉女子高校、青山学院大学文学部卒。元日本鋼管株式会社勤務。邪馬台国の会・全国邪馬台国連絡協議会会員。

〈主な著作・執筆〉

著書に『江戸の邪馬台国』（共著、柏書房）、『先代旧事本紀現代語訳』（批評社）。ほか論文に「第二代綏靖天皇の実在性」（『季刊邪馬台国』四二号）、「建御名方と沼河姫」（『季刊邪馬台国』六二号）、「『斉明天皇紀』百済派兵の童謡について」（『季刊邪馬台国』八〇号）、現代語訳本居宣長「ういやまぶみ」（『季刊邪馬台国』四三号）（いずれも梓書院）など。

画・**川崎日香浬**（かわさき・ひかり）

新潟県生まれ。上越市在住。新潟県立高田北城高校卒、京都造形芸術大学大学院修士課程修了。日本画家。伝統的な古典日本画の技法を用いて古事記の神々や風景を描き、個展や講演会など日本各地で精力的に活躍。

景行天皇《けいこうてんのう》と日本武尊《やまとたける》
列島《れっとう》を制覇《せいは》した大王《だいおう》

●

2015年6月10日　第1刷

著者…………河村哲夫《かわむらてつお》、志村裕子《しむらゆうこ》
画…………川崎日香浬《かわさきひかり》
装幀…………佐々木正見
発行者…………成瀬雅人
発行所…………株式会社原書房

〒160-0022 東京都新宿区新宿 1-25-13
電話・代表 (03)3354-0685
http://www.harashobo.co.jp
振替・00150-6-151594

印刷・製本…………株式会社ルナテック

ISBN 978-4-562-05180-9, Printed in Japan

定価二〇〇〇円（税込）

高村　薫 著

《日本語の豊かさ》

中陰の花

一九九九年上半期第一二一回芥川賞受賞作。真言宗の僧侶・則道は、その霊力で知られた「オバア」の死をきっかけに、日本人の霊性を探りつつ、檀家の暮らしや妻の手仕事を見つめ直す――。一編の仏教小説の趣きのある表題作「中陰の花」ほか、「朝顔の音」、「家族の昼餉」の中編三作品を収録した芥川賞受賞第一作品集。

[著者・書名] 玄侑宗久（二〇〇一年）

[ISBN4-16-320470-5]

定価二〇〇〇円（税込）

岡村民夫 著
Tamio Okamura

《資料性と創造性の調和》

芥川竜之介を読む

芥川竜之介の短篇をひもとくと、そこに作家が巧みな技術と豊かな創意をもって紡ぎ出した、夥しい数の興味深い人物たちや出来事の数々に出会うことができる――その作品文学の